中国人民大学科学研究基金重大规划项目：
实现小农户与现代农业发展有机衔接研

U0602858

农业机械化对
中国粮食产出的
影响研究

The Impact of Agricultural Mechanization on
Grain Output of China

周　振◎著

经济管理出版社
ECONOMY & MANAGEMENT PUBLISHING HOUSE

图书在版编目（CIP）数据

农业机械化对中国粮食产出的影响研究/周振著 . —北京：经济管理出版社，2019. 10
ISBN 978 - 7 - 5096 - 6793 - 4

Ⅰ.①农… Ⅱ.①周… Ⅲ.①农业机械化—影响—粮食产量—研究—中国 Ⅳ.①F326. 11

中国版本图书馆 CIP 数据核字（2019）第 163878 号

组稿编辑：曹　靖
责任编辑：任爱清
责任印制：黄章平
责任校对：陈　颖

出版发行：经济管理出版社
　　　　　（北京市海淀区北蜂窝 8 号中雅大厦 A 座 11 层　100038）
网　　　址：www. E - mp. com. cn
电　　　话：（010）51915602
印　　　刷：三河市延风印装有限公司
经　　　销：新华书店
开　　　本：720mm × 1000mm/16
印　　　张：20. 25
字　　　数：386 千字
版　　　次：2019 年 11 月第 1 版　　2019 年 11 月第 1 次印刷
书　　　号：ISBN 978 - 7 - 5096 - 6793 - 4
定　　　价：88. 00 元

目　　录

第一章　绪　论

党的十九大报告明确指出，"确保国家粮食安全，把中国人的饭碗牢牢端在自己手中"。粮食安全始终是国家治国理政的头等大事。一个国家只有立足粮食基本自给，才能掌握粮食安全主动权，进而才能掌控经济、社会发展的大局。稳定国内粮食安全供给不仅是农业现代化的重要内容，也是中国治国理政的头等大事。保障国家粮食安全，要深入研究影响粮食产出的各方面因素。农业机械是粮食生产的重要投入要素，研究粮食产出与农业机械的关系，有助于我们从机械化的角度出发，提出保障粮食产能的政策体系。

第一节　研究背景与问题的提出

一、研究背景

自 1994 年美国学者莱斯特·布朗（Lester Brown）在《谁来养活中国》一文中提出"中国会使世界挨饿"的观点以来，中国的粮食供应问题引起了国内外政界和学术界的广泛关注。尽管 Brown 的观点遭到众多学者的反驳（Smil，1995；陆文聪、黄祖辉，2004；Deng et al.，2006），但是粮食安全问题仍然引起了中央政府的高度重视。为了保证国内粮食的生产和供应，中央政府提出了"坚守 18 亿亩耕地红线"的要求，大力保护耕地的种植面积。此外，中央政府还出台了粮食补贴、化肥农药补贴等鼓励粮食生产的财政政策。2013 年 12 月，中央经济工作会议进一步将"保障国家粮食安全"上升到国家战略的高度。然而，我国粮食安全始终面临着严峻的挑战。粮食生产不仅面临着耕地被占用、生产成本上升等挑战（陈百明、杜红亮，2006；曲福田、朱新华，2008；李效顺等，2009），同时还要面对由于农村劳动力转移所带来的劳动力供应下降的问题。

2019 年中央一号文件与政府工作报告相继指出，"毫不放松抓好粮食生产，推动藏粮于地、藏粮于技落实落地，确保粮食播种面积稳定在 16.5 亿亩""抓好农业特别是粮食生产"，这既说明了粮食安全问题的重要性，也从侧面反映了我国粮食安全还并不很牢固，面临着诸多挑战。

1. 农村劳动力大量转移，农业就业人员数量锐减

自进入 21 世纪以来，随着城镇经济的快速发展，农村劳动力大量向城镇转移，农业就业人员数量锐减。根据国家统计局《全国农民工监测调查报告》显示，2014 年全国农民工总量达到 2.74 亿人，比 2013 年增加 501 万人，增长 1.9%；相比 2003 年增加 1.64 亿人，12 年来年均增长 8.65%。同时期，农村就业人员数量大幅度减少。据《中国统计年鉴》统计，2012 年全国乡村就业人员 3.79 亿人，比 2003 年减少 0.96 亿人，10 年内年均减少 2.1%。图 1-1 描绘了 1995~2012 年全国农林牧渔业从业人员的数量变化，从图 1-1 中得知自 1999 年以来，全国农林牧渔业从业人员数量迅速降低，年均减少 1.50%。这反映了农村劳动力快速向城镇转移的事实。2011 年我国城镇化率首次突破 50%，我国已经进入了城镇化加速发展的历史时期。随着城镇化的加速推进，农村劳动力还将进一步向城镇转移，农村劳动力仍将继续减少。有学者还指出，中国劳动力刘易斯拐点已经到来了（蔡昉，2008、2010），刘易斯拐点到来后农村剩余劳动力将大幅度减少、劳动力不再无限供给，农产品生产即将面临严峻的挑战（蔡昉、王美艳，2007）。

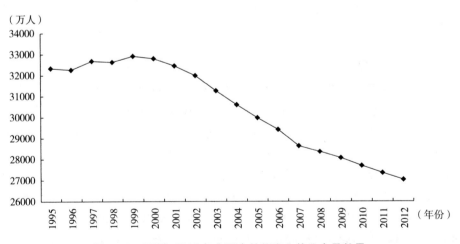

图 1-1 1995~2012 年中国农林牧渔业从业人员数量

资料来源：国家统计局。

2. 中国农村劳动力转移呈现出了"男多女少，壮年优先"的特点

当前中国农村劳动力转移呈现"男多女少，壮年优先"的特点。根据第二次全国农业普查数据，2006 年年末农村外出就业劳动力达 1.32 亿人，其中男性劳动力 0.81 亿人，占比达 61.7%，而年龄在 21 ~ 50 岁的占 78.8%。大量优质劳动力转移后，我国农村劳动力已经开始呈现老龄化、妇女化的特点。自 2002 年以来，在我国农村中 40 岁以上的劳动力年龄人口占劳动力年龄人口总数的比例逐年上升，2008 年该比例首次突破 50%，这反映了我国农村劳动力老龄化的特征（孔祥智，2012）。张红宇（2011）指出，我国从事农业生产的劳动力平均年龄在 50 岁以上，其中上海等经济发达地区务农农民年龄已接近 60 岁。此外，农业妇女化的现象也十分严峻。根据第二次全国农业普查主要数据公报，2006 年全国农业从业人员中女性占比达 53.2%；在农业生产中，从事农业长达 6 个月以上的人员中，女性占比为 50.3%。因此，无论是从业人数还是从业时间，女性都已经成为农业生产的主要力量，农业女性化已经成为一种全国性的客观现象。

随着农村劳动力大量转移，农业劳动力女性化、老年化的日益加深，我国粮食生产面临着两项重大挑战。第一，这些优质劳动力的转移不仅增加了农户退出农业的可能性，而且也可能会降低农业产出的增长（Rozelle et al.，1997；陈锡文等，2011；王跃梅等，2013；盖庆恩等，2014）。李旻、赵连阁（2009）利用辽宁省农调队 2003 ~ 2006 年的固定农户连续跟踪调查数据，对辽宁省农业劳动力"女性化"现象及其对农业生产的影响进行了实证分析，实证研究明确指出，农业劳动力"女性化"不利于农业生产的发展。周丕东（2009）的研究认为，农业女性化对当地农业发展和自然资源管理有一定的负面影响。盖庆恩等（2014）的实证研究也表明，劳动力的转移不仅加深了农业女性化、老龄化，而且还降低了农业产出增长率。第二，大量的优质劳动力转移后所导致的"劳动力空缺"由谁来替代成为迫切需要解决的问题，中国农业面临着未来"由谁来种粮"的新问题（陈锡文，2013）。"谁来种地，谁来种粮"的问题一时间成为学术界与政策制定者热议的话题（张红宇，2012；姜长云，2014；黄季焜、靳少泽，2015）。

二、问题的提出

在我国农村劳动力大量转移、农业劳动力老龄化、女性化日益加深之际，我国粮食播种面积与产量却不降反升，实现了历史上罕见的"十二连增"与多年丰收。那么，作为粮食生产领域中重要的投入要素——劳动力，在优质要素逐步流出、投入量日益减少的情况下，为什么我国的粮食产量不但没有减少，反而增加了呢？换言之，劳动力大量转移之际，为什么没有对我国的粮食产出造成严重

的负面影响呢？

如图 1 - 2 所示，2003～2012 年，我国农林牧渔业从业人员数量迅速下降，从发展态势来看，全国农林牧渔业从业人员数量呈现直线下降的趋势。然而，与此同时，全国粮食作物播种面积与产量却逐年攀升。

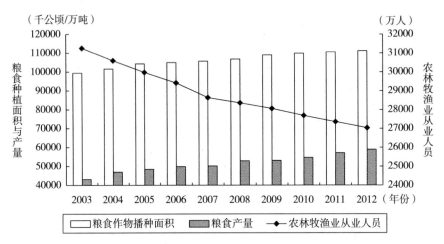

图 1 - 2 2003～2012 年全国粮食播种面积、产出与农林牧渔业从业人员
资料来源：国家统计局。

针对这一现象，许多学者给出了丰富的解释，现有的解释大致可以划分为如下三种：

1. 农业政策的支撑

2004 年以来，我国连续出台了十多个涉农的中央一号文件，这些文件通过不同的政策方式对中国粮食产出的增加起到了重大贡献（孔祥智等，2013）。此外，农业"四补贴"、农业税减免等政策的相继出台也对粮食生产起到了巨大的促进作用（史清华等，2007；陶建平、陈新建，2008；Yu and Jensen，2009；谭智心、周振，2014；周振等，2014）。陈飞等（2010）系统地实证分析证明，随着政府对农业投入的增加，我国粮食生产的调整能力逐渐增强，各项农业政策对粮食生产均产生了显著正向影响，其中，农业支出政策和农村固定资产投资是拉动我国粮食产量增长的最重要因素。

2. 化肥投入的增加

在影响粮食产量的诸多因素中，化肥的作用贡献最为明显。美国著名作物育种专家、诺贝尔奖获得者诺曼·布劳格（Norman E. Borlaug，1914～2009）指出，20 世纪全世界农作物产量增加的一半得益于化肥的施用。国内学者的研究也指出，在新一轮的粮食增产中，化肥的贡献非常突出（张利庠等，2008；王祖力、肖海峰，2008；曾福生、高鸣，2012；星焱、胡小平，2013），其中有的研究进一步指出化肥对中国粮食产出的贡献度达到了56.81%（王祖力、肖海峰，2008）。

3. 农业科技进步

实践经验表明，在农业与粮食生产发展的历程中，科技始终发挥着重要作用，每一轮科技革命都有效地促进了粮食生产水平的提升（瞿虎渠，2010）。在本轮粮食增产中，科技更是发挥了重要作用。韩长赋（2014）指出2004～2013年我国粮食亩产提高69.6千克，其中科技对粮食增产的贡献率接近70%。姜松等（2012）的实证研究也指出，1985～2010年中国粮食生产中的科技进步速度达0.76%，科技进步对粮食生产的贡献率达到了51.70%，并且减免农业税前后粮食生产中科技进步速度及贡献度均显著提升了。

此外，还有学者从气候变暖（杨晓光等，2010；赵锦等，2010；李克南等，2010）、农业抗风险能力提升（孔圆圆、徐刚，2007；张平等，2010；徐雪高、沈杰，2010；龙方等，2011）的角度，分析了本轮粮食增产的原因。

虽然这些研究从各个方面对本次粮食增产的现象做出了解释，但是他们都没有完整地回答"为什么当农业劳动力大量转移后，我国粮食产量不降反升"的原因。由于各生产要素间并不具备完全可替代性，即使在这个阶段有农业政策的支撑、化肥要素的大量投入、农业科技的突飞猛进以及农业抗风险能力提升等因素的保障，倘若没有农业劳动力从事一线的粮食生产，上述这些有利因素即使持续优化、相互交织，但是也很难能发挥出粮食增产的作用。更令人值得深思的是，劳动力大量转移带来的农业生产老年化、女性化却并没有给粮食产出带来负面影响（邓衡山，2012；胡雪枝、钟甫宁，2012；刘亮等，2014）。这也是这些研究尚未回答的地方。

从农业生产要素特性来看，与劳动力替代性最高的投入要素当属农业机械。有学者指出，自2004年以来正值我国农业机械化快速发展时期，此时期内农业机械发挥了重要的劳动力替代作用（白人朴，2007；张桃林，2009）。因此，有必要从农业机械化的角度解释粮食增产。当然也有许多研究从农业机械化的角度解释在劳动力大量转移背景下，我国粮食增产的原因。例如，张劲松、王雅鹏（2008）的研究指出，一直以来农业机械化都是中国粮食增产的重要投入要素，他们的测算表明1985～2005年农业机械化对粮食产出效能的贡献度达13.05%。白人朴（2011）指出，2004～2011年，农业机械的大量投入缓解了劳动力短缺对粮食生产造成的不良影响，正是因为"增机（农业机械）减人（劳动力）"得以保障了粮食产出的"八连增"。张宗毅等（2014）的研究表明，中国农业机械化及时弥补了由于农业劳动力转移留下的生产能力空缺，若按照1985年的劳动生产率计算 2010 年生产的农产品，中国农业劳动力存在缺口高达 1.78 亿人，而这一缺口恰好由农业机械化进行了弥补；若没有农业机械化的发展，从静态来看，粮食生产面积将下降 59.06%，由此可见农业机械化对于保障我国粮食安全发挥了巨大作用。其他学者也得出了农业机械化有助于粮食产出的结论（王颜齐等，2008；莫红梅、钟芸香，2013；张琴，2013；Yang et al.，2013）。

这些研究对解释本书问题有一定的贡献。但是，他们在研究上普遍存在两方面的问题：第一，没有给出并论证机械替代劳动对粮食产出的作用机制。现有研究大多是测算出了农业机械化对粮食产出的贡献度，或是研究了两者直接的相关关系，并没有揭示出机械化对粮食产出的作用机制，更没有对作用机制进行深入的验证。因此，在理论上存在严重不足。第二，研究农业机械化与粮食产出最大的难点在于如何满足模型的识别，由于农业机械也是粮食生产中的重要投入要素，农业机械投入与粮食生产之间存在着相互决定、相互影响的关系，因此，对两者直接进行回归必然面临着内生性的问题，从而对估计的有效性造成较为严重的偏差。这也是当前许多文献普遍存在的问题。因而，现有文献在研究方法上也存在严重不足。

当然，影响产出的因素还有很多。不过，值得肯定的是，从上述这些研究以及机械、劳动要素的特性来看，有必要从农业机械要素投入的角度分析中国粮食增产的原因。因此，本书将从农业机械化的角度剖析粮食增产。针对现实问题与文献研究现状，回答本书问题"在农业劳动力大量转移之际，为什么我国粮食产出不但没有遭遇严重下降，反而是播种面积与产出逐年增加呢？"需要首要解释如下两个问题：

第一，需要进一步论证如下命题："中国农业机械化及时弥补了农业劳动力转移留下的生产能力空缺，从而缓解了劳动力转移对粮食产出的冲击。"倘若该命题得证，也就解释了劳动力转移后粮食生产中替代要素来源的问题。不过，替代要素至多仅能解释"粮食不减产"，并不能解释"粮食增产"与"粮食播种面积增加"。

第二，若上述命题得以验证，机械—劳动替代是否起到了粮食增产的效果呢？若起到了粮食增产效果，那么机械化又是通过什么路径影响着粮食产出呢？

三、研究意义

本书具有如下两方面的研究意义：

1. 理论意义

揭示出农业机械化对粮食增产的作用机制是本书的研究目标之一，有利于本书从理论上解释农业机械化对粮食增产的作用效果。

2. 政策意义

本书的研究具有如下三方面的政策意义:

(1) 有利于保障粮食安全。当前我国经济社会发展正处在转型期,迅速的工业化、城镇化和居民收入的高速增长导致国内粮食需求快速增长。然而受国内资源、环境等因素的制约,保障粮食等重要农产品供给与资源环境承载能力的矛盾日益尖锐。因此,稳定国内粮食安全供给已然成为当下中国治国理政的头等大事。本书分析了农业机械化与粮食产出之间的关系,有利于决策是否应从农业机械化改善国内粮食生产状况,因此,具有很强的政策意义。

(2) 有利于提高农业生产效率。农村劳动力大量转移与农村劳动力红利逐渐褪去,已成为中国农业不争的事实。如何提高农产品生产效率是刘易斯拐点到来后,中国农业必然要面对的重大问题(蔡昉,2008)。农业机械化天然具有提高劳动生产效率的优势,研究农业机械化有助于农业生产效率的提升。

(3) 有利于推进农业现代化。农业机械化一度被认为,就是代表着农业现代化,并且始终都是农业现代化的重要指标(孔祥智、毛飞,2013)。研究农业机械化,有助于从农业机械化出发,推进中国农业现代化进程。

第二节　研究界定

一、研究范围

按照《中华人民共和国农业机械化促进法》的定义,农业机械化是指运用先进适用的农业机械装备农业,改善农业生产经营条件,不断提高农业的生产技术水平和经济效益、生态效益的过程。依据这个定义,农业机械化不仅包括了农业生产中常见的耕种收种植环节,也涵盖了种子加工、饲料加工和农田基本建设等产前环节,更囊括了农产品加工、储藏、运输等产后环节。不过,根据当前中国农业机械化集中于产中的特征,以及本书研究的主题,本书将农业机械化范围限定在粮食作物常见的耕种收产中环节。

二、概念界定

依照本书研究主题,农业机械化与粮食产出是本书重要的两个变量。其中,粮食产出可通过粮食产量、单产以及播种面积进行衡量,这些指标都有固定的测量方法,因而并不需要对此进行再次界定。相反,农业机械化的测量则需要深入的探讨。现有的研究中主要从以下三种方式来测量农业机械化：

1. 以农户拥有农业机械数量、总动力或机械原值来衡量

然而这样的指标在衡量农业机械化中往往并不准确。以农机总动力为例，首先，就单个农户层面而言，没有农机具的农户可通过农机租赁、购机农业机械化服务来提供农业生产机械化水平，因而没有拥有农业机械的农户农业机械化程度并不一定会比拥有农业机械的低；其次，从县域或省域层面来讲，由于农机跨区作业是我国农业机械化中的常态，某个地区农机总动力水平低已经不能说明其农业机械化水平低，在农机跨区作业下低农机总动力的区域依然能有高水平的机械化程度。因此，以农户拥有农业机械数量、总动力或机械原值来衡量农业机械化并不是合适的。

2. 以农户粮食生产中机械服务购买的投入金额衡量农业机械化

与发达国家每家每户都购买农业机械的农业机械化情形不同，中国农业机械化的最大特征是少数农户购置农机并提供农机化服务、大多数农户购买服务，因此以农业生产中机械服务的投入作为机械化的测量指标是合适的。

3. 以农作物生产中机耕、机播、机收面积百分比作为机械化衡量指标

这个指标直接反映了产中环节机械耕种收的程度，也是度量农业机械化的不错指标。

根据本书研究需要，本书将在不同研究内容或环节中采取不同的方法来衡量农业机械化，具体而言：一是在研究微观农户生产中，本书将以农户粮食生产中机械化服务购买投入量作为机械化测量指标；二是在分析全国或某个区域农业机械化程度中，将以机耕、机播、机收面积百分比，以及农机总动力两个指标共同表征农业机械化。当然，第一种方式是本书最主要的测量形式。

第三节　研究目标与研究内容

一、研究目标

围绕研究问题，本书的研究目标是：构建农业机械化影响粮食产出的作用机制，并以实证证明之。具体而言：

第一，实证证明命题"劳动力大量转移并且农业老年化、女性化并没有对当前中国粮食产出造成负面影响"。实证此命题对本书的研究至少起到了如下两个作用：一是回应了本书提出研究问题"在农业劳动力大量转移之际，为什么我国

粮食产出不但没有遭遇严重下降，反而是播种面积与产出逐年增加呢？"说明在当前粮食生产中劳动要素的投入显得并不那么重要；二是为机械化或机械要素在粮食生产中的作用埋下伏笔，这是因为机械是劳动要素的完全替代者，也就解释了劳动力转移后粮食生产中替代要素来源的问题。

第二，构建农业机械化对粮食产出的作用机制理论。当前围绕农业机械化与粮食产出之间的研究，都尚未揭示机械化对粮食产出的作用机制。本书将结合此主题，探讨农业机械化对粮食增产的作用路径，并在此理论基础上给予证明。

第三，通过微观数据检验本书提出的机械化对粮食产出的作用机制。此部分将对本书假说进行检验，是全书研究的重要章节，通过本部分的研究证实或证伪本书提出的理论假说。

二、基本思路

要实现上述研究目标，本书应按照如下思路展开研究：

首先，在问题提出、概念界定和文献评述的基础上，建立农业机械化与粮食产出之间的理论逻辑关系，并根据研究目标提出本书的研究假说。

其次，利用实地调查数据和各类二手资料，对各个研究假说进行详细论证，逐一"破解"各个子目标。

最后，得出本书的主要研究结论，回应本书提出的研究假说，并提出具有一定针对性的政策建议。

本书的研究思路如图 1-3 所示。

三、研究内容

1. 本书的核心研究

（1）对有关农业机械化、粮食增产因素以及机械化与粮食产出之间关系的文献进行分类综述，探索可以支撑本书的理论与方法，并明确指出已有研究的不足。

（2）在文献研究的基础上，构建农业机械化对粮食产出的作用机制理论，提出可验证的研究假说。从粮食播种面积与粮食单产两个维度出发，构建出农业机械化与两者之间的理论关系，并分别从这两个维度提出研究假说。

（3）运用调查资料与统计数据，分析中国农业机械化的发展历程、特征，重点描述、分析不同品种农作物的农业机械化水平的发展状况。测算在粮食生产中，农业机械对劳动的替代弹性，进一步描述农业机械在粮食生产中的运用程度；此外，实证研究农业老龄化、妇女化对粮食产出的影响。通过此部分的分析，初步回应问题"为什么在农业劳动力大量转移，农业老龄化、妇女化背景下，

农业机械化对中国粮食产出的影响研究

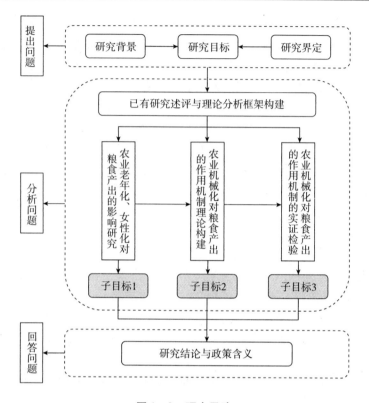

图1-3 研究思路

中国粮食产出不减反增"，回答农业劳动力转移后新的劳动要素来源的问题，解释"粮食产出为何不减"。

（4）通过实地调研数据或利用公开数据，对研究假说进行检验，论证本书提出的理论。通过此部分的研究，回答问题"为什么在农业劳动力大量转移，农业老龄化、妇女化背景下，中国粮食产出不减反增"，从实证上解释"粮食产出为何反增"。

（5）结合实证研究结果，给出研究结论，并提出相应的政策建议。

2. 针对上述内容，本书的叙事逻辑如下

（1）第一章为绪论。根据经验事实与统计数据，提出本书的研究问题，并对相关概念、研究范围进行界定，提出本书研究思路，说明研究数据资料的来源。

（2）第二章为文献综述。归纳总结现有研究，一是总结现有研究现状，为本书研究提供文献支撑，奠定本书研究基点；二是指出已有研究缺陷与不足，提出本书的侧重点以及创新点。

（3）第三章为理论分析部分。在文献总结的基础上，构建农业机械化影响粮食产出的作用机制理论，并提出相应的研究假说，以统领后续章节的叙事。

（4）第四章为我国农业机械化的历史阶段与主要成就，重点关注影响农业机械化的重要变量——农机购置补贴政策，研究农机购置补贴政策的变迁及其对农业机械化的影响。

（5）第五章为农业机械化与机械劳动替代。本章分析主要是论证命题"农业老年化、女性化对当前中国粮食产出并未造成负面影响"，并且指出在粮食生产中机械对劳动替代的现状，为后面章节的研究奠定基础。

（6）第六章至第七章分别就本书提出的研究假说进行实证论证和解释。

（7）第八章为分析农业机械化对粮食产出的效果，本章是第六章、第七章研究的延续，是对这两章中农业机械化效果的综合判断。

（8）第九章为本书研究结论和相关政策含义。

第四节 研究方法与数据资料来源

一、研究方法

结合研究内容，本书将从微观农户视角出发，采取文献分析与计量模型分析相结合的研究方法。具体而言，主要运用到如下研究方法：

1. 文献综述法

通过对国内外农业机械化与粮食产出之间的相关研究，特别是有关农业机械化对粮食产出或农业产出实证研究的梳理和总结，从中找到本书可以借鉴的方法或视角；更为重要的是，从文献中为本书提供理论依据与方法基础。

2. 计量模型分析法

通过计量分析方法对本书提出的假说进行验证，针对不同的研究假说（假说内容见本书第三章），具体计量方法如下：

（1）假说1：面板数据OLS估计。以农户粮食作物播种面积为研究因变量，以农业机械化（机械投入，如机械服务购买）为自变量，使用面板数据OLS估计法，分析农业机械化对粮食作物播种面积的影响。

（2）假说1a：面板数据Tobit估计。以农户粮食作物播种面积占农作物播种面积之比为研究因变量，以农业机械化（机械投入，如机械服务购买）为自变量，使用面板数据Tobit估计法，分析农业机械化对种植结构的影响。

（3）假说 2：面板数据 OLS 估计。以农户粮食作物单产为研究因变量，以农业机械化（机械投入，如机械服务购买）为自变量，使用面板数据 OLS 估计法，分析农业机械化对粮食单产的总效应。

（4）假说 2a：面板数据 Sfpanle 模型和面板数据 OLS 估计。使用面板数据 Sfpanle 模型，测算粮食生产技术效率与配置效率，然后使用面板数据 OLS 估计农业机械化对技术效率、配置效率的影响。

（5）假说 2b：面板数据 OLS 估计。使用面板数据 OLS 估计模型，测算出农业机械化对粮食单产的间接效应。

（6）面板数据 OLS 模型与面板数据 IV 模型估计。在测算农业机械化对粮食总产的综合效应时，本书采用了面板数据 OLS 模型与面板数据 IV 模型两种估计方式。

二、数据资料来源

1. 微观数据来源

全国农村固定观察点数据。全国农村固定观察点调查系统是 1984 年经中共中央书记处批准建立的，于 1986 年正式运行至今，其统计制度已经被国家统计局正式批准。目前，有调查农户 23000 个，覆盖 355 个行政村，样本分布在全国除港、澳、台以外的 31 个省（自治区、直辖市）。农村固定观察点系统的基本任务是：通过对固定不变的村和户进行长期跟踪调查，取得连续数据；通过对农村基层各种动态信息的及时了解，取得系统周密的资料，进而对农村经济社会发展进行综合分析，为研究农村问题、制定农村政策提供依据。

全国农村固定观察点农户调查表的内容包括人口、劳动力情况、土地情况、固定资产情况、农作物播种面积和主要农产品产量、出售农产品情况、购买生产、资料情况、家庭经营概况、家庭全年收支情况和全年主要食物消费量和主要耐用物品年末拥有量。以上数据都采用记账式的方式进行统计，数据具有真实可靠的特征，这对本书研究农业机械化与粮食生产之间的关系提供了较好的数据支撑。

2. 宏观数据来源

《中国统计年鉴》《中国农村家庭调查》《中国农村统计年鉴》《中国农村住户调查年鉴》《农产品成本收益调查资料》《中国县域经济统计年鉴》等。

第二章　文献综述

依据研究主题，本书将从农业机械化驱动因素、发展模式，粮食产业影响因素，以及农业机械化对农业经济的作用效果三个方面进行文献综述。通过文献梳理，旨在实现如下研究目标：第一，总结现有研究现状，为本书研究提供文献支撑，奠定本书研究基点；第二，指出已有研究缺陷与不足，提出本书的侧重点以及创新点。

第一节　农业机械化驱动因素、发展模式相关研究

围绕农业机械化的发展路径，学术界的研究集中体现在农业机械化的驱动因素以及发展模式这两个方面。

一、农业机械化驱动因素研究

已有研究主要从土地劳动价格比率变化、外部推动、农民收入以及土地经营规模、农机农艺结合程度等因素分析农业机械化的驱动因子。

1. 土地劳动价格比率变化与农业机械化

主流的观点认为，土地劳动价格比率变化是驱动农业机械化的核心因素。日本速水佑次郎（Yujzro Hayami）和美国弗农·拉坦（Vernonw Ruttan）（2000）对此进行了充分的论述。速水和拉坦理论的核心要点是，在市场经济条件下，农户将受要素价格变化的影响和诱导，而致力于寻找那些能够替代稀缺要素的技术选择。图 2-1 描述了农业机械化的诱导创新过程。横轴代表土地要素投入量，纵轴上部分表示劳动投入量，纵轴下部分表示机械投入情况。I_0^* 代表零期创新可能性曲线，它是一系列无弹性的单位等产量曲线的包络线。当成本曲线位于 BB 时，等产量曲线 Q_1 与 BB 相切于点 E_1，E_1 为生产均衡点。在此点上，土地、

劳动、机械实现了最优化组合。一般而言，土地与机械之间存在互补关系，可用图 2 - 1 中的直线 LM 表示。当劳动价格上涨时，成本曲线从 BB 位置变动至 CC。成本曲线 CC 与等产量曲线 Q_1 相切于 E_2 点，劳动投入从 E_1 点的 L_1 下降到 E_2 点的 L_2，机械投入从 M_1 增加至 M_2。也就是说，价格比率从 BB 到 CC 的变化引起了另一种技术的发展，例如，使用大规模机械或增加农业机械投入，并且通过技术变迁节约价格较高或相对稀缺的要素。

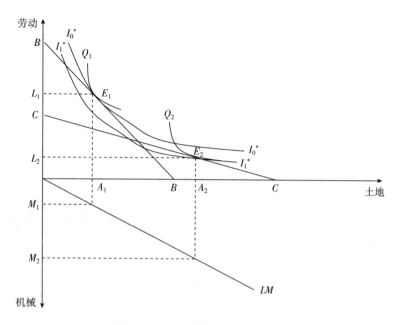

图 2 - 1　诱导的农业机械化模型

许多学者运用速水和拉坦的诱致性技术变迁理论，从价格比率变化的角度对农业机械化进行了实证研究。Binswanger（1986）系统总结了美国、法国、日本等发达国家以及菲律宾、印度等发展中国家农业机械化发展历程与特征，明确指出劳动力要素的稀缺程度是影响机械使用的重要因素，Binswanger 认为，农业机械化的发展方式与进度受经济系统中劳动与土地两大要素的影响，尤其是非农劳动需求以及农业产品需求的作用较为明显。Binswanger 通过数据类别分析指出，美国、法国、日本农业机械化发展之所以迅速，其根本原因是土地—劳动价格比率迅速上升，劳动力要素变得日益稀缺，从而诱使农户使用农业机械（Hayami and Ruttan, 1971；Binswanger and Ruttan, 1978）。Ohkawa（1974）通过对日本农业生产的观察发现，日本自第二次世界大战后工业化以来（20 世纪 50 年代后），水稻生产中插秧机的使用日益普遍，其根本原因也是农业工资大幅度上涨，从而出现了机械大面积替代劳动的现象。Pingali（2007）通过对水稻收割与脱粒两个生产环节的考察，也指出了工资变化对农业机械化的影响。Pingali 的观察发现，水稻收割与脱粒全程机械化经历了两个阶段：第一阶段，工资水平还较低，水稻收割以人力劳动为主，脱粒则以机械操作为主；第二阶段，随着农业工资的逐渐上涨，尤其是在用工高峰期时劳动力资源稀缺程度日益加剧，机械收割开始逐步兴起。

不过，上述论点大多还仅仅是理论分析和个案观察的结论，可能还缺乏普遍性与严谨性。近年来的实证研究再次表明价格比率变化是农业机械化发展的显著因子。Wang 等（2014）以中国为例，通过对农户面板数据的研究，指出实际的劳动工资上涨是中国农户农业机械投资以及农业机械化服务购买的重要显著因子，并且劳动工资对农业机械化的作用效果正在持续增强。Yamauchi（2014）以印度尼西亚的农户数据为例，研究表明农业实际工资上涨也是农户农业机械投资的显著因子，实证分析结果表明：随着农业实际工资的上涨，大农户会增加土地流入，并且增加对农业机械的投资；相反，小农户则会减少土地流入，并且减少农业机械的投入。

2. 外部推动与农业机械化

土地价格比率变化引发的农业机械化现象是由市场力量"无形的手"的使然，例如，美国、日本等国家农业机械化的发展路径，但也有的国家或地区的农业机械化是依靠外部力量"有形的手"推动的，例如，亚撒哈拉非洲地区与中国。

1945 年后，向亚撒哈拉非洲地区捐赠农业机械成为马歇尔计划中的一项内容，由此也开启了这些地区农业机械化序幕（Pingali，2007）。从 1945～1980 年，非洲国家农业机械化经历了三次发展高峰期，这三次都与外部力量的推动有关（Pingali et al.，1987）。第一次是 1945～1955 年，农业机械化推力主要来自马歇尔计划的捐赠；第二次是 1958～1970 年，这时期农业机械化的主要推力来自新兴独立国家如坦桑尼亚、埃塞俄比亚、加纳和科特迪瓦等的机械捐赠，这些国家对合作农场、国营农场或拖拉机租赁服务机构捐赠了大量的农用拖拉机；第三次是 1970～1980 年，尼日利亚、喀麦隆和刚果民主共和国等石油出口国对石油出口收益进行了再次分配，这些国家通过政府购买方式无偿向农民捐赠农业机械，或通过购机补贴信贷计划等方式资助农户购买农业机械。那么，为什么亚撒哈拉非洲地区的机械化发展路径没能遵循美国、日本等国家市场化的路径呢？Pingali（1987）指出，在这些地区农产品消费中进口比例大，国内生产仅占较小部分，农户耕种土地的面积也较小，农户层面缺乏机械替代劳动的激励。

外部力量推动也是中国农业机械化快速推进的重要因素。新中国农业机械化的发展历程大致可划分为四个阶段，每个阶段里政府的干预都成为农业机械化快速发展的重要原因（龙纪闻，2009）。1949～1980年是中国农业机械化创建起步阶段，在此阶段政府通过对有条件的社、农机站进行投资，增加对农机科研教育、推广的投入，形成了遍布城乡的农业机械支持保障体系，由此中国农业动力结构发生了重大改变，农业机械化获得了快速提升（莫江平，2007；龙纪闻，2009）。1981～1995年是中国农业机械化体制转换阶段，此阶段内国家改革农机所有制，允许农户购置农业机械，鼓励农户购买小型农业机械，形成了中国以小型农业机械为主的机械化发展格局（莫江平，2007；刘合光，2008；农业部农业机械化管理司，2008；龙纪闻，2009）。1996～2003年是中国农业机械化市场导向发展阶段，此阶段内国家从计划、科技、税收、财政、环保等多方面采取政策措施，引导和扶持农业机械化的发展，并且每年多部门联合推动农机跨区作业（莫江平，2007；刘合光，2008；农业部农业机械化管理司，2008；龙纪闻，2009）。自2004年至今是中国农业机械化依法促进阶段，这个时期内国家通过出台《中华人民共和国农业机械化促进法》，并且于2004年开启了农业机械购置补贴政策（以下简称农机补贴），尤其是农机补贴政策快速推进了中国农业机械化发展进程（莫江平，2007；刘合光，2008；农业部农业机械化管理司，2008；龙纪闻，2009）。

　　许多学者分析了农机补贴政策对中国农业机械化的促进效果。高玉强（2010）以2000～2006年全国30个省市区（不含西藏）的面板数据为基础，实证分析了农机购置补贴对农机总动力的影响，分析结果表明单位面积土地上的农机购置补贴每增加1%，单位面积土地上的农机总动力平均增长0.09%。陈林兴、方挺（2011）的研究指出，农机补贴政策提高了中国农机装备水平。在补贴政策的引导下，农户购买了先进适用、安全经济的农业机械，农机装备结构得到了优化，农机具数量与质量同步增长。从统计数据上来看，2007年全国农机总动力达到了7.6亿kW，比2006年增长4.7%，比政策实施前的2003年增长27.1%。何万丽等（2010）根据我国农机购置补贴政策实施的背景和现状，将其划分初步发展、快速发展和规模发展三个阶段，通过对不同阶段的分析，指出农机补贴政策快速地推动了中国农业机械化发展进程。陈湘涛、占金刚（2011）对农机购置补贴的实施效果进行了实证分析，指出补贴对农机总动力和主要农作物耕种收综合机械化率起到了显著的正向促进作用。周振、崔嵩（2015）通过2004～2012年全国省际数据的实证分析，研究表明2004～2012年，农机购置补贴对主要农作物耕种收综合农业机械化水平的边际效应至少为0.000087，即在同时期内平均每个省市区每增加1亿元的农机购置补贴资金，农作物耕种收综合机械化率（单位100）将增加0.87。还有的研究分析农机购置补贴对局部地区农业机械化的作用。孟俊杰等（2010）以许昌市为例，对农机购置补贴政策效应进行深入剖析，指出补贴政策对许昌市的农业机械化起到了两方面作用：一是产生了改善农机装备条件和结构，大型农机具数量明显增多，精量播种和多功能播种机械数量增长迅速，玉米收获机械取得了重大突破；二是提升了农业机械化水平，2009 年许昌市主要粮食作物耕种收综合机械化水平达到 65.0% 以上。姚晓兵等（2011）以杭州市为例，指出农机购置补贴政策对杭州市农业机械化的发展起到了如下作用：一是促进农机动力快速增长，优化农机结构，提升了农机作业水平，推进了水稻机械化育插秧技术应用，促使了油菜机收技术应用；二是促进了微喷滴灌设施及其技术应用，推广了茶叶生产机械化技术应用，加快了水产养殖、畜禽养殖和农产品产后处理装备设施及其技术应用。李新仓（2015）以福建省为例，指出农机补贴政策推动了福建省农业机械化进程，提高了农业生产力水平和综合生产能力。福建省农机购置补贴政策实施八年来，农机装备实现了质的飞跃，农户农机具装备实现了由低档次向高性能、由单一功能作业向多功能复式作业的转变；2012 年，福建省主要农作物耕种收综合生产机械化水平比 2005 年提高了 26 个百分点，达到 60.67%。

3. 农民收入与农业机械化

农民收入也是影响农业机械化的重要因子，许多学者对此进行了研究。农民收入直接影响着农民农业机械的购置行为，是农业机械化发展的内因（郝庆升，2001）。黄季焜、罗斯高（1996）及 McNamara 和 Weiss（2005）的研究都表明，农民收入水平的增加，将直接导致农业劳动成本上升，农户在农业生产中会采用劳动节约型技术来取代劳动投入，这就意味着农村经济的发展会增加农民对农机装备的需求。罗小锋、刘清民（2010）的研究直接指出，农村居民人均纯收入增长缓慢将会严重制约农业机械化的发展，研究表明当前我国农村居民人均纯收入的增加，相对于农业机械设备的销售价格还是有很大的差距。在农民收入水平还较低的前提下，农业机械化的前期资金投入问题，是促进农业机械化首先必须要解决的一大问题。

此外，许多研究分析了农民收入与农业机械化的相关关系。傅泽田、穆维松（1998）从宏观上分析了农业机械化发展的主要影响因素，实证分析指出，农民人均收入对拖拉机总动力的弹性系数为 0.48，即农民收入增长 1%，拖拉机总动力随之增长 0.48%。吴昭雄等（2013）根据 2000～2012 年湖北省农户农业机械化投资相关数据，对农户农业机械化投资行为影响因素进行研究。结果表明，农民人均纯收入对户均农业机械化投资均具有显著影响，对户均农业机械化投资的综合关联度达 0.7230，并且农民人均纯收入每增加 1 元，户均农业机械化投资平均增加 0.18 元。刘玉梅、田志宏（2009）从微观上探讨了农户收入水平对农机装备需求的影响，研究结果表明，农户家庭收入水平对农机装备的需求具有决定性的影响，收入水平较高的农户对农机装备的需求相对较高。王波、李伟（2012）基于诱致性技术变迁的视角，运用1990～2009年时间序列数据分析农村居民的工资性收入对农户采用农业机械决策的影响。结果表明，工资性收入对农户采用农业机械的决策具有显著效应，工资性收入增加，农业机械采用水平也会相应增加。

4. 土地经营规模、农机农艺结合程度与农业机械化

经营规模与农机工艺也是影响农业机械化的重要因素，许多学者对此展开了研究。

传统观念认为，土地规模化经营是实现农业机械化的必由之路（董涵英，1986），也是基本实现农业机械化的先决条件（"种植业适度规模经营研究"联合课题组，1987），更是推进先进农业机械技术采纳的重要手段（冷崇总，1996），因而家庭承包责任制下的小规模经营必然会阻碍农业机械的使用（白永秀，1997），是限制农业机械化推进的重要障碍因素（"种植业适度经营规模研究"联合课题组，1987；江苏省农经学会"规模经营研究课题组"，1988）。但是，近年来的实证研究却指出，在土地小规模经营的背景下依然可以实现农业机械化。侯方安（2008）通过对全国1983～2006年的时间序列数据的分析，发现农民人均耕地面积对农业机械化的发展构成显著的负向影响，这与许多学者一致认为的耕地细碎化不利于农业机械化的观点相反。侯方安（2008）进一步解释，就当前中国农业生产与农机动力现状而言，这一结论是具有现实意义的。一方面，农民购置农业机械，除生产季节使用以外，大部分时间机械是闲置的；另一方面，以小型拖拉机和农用三轮车为代表的农业机械还兼有生产交通工具的功能，这是中国农业机械的使用特色。这两点表明当前中国农业机械低水平重复投资的现象已然出现。曹阳、胡继亮（2010）基于全国17个省（区、市）的调查数据，分析了影响农业机械化水平的因素，研究表明土地集中并不会必然阻碍农业机械化，相反农业机械化也不需要以土地集中作为先决条件。这说明农业机械化与土地小规模承包责任制是相容的，在土地小规模经营的背景下依然可以实现农业机械化，目前中国农业机械化的重点是研究在小规模家庭的基础上如何推进农业机械化，而不是通过改变土地经营规模来实现机械化。刘凤芹（2003、2006）对家庭承包责任制下的农业机械化现象做了解释，研究指出，随着农村经济的发展，已出现了一批专门从事农业机械化服务的农户，这些农户通过供给农机社会化服务，使广大农户能够在"买不起农机的情况下，用得起农机服务"，从而促进了农业机械化的普及。刘凤芹（2003、2006）进一步指出，在当前走单纯的大机械化农场式的农业发展道路并不合适，大量的小农户以及小规模土地经

营的现象仍将长期存在，并且这种现实也并没有妨碍农业机械化的快速发展。刘凤芹（2003、2006）的研究隐含了如下观点，中国的农业机械化发展方向，不应是改变土地经营制度来适应农业机械化，而是改变农业机械化形式以适应土地经营制度。

农机农艺结合程度是影响农业机械化进程的重要技术因素。农艺是农业生产过程以及相应操作技术的总称，农机的出现就是为了提高农艺的效率。事实上，"农机要为农艺服务"既是一个最基本的理论问题，也是一个实践的问题；农机要为农艺服务，这是农业对农业机械最本质的要求，也是实现农业机械化的技术前提条件（黑龙江省农垦总局农机化管理局，2011）。当前中国的农业机械化水平还比较低，其中农机和农艺结合不够是重要因素之一（李世武功，2011；段亚莉，2011；李伟国，2013；梁建等，2014）。例如，在主粮作物上，一些地区的玉米收获难以机械化的原因就是农机与农艺两者不匹配造成的；棉花收获环节机械化率低，其根本原因也在于农艺不能适应农机技术的要求（孔祥智等，2014）。此外，如油菜机播和机收、马铃薯播种和收获、甘蔗收获、花生收获等，这些品种和环节的机械化水平低下的原因也是农机与农艺结合不够（梁建等，2014）。在农业机械化发展薄弱的山区地带，农机技术与山区农业生产技术也没能紧密结合，这也是导致山区农机化水平低于平原地区的关键因素（刘合光，2008）。于一灏等（2008）的研究指出，农业机械化技术只有在与耕作栽培制度、农艺技术相匹配和相结合的基础上，才能在农田基本建设、推进农业机械化上发挥重要作用，进而才能增强农业综合生产能力。李传友等（2014）以北京市玉米为例，指出了农机农艺结合不够对玉米机械化的影响，研究表明要抓紧完善适应机械化作业的种植技术体系，制定科学合理的玉米农艺标准和全程机械化作业标准规范，以此攻克玉米机械化中的薄弱环节，推进其全程机械化。大量的研究都表明，促进农机与农艺结合或融合是推进当前中国农业全面机械化的关键（沈建辉，2006；宗锦耀，2012；李安宁，2012；张梅、朱广文，2013）。

二、农业机械化发展模式研究

1. 三种农业机械化发展模式

由于各国土地资源禀赋不同，农业机械化发展模式也不尽相同。从文献来看，根据农户经营土地规模，以及农业机械的所有权情况，农业机械化发展模式划分为如下三种情况：

第一种农业机械化发展模式。农户土地经营规模比较小，每家每户都购置小型农业机械，农业机械自有自用。孟加拉国、日本、韩国等国家的农业机械化就是这种模式（Diao，2012；Fallsk、刘学彬，1986；金瑛、韩研，2002；易中懿、曹光乔，2005）。

第二种农业机械化发展模式。农户土地经营规模较高，农户购置的农业机械均为大中型机械，农业机械也是自有自用。印度、美国、加拿大等国家的农业机械化形态属于这种模式（Diao，2012；黎海波，2006a、2006b；熊波，2010；常晓莲，2014）。

第三种农业机械化模式。农户土地经营规模较小，专业农机手购置农业机械并向农户提供农机社会化服务，普通农户购买农机服务，这种农业机械化模式的典型特征是"农业机械他有，农业服务自用"，中国的农业机械化就是此种模式（宗锦耀，2008；孔祥智等，2015）。

围绕不同的农业机械化发展模式，学者对此进行了解释。宗锦耀（2008）比较分析了中国与美日等发达国家的农业机械化发展模式，对这三种发展模式并存的现象进行了解释。宗锦耀的分析指出，美国、加拿大、澳大利亚等国家劳均耕地多，农户农机购置投入能力很强，因而走的是大面积农田配套大型机械的大规模机械化道路；虽然日本劳均土地规模仅有37.5亩，不及美国，但是农户农机购置投入能力也较强。因而这些国家的农业机械化模式为每家每户都购置农业机械，农业机械均为农户自有自用，并且仅为自家农业生产服务，这种农业机械化模式属于典型的资金与技术密集型。但是对于中国而言，人多地少是我国的基本国情农情，人均耕地面积仅有1.35亩，劳均耕地面积也不过6亩，这些基本情况决定了我国无法走上大、中规模机械化的道路；同时，我国农民收入水平低，自我积累能力还很弱。首先是每家每户购买农机买不起，其次是也不经济，因而决定了我国无法走美日式的机械化道路。但是，随着劳动力工资上涨，农户对农业机械的需求日益增加，为此以提供农业机械化服务的个体或组织逐步出现（Pingali，2007），也就形成了如同中国式的"农机手供给农机社会化服务，农户购买服务"的农业机械化发展模式。除中国之外，还有加纳（Houssou et al.，2013）、尼日利亚（Owombo et al.，2012）等地的农业机械化模式也是如此。

此外，还有的学者对"农机合作、农机共享"现象进行了分析。"农机合作、农机共享"的机械化模式更接近于第一种农业机械化形态，但是也有其自身的特征。Artz等（2010）、Olmstead和Rhode（1995）指出，这种机械化形态主要出现在小型农场之间，农机合作、共享的目的是节约农机购置成本。现有的研究指出，这种方式的优势体现在两个方面：一是能使更多的农户接触到专业、高效的机械（Andersson et al.，2005）；二是减少投入、节约成本。De Toro和Hansson（2004）通过对6个农场的研究，就指出"机械共享"在劳动力投入、专业机械投入以及时间上节约了成本，总成本节约程度达到了15%；长期而言，在大型农业机械投入上的成本节约程度达到了50%以上。还有的学者指出"农机合作、农机共享"能实现农业机械在使用上的规模效应,能促进先进的生产方式、技术在机械合作中得到传播,并且还建立了农户间风险共担的合作机制(Gertler,1981;Gertler and Murphy,1987;Groger,1981;Harris and Fulton,2000a、2000b;Nielsen,1999;Samuelsson et al.,2008)。

2. 中国农机社会化服务

农机社会化服务是中国的农业机械化模式的核心内容,许多学者对此进行了深入的研究。

(1)分析农机社会服务的运行机制。农机社会化服务运行机制可概括为农机手跨区作业,普通农户购买农机化服务。王波等(2005)分析了跨区作业的可行性,由于我国地域辽阔,地区间的气候差异大,农作物成熟期存在较大的时间差(南方作物先于北方作物成熟),于是从南至北的跨区作业得以实现。农业部农业机械化管理司(2008)的研究道出了我国跨区作业的起源:20世纪90年代中期,我国北方地区一些农机手在南北地域间小麦成熟时间差中寻到了商机,从南至北沿途为农户机收小麦,由此拉开了中国农机跨区作业的序幕。此举迅速得到了国家的肯定与支持。此后,农业部门几乎每年都组织农机跨区作业动员大会,并出台相应的优惠政策推动农机跨区作业。

李伟毅等(2010)对跨区作业的运行机制进行了深入的分析,李伟毅等指出,跨区作业缘自农机服务者为获取机械化作业产生的利润以及农业生产者为提高劳动生产效率,在市场力量的支配下自发形成的一种新型农业机械化模式。不少学者以个案的形式对跨区作业进行了描述性分析。Yang等(2013)以江苏省沛县为例,细致分析了当地农机手跨区作业的全过程。曹光乔等(2007)调查了冀、鲁、豫、苏、皖五省的农机夏收跨区作业,分析了农机大户的自身特征和经营状况,并总结了影响农机大户参与跨区作业的主要因素。

(2)分析农机社会化服务的实践效果。农业部农业机械化管理司(2009)指出,以跨区作业为主要形式的农机社会化服务是我国农民继家庭联产承包责任制后的又一创举,农机社会化服务加快了农业机械化的发展,保障了农业丰产丰收、支持了农村劳动力转移以及促进了农民增收。许多学者对农机社会化服务的成效进行了具体分析。

1)加快了农业机械化发展。Yang等(2013)透过中国农机跨区作业现象,回答了在耕地规模小、土地细碎化的情况下,中国农业机械化水平快速上升的原因。研究指出,随着农机服务组织数量、规模的扩张,农机化服务迅速发展,使小地块经营农户能够通过购买农机服务从而实现生产的机械化。杨大伟等(2009)以小麦为例,指出跨区作业对小麦机械化的促进作用功不可没。

2)保障了农业丰产丰收。农业部(2010)指出,由于农业机械化有利于完成人、畜、力无法达到的作业效率和作业质量，起到了"抢农时、防灾害、促丰产"的效果，这就保障了重要农时粮食生产得以顺利进行。近年来，黄淮海小麦玉米一年两作地区，正是由于跨区作业的深入开展，机收与机种同时进行，从而使两作接茬的收、种环节的作业时间缩短了 10~15 天，"三夏"变成了"两夏"，减少了套种，实现了平作，既简化农艺又节本增效。实践证明，没有农机社会化服务，大范围的农业抢收抢种工作是难以完成的，也无法保障粮食生产。

3）支持劳动力转移。李伟毅等（2010）的研究指出，中国农机跨区作业单就小麦机收而言，可使超过 1 亿农村劳动力从繁重的收获劳动中解脱出来。国内许多学者的实证分析都表明，农业机械化与农村劳动力转移之间存在显著关系（李小阳等，2003；于清东、李彩霞，2007；卢秉福，2014）。

4）促进了农民增收。农机社会化服务对农户的增收作用主要是通过转移劳动力、非农就业实现的。纪月清、钟甫宁（2013）的实证研究表明，非农就业与农户农机服务利用之间显著相关，这反映了农机社会化服务对农户非农就业的支撑作用。

（3）关于推进农机社会化服务发展策略的研究。已有研究从不同角度提出了推进农机社会化服务的发展策略，总体而言有如下建议：

1）健全和完善农机社会化服务发展的法律法规建设，应在《农业机械化促进法》法律框架下，尽快出台涉及农机各方面的细节法规，健全和完善农机社会化服务法律法规体系（杨敏丽、李安宁，2007）。

2）完善教育培训体系，提高农机从业人员素质，以现有的农业机械化教育培训体系为依托，通过增加投入，强化基础设施建设，不断改进和完善培训手段和设施，增强培训能力和效果（江宝庆，2009；陈永潮，2011；王波、张崎静，2014）。

3）切实解决农机服务组织和农机户面临的实际问题，例如，农机停放的地点问题，通过调整农业用地政策，给予农机服务组织和农机户政策上的优先优惠（王波、张崎静，2014；孔祥智等，2014）。

4）大力培育与发展农机合作社，农机专业合作社是农机手的联合组织，有利于提高农业机械作业效率、农机手技术水平和农机手的收益水平，尤其是对于跨区作业，合作社相对于单个农机手，在作业信息的有效性、作业量、作业效率、经济效益等各个方面都具有明显的优越性。因此，引导和规范农机合作社的发展，是今后农机化政策的一个重要着力点（周文兵等，2009；张开伦，2013；孔祥智等，2014）。

5）逐步建立农机作业补贴工作机制，尤其注重对机械深耕、机械深松、机械植保、保护性耕作、农田机械节水灌溉、机械秸秆还田、秸秆捡拾打捆等机械作业的补贴，以此促进农机服务组织发展并推进农业机械化（邵滢，2012；李强，2012；孔祥智等，2015）。

6）建立金融信贷对农机服务组织和农机户的支持机制，通过金融手段鼓励他们购置先进适用机械，扶助他们发展壮大（陈小华、陈再华，2014；孙爱军等，2015）。

7）引导工商资本投入，建立粮食生产全程机械化生产合作社或服务组织（陈敏志，2006；马礼良等，2006；王永鸣，2008）。

第二节 粮食产出影响因素研究

影响粮食产出的因素较多，结合本书的特点，将从如下四个方面对现有文献进行梳理：

一、劳动力转移与粮食产出

关于劳动力转移与粮食产出之间研究，当前学术界主要集中于讨论劳动力转移对粮食产出的作用效果。从研究结论来看，已有文献对劳动力在粮食产出上的作用效果的看法不一致：一种观点认为，劳动力转移威胁到了粮食的生产；另一种观点却认为，劳动力转移并未对粮食产出造成负面影响。

1. 农村劳动力转移会降低粮食产出

持有该观点研究者的基本思路主要表现在如下两个方面：

（1）认为农村劳动力转移导致农业生产劳动力不足，出现耕地摞荒，从而威胁粮食产出。朱镜德（2003）的田野调查明确指出，农业劳动力大量转移致使耕地大规模摞荒，耕地资源利用不足的现象已普遍存在，现已成为威胁粮食安全的重要因素之一。周昇、胡靖（2008）在对中国广东省的实地调查中，也发现了农业劳动力转移后耕地大量摞荒的现象。程名望、阮青松（2010）以中国1978～2008年的时间序列数据作为分析样本，他们的研究指出，随着农村劳动力大量转移到非农产业或城镇领域，农户耕种土地的积极性严重下降，农地荒芜的现象日益严重，这种现象已然影响了中国的粮食安全。范东君、朱有志（2012）运用1990～2009年的统计数据，构建了一个现代产业与传统农业存在报酬差异的两部门模型来分析农业劳动力流动机制与粮食产量之间的关系，实证分析也表明农业劳动力外流引发了耕地摞荒，进而威胁到粮食产量的增加。洪传春等（2014）指出，劳动力转移致使老人农业现象日益严重，老人农业现象的日益深化会导致土地撂荒或变相撂荒，例如，降低复种指数、减少田间管理等。Lipton（1980）还从劳动力转移—工资寄回—闲暇增加—耕地撂荒的角度分析了农业劳动转移对粮食生产的影响，研究认为，农村劳动力转移使家庭增加了一份工资性收入，通过工资寄回的方式使农户收入增加，从而也使农户消费更多的闲暇，进而易导致耕地撂荒。

（2）认为优质劳动力大量转移，会导致老人、女性的农业劳动时间增加，而老人、女性的劳动生产效率一般低于男性，从而降低了粮食生产效率，导致粮食生产产出不足。Chang 等（2011）分析了中国健康与营养调查数据，研究指出，劳动力转移大幅度地增加了留守儿童和老人用于农业生产的时间，女性的农业劳动时间显著地高于同等条件下的男性劳动时间。庞丽华等（2003）、李琴、宋月萍（2009）的研究也表明劳动力转移增加了女性与老人的农业劳动供给。许多学者认为，女性与老人农业劳动供给的增加会导致农业产出降低。盖庆恩等（2014）基于 2004～2010 年全国农村固定调查点山西、河南、山东、江苏和浙江的面板数据，研究了劳动力转移对中国农业生产的影响。实证研究测算出了各类型劳动力在农业生产中的效率，研究指出男性、女性、老人和儿童的生产效率之比分别为 1.00∶0.76∶0.71∶0.57。进一步地，盖庆恩等指出，男性和壮年女性的转移不仅会提高农户退出农业的概率，增大农户耕地流出率，而且还会降低农业产出增长率。徐娜、张莉琴（2014）以 2009 年农村固定观察点数据为依据，采用柯布—道格拉斯生产函数研究了劳动力老龄化对农业生产效率（粮食作物与经济作物）的影响，测算结果表明，老龄劳动力的生产效率明显较低，老龄农户不仅主要生产要素的边际产值低于非老龄农户，而且耕种面积以及其他各生产要素的投入水平也均低于非老龄农户，这说明农业老龄化严重制约了我国农业的发展。杨志海等（2014）基于粮食主产区农户调查数据，运用 DEA-Tobit 模型研究了农村劳动力老龄化对农业生产技术效率的影响，实证结果表明，劳动力老龄化对农户综合技术效率、规模效率均具有显著的负向作用。Rozelle 等（1997）以中国河北、辽宁 787 户农户为研究样本，实证分析指出，农业劳动力转移对小麦产出产生了显著的负向影响。秦立建等（2011）以农户微观数据为研究样本，采用随机前沿生产函数研究了劳动力转移对农户粮食生产的影响，研究表明劳动力的非农转移减少了农户的农业生产投工量，显著地降低了粮食生产效率，这表明中国的农业发展已经处于后刘易斯转折点阶段。纪志耿（2013）的分析指出，农村劳动力老龄化所创造的粮食丰产在很大程度上是源于现代农业发展中资本对土地和劳动的替代，源于不可再生能源对可再生自然资源的替代，因此，农村劳动力老龄化引发的粮食供给安全问题仍然非常严峻。范东君、朱有志（2012）、范东君（2013）的实证研究也表明，有效劳动力对中国粮食产出仍然具有显著的正向影响，因此，过多的劳动力外流是不利于粮食产出的。

2. 农村劳动力转移不会降低粮食产出

持这种观点的研究中，最有影响力的当属贺雪峰（2012）提出的"老人农业有效"的观点。贺雪峰认为，劳动力转移带来的老人农业并不会对农业生产形成较大的负面影响，相反中老年人完全有能力种好自家的承包田，且从粮食生产来看，农业特别适合家庭经营的规律在老人农业上表现同样明显：中老年人完全可以在农业生产中利用空闲时间使农副结合，将农业生产视为生活的一部分，他们具有以粮食生产为基础的、农副结合的、农业生产的、机会成本很低的优势，事实上他们具有很高的劳动生产率。贺雪峰进一步指出，随着农业机械化的发展，劳动力转移并不会导致耕地撂荒，老年劳动力完全可以通过购买农业机械化服务从事粮食等大田作物的生产。由此可见，贺雪峰的分析直接驳斥了"农村劳动力转移会降低粮食产出"的两点重要论点：劳动力转移会导致耕地撂荒与降低粮食生产效率。也有的学者得出了与贺雪峰同样的研究结论。

（1）劳动力转移并不会导致耕地撂荒。正如上文所述，持"劳动力转移导致耕地撂荒"观点的学者的分析逻辑是，劳动力转移导致农村劳动力不足和劳动力老龄化或女性化，进一步出现了耕地撂荒。然而，许多学者的实证研究表明，这种作用机制并不必然存在。杨俊等（2011）的实证研究表明，农户主要劳动力年龄的增加对其耕地利用效率的影响呈现倒"U"形趋势，这表明中年劳动力的土地利用效率最高，而青壮年劳动力的土地利用效率反而低于老年劳动力的农户，因此，还难以说对农业劳动力老龄化的第一种担心是必要的。许多学者的进一步研究发现，随着农村土地流转市场的发育，劳动力转移并不一定就会导致耕地撂荒。曹利平（2009），黄祖辉、王朋（2008），北京天则经济研究所《中国土地问题》课题组（2010），江淑斌、苏群（2012）的研究都充分说明了这一点，这表明劳动力转移并不会必然导致耕地撂荒。

（2）劳动力转移不会降低粮食生产效率。事实上，许多研究表明劳动力转移并不会降低粮食生产效率，反而会提高粮食的产出。Ahituv 与 Kimhi（2002）的实证研究表明，农村劳动力转移增加了农业的资本投入，提高了劳动的生产效率，有利于增加中国粮食产出。李实（1999）的研究也认为，当一部分劳动力流出后，其余劳动力从事农业劳动的边际生产率就会相应提高。这是由于中国农业生产长期处于劳动力内卷化状态之中（黄宗智，2000），农村劳动力外流缓解了粮食生产的内卷化现象（王跃梅等，2013），因而有助于提高粮食生产效率。另外，劳动力转移后形成了农业老龄化现象也并不一定会造成农业生产效率降低。林本喜、邓衡山（2012）利用浙江省农村固定观察点样本数据，分析了农业劳动力老龄化对土地资源利用效率的影响。研究表明，农户主要劳动力的年龄情况对土地利用效率不存在显著影响，研究认为，担心农业劳动力老龄化带来农业危机的必要性不大。胡雪枝、钟甫宁（2012）的研究给出了为何劳动力老龄化不会降低粮食生产效率的原因，他们认为，随着农业机械化外包服务的普及，老年农户与年轻农户在粮食作物种植决策上没有明显差别，老年农户的小麦、玉米和大豆除水稻外种植比重并不比年轻农户低，老年农户与年轻农户在粮食作物种植中的主要要素投入水平也没有明显不同。Koppel 和 Hawkins（1991）从三个方面阐述了农村劳动力流出对粮食生产的有利影响：一是农村劳动力流出有利于土地整理，进而推进农业机械化，提高粮食生产效率；二是农村劳动力外出务工通过工资寄回方式，可以增加农业资本投入；三是务工回流人员从城镇带回了较为先进的技术，对提高粮食生产效率，提升产量均具有促进作用。许多学者的实证研究也表明了劳动力转移并不会导致粮食产出下降。例如，刘亮等（2014）利用县级和农户面板数据研究发现：第一，即使在 2010 年，农村劳动力转移对粮食总产量的影响并不大，对主产区粮食总产量的影响更小，这是因为主产区农户会通过增加其他要素的投入来替代劳动力投入的减少；第二，劳动力转移对主产区和非主产区农户的粮食生产行为的影响以及对主要粮食作物和次要粮食作物的影响都有所不同。实证分析的最终结果表明，农村劳动力转移尚未严重威胁到粮食安全。蔡波等（2008）通过对江西省微观农户的调查数据，分析了农村劳动力转移对粮食主产区粮食生产的影响，研究表明当前农村劳动力转移的规模和速度，从短期来看，还没有对农业及粮食生产产生不利影响。程名望等（2013）采用中国主产区 11 个省份 2001～2010 年的面板数据，基于扩展的柯布—道格拉斯生产函数，实证分析了中国农村劳动力转移和粮食生产的关系，研究也表明农村劳动力转移并没有对中国粮食主产区的粮食生产产生显著影响。

二、农业政策与粮食产出

农业政策对中国粮食产出的影响较为深远。自 2004 年至今，中国连续出台了十多个涉农的中央一号文件，这些文件通过不同的政策方式对中国粮食增产起到了重大贡献（孔祥智等，2013）。其中，农业"四补贴"、农业"税减免"等政策的相继出台也对粮食生产起到了巨大的促进作用。为此，本书将从农业税减免，农业补贴这两大类政策为出发点，梳理农业政策与粮食产出之间的有关文献。

1. 农业税减免与粮食产出

农业税减免是否起到了粮食增产作用，现有文献对此存在争议。

第一种观点认为，农业税减免能促使粮食增产，其理由认为：一方面，农业税减免能激励农户增加粮食生产中土地的投入；另一方面，农业税减免相对增加了农户的收入，有利于农户扩大粮食生产中的资本投入。

（1）农业税减免与土地投入。例如，邹伟等（2008）对全国14省25县（市）496农户调查数据的分析，研究了免征农业税对农户土地利用行为的影响，结果表明，免征农业税后大多数农户在扩大土地利用规模、增加土地投资、进行土地改良、减少抛荒（撂荒）、提高农业知识和技能等方面总体意愿大为增强，农户土地投入明显增加，这些意愿与行为的变化都有利于粮食的产出。温铁军（2006）的调查研究也发现，随着农业税费的减轻或减免，农民种粮的积极性有所提高，相比税费改革之前的耕地撂荒现象几乎完全消失。陈志刚等（2013）指出，农村税费改革对农业土地利用的影响主要体现在农户行为响应产生的引致效应上，实证分析表明，无论是农业税的取消还是财政支农政策的加强都对农业土地利用规模的扩大产生了显著的正向影响。王辉（2015）基于2000～2012年省级面板数据和动态面板的系统GMM方法，实证研究了税费改革对稻谷、小麦和玉米作物播种面积和单位面积产量的影响，研究结果表明：2000～2006年实施的税费改革对粮食生产具有显著的推动作用；分阶段的研究结论显示，税费改革第一阶段（2000～2003）的政策效果并不显著，税费改革对粮食生产的刺激作用主要体现在改革的第二阶段。周振等（2014）在分析粮食直补对农户种粮积极性时，以虚拟的农业税作为控制变量，实证结果显示，农业税减免对农户扩大粮食播种面积具有显著的促进作用。

（2）农业税减免与资本投入。顾和军、纪月清（2008）使用2001～2006年江苏省句容市农户调查数据，分析了农业税减免政策对农户化肥投入行为的影响，实证结果表明，农业税减免对农户化肥投入具有显著的促进作用，不过这种促进作用还远小于产品价格、要素价格对粮食生产资本投入产生的负面影响。Bai等（2011）使用2002～2006年全国农村固定观察点数据分析了农业税费改革对农户生产投资的影响，研究结果表明农户逐渐把所节省的税费支出从消费转向了投资，增加了对生产的投入。吴海涛等（2013）基于农户面板数据的研究，实证结论表明税费改革能增加农户粮食生产中的固定资产投入。

第二种观点指出，农业税减免并不能增加粮食产出。大量的文献指出，农业税减免对粮食产出的作用效果并不显著。例如，王跃梅等（2013）在研究农村劳动力外流对粮食生产的影响时，选取以虚拟变量表示的农业税改革作为影响粮食生产的控制变量，实证结果表明农业税改革对粮食生产的影响并不显著。王姣、肖海峰（2007）基于河北、河南和山东省5个县340户农户数据的实证研究也指出，农业税减免对农户粮食播种面积的影响并不明显，因此，农业税减免对农户增加粮食生产土地投入的作用机制可能并不存在。此外，秦华、张成士（2006）的调查研究还指出，自农业税全面减免以来，尽管农户可支配资金的确增加了，但是农户对农业的资金投入却并没有相应地增加，农业抵抗自然灾害的能力依然很弱，威胁粮食安全生产的因素仍然存在。还有的学者指出，农业税减免后会对粮食生产带来新的不利因素。从表面上来看，农业税减免能减轻农民负担，增加农户农业生产资金，实际上农民负担会出现反弹（陶然等，2003）。这是因为农业税减免后给县级政府财政收入冲击较大，可能进一步加剧了县级政府的财政困难，从而导致地方政府公共服务投入不足（Wang，2008；周黎安、陈祎，2015）。当县级政府出现财政危机后，可能以各种理由加重对农民的收费，农民负担可能会不降反升，"黄宗羲定律"可能再次出现（陶然等，2003）。也就是说，农业税减免并不一定能增加农户在粮食生产中的资本投入。有的学者通过进一步的调查研究指出，农业税减免后许多地方在农业基础设施投入上的确出现了困境。例如，申端锋（2011）通过对湖北沙洋、宜都、南漳三县的调查研究，发现税费改革后农田水利建设严重滞后，基层农田水利设施与管理陷入困境。周批改、徐艳红（2008）也指出，取消农业税后地方财政实际用于农业发展的投入很少，基层农田水利等基础设施的投入也相继减少。综上分析，认为农业税减免不能增加粮食产出的研究理论逻辑可概括为如下两方面的作用机制：一是农业税减免导致县级政府财政收入减少，政府公共投入降低，农民公共品投入负担增加，农民农业投入资金减少；二是政府因财政收入减少，农业基础设施投入减少，粮食生产面临基础设施投资不足的困境。

由此可见，探讨农业税减免政策对粮食生产的影响，仍需要进一步的深入研究。

2. 农业补贴与粮食产出

以种粮直补、良种补贴、农机购置补贴和农资综合补贴为内涵的农业补贴是当前中国农业补贴制度中的重要内容，许多学者分析了"四补贴"对粮食生产的影响。从补贴内容而言，种粮直补、良种补贴、农资综合补贴与农户的种粮行为直接相关，是面向全体农民的补贴；而农机购置补贴则不同，它仅仅是对购置农机的农民的一种补贴。学术界在探讨农业补贴对农业产出的影响时，往往将农机购置补贴与其他"三补贴"进行分述。本书也沿袭了这种习惯，分别综述"三补贴"、农机购置补贴对粮食生产的影响。

（1）种粮直补、良种补贴和农资综合补贴对粮食产出的影响。学术界对种粮直补、良种补贴和农资综合补贴在粮食产出上的作用效果看法不一。

一种观点认为，补贴政策提高了农户的种粮积极性，有利于粮食产出。陈慧萍等（2010）使用2004～2007年的省级面板数据的研究表明，粮食补贴政策对粮食产量有显著的正向作用，并且补贴政策通过影响粮食播种面积与农业资本投入两个渠道对粮食产出发挥作用。吴连翠、蔡红辉（2010）基于安徽省的421个农户调查数据的研究发现，粮食补贴政策起到了显著的激励农户种植粮食的作用，实证结果显示亩均补贴提高 1%，农户粮食播种面积将增长 0.112%。王欧、杨进（2014）利用 2011~2012 年农业部农村固定观察点的数据分析了农业补贴对农户粮食生产的影响，研究结果表明，农业补贴对粮食产量、播种面积和资本投入都有显著的正向影响，这说明农业补贴对粮食生产的确发挥了正向作用。周振等（2014）运用 2003~2010 年全国农村固定观察点数据，使用面板 Tobit 模型以及面板数据分位数估计的方法研究了粮食直补与农户粮食播种面积间的关系，研究表明粮食直补有力地提高了农户粮食播种面积，并且指出与粮食种植面积相挂钩的补贴方式对农户种粮积极性的激励作用要明显大于脱钩的补贴方式。此外，周振等（2014）的研究也指出，种粮成本对农户种粮积极性的抑制作用要远大于当前粮食直补的促进作用，并且粮食直补的激励作用正在逐渐弱化。

另外一种观点却认为，补贴政策并没有调动农户的种粮积极性。例如，马彦丽、杨云（2005）通过 373 个农户的调查数据，对比补贴前后农户的粮食种植面积，发现补贴的影响微乎其微。Gale 等（2005）最早使用宏观统计数据分析粮食直补的政策效果，他们的结论表明，粮食直补对农户的粮食生产几乎没有产生作用。Heerink 等（2006）采用江西省两个村庄的数据，使用 CGE 模型测量粮食直补政策对农户种粮行为的影响，模型的结果也显示出粮食直补依旧没有调动农户的种粮积极性。不过以上这些研究多局限于某一个区域的小样本分析，后 Huang 等（2011）、黄季焜等（2011）弥补了这一研究空白，他们使用中国 6 省份随机抽样调查所获得的 1000 多份的两期农户样本，通过两期样本的差分值进行多元线性回归，他们的研究仍然表明农户的粮食播种面积与粮食直补并不相关。Huang 等（2011）、黄季焜等（2011）进一步指出，由于农业补贴在执行中与农户土地承包地相挂钩，而并不是与播种面积相挂钩，补贴流入土地成本者而不是粮食种植者，因而政策的目标效果并没有达到。还有一些学者的研究也显示出粮食直补对农户的粮食生产没有起到促进作用（王姣、肖海峰，2006；杜辉等，2010；江喜林、陈池波，2013）。

（2）农机购置补贴与粮食产出。目前，有关中国农机购置补贴政策与粮食产出之间的文献研究还很薄弱，不过研究结论都认为，农机购置补贴政策有利于粮食增产。已有的文献有：例如，高玉强（2010）对农机购置补贴与财政支农支出传导机制的有效性进行了实证研究，测算出了农机购置补贴对土地生产率的弹性系数；洪自同、郑金贵（2012）通过农户层面的微观数据分析了农机购置补贴政策对农户粮食生产行为的影响，实证结果表明补贴政策有利于农户扩大粮食种植面积，不足的是洪自同、郑金贵（2012）对农机购置补贴的衡量采用的是农户主观评价的测量方法，缺乏客观性。王姣、肖海峰（2007）在河北、河南和山东省五个县 340 户农户调查数据的基础上，实证分析了农机购置补贴政策对粮食产出的影响，实证结果显示农机购置补贴政策对各自规模农户的粮食产量均具有正向影响作用。

三、化肥投入、技术进步与粮食产出

化肥要素投入与农业技术进步是当下粮食增产的两大重要因素，学术界对此也进行了大量的实证研究。学术界最为关注的是化肥要素投入、农业技术进步对粮食产出的贡献分析。

1. 化肥投入与粮食产出

关于化肥投入与粮食产出之间的文献，主要集中于分析化肥施用量在不同区域、不同时间段对粮食增产的作用效果。陈同斌等（2002）根据 1990~1998 年的全国县级化肥施用量与粮食产出数据，分析了不同年份粮食单产与化肥施用量之间的关系，测算结果表明单位化肥的粮食产出率主要集中在 10~30kg/kg，化肥利用率大多集中在 15%~35%。黄季焜等（1995）以 21 个水稻生产省 1984~1990 年数据为基础，估计了水稻产出的影响因子，实证结果显示南方稻区水稻单产的化肥施用弹性为 0.0982，而北方稻区的化肥施用弹性为 0.2080。张利庠等（2008）基于 1952~2006 年 30 个省市的面板数据，通过五阶段的划分，研究了不同阶段化肥施用量对粮食增产的作用效果。研究表明化肥施用量对粮食增产的正向促进作用一直保持到近期才变得不显著，并且化肥施用量对粮食产量的弹性先增加后减少，而且单位质量化肥施用产生的实际粮食产量增加量逐年递减。徐浪、贾静（2002）测算了 1978~2001 年化肥施用量对四川省粮食产出的贡献率，测算结果表明，化肥施用量对粮食产出的贡献率随时间推移呈现抛物线的发展趋势。徐卫涛等（2010）的研究指出，我国大多数省级地区的粮食产量与化肥施用量关系处于耦合状态，粮食生产对化肥的依赖程度很高。房丽萍、孟军（2013）测算了 1978~2010 年化肥投入对粮食产量增长的弹性，弹性值为 0.18，化肥投入对粮食的增长贡献率高达 20.79%。王祖力、肖海峰（2008）测算了 1978~2006 年化肥投入对粮食产量增长的弹性值与贡献率，测算结果与房丽萍、孟军（2013）的稍有不同，王祖力、肖海峰（2008）的测算结果认为，化肥投入对粮食产量增长的弹性为 0.20，化肥投入对粮食增长的贡献率为 56.81%。

不过，也有学者对化肥施用量在粮食持续增产的作用提出了异议。郭胜利等（2003）结合世界各地长期试验的资料，指出施肥可以使小麦和玉米产量维持一定的高水平；但是对于水稻，施肥短期内能提高产量，但是从长期来看，维持长久增产却较为困难。曾希柏、李菊梅（2004）的研究表明，在现有生产力水平下，中国高施肥量地区化肥施用的增长空间仅为 167.4 万吨，单位面积平均为

35.6 千克/亩；中施肥量地区为 467.1 万吨，单位面积平均 64.0 千克/亩；低施肥量地区为 292.2 万吨，单位面积平均 82.6 千克/亩；中国化肥施用的增长空间为926.7 万吨，单位面积平均为 59.6 千克/亩，中国化肥平均施用量在现有基础上还有 22.3% 的增长空间。进一步计算高、中、低施肥量地区化肥利用率与单位面积化肥施用量的相互关系，结果表明，随着单位面积化肥施用量的增加，相对应的化肥利用率正在逐渐下降。张利庠等（2008）的研究也指出，近年来化肥对粮食增产的作用效果不再显著。武兰芳等（2003）通过统计资料、农户调查和田间试验，对黄淮海平原藁城市粮食产量与化肥投入的关系进行了研究，研究结果表明，虽然总体上粮食产量与化肥投入依然表现出显著的正相关关系，但是化肥在施用中存在极不合理与平衡的现象，增施化肥已不再是粮食增产的主要措施。鲁彩艳等（2006）在分析化肥施用量对黑龙江省黑土区近 50 年粮食产量的贡献率时指出，化肥的施用是能促进粮食产量的增加，但化肥对粮食生产的贡献率是逐渐下降的，例如，黑龙江省每千克化肥生产的粮食数量平均由 20 世纪 70 年代的 15.7 千克下降到目前的 9.3 千克，海伦市由 20 世纪 70 年代的 34.7 千克下降到目前的 8.4 千克。

2. 技术进步与粮食产出

技术进步无疑是粮食增产的重要因素之一。实践经验表明，每一轮科学技术革命都有效地提高了粮食产出水平（瞿虎渠，2010）。黄季焜和 Rozelle（1993）在分析水稻增长潜力时，测算了技术进步和要素投入对粮食单产的贡献率，研究指出，技术进步是水稻生产力增长的原动力。大量的研究对此进行了实证并且测算了技术进步对粮食增产的贡献度。如魏丹、王雅鹏（2010）运用主成分回归模型测算了 1990～2008 年技术进步对小麦、稻谷、玉米三种主要粮食作物的贡献率，测算结果表明技术进步对小麦、稻谷、玉米增产的贡献率分别为 24.48%、3.38% 与 14.54%。党夏宁（2010）根据索洛余值法测算出 1991～2008 年我国农业科技进步对粮食增产的贡献率为 23.22%。李群峰（2013）基于 DEA-Malmquist 方法对粮食丰产科技工程实施以来中国小麦全要素生产率（TFP）的变化进行分析，研究发现，技术进步和技术效率变化均对 TFP 的增长起到促进作用；分区域的研究表明，2010 年和 2004 年相比，小麦生产全要素生产率的提高得力于技术效率的增长。这表明粮食丰产科技工程对提高小麦生产效率起到了关键作用。刘凯等（2014）基于 C-D 生产函数的一般形式，建立固定效应变参数面板数据分析模型，测算了中国粮食主产区农业科技进步的贡献率，测算结果显示 1978～2012 年全国 13 个粮食主产区的农业科技进步贡献率为 17.28%～33.82%，全国粮食主产区的平均水平为 26.22%。姜松等（2012）以改进的多要素二级 CES 生产函数为基础，运用中国 1985～2010 年的省级面板数据分析粮食生产中的科技进步速度及贡献。研究发现，1985～2010 年中国粮食生产中的科技进步速度达 0.76%，科技进步对粮食生产的贡献率为 51.70%。

全要素生产率是提升粮食产出的重要因子，也有许多文献探讨了技术进步在 TFP 增长中的作用。黄金波、周先波（2006）的研究指出，自 2004～2008 年以来，技术进步逐渐成为中国粮食 TFP 增长的主要动力。张海波、刘颖（2011）测算了 2000～2009 年我国粮食主产省全要素生产率，测算结果显示平均 TFP 为 1.034，平均技术进步率为 1.039，并且远大于技术效率、规模效率的数值，这表明技术进步已然是当前粮食 TFP 增长的重要动力。周明华（2013）对中国 29 个省市 1978～2010 年粮食全要素生产率的测算中，也指出技术进步是粮食产量增长的关键因子。还有的文献讨论了技术进步对某一区域粮食 TFP 的贡献，如闵锐（2012）在对湖北省粮食全要素生产率的研究中，也指出湖北省粮食生产 TFP 增长主要体现为技术进步的单独驱动。还有其他的研究也得出了同样的结论，例如，陈苏、张利国（2013）和薛龙、刘旗（2013）。

四、其他因素与粮食产出

影响粮食产出的因素较多，除上述因素之外，学术界还较为关注气候、农田水利因素对粮食产出的影响。气候反映的是自然变化对粮食产出的影响，而农田水利体现的是农业抗灾害能力对粮食产出的作用。为此，本书还将对这两部分的研究成果进行综述。

1. 气候变化与粮食产出

气候变化对农业以及粮食安全的影响是当前农业与气候研究中的重要课题（Rosenzweig 和 Parry，1994；蔡运龙和 Smit，1996；Kang 等，2009）。许多学者对此展开了大量的研究工作。例如，Rosenzweig 等（2004）结合水资源变化，评价气候变化对粮食生产影响时指出，中国东北地区未来粮食生产的主要限制因子是水分。Mo 等（2009）利用作物模型和气候变化模型模拟了未来气候变化对中国东北地区粮食生产的影响，研究结果表明：随着二氧化碳的倍增，气温上升将成为影响东北地区粮食产出的主要因素，并且会导致气候变率加大，最终导致玉米、小麦产量的下降。黄维等（2010）利用中国 1988 年、1995 年、2000 年和 2005 年县级面板数据构建了包含气候变化因素、投入要素、自然环境条件变量的面板数据随机效应计量模型，并利用该模型研究了中国县域气候变化（主要以 1988～2005 年气温、降水变动）对粮食产量的影响，实证结果表明，从整体上来看，一定幅度内的气温上升和降水增加都会对我国粮食增产起到正向作用。程琨等（2011）收集整合了中国各省份 1949～2006 年粮食产量资料，采用减产率指标、减产率浮动性指标、高风险概率指标三个评价指标以及综合性指标进行了气象产量的气候变化减产风险评价，研究指出，过去70年来中国各地区在气候变化作用下，粮食产出存在着不同程度的减产风险与波动风险，其中以减产风险为主，气候变率的加大放大了粮食产量的变异系数。

大量研究表明，气候变化从影响粮食播种面积或产出面积、粮食单产两个途径作用于粮食产量。

（1）气候变化对粮食播种面积或产出面积的影响。方修琦、盛静芬（2000）的研究指出，自1951年以来，黑龙江省呈明显的变暖趋势，黑龙江省水稻种植面积增减的阶段性变化与温度变化阶段之间存在良好的对应关系；自20世纪80年代中期以来，全省水稻种植面积的显著增加，特别是北部地区种植面积的显著增加，这些表明了气候变暖增加了水稻作物的可播种面积。云雅如等（2005）根据黑龙江省1980～1999年的气候资料和1980～2000年水稻、小麦、玉米等主要粮食作物播种面积等统计资料，利用快速聚类分析方法分析了气候变化背景下黑龙江省主要粮食作物的种植格局和种植界限变化情况。结果表明，进入20世纪90年代以来，黑龙江省水稻播种范围向北和向东扩张趋势明显，种植面积比重显著增加；小麦种植面积比重快速降低，种植范围大幅向北退缩；玉米种植面积逐渐向北部和东部伸展。上述粮食作物种植格局的变化与气候变暖带来的积温增加及积温带北移东扩密切相关。刘德祥等（2005）在深入研究西北地区热量资源对气候变暖的响应及其对农业生产的影响时，指出西北地区20世纪80年代后期气候明显变暖，热量资源增加，喜温作物面积扩大。Hou等（2012）利用1996～2007年中国省级历史数据探讨气候变化对小麦种植面积的影响，研究结果表明，气温升高对小麦种植面积增长有正影响。

（2）气候变化对粮食单产的影响。熊伟等（2010）采用模型模拟的方式，根据中国社会发展规划，将未来社会经济发展情景与区域气候模型、水资源模型和作物模型相连接，综合评估和分析未来中国的粮食生产状况，研究显示气候变化将影响未来三大粮食作物单产。潘敖大等（2013）利用1986～2010年江苏省63个气象站的常规气象数据和粮食单产统计资料，分析气候变化对粮食单产的作用效果，测算结果显示气候变化使苏北、苏南和江苏粮食产量减少，其中，利用月气候数据建立的模型的结果显示气候变化对粮食单产的影响最大，其均值分别为：$-6.51\% \cdot (10\ a)^{-1}[-11.28 \times 10\ kg \cdot (10\ a)^{-1}]$、$-3.27\% \cdot (10\ a)^{-1}$ $[-2.36 \times 10\ kg \cdot (10\ a)^{-1}]$ 和 $-1.34\% \cdot (10\ a)^{-1}[-4.45 \times 10\ kg \cdot (10\ a)^{-1}]$。李美娟、刘静（2014）分析了气温和降水等气候因子对陕西省粮食单产的影响，测算结果表明，气温上升对粮食单产有负面影响，其产出弹性为0.676；降水以及日照则为正面影响，对粮食产出弹性分别为0.181和0.407。

2. 农田水利与粮食产出

农田水利建设是夯实农业基础，增强农业抵抗自然风险，保障粮食产出的重要基础（韩俊，2011）。2011 年中央水利工作会议指出，水利对粮食生产贡献率在 40% 以上（王冠军等，2013）。农田水利通过改善农田排灌条件、增强农业抗灾能力的途径影响着粮食产出（张岩松、朱山涛，2011）。已有实证分析证实了这一点。如邱士利（2013）以福建省为例的实证研究表明，农田水利设施能够有效改善农业生产条件、提高粮食产出，2007～2011 年福建省农田水利设施对粮食产量的贡献率在 10% 以上。吕晨钟（2013）分析了近 31 年的大中小型水库库容以及化肥施用量对粮食总产量的影响，结果显示，中小型水库库容对粮食总产量的影响显著。马丽、李丹（2013）使用黑龙江省历史数据建立了 VAR 模型，对农田水利投资在粮食产出中的作用效果进行了评价，研究结果表明：水利建设投资对粮食综合生产能力具有显著的正向冲击影响；这种影响主要是通过降低水旱等自然灾害和调节粮食作物结构来实现的；这种影响具有时滞性，主要在 3～6a 的时间段内比较有效。郭卫东、穆月英（2012）在分析水利投资和粮食生产的关系时，研究结论也表明，水利投资能够促进粮食产出，并且大规模投资政策效果显著，水利投资对粮食的产出弹性为 0.0316。

第三节　农业机械化与农业生产相关研究

围绕农业机械化与农业生产方面的研究，学术界较为关注农业机械化对农业生产投入与农业产出的影响。本书将从以下这两个方面对已有研究进行综述：

一、农业机械化与农业生产投入

土地、劳动力、资本是农业生产中的主要投入要素，大量的研究探讨了农业机械化对以上三要素的投入影响。

1. 农业机械化对土地要素投入的影响

许多的研究皆表明，机械化能促进土地要素的投入。Pingali（2007）认为，农业机械化的发展有利于扩大农地耕种面积。Binswanger（1978）的研究指出，随着机械的使用，农业生产会越发变得土地面积密集，即农户扩大农作物的播种面积。Lockwood 等（1983）对巴基斯坦费萨拉巴德的调查研究中指出，农业机械化有助于大农场主扩大农业耕种面积，他们的调查研究指出，大量的大农场主会通过土地流转或置换的方式扩大经营面积，还有部分农场主会以土地租赁的形式扩大耕作面积。Lockwood 等（1983）的测算进一步显示，在农业机械广泛使用的作用下，农户农作物耕种面积从 1965 年的 4.77 公顷增加到 1969 年的 7.30

公顷，耕地复种指数从 111.5% 增长到 119%。Jabbar 等（1983）在孟加拉国的田野调查中发现，随着水稻种植中微耕机的适用，孟加拉迈门辛地区购置微耕机农户与未购置微耕机农户的水稻种植面积都显著增加，其中拥有微耕机农户的水稻种植面积从 1979 年的 4.75 公顷增加到 1980 年的 7.59 公顷，而未拥有微耕机农户的水稻种植面积则从 4.80 公顷增长到 5.95 公顷，值得注意的是，拥有微耕机农户的种植面积增长了 60%，而未拥有的仅增长了 24%，这充分表明机械投入带来了水稻种植面积的增长。Khoju（1983）研究了尼泊尔机械灌溉对土地投入的影响，调查发现机械灌溉区的农作物复种指数为 152%，远高于雨水灌溉区的（复种指数为118%），这充分表明机械化促进了土地要素的投入。另外，中国学者的研究指出，随着农业机械化的发展，土地流转、土地托管等新型农业经营形式得以实现，保障了一定面积的土地耕种（李晓燕、谢长青，2004；崔奇峰、周宁，2012；马冶等，2013）。不过，也有的学者对农业机械化在增进播种面积的作用提出了质疑。如 Takeshima 等（2013）在对尼日利亚农业机械化与农业生产的实证研究中，指出农业机械化并没有促使农民扩大农业耕种面积，而是提升了农民的非农劳动时间。事实上，Takeshima 等（2013）的研究还不足以表明农业机械化抑制了土地要素的投入。Yamauchi（2014）对此进行了深入的研究。Yamauchi（2014）通过印度尼西亚的实证研究指出，农业机械化有助于大农场主（规模大于 0.6 公顷）租赁土地耕种更多的土地，但是对小农场主（规模小于 0.6 公顷）的土地租赁却显著为负。值得注意的是，大农场主租赁的土地主要来自小农场主，因此，农业机械化对土地要素投入的作用效果就表现为：大农场主从小农场主租赁更多的土地，扩大耕种面积；小农场主则将土地流入给大农场主，减少耕种面积。

2. 农业机械化对劳动要素投入的影响

农业机械化对劳动要素的替代作用以及机械化对劳动力的贡献度是当前学术界讨论较多的话题。

（1）有关农业机械化对劳动要素投入影响的结论较为一致。使用劳动力节约技术，可以提高农业劳动生产率，解放农户的劳动力从事其他生产活动（Peter，2010）。Juarez 和 Pathnopas（1981）指出，减少的劳动投入主要为雇工投入。Martin 和 Olmstead（1985）研究了美国加州番茄种植机械化的进程，发现农业机械化可能会导致中老年劳动力转向灌溉等使用机械的工作，最终的结果是，专业化农户能够借助机械化管理好大规模农场，小规模农户能够有时间和精力外出打工。晖峻众三（2010）回顾了日本农业机械化的发展过程，发现机械化尤其是小型高效农业机械的使用，提高了农业生产效率，解放了农业劳动力，农户对兼业的依赖性也随之增强。祝华军（2005）的实证分析还表明农业机械化对劳动力转移具有明显的外推作用。还有其他学者的分析也证实了农业机械化与农村劳动力转移之间存在的显著关系（李小阳等，2003；于清东、李彩霞，2007；卢秉福，2014）。进一步地，已有研究指出，农业机械化与劳动力转移之间存在着紧密的相互决定关系。如 Bell 和 Cedillo（1999）的研究明确指出，农业剩余劳动力的积压会严重地制约农业机械化水平的提升。Krishnasreni 和 Thongsawatwong（2004）认为，农业机械化推动了农村劳动力的转移，而农业劳动力的转移进而促进了农业机械化的发展。

（2）更多的研究聚焦于测算农业机械化对农村劳动力转移的贡献度或作用效果。在现有的研究中，如祝华军（2005）通过建立回归模型分析了全国农机净值总量对全国农村劳动力转移总量的影响，结论指出，全国农机净值总量每增加1亿元，则可支撑4.35万个农业劳动力从农业生产领域转移到非农产业。周孝坤等（2010）的研究结论认为，农用机械总动力每增加10万千瓦的使用量就会有8.47万个农村剩余劳动力转移出去。崔玉玲、李录堂（2009）的计算显示，农业机械总动力每增加1万千瓦就会增加0.89万人的农村转移劳动力。宋欣欣（2008）的分析表明，平均每公顷耕地的农机总动力增加100千瓦，向外转移的农村劳动力的比例约增加2.02%。Pingali（2007）比较了人力脱粒与机械脱粒在劳动力投入上的差别，测算结果表明机械脱离比人力脱离减少了25%的劳动投入。Ahammed 和 Herdt（1983）运用可计算一般均衡模型计算了机械化对菲律宾水稻劳动投入的影响，研究结果指出，在人工脱粒时，水稻产出每增长1%时，每年将会新增16000名农业就业岗位（用于水稻脱粒）；但当使用机械脱粒时，在水稻产出每增长1%时，每年仅将新增12400名农业就业岗位（用于水稻脱粒），即机械投入减少了22%的劳动投入。Jabbar 等（1983）在对孟加拉国的调查中，测算出随着微耕机的应用，迈门辛在水稻种植中每亩家庭成员劳动投入量分别自1979年的12%下降到1980年的3%，而蒙希甘杰的家庭成员劳动投入量则从1979年的45%下降到1980年的21%。Lockwood 等（1983）通过对巴基斯坦费萨拉巴德近百个农场的多年观察，测算了拖拉机机械采用在劳动力节约上的效果：当拖拉机机械采用后，农场平均雇佣农业工人数量减少了12%。Ahmed（1983）以孟加拉国碾米机械化为例，分析了碾米机对劳动替代的作用效果，指出自碾米机使用以来劳动投入中雇工比例从32%下降到16%，家庭劳动投入从68%下降到55%，整体劳动投入量显著下降。还有其他学者也对机械化在农村劳动力转移中的贡献进行了探讨（赵成柏，2006；张文、尹继东，2006；秦华、夏宏祥，2009）。

（3）此外，还有学者讨论了农业机械化对不同家庭成员的劳动供给的影响。如 Ebron（1984）指出，在水稻脱粒环节中，机械脱粒对成年男性、成年女性以及儿童的劳动供给产生了显著的差别，具体表现为成年男性的劳动时间减少，而成年女性与儿童在脱粒环节中的劳动供给相对增加。Pingali（2007）进一步指出，当外出就业机会较多时，机械脱粒会推动成年男性选择非农就业，而女性与儿童也将成为脱粒环节中的主要劳动供给者。熊谷（松田）苑子（1998）在对日本洪署西南部一个农村社区的调查研究中指出，在农业机械化后，代际间和性别间的时间配置模式出现了差异。年轻家庭成员获得了农业劳动以外的私人领域，年长者却仍困守于农业劳动。而且女性的劳动时间配置变化较大，在机械化之前，除农业之外，女性农民没有其他的工作，她们的主要时间用于田间和家务劳作。但是在机械化后20世纪80年代，年轻的女性（年龄小于40岁的）仅0.8%的时间用于农业，而25%的时间用于家务，74%的时间用于非农职业工作；年长的女性（40岁以上）的从事农业劳动的时间延长了。

3. 农业机械化对资本要素投入的影响

目前，有关农业机械化对资本要素投入影响的研究还不多。在已有的研究中，如Ahammed和Herdt（1985）运用一般均衡模型分析了机械化对菲律宾水稻种植的影响，模型测算结果显示，随着水稻机械化水平的上升，农户在水稻种植上的资本要素投入也会随之增加。Sukharomana（1983）在对菲律宾水稻机械化的考察中指出，一方面，机械化减少了劳动力的投入使用；另一方面，增加了肥料、石油等资金性要素的投入。Sudaryanto（1983）比较分析了66位机井使用户与53户未使用户的农业投入与产出，发现了机械投入与资本投入共同增加的证据，数据显示：自66位农户使用机井以来（初始使用5年内），种子投入从34千克/公顷增加到52千克/公顷，化肥投入从483千克/公顷增长到484千克/公顷；其中，化肥的单位投入远大于未使用机井农户的454千克/公顷。Binswanger（1986）的观察研究也指出，随着农业机械使用程度的增加，高性能种子、化肥等资本性投入也会随之增加。Takeshima等（2013）在对尼日利亚农业机械化的研究中发现，机械化与农业生产投入有密切的联系，研究指出，无论是在尼日利亚南部还是北部，农户在农业生产中使用更多的拖拉机时，也随着投入更多的化肥、种子与农药，即在农业机械化的过程中随着农业生产的资本增密。遗憾的是，这些研究都未对这一现象进行理论阐释。

二、农业机械化对农业产出的影响

有关农业机械化对农业产出的研究，学术界集中于三方面的研究：一是农业机械化对农业产出（粮食产出）是否有促进作用；二是测算农业机械化对农业产出或经济指标的贡献；三是农业机械化产生的其他社会经济效果。

1. 农业机械化与农业产出的关系

农业机械化是否对农业产出（粮食产出）起到了效果，这是目前学术界争论的焦点话题。当前，学术界对农业机械化在农业产出（粮食产出）中的作用效果给出了两种截然不同的答案。

第一种观点认为，机械化能够提高农业产出（粮食产出）。McMillan（1949）早年对美国农业机械化的分析中指出，机械化推动了美国农场的经营规模，一度收到了规模经济的效果。Yamauchi（2014）在以印度尼西亚为例的研究中，也得出了农业机械化有利于推动农业的规模化与产业化、有助于农业增产增效的结论。Salam 等（1981）在对巴基斯坦的研究中，进一步指出农业机械化相比人力劳动，不仅能提高单位产出还能降低单位产出成本。Mustafa 和 Azhar（1992）在对巴基斯坦的实证研究中指出，使用农业机械的农户的小麦产量明显高于未使用的，这反映了农业机械化对粮食产出的增产效应。还有研究分析了不同农业生产环节的机械化对粮食增产的贡献。如 Toquero 和 Duff（1985）的分析指出，使用打谷机脱粒比人工或畜力脱离能减少损失 0.7% ~ 6%。Southworth（1974）、Herdt（1983）研究了机械耕种对粮食产出的作用效果，他们的研究明确指出，机械化有利于粮食作物的播种环节，尤其是通过机械实现了农作物的深耕，深耕能促进产出增加，并且深耕环节也是产出增加的主要来源。Khoju（1983）研究了机械灌溉对粮食产出的贡献，测算结果显示，机械灌溉提高了水稻产出的 79%，提高了小麦产出的 34%，具体数值显示：机械灌溉区改进稻单位产量为 2636 千克/公顷，雨水灌溉区改进稻单位产量为 1803 千克/公顷；机械灌溉区当地稻单位产量为 1813 千克/公顷，雨水灌溉区改进稻单位产量为 1352 千克/公顷；机械灌溉区小麦单位产量为 2051 千克/公顷，雨水灌溉区小麦单位产量为 1169 千克/公顷。Sudaryanto（1983）比较 66 位机井使用户与 53 户未使用户的农业产出时，也揭示出了机械对粮食产出增产的效果，数据表明：使用机井的稻田第五年内单产出为 4.17 吨/公顷，而未使用机井的稻田的单产产出为 3.84 吨/公顷；使用机井的玉米地第五年内单位产出为 1.98 吨/公顷，而未使用机井的单产产出为 1.64 吨/公顷。Yang 等（2013）通过对中国的分析，也证实了农业机械化对粮食增产的作用，不过这个结论仍需要进一步的实证证据来支持。Olaoye 和 Rotimi（2010）的研究指出，农业机械的投入，对土地产出率、劳动产出率具有显著的正向影响，同时对耕地的可持续利用也有促进作用。Ajeigbe 等（2010）的分析也得出了机械投入有利于产出的结论。国内学者针对中国的实际也得出了农业机械化有助于粮食产出的结论（彭代彦，2005；莫红梅、钟芸香，2013；张琴，2013），但是这些研究还存在很大瑕疵，他们在模型选择中都未考虑机械化与粮食产出之间的内生性关系，有的研究还仅仅是对相关关系的探讨。

第二种观点认为，农业机械化并不能明显地增加农业产出（粮食产出）。

Binswanger（1986）系统总结了日本、美国、法国等发达国家和菲律宾、印度等发展中国家的历史经验，研究发现机械化对粮食的增产效应仅仅发生在特定的环境下，即在机械化的同时需要随着高性能种子、化肥的投入。Herdt（1983）对已有文献的总结研究中也指出，从表面上来看，使用更多机械的农场具有较高的农业产出，这似乎表明农业机械化有助于产出的提高，但是机械投入较多的农场在化肥投入上均高于未使用机械的农场，有的农场化肥投入甚至数倍于未投入，即农业机械并不是产出增加的主要原因。Saefudin（1983）、Maamum（1983）的研究数据证实了 Herdt（1983）的观点。Saefudin 等（1983）给出了印度尼西亚西爪哇岛农业机械化前后粮食产出的数据，数据显示，在 1979 年西爪哇岛干旱季节里，机械化耕作时粮食单产 2975 千克/公顷，而人、畜、力耕作时的粮食单产为 2835 千克/公顷，表面上似乎机械化有利于粮食单产。进一步测算，机械化耕种收时的化肥投入等资本投入是人、畜、力耕作时投入的 1.09 倍，然而机械化耕种收时的单位产出却仅仅是人、蓄、力耕作投入的 1.05 倍，因此，还并不能说明增产来自机械化。Maamum 等（1983）分析印度尼西亚南苏拉威西岛机械化对产出效果时，也给出了与 Saefudin 等（1983）类似的数据。Maamum（1983）的数据显示：在 1979 年潮湿季节里，雨水灌溉区在人、畜、力耕作时的粮食单产为 686 千克/公顷，而机械化耕作时的单产为 948 千克/公顷，即机械化耕作时的产出比人、畜、力耕作时的产出增加了 38.2%，然而机械化耕作时的化肥等资本投入却比人、畜、力耕作时的产出增加了 87.5%；人工灌溉区在人畜力耕作时粮食的粮食单产为 1263 千克/公顷，而机械化耕作时粮食的单产为 1650 千克/公顷，即机械化耕作时的产出比人畜力耕作时的增加了 30.6%，此时机械化耕作时的化肥等资本投入却比人畜力耕作时的增加了 246.4%。这进一步表明粮食产出的增加并不一定是来自机械投入，很有可能是因为资本要素投入的增加。也有的研究指出，机械耕种与畜力耕作在粮食产出上并没有明显的差别（Pingali，2007）。也就是说，机械化仅仅是发挥了劳动力的替代作用并没有达到农业增产的效果。Gonzales 和 Herdt（1983）在对菲律宾水稻产出的数据分析中，明确指出，尚未有明显的数据表明微耕机与拖拉机在水稻生产中的应用能促进水稻产出的增加。Ito（2010）构建了中国各个县级单位的生物技术发展指数和机械技术发展指数，实证研究也表明，1991～2004 年机械技术发展指数对中国农业产出的贡献率没有太大变化，而生物技术发展指数对农业产出的贡献率却提高了很多。

　　2. 农业机械化对农业产出或经济指标的贡献

　　农业机械化贡献率是反映农业机械化作用农业产出或其他经济指标的一项重要指标。测算农业机械化的贡献率是从数量上获悉机械化实际作用的重要内容

（杨邦杰等，2000）。已有研究侧重于研究对测算方法的探讨，以及农业机械化对农业产出或经济指标贡献的测算。

（1）农业机械化贡献测算方法的探讨。杨邦杰等（2000）提出了两种农业机械化贡献率的测算方法：一是间接计算法，首先，测算农业机械投入的产出弹性；其次，计算农业机械投入增长率与产出增长率的比值，该比值与机械投入的产出弹性的乘积即为农业机械化的贡献率。二是直接计算法，首先，计算农业机械化在农业各领域创造的总利润，这个总利润占农业利润总额的比值即为农业机械化的贡献率。围绕这个思路，现有研究中提出了如下五种测算方法：

1）柯布—道格拉斯生产函数法。林燕燕、王维新（2005）、曹平欧（2008）分别使用柯布—道格拉斯生产函数法对新疆建设兵团与温州市的农业机械化贡献率进行了测算。孙福田、王福林（2005）在传统 C-D 函数的基础上，提出了变弹性 C-D 函数测算农业机械贡献度的方法，传统 C-D 函数是基于各投入要素弹性系数为常数的前提，变弹性 C-D 函数放宽了这一约束条件，而是基于各投入要素弹性系数随时间变化的前提。孙福田、王福林（2005）在这一前提下给出了相应的测算模型。

2）索洛余值法。宗晓杰、王福林（2002）提出用索洛余值法测算农业机械化贡献率的具体模型及步骤，索洛余值法测算的结果较为稳定，索洛余值法测算出的机械化贡献是时间的函数，因而这种方法测算出的是具体某一年的机械化贡献率，而不是某个时间段的。不过这种测算方法的既定前提是"希克斯中性"和"规模收益不变"，即假定条件苛刻，并且用差分代替微分，因此，在测算中会造成较大误差。

3）DEA 方法。陈舜贤、马学良（1991）较早使用 DEA 测算农业机械化贡献度，采用数据包络分析中的 C^2R 模型研究了机械化对种植业产出的贡献。孙福田、王福林（2004）综合运用 DEA 模型中的 C^2R 和 C^2GS^2 两个模型，在考虑技术进步的情况下，测算了农业机械化对农业生产的贡献率。孙福田、王福林（2004）的研究指出，C^2GS^2 模型是用来评价决策单元的相对技术有效性的；C^2R 模型在评价决策单元的有效性时，同时评价规模有效性和技术有效性。不过，C^2R 模型未考虑技术进步，因而将测算结果扩大为各投入要素的实际贡献份额存在一定的不科学性，然而 C^2GS^2 模型恰好解决了 C^2R 模型在这方面的缺陷（王福林等，2004）。

4）项目有无比较法。项目有无比较法基于农业机械化贡献率的直接计算法的思路（杨邦杰等，2000）。这种计算方法的原理是比较分析使用农业机械与不使用农业机械两种情况下的农业利润的变化，两者之间的差值即为农业机械化的贡献值，贡献值与农业总利润的比值即为农业机械化的贡献度（洪仁彪等，

2000）。洪仁彪等（2000）采用这种方法测算了1996年农业机械化对种植业利润的贡献度，测算结果显示全国农业机械化的贡献率为18.33%。

5）同时运用C-D生产函数法和有无比较法。杨青等（2000）采用C-D生产函数法和项目有无比较法，对陕西省1990～2000年的农业机械化对种植业产出的贡献率进行了测算。C-D生产函数法测算的结果显示农业机械化对种植业产出的贡献率为20.79%，项目有无比较法测算的结果为21.10%。

（2）农业机械化对农业产出或经济指标贡献的具体测算。

1）C-D函数测算结果情况。林燕燕、王维新（2005）建立了柯布—道格拉斯生产函数，对新疆生产建设兵团农业机械化对农业生产的贡献进行了测算，发现自1995～2002年以来，机械投入对农业产值的贡献为36.8%。曾平欧（2008）依据温州市1990～2006年的统计数据，使用柯布—道格拉斯模型和多元回归分析，测算温州市在此期间农业机械化的年均贡献率为11.62%，并呈逐渐增长趋势。魏宏安等（2002）运用C-D生产函数模型法测算的甘肃省1981～1999年农业机械化对农业生产的贡献率为21.22%。王军、杨宝玲（2011）利用1978～2009年的全国统计数据分析了农业机械化对农业经济的促进作用，通过柯布—道格拉斯生产函数实证分析得出，我国农业机械化对农林牧渔业总产值贡献率为17.19%。

2）索洛余值法测算结果情况。程智强等（2001）采用索洛余值法，以上海市"八五"期间农业生产情况为例，计算农业机械化对农村社会总产值增长的贡献率为41.8%。罗芳、徐丹（2010）运用索罗余值法测算1990～2007年湖北省农业机械的投入增加及其技术进步对农业产出增长率的贡献率为21.93%。

3）DEA方法测算结果。宗晓杰（2006）综合运用DEA法的C^2R和C^2GS^2两个模型，测算1990～2004年农业机械化对黑龙江省种植业产值的贡献，测算的贡献率分别为10.46%与18.23%。

4）项目有无比较法测算结果情况。杨丹彤等（2004）运用项目有无比较法测算了广东农业机械化贡献率，研究表明广东农业机械化对种植业利润的贡献率为11.18%，特别是在产业结构调整和劳动力转移的情况下，农业机械化的贡献作用更为明显。王凤娟等（2006）运用有无比较法对河北省农业机械化对种植业的贡献率进行了定量研究，测算出1998年与2003年农业机械化对种植业的贡献率分别为15.11%和20.54%。林燕燕、王维新（2005）使用项目有无比较法测算了2001年新疆生产兵团农业机械对农业生产的贡献率，该贡献率为45.13%。罗红旗等（2009）分析了"有无比较"法及"生产函数"法应用于测算农业机械化贡献率的情况，并以湖南省为实例，采用"有无比较"法计算了农业机械化对农业产出的贡献率，测算结果表明农业机械化在农业产出中的利润贡献率为11.6%。弋晓康等（2011）应用有无项目比较法对新疆兵团农一师2007年农业机械化在农业生产中的贡献份额进行测算，测算结果表明新疆兵团农一师农业机械化对种植业产值的贡献率为65.1%。

3. 农业机械化产生的其他社会经济效果

许多学者探讨了农业机械化带来的其他社会经济效果，其中农业机械化对收入分配的影响是探讨较多的话题。Herdt（1983）指出，机械化具有收入再分配的效果，研究认为，当机械化有利于农业产出时，会因产量提升而降低食品价格，从而有利于增进低收入、食品消费占比较高人群的福利，同时也有利于增加农业机械采纳者的福利。Ahammed 和 Herdt（1985）进一步指出，农业机械化加剧了城乡收入的不平等，这是因为：一方面，农业机械化依赖工业部门的产品供给，机械化有利于增进工业部门或城镇人口的收入水平；另一方面，随着食品价格的下降，Ahammed 和 Herdt（1985）指出，这会使城镇高收入者的福利增进大于农村人口。Ahmed（1983）比较了孟加拉国碾米机械化对贫困人口福利的变化，研究发现：当使用传统人口方式碾米时，平均劳动力的工资收入比其他行业的工资收入却高出22%～34%；但当使用先进碾米机械时，平均劳动力的工资收入比其他行业的工资收入却高出139%～163%。这是因为机械的使用提高了单位产出，因而工资水平也得到了提升。这有利于贫困者获得更多的收入，改善生活福利。Lim（1983）通过对菲律宾数千户农户水稻种植数据的实证分析，指出农业机械化有益于小农户的福利改善，降低了低收入农户的占比，促进了收入不平等的改善。Mustafa 和 Azhar（1992）在对巴基斯坦小麦机械化的研究中指出，一方面，使用农业机械的农户的农业收入的增长速度明显高于未使用农业机械的；另一方面，使用农业机械的农户的收入水平一般高于未使用的，这意味着农业机械化进一步恶化了农村内部收入的不平等。

第四节　文献评述与可能创新点

上述内容回顾了农业机械化动力、模式，粮食增产因素，以及农业机械化对农业产出影响的相关文献。针对本书的研究主题，这些文献仍然存在些许缺陷。本书将指出这些文献的缺陷并进一步说明本书可能的创新点。

一、文献评述

现有的研究文献在以下几个方面存在不足：

第一，虽然现有研究从各个方面回答了自21世纪以来中国粮食增产的原因，但是少有研究从机械化的角度分析粮食增产。众所周知，机械是劳动要素的重要替代来源，从机械化的角度分析问题能够解释劳动力大量转移后，机械劳动替代对粮食产出的作用。

第二，虽然较多研究分析了机械化对粮食产出的作用效果，但是已有研究对机械化在粮食产出作用效果上的看法分歧较大，这进一步为本书的研究提供了空间。更值得一提的是，现有这些研究在分析方法上存在着很大瑕疵，他们在模型选择中都未考虑机械化与粮食产出之间的内生性关系，有的研究还仅仅是对相关关系的探讨。一般而言，研究农业机械化与粮食产出最大的难点在于如何满足模型的识别。由于农业机械也是粮食生产中的重要投入要素，农业机械投入与粮食生产之间存在着相互决定、相互影响的关系，因此，对两者直接进行回归必然面临着内生性的问题，从而对估计的有效性造成较为严重的偏差。这也是当前许多文献普遍存在的问题。

第三，现有研究在讨论机械化对粮食产出的影响时，尚未给出机械化作用于粮食产出的作用机制，这也是现有研究较大的缺陷。

二、可能创新点

本书可能的创新点在于揭示了农业机械化对粮食产出的作用机制，并通过经验数据对作用机制进行实证检验。具体而言，本书的创新点主要体现在以下两个方面：

第一，揭示出农业机械化与粮食播种面积之间的理论关系。本书的理论分析指出，随着农业机械化程度的增加，在农业劳动力转移背景下，机械充当劳动的生产功能，因而农业耕种面积不但不会减少，反而会随之增加；尤其是在当前粮食作物农业机械化水平迅速提升的背景下，粮食播种面积会迅速增加。从种植结构而言，当下中国农业生产背景是粮食作物农业机械化正在迅速提升，而非粮食作物农业机械化水平增长缓慢，本书指出，农户会增加粮食作物播种面积与减少非粮食作物播种面积，即粮食作物播种面积的比例会随着粮食作物农业机械化的提升而增加。

第二，构建了农业机械化与粮食单产之间的理论关系。本书指出，农业机械化通过如下两个机制影响粮食单产：一是机械化对单产的直接效果，即机械化能够提升粮食生产效率；二是农业机械化促进了劳动力转移，增加农户农业资本存量，促进了农户在粮食生产中的资本投入，进而提高粮食产出，即机械化对单产的间接效果。

第三章　理论分析

粮食产量等于播种面积与单产的乘积，任何影响粮食产出的因素都是通过影响播种面积或作用单产这两条路径实现的。为此，本书将集中剖析农业机械化对粮食播种面积与粮食单产的作用机制。倘若农业机械化有助于农户扩大粮食作物播种面积或提升粮食单产，那么本书能构建出机械化对粮食产出的作用机制理论。为此，本书将从微观农户的生产入手，讨论机械化对农户生产行为的影响，并进一步构建出机械化与粮食产出之间的理论关系。

第一节　农业机械化与粮食播种面积理论假说

研究农业机械化对农户粮食播种面积的影响，即为探讨机械化背景下农户的种植决策。农户模型分析框架是研究此类问题的较好分析手段。为此，本部分将从农户模型出发，推导出机械化对农户粮食播种面积种植决策的理论假说。

一、农户生产行为模型的基础模型

由于农业机械化直接影响着农户的生产行为，为此，本书将以农户模型（Singh 等，1986）为基础，分析农业机械化对粮食产出的影响。

假设家庭消费是 X_m，农产品 X_a。农户的时间禀赋（T）分配为，农业劳动投入 L^f，非农劳动投入 L^m，闲暇 l；农户雇佣劳动投入 L^h。如此，L^f 与 L^h 之和就是农业生产（L_a）的劳动投入。农户的土地投入 A 是自有土地数量 A^E 和土地租赁数量 A^i 之和，或是 A^E 与租出土地 A^o 之差。假设消费完全替代，即 $X = X_m + \theta X_a$。农户追求效用最大化，此时农户的目标方程为：

$$\max U(X, l; q) \tag{3-1}$$

这里 q 表示偏好转换矢量，如家庭统计学人口特征等。

假设劳动力在农业劳动市场与非农劳动市场能自由流动，在市场均衡的情况下，家庭农业雇工（L^h）工资与非农劳动投入（L_m）工资是相等的，设为 w。这是因为：倘若两者不相等，假设一方工资高于另一方工资时，在劳动力自由流动的作用下，劳动力会倾向于流动到工资高的领域，通过增加工资高的一方的劳动供给来降低工资，并且减少工资低的另一方的劳动供给来提高工资，最终会使两个市场的工资相等。

农户的消费 c，满足式（3-2）。其中，$F(L_a, A)$ 表示农业产出，y 表示农户外生的自有财富：

$$C = F(L_a, A) - wL^h + wL^o + y \qquad (3-2)$$

由于农户的消费品 X 是 c 的函数，因此，农户的目标函数与约束条件可改写为式（3-3）：

$$\max U(C, l; q)$$
$$\text{s. t. } C = F(L_a, A) - wL^h + wL^o + y \qquad (3-3)$$
$$l + L^f + L^o = T$$
$$L^f + L^h = L_a$$

预算约束可重新整理为：

$$C + wl = y + \rho(w, A) + wT \equiv M \qquad (3-4)$$

其中，$\rho(w, A) = F(L_a, A) - wL^h - wL^f$，$\rho(w, A)$ 表示农地经营利润非最大化。Benjamin（1992）的研究指出，在劳动力可以在农业部门与非农部门自由流动，雇工与自家劳动投入无差异的前提下，农户的消费与生产具有可分离的特征：一方面，若将 M 视作外生的，这问题转换成间接效用函数 $u = \varphi(M, w, q)$ 的最大化；另一方面，反过来求 M 最大化时，本书将得到一个新的间接效用函数 $u = \varphi(y + \pi(w, A) + wT, w, q)$，其中 π 是利润函数。这表明为了实现效用最大化，利润独立于效用函数也实现了最大化（也就是说，利润函数的最大化与效用函数是无关的）。

二、农业机械化与农业播种面积

根据农户生产行为的基础模型，进一步结合 Nakajima（1986）、Benjamin（1992）、Badahan 和 Udry（1999）以及彭超（2013）的研究，本书将农户的决策行为用如图 3-1 所示。第一象限是常见的农户模型的表达形式。横轴 L 代表农户的劳动投入，纵轴 Y^* 表示影子收入，$F(\cdot)$ 为生产函数，w^* 是工资水平，L_a 和 L_m 分别表示农业劳动投入与非农业劳动投入。第二象限表征了农户收入用于消费和再生产的情况，横轴 Z 为农户用于消费与生产的物品，$Z(Y)$ 为收入用于生产的部分。正如图 3-1 所示，本书首先假定农户满足家庭生存消费需要

的 Z_o 后，再进行农业的再生产。第三象限反映了农户在土地与资本生产要素之间的权衡，如曲线 I 所示，I 如同资本与土地两要素的等产量曲线；曲线 $M[K=h(A)$ 的函数曲线] 表示土地和资本要素的最佳投入组合，即为生产扩展线（高鸿业，2007）。第四象限纵轴为土地，体现了农业生产中土地与劳动力之间的互补关系（鲁公路，1998；姚洋，2000）。

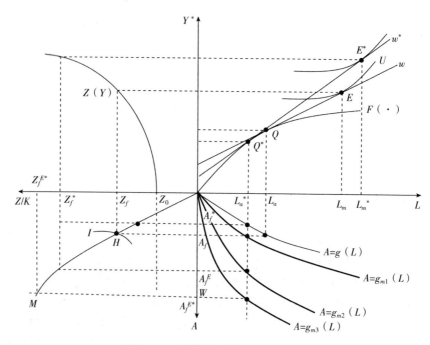

图 3 - 1　多个市场中的农户主观均衡

当非农领域劳动力工资从 w 上涨到 w^* 时，大量的农村劳动力会转移到非农领域，此时工资曲线 w 与农业生产函数 F（·）的切点从 Q 移动到 Q^*，农业劳动从 L_a 减少到 L_a^*；工资曲线 w 与农户效应函数 U 的切点从 E 移动到 E^*，此时非农就业劳动从 L_m 增加到 L_m^*。

假定劳动力与农户土地经营面积之间满足如下函数关系：

$$A=g(L) \tag{3-5}$$

由于劳动力与经营土地面积之间满足互补关系，即 $\dfrac{\partial A}{AL}>0$。当农业劳动力减少至 L_a^* 时，经营土地面积从 A_f 减少到 A_f^*。也就是说，随着农村劳动力的转移，农业耕种面积会随之减少。

值得一提的是，在劳动力转移之际农户的收入是增加的，从 Z_f 增加到 Z_f^*。

随着农户收入的增加，农业生产中的可投入资本也会随之增加。根据资本投入与土地投入之间的关系（第三象限），农业可投入资本的增加意味着农户有更多的资金租赁土地，从而是有利于播种面积的增加的。从理论上而言，此时的农业经营面积应从 A_f 增加到 A_f^E。然而，由于劳动力的不足，此时的播种面积被限制在 A_f^* 规模上。

倘若农业机械化得到发展，农户能购置农业机械或购买农业机械服务从事农业生产，那么上述情况下的均衡将会发生变化。首先，农业机械化改变了劳动力与土地面积之间的关系。由于农业机械在农业种植上的高效率，此时少量的农业劳动力也能经营大面积的土地。在图 3-1 中，劳动力与土地面积的关系表现为曲线 $g(L)$ 向下移动到 $gm(L)$ 曲线族。

假定农业机械化不影响农业单位土地产出，即 $F(\cdot)$ 曲线保持不变。此时，L_a^* 劳动力所能经营的土地面积将有所增加。增加的程度取决于农户可购买的农业机械化服务或土地的可机械化程度，即土地面积 A 也是农业机械化的函数，如式（3-6）所示。在式（3-6）中，M 为农业机械化率，表征农业机械化耕种收的程度。一般而言，L 与 M 具有替代作用；M 越大，在 L 一定的情况下，A 越大。

$$A = g(L, M) \tag{3-6}$$

如图 3-1 所示，在农业劳动力为 L_a^* 时：当 $M = m_1$ 时，$A = A_f$，这表明当农业机械化达到 m_1 时，即使劳动力短缺至 L_a^* 时，农户农业耕种面积也能达到 A_f 规模；当 $M = m_2$ 时，即当农业机械化程度逐渐增加时，此时农户农业耕种面积能增加到 A_f^E 规模，A_f^E 是农户资本存量 Z_f^* 时的最大土地经营面积，这意味着即使在劳动力转移之际，在农业机械化发展到一定程度时，农户农业耕种面积依然能有所增加。值得注意的是，当农业机械化程度达到 m_3 时，此时从理论上来讲，农户可耕种的最大土地面积为 A_f^{E*}，不过由于农户资本存量还达不到 Z_f^{E*}（农户资本存量仅为 Z_f^*），农户可耕种的最大土地面积也仅仅限制在 A_f^E 规模上。也就是说，农户的最大耕种面积取决于农业机械化程度与农户资本存量两方面因素。

通过以上分析，本书有如下推论：

推论：随着农业机械化程度的增加，在农业劳动力转移背景下，农业耕种面积（也包括粮食播种面积）不但不会减少，反而会随之增加。

农业机械化之所以能促进农业播种面积的增加，是因为农业机械提高了生产效率，节省了种植时间，改善了劳动力与农作物播种面积的配比关系，促使复种指数进一步提高，扩大了在同一块耕地上种植第二茬、第三茬的比例。黄宗智（1992）对此现象曾进行了深刻的描述：在长江三角洲，20 世纪 60 年代后期的机耕所带来的是一年三茬的普及，早稻之后是晚稻，然后是小麦。拖拉机的使用使在当年8月10日之前能够完成"三秋"，以及在当年5月25日之前能完成冬小麦收割和早稻插秧。

三、农业机械化与粮食耕种面积

1. 农业劳动力可自由流动

考虑到农户的种植决策，本书假设农户仅种植粮食与非粮食两种作物。粮食作物的土地与劳动要素投入分别为 A_G 和 L_G，非粮食作物的土地与劳动要素投入分别为 A_N 和 L_N。为简便起见，进一步假设不存在土地租赁市场，此时农户的目标方程为：

$$\max U(C, \ l; \ q)$$
$$\text{s. t. } C = F_G(L_G, \ A_G) + F_N(L_N, \ A_N) - w(L_g + L_N) + wL^o + y \quad (3-7)$$
$$l + L_G + L_N + L^o = T$$
$$A_G + A_N \leqslant A$$

其中，粮食作物与非粮食作物的土地与劳动要素投入分别满足式（3-8），由于存在农业雇工以及劳动力可在农业与非农业之间自由流动，因而式（3-8）表示在工资水平 w 下最佳的土地—劳动投入配套关系。

$$L_G = \varphi_G(A_G) \quad (3-8)$$
$$L_N = \varphi_N(A_N)$$

根据农户的消费与生产具有可分离的特征，本书构建如下拉格朗日方程：

$$\Gamma = F_G(L_G, \ A_G) + F_N(L_N, \ A_N) - w(L_G + L_N) + wL^o + y - \lambda(A - A_G - A_N)$$
$$(3-9)$$

式（3-9）分别对 A_G 和 A_N 求偏导数，可得：

$$\frac{\partial \Gamma}{\partial A_G} = \frac{\partial F_G}{\partial A_G} - w\frac{\partial L_G}{\partial A_G} - \lambda = 0$$
$$\frac{\partial \Gamma}{\partial A_N} = \frac{\partial F_N}{\partial A_N} - w\frac{\partial L_N}{\partial A_N} - \lambda = 0 \quad (3-10)$$

整理式（3-10）可得：

$$\frac{\partial F_G}{\partial A_G} - \frac{\partial F_N}{\partial A_N} = w\left(\frac{\partial L_G}{\partial A_G} - \frac{\partial L_N}{\partial A_N}\right) \quad (3-11)$$

其中，$\frac{\partial L_G}{\partial A_G}$ 与 $\frac{\partial L_N}{\partial A_N}$ 分别为粮食、非粮食作物生产中劳动土地边际技术替代率。式（3-11）给出了当农户利润最大化时，粮食播种面积与非粮食作物播种面积之间的关系。式（3-11）表达的经济学含义为：假设均衡状态时，$\frac{\partial L_G}{\partial A_G}$ 与 $\frac{\partial L_N}{\partial A_N}$ 的

差值为 β，那么最优生产组合时粮食作物的边际产出需比非粮食作物的多出 βw。更为特殊的例子，假设 L 与 A 的关系为线性的，若 $\dfrac{\partial L_G}{\partial A_G}$ 与 $\dfrac{\partial L_N}{\partial A_N}$ 分别为 2 与 1，即在经营面积相等的情况下，粮食生产总比非粮食生产多出 1 个劳动力时，那么粮食作物的边际产出就必须比非粮食作物的多出 w，即劳动力的单位工资。倘若粮食作物的边际产出与非粮食作物的差值小于 w，那么经营粮食生产就不再是最优的决策，因而多出的 1 个劳动力完全可以通过务工获得比粮食生产更多的工资收入 w。

事实上式（3-11）经济含义，还可用式（3-12）表达：

$$\frac{\partial F_G}{\partial A_G} - \frac{\partial F_N}{\partial A_N} = \frac{\partial F_G}{\partial L_G} \times \frac{\partial L_G}{\partial A_G} - \frac{\partial F_N}{\partial L_N} \times \frac{\partial L_N}{\partial A_N} = w\left(\frac{\partial L_G}{\partial A_G} - \frac{\partial L_N}{\partial A_N} \right) \tag{3-12}$$

在均衡条件下，$\dfrac{\partial F_G}{\partial L_G}$ 与 $\dfrac{\partial F_N}{\partial L_N}$ 等于 w，即粮食生产与非粮食生产的劳动边际产出等于务工工资。因而，式（3-11）也意味着农户在粮食作物与粮食作物种植面积配置上，会使两者的劳动边际产出都等于务工工资。

假定此时，粮食作物的农业机械化水平得到了提升（如粮食作物耕种收关键环节的技术实现了较大突破），农户能购买到粮食生产中的农业机械服务（普通农户购买农业机械服务是中国农业机械化的主要特征，据笔者调查农业机械化服务价格一般不高，在这里暂时不考虑机械化服务购买的成本问题），这意味着粮食作物生产中的土地、劳动力配置关系发生了变化，如图 3-2 所示。l_1 代表粮食作物与经济作物最初的土地、劳动力配置关系，假设最初两者的土地、劳动力配置关系相同。当粮食作物农业机械化水平提升后，这意味着劳动生产效率增加，在经营同等面积的土地情况下，所需的劳动力数量会减少，即粮食作物土地、劳动力的配置关系从曲线 l_1 移动到 l_2 处。

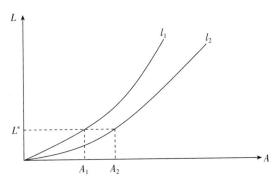

图 3-2 土地、劳动力要素配置关系

随着粮食作物机械化程度的提升，土地—劳动曲线的斜率也会相应地降低，即$\frac{\partial L_G}{\partial A_G}$减小。在$\frac{\partial L_G}{\partial A_G}$减小的情况下，农户的生产均衡被打破，农户重新面临着粮食、非粮食作物生产中土地、劳动力要素的配置问题。那么，此时农户将如何重新配置土地呢？为此，本书将用图形分析的方法进行讨论，如图3-3所示。

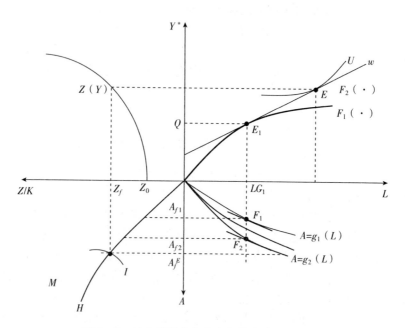

图3-3　粮食种植中多个市场的农户主观均衡

在粮食作物农业机械化水平尚未提升时，$F_1(\cdot)$是粮食生产函数，L_{G1}是粮食生产劳动投入量，A_{f1}是粮食种植面积，A_f^E是Z_f资本量下的最大粮食播种面积，$g_1(L)$是粮食播种面积与劳动投入量的函数。当粮食作物机械化水平提升时，曲线$g_1(L)$下移至$g_2(L)$位置。

本书继续假定农业机械化不影响粮食单位面积产出，即$F(\cdot)$曲线保持不变。农户粮食生产劳动要素投入决策依然满足$\frac{\partial F_G}{\partial L_G}=w$，因而此时农户在粮食生产中的劳动力投入仍然为$L_{G1}$。为保证式（3-11）或式（3-12）继续成立，农户的粮食生产决策应使$\frac{\partial L_G}{\partial A_G}$的数值大小不变。但是，由于此时粮食生产农业机械化水平得到了提升，劳动—土地配置关系发生了变化，为保持在L_{G1}劳动力下$\frac{\partial L_G}{\partial A_G}$

的值不变，农户的唯一策略就是增加粮食播种面积，将粮食播种面积从 A_{f1} 增加到 A_{f2}，如图 3-3 中，使 F_1 点与 F_2 点处的切线斜率相等。

值得一提的是，F_2 点是一种比较理想的状态，需要一定的前提条件才能实现：第一，在式（3-7）中 $A_G + A_N \leqslant A$ 是松的，即农户仍有未耕种的土地用于增加粮食种植，余地的面积至少要大于 $A_{f2} - A_{f1}$；第二，粮食作物机械化水平要达到 $g_2(L)$ 曲线水平，$g_2(L)$ 曲线的特殊性在于 F_2 点处的切线斜率与 F_1 点处的相等，若机械化水平处于 $g_1(L)$ 与 $g_2(L)$ 之间时，即 L_{G1} 劳动力投入下 $\frac{\partial L_C}{\partial A_G}$ 的数值不等于 F_1、F_2 切线斜率时，那么此时粮食播种面积将位于 A_{f2} 与 A_{f1} 之间。事实上，这种状态并不会持续下去，此时农户的最优策略是购买更多的粮食生产机械化服务，使粮食作物机械化水平达到 $g_2(L)$ 水平，如此也就保证了式（3-11）或式（3-12）继续成立，即再次实现了均衡。

在上述情况下，随着粮食作物农业机械化水平的提升，农户会做出增加粮食播种面积的决策行为。

2. 农业劳动力不可自由流动

需要指出的是，上述分析是建立在"农业劳动力可在农业与非农业之间自由流动"的前提下，然而这个前提条件过于理想化；事实上，当农业劳动力向非农领域转移时，并不是完全自由的，有时还面临着转移壁垒。为此，本书的分析要重新修改前提条件。本书假设农业劳动力不能自由向非农领域流动或者短期内农业劳动无法自由地向非农转移，并且农户的闲暇时间一定，此时农户的目标为：

$$\max U(C, l; q)$$
$$s.t. \ C = F_G(L_G, A_G) + F_N(L_N, A_N) + y$$
$$L_G + L_N = T - l$$
$$A_G + A_N = A \tag{3-13}$$

由于农户闲暇时间既定，农业产出最大化时，也是农户效用最大时。此时，农户面临的问题是如何配置粮食与非粮食播种面积（仍然不考虑土地租赁市场），以及如何在这两类农作物生产中分配劳动时间。为此，本书构建如式（3-14）的拉格朗日方程：

$$\Gamma = F_G(L_G, A_G) + F_N(L_N, A_N) + y + \lambda(A - A_G - A_N) \tag{3-14}$$

式（3-14）分别对 A_G 和 A_N 求偏导数，可得：

$$\frac{\partial \Gamma}{\partial A_G} = \frac{\partial F_G}{\partial A_G} - \lambda = 0$$

$$\frac{\partial \Gamma}{\partial A_N} = \frac{\partial F_N}{\partial A_N} - \lambda = 0 \tag{3-15}$$

式（3-15）表明，农户在土地分配上，会使粮食作物与非粮食作物的土地边际产出相等。进一步地，式（3-14）分别对 L_G 和 L_N 求偏导数，可得：

$$\frac{\partial \Gamma}{\partial L_G} = \frac{\partial F_G}{\partial L_G} - \lambda \frac{\partial A_G}{\partial L_G} = 0$$

$$\frac{\partial \Gamma}{\partial L_N} = \frac{\partial F_N}{\partial L_N} - \lambda \frac{\partial A_N}{\partial L_N} = 0 \qquad (3-16)$$

整理式（3-16）可得：

$$\frac{\partial F_G}{\partial L_G} - \frac{\partial F_N}{\partial L_N} = \lambda \left(\frac{\partial A_G}{\partial L_G} - \frac{\partial A_N}{\partial L_N} \right) \qquad (3-17)$$

进一步地，本书将用埃奇渥斯盒对式（3-15）与式（3-17）进行比较静态分析，如图3-4所示。

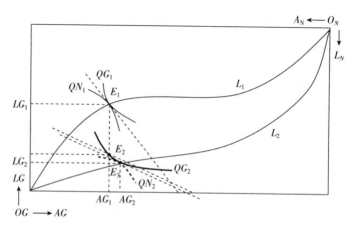

图3-4　农户生产要素配置

在图3-4中，盒子的水平长度表示第一种生产要素土地的数量 A，盒子的垂直高度表示第二种生产要素劳动的数量 $T-l$。O_G 为粮食生产的原点，O_N 为非粮食生产的原点。农户的最优生产策略是粮食等产量线与非粮食等产量线切点的集合，即生产的契约曲线。生产契约曲线表示两种要素在两种生产之间的所有最优分配（帕累托最优）状态的集合，如图3-4中曲线 L_1。

假定农户最初的要素生产配置位于点 E_1。$MRTS_{LA}^G$ 与 $MRTS_{LA}^N$ 分别为粮食生产、非粮食生产，劳动（L）要素代替土地（A）要素的边际技术替代率，在 E_1 点时有如式（3-18）的数量关系。

$$MRTS_{LA}^G = MRTS_{LA}^N \qquad (3-18)$$

劳动对土地的边际技术替代率可做如下表述：

$$MRTS_{LA}^G = \lim_{\Delta L_G \to \infty} -\frac{\Delta A_G}{\Delta L_G} = -\frac{\partial A_G}{\partial L_G}$$

$$MRTS_{LA}^N = \lim_{\Delta L_N \to \infty} -\frac{\Delta A_N}{\Delta L_N} = -\frac{\partial A_N}{\partial L_N} \qquad (3-19)$$

根据式（3-18）与式（3-19），式（3-17）可改写为式（3-20）。式（3-20）的含义表明，农户在劳动分配上，会使粮食作物与非粮食作物的劳动边际产出相等。

$$\frac{\partial F_G}{\partial L_G} - \frac{\partial F_N}{\partial L_N} = \lambda \left(\frac{\partial A_G}{\partial L_G} - \frac{\partial A_N}{\partial L_N} \right) = 0 \qquad (3-20)$$

当粮食作物农业机械化提升时，意味着粮食作物劳动生产效率提高，这表明$\frac{\partial A_G}{\partial L_G}$的值增加，即粮食生产中劳动要素替代土地要素的边际技术替代率增加了。然而，此时非粮食作物的劳动土地边际技术替代率并未发生变化，生产的均衡点E_1已被打破。粮食生产与非粮食生产的边际技术替代率有式（3-21）的关系：

$$|MRTS_{LA}^G| > |MRTS_{LA}^N| \qquad (3-21)$$

此时农户将面临着重新配置土地、劳动要素的问题。根据式（3-18）与式（3-20）的分析，本书知道农户生产状态新的均衡点时，也必然满足式（3-18）。从数量关系上来看，即需要通过土地、劳动要素配置将式（3-21）调整到式（3-18）的状态，这就需要减少$MRTS_{LA}^G$的绝对数取值，增加$MRTS_{LA}^N$的绝对数数值。根据边际技术替代率递减规律：在两种生产要素相互替代的过程中，普遍存在这样的一种现象，在维持产量不变的前提下，当一种要素的投入量不断增加时，每一单位的这种生产要素所能替代的另一种生产要素的数量是递减的（高鸿业，2007）。因此，减少$MRTS_{LA}^G$的绝对数值、增加$MRTS_{LA}^N$的绝对数值，可通过增加粮食作物播种面积与减少粮食作物劳动投入来进行调整。经调整后，使两类作物劳动土地边际技术替代率重新相等。此时，新的均衡点将从图3-4中的E_1点移动到E_3点。

值得一提的是，E_3点时农户的粮食产量与非粮食产量都能得到提升，即E_3点实现了帕累托改进。虽然等产量曲线Q_{G2}的位置低于Q_{G1}，但是Q_{G2}的产出并不低于Q_{G1}的。这是因为Q_{G2}的生产技术效率比Q_{G1}的高，即使在比Q_{G1}劳动要素投入还要低的情况下，Q_{G2}的产出依旧能比Q_{G1}的高。另外，由于粮食生产技术效率得到了提升，此时的粮食等产量线与非粮食等产量线切点的集合，即生产的契约曲线也会发生变化。新的生产契约曲线会在原来的位置上下移，表现出劳动集约型的特点，如曲线L_2所示。

如图3-4所示，在E_3点时农户粮食播种面积会比E_2点时增加$A_{G2}-A_{G1}$，劳动投入比E_2点时减少$A_{G1}-A_{G2}$；相反，非粮食作物的播种面积会减少，而劳动投入会增加。也就是说，农户会在非粮食作物与粮食作物之间交换生产要素，将部分用于非粮食作物的土地去交换原本是用于粮食生产中的劳动。如此，粮食生产的面积得以增加,即使劳动要素投入减少,但是在机械的支撑下依然能实现增产;非粮食生产中表面上播种面积减少了,但是从粮食生产中交换来的劳动要素能弥补播种面积减少带来的产量损失。这也是 E_3 点能够实现帕累托改进的重要原因。

综上分析,当粮食作物农业机械化提升时,即使农业劳动力不能在农业与非农业之间自由流动时,农户仍然会做出增加粮食播种面积的生产决策。

3. 考虑农地租赁市场

在上述分析中,本书考虑了农业劳动力可自由流动与不可自由流动两种情况,当粮食作物农业机械化水平提升时,农户的粮食生产行为决策。但是上述分析均建立在"不存在农村土地租赁市场"的前提下。事实上,当前农村土地流转市场逐步形成,不存在土地租赁市场的假设已不符合实际。为此,本部分的分析将放宽这一约束条件,分析在农地租赁市场存在的前提下,随着粮食作物农业机械化水平的提升,农户的粮食生产决策行为。此外,本书也考虑了农业劳动力向非农领域转移的情况。

为此,本部分将借鉴速水佑次郎与弗农·拉坦(2000)的诱致性变迁模型进行理论分析。如图 3-5 与图 3-6 所示,农户的粮食与非粮食生产状态分别位于图 3-5 中的 E_{G1} 点与图 3-6 中的 E_{N1} 点。在图 3-5 中,Q_{G1} 与 Q_{G2} 为粮食产出等产量曲线。$B_G B_G$ 为农业生产劳动—土地成本曲线。其中,劳动的价格为务工工资,反映的是农业劳动投入的机会成本;土地的价格为土地流转价格,反映的是农业土地投入的机会成本。S_{G1} 是在生产技术水平、生产要素价格和其他条件不变时的粮食生产扩展线。在图 3-6 中,Q_{N1} 与 Q_{N2} 为粮食产出等产量曲线。$B_N B_N$ 与 $B_G B_G$ 相同,也是农业生产劳动—土地成本曲线。S_{G1} 是在生产技术水平、生产要素价格和其他条件不变时的非粮食生产扩展线。

当务工工资上涨时,农业劳动价格也随之上升,此时农业生产劳动—土地成本曲线将从 $B_G B_G$ 移动到 $C_G C_G$,或从 $B_N B_N$ 移动到 $C_N C_N$。进一步地,我们假定粮食生产农业机械化水平也在此刻得到了迅速的提升。一般地,每个劳动者耕种更大面积土地的技术将要求劳动者有更高的畜力和机械动力,这意味着土地与机械动力或农业机械化之间存在着互补关系,为此本书假定它们的关系为线性的,如图 3-5 中的直线 L_{MG}。由于粮食作物农业机械化水平得到了提升,即粮食生产的技术水平得到了提高,此时粮食生产的扩展线也将会发生变化,从 S_{G1} 移动到 S_{G2}。相比 S_{G1},S_{G2} 在粮食生产上表现出了明显的劳动节约型特征,即随着劳动价格的上涨,劳动相对土地变得更为稀缺了,为此农户会选择一种劳动节约型的生产方式。新的粮食生产均衡点为等产量线 Q_{G2} 与 $C_G C_G$ 的切点 E_{G2},此时农户的粮食耕种面积相比 E_{G1} 点增加了 $A_{G2} - A_{G1}$。由此可见,随着粮食作物农业机械化水平的提升，会使农户在粮食生产中耕种更大面积的土地（速水佑次郎、弗农·拉坦，2000）。

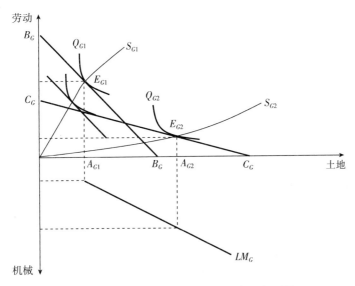

图3－5　农户粮食生产劳动、土地要素配置

进一步地，本书假定在劳动价格上涨之际，非粮食作物农业机械化水平保持不变，非粮食作物主要生产环节无法实行机械化耕种，仍需要大量的劳动力投入。随着成本曲线从 $B_N B_N$ 移动到 $C_N C_N$ 时，E_{N1} 点的生产均衡已被打破。新的均衡点为等产量曲线 Q_{N3} 与 $C_N C_N$ 的切点 E_{N3}。E_{N3} 点相比 E_{N1} 点，耕种面积减少了 $A_{N1} - A_{N3}$，这与粮食作物新的生产均衡点不同。这是因为非粮食作物农业机械化水平未能起到补充劳动力不足的作用。倘若此时非粮食作物的农业机械化水平如同粮食作物的一般也得到了迅速的提高，如直线 LM_N 所示。那么，非粮食作物的生产均衡点将会移动至 E_{N4}，播种面积也会增加到 A_{N4} 规模。然而，当非粮食作物农业机械化水平未改善之际，又因劳动力价格上涨，劳动力投入不足的缘故，农户只能播种比 E_{N1} 点更少的土地面积。此时，农户的生产拓展线也将从 S_{N1} 移动至 S_{N2}。

事实上，农户在粮食作物与非粮食作物种植面积上的调整行为反映出了这样的一个事实：随着劳动力成本的上升，农户会主动选择低成本的生产方式，即减少非粮食作物播种面积，增加粮食作物播种面积，如此降低劳动投入，以此降低劳动力成本。这个过程也是速水佑次郎、弗农·拉坦（2000）所提及的农业机械使用的诱致性变迁。

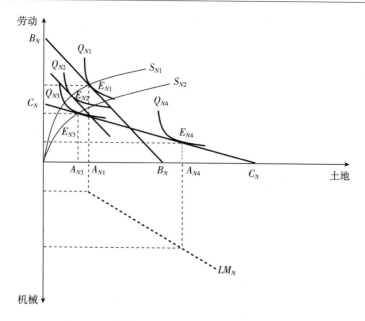

图3-6 农户非粮食生产劳动、土地要素配置

综合上述分析，本书有如下研究假说1：

假说1：在农业劳动力向非农领域转移之际，随着粮食作物农业机械化水平的迅速提高，粮食播种面积也将会增加。

由于当下粮食作物农业机械化水平迅速提高，而非粮食作物农业机械化水平增长非常缓慢，依据上文理论分析，农户会做出增加粮食作物播种面积与减少非粮食作物播种面积的决策。为此，本书有如下子假说1a：

假说1a：在农业劳动力向非农领域转移之际，粮食作物农业机械化迅速提升与非粮食作物农业机械化增长缓慢的前提下，农户会增加粮食作物播种面积与减少非粮食作物播种面积，即粮食作物播种面积的比例会随着粮食作物农业机械化的提升而增加。

第二节 农业机械化与粮食单产理论假说

上述分析探讨了农业机械化与粮食播种面积之间的理论关系。事实上，农业机械化也是有益于粮食单产的。农业机械化通过如下两个机制作用于粮食单产：第一，机械化对单产的直接效果，即机械化能够提升粮食生产效率；第二，农业机械化促进劳动力转移,增加农户农业资本存量,促进了农户在粮食生产中的资本投入,进而提高粮食产出,即机械化对单产的间接效果。

一、农业机械化对粮食单产直接效果:提升生产效率

传统的观念认为,提高粮食单产的关键是水、种、肥、药等要素。事实上,农业机械化对提高粮食单产也有显著的成效。近年来,随着国家大力推广节水灌溉、精量播种、化肥深施、高效植保、秸秆还田、保护性耕作等先进适用的农机化技术,在提高粮食单产上收到了不错的成效。

农业部实验数据对比表明①:相同的施肥量,用机械深施基肥可以增产5% ~ 10%;水稻机插秧比人工插秧每亩可以增产50千克;在同等生产条件下,水稻、小麦、玉米生产全程机械化可实现节种增产减损综合增产能力分别为每亩53千克、37千克、72千克。其中,秋整地使用农机深松作业,可以使第二年玉米亩均增产200斤;水稻机插秧亩比人工插秧增产100斤,且抗病虫害、抗倒伏性好。粮食机械化收获可在抢农时的基础上减少收获损失5~8个百分点。在土地资源紧缺、水、肥等资源投入对增产约束增强的情况下,农业机械化已然成为提高粮食单产的理想选择。

许多地区的实验数据也表明,农业机械化对粮食单产具有显著的促进作用,具体情况如表3-1所示。

表3-1 农业机械化与粮食单产实验数据

文献	内容
李志杰等（2015）	衡水市农机推广部门从2010年开始推广农机深松技术,五年累计完成深松面积366.5万亩,占适宜深松面积的83.3%。通过测产,小麦平均亩增长10%左右,玉米平均亩增产15%左右。2014年深州市仁忠农机专业合作社的夏玉米,通过实施农机深松整地,在大旱之年获得了亩产1700斤的历史好收成,比历史最好收成的2011年的亩产1480斤增产220斤,增长14.86%
王丽丽、于胜军（2015）	白山市江源区农机推广站从1985年开始引进和推广玉米机械化地膜覆盖技术,先后引进了多种型号的人畜两用小型地膜覆盖机。目前白山市玉米机械化地膜覆盖技术推广面积每年都能达到8万亩以上,占全市玉米种植面积的20%以上。根据测产统计,机械化地膜覆盖玉米比不铺膜玉米平均每亩增产120~160千克,平均每亩增产30%~40%,最高每亩单产可达800千克

---

① 实验数据来源:http://www.moa.gov.cn/zwllm/zwdt/201011/t20101110_1698014.htm（农业部官网）。

文献	内容
郝春天、李社潮（2014）	经长春市的试验测产，钵盘育秧播种机、水田耙浆平地机、水稻钵苗移栽机配套集成使用，可使水稻平均增产16.2%
蔡洪信、李景新（2012）	黑龙江省通河县的实验数据表明，水稻机械插秧比人工插秧每亩增产40千克
李文平、王文国（2010）	衡水市通过1.2万亩小麦对比试验，发现试用小麦精播半精播技术可使小麦增产13%，高产田达到亩产600千克；通过采用保护性耕作技术种植的3.3万亩小麦试验，增产5.6%~5.9%；通过玉米免耕覆盖机械化播种技术试验测定，可使玉米亩增产33.5千克；据统计，玉米机械收获比人工收获减少损失3%~5%
陆为农（2005）	江苏省的试验示范和大面积推广的实践效果表明，水稻机插可以实现高产稳产，平均亩产在650千克左右，高的可达750千克，亩均比人工栽插增产5%以上；水稻收获机械化可减少收获损失3%左右
陈友志（1997）	横县在水稻化肥机械深施方面做了成功的试验，机械深施比普通面施平均亩产52千克，增产13.8%，效果十分显著

上述分析仅仅是从经验数据中总结出了农业机械化与粮食单产之间的关系，还尚未深入理论层面。本书认为，农业机械化作用于粮食单产是通过提升生产效率实现的，具体而言：第一，农业机械化提升了生产的技术效率；第二，农业机械化提高了要素的配置效率。技术效率与配置效率是全要素生产率变动的重要组成部分。如式（3－22）所示，ΔTFP 表示全要素生产率的变动，ΔTE 与 $\sum_{j=1}^{n}\left[\left(\frac{\varepsilon_j}{\varepsilon}-s_j\right)\times\dot{x}\right]$ 分别为技术效率的变动与配置效率。它们与单产的关系是：技术效率增加，意味着技术效率的变动也会增长，从而促进全要素生产率的变动增加；配置效率的增加也会促进全要素生产率的增长；全要素生产率的增长，必然会带来全要素生产率的提高，全要素生产率的提高也意味着产出提升，即单产增加。关于这一点，本书还将在第六章继续阐述。

$$\Delta TFP = \Delta T + \Delta TE + (\varepsilon-1)\times\sum_{j=1}^{n}\left(\frac{\varepsilon_j}{\varepsilon}\times\dot{x}\right)+$$

$$\sum_{j=1}^{n}\left[\left(\frac{\varepsilon_j}{\varepsilon}-s_j\right)\times\dot{x}\right] \tag{3-22}$$

1. 生产的技术效率

技术效率是指在一个生产单元的生产过程中达到该行业技术水平的程度。

一般而言，从投入与产出两个维度来衡量技术效率，在投入既定的情况下，技术效率由产出最大化来衡量；在产出既定的情况下，技术效率由投入最小化来衡量（Farrell，1957）。假定土地要素（A）与劳动力要素（L）是粮食生产中的两种基本要素，Y为粮食产出，如表3-2所示。表3-2中的数据反映在图3-7中，E、F、G、H是4个基本生产单元，进一步假定这四个基本生产单元在生产中尚未投入机械；A、B、C、D也是四个基本生产单元，假定这四个基本生产单元在生产中投入了农业机械。A、B、C、D在其垂直线与坐标轴围成的区域内，均没有其他任何生产单元或生产单元的线性组合，这表明A、B、C、D处于技术效率的前沿上。由于中国农户在粮食生产中，农业机械投入主要为机械化服务购买，据笔者调查机械化服务价格远小于劳动力、土地成本，因而在投入变量中可忽略机械投入成本。在表3-1中的经验数据表现在图3-7中为：机械化可使在粮食产出既定的情况下，投入最小；如B、C两个点的生产效率就比G点时的高，G的效率部分体现在OG'，无效率的部分体现为GG'，相比而言在产出既定的前提下，G点多消耗了部分GG'。事实上，机械化提升生产技术效率可从两个方面理解：一方面，机械化提高了劳动效率，从而使同等粮食产出下，劳动投入缩减，如B点与H点，B点与H点粮食产出与土地要素投入相等，但是B点的劳动投入就少于H点，这体现了机械化生产效率对劳动成本节约的优势。换言之，即劳动生产效率提高，技术效率提升，全要素生产率的变动增加，单产增加。另一方面，随着劳动效率的提升伴随着的单产提高，使同等粮食产出下，土地要素投入少，如A点与H点，A点与H点粮食产出与劳动投入都相等，但是A点土地投入要素比H点少，这反映了机械化具有提升单产的优势，如表3-1所列的实验数据。这表明土地要素的生产效率也得到了提升，即再次随着一轮技术效率的提升，从而再次会促进单产增加。正是通过这两个渠道，机械化提升了粮食生产的技术效率，从而起到了提高单产的作用。

表3-2 投入导向下粮食生产技术效率示例数据

生产单元	A	L	Y	A/Y	L/Y
A	5	40	10	0.5	4.0
B	10	30	10	1.0	3.0
C	32	24	16	2.0	1.5
D	48	24	16	3.0	1.5
E	24	48	16	1.5	3.0

生产单元	A	L	Y	A/Y	L/Y
F	48	45	18	2.7	2.5
G	50	60	20	2.5	3.0
H	10	40	10	1.0	4.0

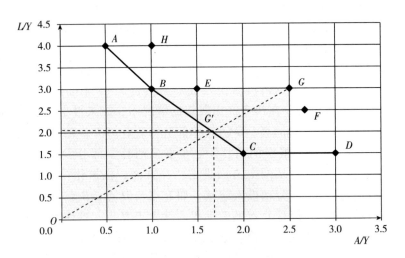

图 3 - 7 投入导向下农业机械化与粮食生产技术效率

2. 要素的配置效率

要素配置效率是在一定经济和技术环境中，保持技术效率与要素投入规模不变的前提下，实际要素投入成本与相同产出条件下投入成本所能达到最低值的比率（Richetti and Reis，2003）。最初，Farell（1957）把经济效率分解为技术效率和配置效率两个部分，指出要素配置效率就是指生产者为达到一定产出条件下使用的最优要素投入组合。而后，学术界逐渐把全要素生产率分解为技术进步、技术效率、规模效率和配置效率，把要素配置效率与要素规模效率严格区分开来（Yotopoulos and Lau，1973；Oh and Kim，1980；Kumbhakar and Lovell，2000）。

在农业生产领域，农业机械单独作为投入要素是无法生产任何产品的，必须与其他生产要素相结合才能生产产品；同理，农业机械的投入也会影响到其他要素的使用状态。农业机械化影响要素配置效率的作用过程可用图 3 - 8 所示（李卫等，2012）。横轴代表机械投入情况，如机械耕种收面积占总播种面积的比例，纵轴表示除机械以外的其他投入要素，Q 为一条等产量曲线。倘若农业机械投入

量 M_a，其他要素投入量 X_a 时的实际产出水平为 Q，而该投入组合的最大产出位于点 A，这表明（M_a，X_a）投入与 Q 水平产出不是技术上的完全有效率。此时，A 点农业机械的生产配置效率可用 $ME = M_b/M_a$ 表征，M_b 是 Q 产出水平下最小的机械投入；同理，在农业机械投入和产出不变的情况下，A 点其他要素投入的配置效率为 $XE = X_b/X_a$，X_b 是 Q 产出水平下最小的其他要素投入。依据这种方法，不难测算出 C 点与 B 点其他要素的配置效率：C 点其他要素的配置效率为 X_b/X_c，B 点其他要素的配置效率为 1，即 B 点的其他要素的配置效率大于 C 点。由此可见，农户可通过增加机械投入来提高其他要素的配置效率。要素配置效率的变化最终反映在产出上。

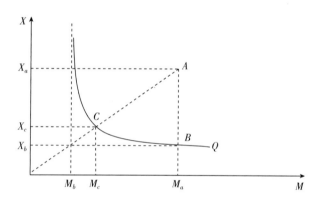

图 3－8　农业机械生产配置效率

事实上，本书第二章文献综述部分业已指出了，农业机械化可改变粮食生产中的要素配置情况。例如，Juarez 和 Pathnopas（1981）、Martin 和 Olmstead（1985）与 Peter（2010）的研究表明，农业机械化改变了劳动要素的配置情况；Sukharomana（1983）、Ahammed 和 Herdt（1985）、Binswanger（1986）与 Takeshima 等（2013）的进一步指出，农业机械化改变了资本要素的配置情况。农业机械化对各要素配置效率的影响，必然会作用于全要素生产率的变动上，最终必定会影响到粮食单产。

二、农业机械化对粮食单产间接效果：农业机械化、资本投入与粮食单产

农业机械化能够促进农业劳动力转移，增加农户收入，进而有利于提升农业资本投入，起到粮食增产的效果。这一过程本书将以图 3－9 示之。

假定农业劳动力可自由向非农领域转移，存在土地租赁市场。依据上述分析，农户在粮食种植决策上，依然满足如下两个式子：

$$\frac{\partial F_G}{\partial L_G} = \frac{\partial F_N}{\partial L_N} = w$$

$$\frac{\partial F_G}{\partial A_G} = \frac{\partial F_N}{\partial A_N} \tag{3-23}$$

式（3-22）的含义为：在均衡条件下，农户粮食生产与非粮食生产中的劳动边际产出都等于务工工资，粮食生产与非粮食生产的土地边际产出也应相等。

在图3-9中，E_1点是粮食生产机械化水平为M_1时的粮食生产均衡点。在均衡点处，粮食生产劳动力投入为L_{G1}，农户的总收入水平为Z_{f1}，粮食播种面积为A_{f1}。当粮食生产机械化水平增长到M_2时，土地劳动曲线g_1（L）将下移至g_2（L）位置。随着农业机械化水平的提升，粮食的单位产出也将增加（机械化对粮食产出的直接效果），在图3-9中表现为产出曲线F_{G1}（·）向上移动至F_{G2}（·）位置，这一点与上文的分析有所不同。进一步假定，劳动力转移不影响务工工资，此时产出曲线与工资曲线w的切点，从E_1位置移动到E_2处。在E_2点生产状况下，劳动投入为L_{G2}，比E_1点减少了$L_{G1} - L_{G2}$，即机械化水平的提升促进了农业劳动力的转移。

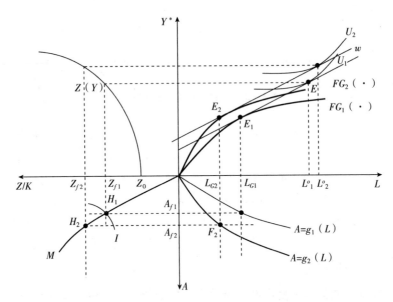

图3-9 农业机械化、劳动力转移与农业资本投入深化

在E_2点生产状况下，农户的收入水平从Z_{f1}增加至Z_{f2}，效用水平从U_1增长到了U_2。随着农户收入水平的增加，可用于农业生产的资本投入也增加了$Z_{f2} - Z_{f1}$。资本投入的增加能产生两个效果：一是增加亩均资本投入，进一步有利于提升单产，从而促进产出曲线继续向上移动，在这里我们假定E_2是最终的均衡点；二是能扩大生产，使粮食播种面积从 A_{f1} 增加到 A_{f2}。值得讨论的是，随着粮食播种面积的增加是否会稀释亩均资本投入？本书认为，粮食播种面积的增加不会稀释亩均资本投入，相反亩均资本投入反而会有所增加，理由如下：一是增加播种面积就意味着增加劳动投入，在保持产量不变的情况下，增加资本投入比增加播种面积更经济，这是由当前劳动力成本过高的现实决定的。也就是说，播种面积的增量会小于资本投入的增量，即曲线 M 凹向 A 坐标轴，如此亩均资本投入不会降低反而比 E_1 点时有所增加。二是从土地资源约束情况来看，农户更有可能通过资本投入代替土地投入，人地关系高度紧张是中国农业生产的基本现实，即使存在土地市场，但是流转土地的交易成本以及迅速上涨的流转价格，也会使农户做出以资本投入代替土地投入的生产决策。这也是当前中国农民收入快速增加之际，化肥要素投入大量增加，而户均播种面积有所下降的原因①。

由此可见，随着粮食作物农业机械化水平的提高，粮食生产的亩均资本投入将会提升；亩均资本投入的增加必然会促进粮食单产的提高。这与 Ahituv 和 Kimhi（2002）、Koppel 和 Hawkins（1991）的研究结论相一致。

综合上述分析，本书提出如下假说2：

假说2：粮食作物农业机械化水平的提升，有助于粮食单产的提高。

进一步地，结合机械化对粮食单产的作用机制，本书有如下假说：

假说2a：农业机械化通过提高粮食生产的技术效率与要素配置效率，从而促进了粮食单产的提升。

假说2b：农业机械化促进了农业劳动力向非农领域转移，提升了农户收入水平，增加了农户在粮食生产中的资本要素投入；随着农业资本投入的深化，粮食单产随之提高。

第三节 本章小结与逻辑框架

一、本章小结

粮食产量等于播种面积与单产的乘积。依据这个恒等式，本书构建了农业机

---

① 2004～2012年，全国户均农作物播种面积从2004年的9.22亩下降到2012年的9.15亩，年均减少0.11%；然而，农作物亩均化肥投入从2004年的20.13千克增加到2012年的23.82千克，年均增加2.13%。

械化作用于粮食产出的机制理论，如图 3 - 10 与表 3 - 3 所示。更为重要的是，本书提出的农业机械化作用粮食产出的机制理论是基于农业劳动力转移的背景之下，如此也就回应了第一章本书提出的研究问题。

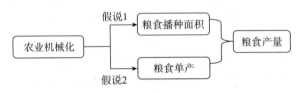

图 3 - 10　本书假说框架

表 3 - 3　本书研究假说列表

类别	假说内容
农业机械化与粮食播种面积	假说 1：在农业劳动力向非农领域转移之际，随着粮食作物农业机械化水平的迅速提高，粮食播种面积也将会增加
	假说 1a：在农业劳动力向非农领域转移之际，粮食作物农业机械化迅速提升与非粮食作物农业机械化增长缓慢的前提下，农户会增加粮食作物播种面积与减少非粮食作物播种面积，即粮食作物播种面积的比例会随着粮食作物农业机械化的提升而增加
农业机械化与粮食单产	假说 2：粮食作物农业机械化水平的提升，有助于粮食单产的提高 假说 2a：农业机械化通过提高粮食生产的技术效率与要素配置效率，从而促进了粮食单产的提升
	假说 2b：农业机械化促进了农业劳动力向非农领域转移，提升了农户收入水平，增加了农户在粮食生产中的资本要素投入；随着农业资本投入的深化，粮食单产随之提高

二、逻辑框架

本书的逻辑框架如图 3 - 11 所示。首先，本书围绕本书的核心问题"为什么在农业劳动力大量转移，农业老龄化、妇女化背景下，中国粮食产出不减反增"，从机械替代劳动的视角出发对问题进行分析；其次，从影响粮食产出的两条渠道——粮食播种面积与粮食单产入手，构建机械化对粮食产出的理论机制，即提出本书的假说；最后，通过经验数据对假说进行验证，从而得出研究结论，给出相应的政策含义。

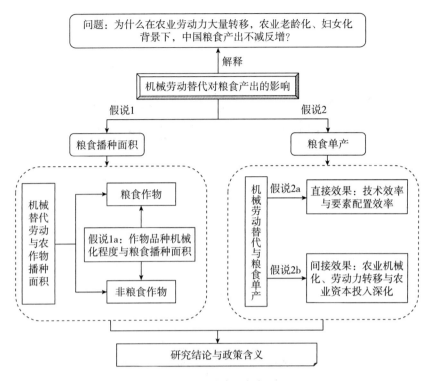

图 3 – 11　本书逻辑框架

第四章　我国农业机械化的
历史阶段与主要成就

农业机械化是农业生产力的重要体现，是农业现代化的重要标志。改革开放以来，我国农业机械化大致经历了三个历史发展阶段，探索了以农机社会化服务为核心内涵的中国特色农业机械化道路。其中，2004 年实施的农机具购置补贴政策有力地推进了我国农业机械化的发展。

第一节　改革开放以来我国农业机械化的发展阶段

改革开放以来，我国在人多地少、自然条件及耕作制度复杂、经济底子薄的国情农情下，探索出了中国农业机械化发展规律和发展道路，开创了中国特色农业机械化的新局面，取得了辉煌的成就，积累了丰富的发展经验。回顾这段历程，农业机械化过程大致可以划分为三个阶段，还有它的典型特征。

一、体制转换：1978～1993 年

自中华人民共和国成立以来，中央提出了明确的农业机械化发展目标和相应的指导方针、政策。国家在有条件的社、队成立农机站并投资，支持群众性农具改革运动，增加对农机科研教育、鉴定推广和维修供应等系统的投入，基本形成了遍布城乡、比较健全的支持保障体系（龙纪闻，2009）。这个时期内，我国建立了与人民公社体制相配套的、以行政命令主导的农业机械化发展体制。改革开放以来，伴随经济体制改革，我国农业机械化逐步开启了发展战略方针、农机所有制等多项改革。

1. 调整发展战略方针

将"农林牧副渔齐头并进发展机械化"的方针调整为"因地制宜，有选择

地发展农业机械化"（如表4-1所示）。20世纪50年代我国就提出了"农业的根本出路在于机械化"的论断，并在1966年确定了"1980年基本实现农业机械化"的目标，由此拉开了采取行政手段、自上而下以大型农业机械为主的农业机械化推进进程的序幕（郑有贵，2001）。1979年农村地区逐步开始了家庭联产承包责任制改革，农业经营规模日益细碎化，大中型农业机械失去了用武之地，面对农村改革中出现的这些问题，1979年党的十一届四中全会提出"因地制宜，有选择地发展农业机械化，不再是农林牧副渔机械化的齐头并进"。1982年中共中央发出的关于改革开放以来第一个关于农村问题的中央一号文件再次指出，"农业机械化必须有步骤、有选择地进行"。这标志着我国已调整农业机械化发展方针，同时也为新时期农业机械化指明了方向。

表4-1　农业机械化体制转换

类别	时间	内容
发展战略方针	1978年12月	1978年12月，党的十一届三中全会提出："不再提1980年基本实现农业现代化的口号。"
	1979年9月	党的十一届四中全会提出："因地制宜，有选择地发展农业机械化，不再是农林牧副渔机械化的齐头并进。"
	1982年1月	中央一号文件指出："农业机械化必须有步骤、有选择地进行。"
农机所有制	1983年1月	中央一号文件指出："农民个人或联户购置农副产品加工机具、小型拖拉机和小型机动船，从事生产和运输，对发展农村商品生产，活跃农村经济是有利的，应当允许；大中型拖拉机和汽车，在现阶段原则上也不必禁止私人购置。"
	1984年	国务院颁布《关于农民个人或联户购置机动车船和拖拉机经营运输业的若干规定》："国家允许农民个人或联户用购置的机动车船和拖拉机经营运输业；允许农民个人或联户用购置的机动车船和拖拉机从事营业性运输。"

2. 改革农机所有制

20世纪80年代初，正值理论界激烈争论生产资料所有制之际，农业机械化领域率先开始了农机所有权改革。1983年中央一号文件针对农机所有制问题指出，"农民个人或联户购置农副产品加工机具、小型拖拉机和小型机动船从事生产和运输、对发展农村商品生产、活跃农村经济是有利的，应当允许大中型拖拉机和汽车在现阶段原则上也不必禁止私人购置。"1984年国务院颁布《关于农民个人或联户购置机动车船和拖拉机经营运输业的若干规定》，对农民个人或联户购置机动车、小型机动船和拖拉机经营运输业的有关问题做如下规定：一是国家允许农民个人或联户用购置的机动车船和拖拉机经营运输业；二是允许农民个人或联户用购置的机动车船和拖拉机从事营业性运输。这两个文件对农业机械所有制的问题进行了松绑，冲破了生产资料不允许个人所有的思想禁区。由此，农民逐渐成为农机化发展的需求主体，政府和集体逐步退居幕后。在 1986~1995 年农户、集体、国家农业机械保有量的结构中，我们也能窥探出这一变化。这一时期全国农户农业机械原值占全社会农机原值比重从 1986 年的 66.54% 快速增长到了 1995 年的 80.14%。

随着家庭联产承包责任制逐步确立后，由于农民家庭经营规模小、投资能力有限，国家鼓励农户购置小型农业机械，发展以小型农业机械为主的农业机械化，我国形成了以小型机具为主的农机装备格局。1993 年我国小型拖拉机达到788.34 万台，比 1978 年的 174 万台增长了 352.87%，而大中型拖拉机有 72.12万台，仅比 1978 年的 55.74 万台增长了 29.39%。从结构上来看，1986~1993 年小型拖拉机占比几乎每年都稳定 95% 以上。1993 年，我国农机总动力达到 3.18亿千瓦，比 1978 年的 1.17 亿千瓦增长了 171.79%。全国农作物机耕、机播、机收水平分别增长到 54.50%、18.13% 与 9.73%。农作物耕种收综合机械化率[①]为 30.16%。

二、市场导向与农机社会化服务初步发展：1994~2003 年

1994 年党的第十五次全国代表大会提出了建立社会主义市场经济体制的经济改革目标；同年 7 月，国家取消了农用柴油平价供应政策。至此，带有计划经济色彩的农业机械化政策彻底退出历史舞台（刘合光，2008），我国农业机械化进入了以市场为导向的发展阶段，开启了以农机社会化服务为主要内容的新的发展征程。

1. 农机社会化服务逐渐发展，农业机械化从购买农业机械向购买机械服务转变

制度安排分析是回答中国农业机械化发展变迁，以何种路径产生以及发展到什么程度的重要方法。自 20 世纪 90 年代以来，农民收入快速增加，部分农户已经具备了购置农业机械或服务的支付能力；与此同时，我国中小型农业机械生产技术日臻成熟。农业机械适用的内在需求与外部供给条件逐渐成熟。随着农村第二、第三产业的发展，农民兼营他业，农村劳动力价格逐渐攀升。劳动机械两类

---

① 按照农业部的统计口径，农作物耕种收综合机械化水平是通过农作物机耕水平、机播水平、机收水平加权平均计算而来，权重分别为 0.4、0.3、0.3。

要素在农业生产中的相对价格逐步变化，劳动对机械的相对价格正在逐渐升高，劳动机械投入比的诱致性制度变迁条件已然形成。从经济效益角度而言，农民已经能够接受并对机械代替人力从事农业生产形成了有效需求。与此同时，北方地区一些农机手在南北地域间小麦成熟时间差中寻到了商机，从南至北沿途为农户机收小麦，由此拉开了中国农机跨区作业的序幕。此举迅速得到了国家的肯定与支持。此后，农业部门几乎每年都组织农机跨区作业动员大会，并出台相应的优惠政策推动农机跨区作业（如图4-1所示）。至此，以农机社会化服务为形式的农机化道路逐步被确立。

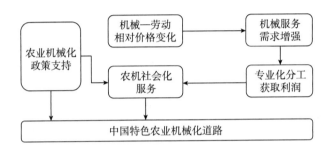

图4-1 中国农业机械化制度生成路径

2. 国家多方面扶持农业机械化

1994～2003年，国家各有关职能部门从计划、财政、科技、能源、环保等多方面采取政策措施，引导和扶持农业机械化的发展。具体内容如表4-2所示。

表4-2 1994～2003年国家农机化扶持政策

政策类别	时间	政策内容
计划	1994年	1994年党的第十五次全国代表大会提出了建立社会主义市场经济体制的经济改革目标；同年7月，国家取消了农用柴油平价供应政策
	1996年9月	农业部印发《农业机械化发展"九五"计划和2010年规划》，指出到2000年全国农机总动力以34%年递增率增长，机耕、机播和机收面积分别达到6100万公顷、4700万公顷和2840万公顷，农业机械化发展到粮食增长和农业总产值增长的贡献份额达到15%，到2010年农机化贡献率将达到20%

政策类别	时间	政策内容
财政	1998 年 4 月	财政部、农业部联合印发《关于编制 1998 年大型拖拉机及配套农具更新补贴计划的通知》。计划 1998 年中央财政安排 2000 万元资金，支持黑龙江省、辽宁省、山东省、内蒙古自治区、河南省、新疆维吾尔自治区、吉林省的农机更新工作
	1999 年 5 月	财政部向黑龙江、吉林、山东、辽宁、河南、新疆、内蒙古 7 个重点产量大省（自治区）下达大型拖拉机及配套农具更新补助资金 2000 万元，用于农机服务组织和农机大户的大型拖拉机及配套农具的更新补助
	2001 年 5 月	农业部印发《关于下达 2001 年农业机械装备更新项目计划的通知》，安排 2001 年中央财政设立的农业机械装备更新补贴专项资金 2000 万元，主要用于对种粮大户、农机专业户和基层农机服务组织购置大中型拖拉机进行补贴，鼓励发展大中型拖拉机
科技	1996 年 12 月	农业部印发《关于组织送教下乡开展千万农机手培训活动的通知》，决定用两年时间集中组织农机管理系统的干部和全国 2000 多所农机学校，送科技知识下乡，对千万农机手进行培训
	2001 年 11 月	科技部正式批复"十五"国家科技攻关计划"农业机械化关键技术研究开发"项目。项目经费总额为 2400 万元。项目用于水稻、玉米耕种收高效能机械的研发
能源	1996 年 4 月	国家安排农业生产救灾柴油 50 万吨、化肥 20 万吨。中央财政为此安排专项补贴资金 8000 万元。其中，救灾柴油专项补贴 6000 万元
	1997 年 10 月	经国务院批准，财政部、国家计划委员会联合发布《油品价格调节基金征收使用管理暂行办法》，建立油品价格调节基金，专项用于补助柴油提价影响较大的小麦、水稻、玉米三大粮食作物的机耕、机播、机收等农机田间作业
环保	1999 年 5 月	农业部下达秸秆综合利用专项资金 3000 万元，用于北京、天津、石家庄、沈阳、上海、南京、济南、郑州、成都、西安 10 个大中城市郊区及京津塘、京石、沪宁、济青四条高速公路沿线地区的秸秆综合利用技术推广补助。主要用于从事秸秆综合利用的单位或个人购置秸秆粉碎还田机等农机具的补贴

注：宋树友. 中国农业机械化大事记（1949～2009）［M］. 北京：中国农业出版社，2010.

这个时期最大的特点是探索出了以农机社会化服务为形式的符合国情、农情的农业机械化道路，保障了我国农业机械化的可持续发展。截至 2003 年，全国农机总动力增加到 6.04 亿千瓦，比 1994 年增长了 78.65%，年均增长 6.66%；农机化作业服务组织数量从 1996 年的 256281 个增长到 2003 年的 30818382 个，年均增长 98.22%，农机化作业服务专业户从 1996 年的 3531890 个增加到 2003 年的 3603792 个，年均增长 0.29%；农作物机耕、机播、机收水平分别为 46.8%、26.7% 与 19.0%，其中机收水平增长较快（如图 4-2 所示）。农作物耕种收综合机械化率为 32.13%。

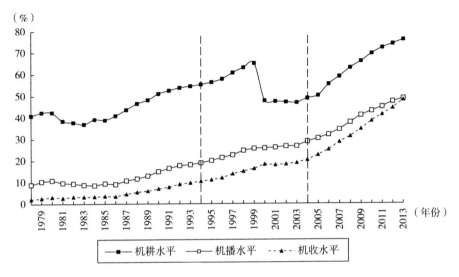

图 4-2　1978～2013 年中国农业机械化水平增长

注：以上数据来自《全国农业机械化统计资料汇编（1949～2004）》与 2004～2013 年《全国农业机械化统计年报》。

三、依法促进与农机社会化服务快速发展：2004 年至今

2004 年国家颁布实施了《中华人民共和国农业机械化促进法》，中国农业机械化进入了依法促进的阶段。同年，财政部、农业部共同启动实施了农机购置补贴政策。至此，我国农业机械化进入了依法促进的快车道。

2004 年 6 月，经十届全国人大常委会十次会议审议通过《中华人民共和国农业机械化促进法》，同年 11 月 1 日正式实施。这是我国第一部有关农业机械化的法律。这部法律第二十一条明确指出："国家鼓励跨行政区域开展农业机械作业服务。各级人民政府及其有关部门应当支持农业机械跨行政区域作业，维护作业秩序，提供便利和服务，并依法实施安全监督管理"；第二十二条明确指出了扶持农业机械服务的各类政策。这是农机社会化服务首次写入国家法律，这充分表明中国特色农业机械化道路受到法律认可与支持，中国农业机械化进入了依法促进的阶段。

更为重要的是，2004 年启动实施的农机购置补贴政策为中国特色农业机械化道路的深化增添了强劲动力（如表 4 - 3 所示）。2004 年的中央一号文件决定，"提高农业机械化水平，对农民个人、农场职工、农机专业户和直接从事农业生产的农机服务组织购置和更新大型农机具给予一定补贴"。同年 3 月，中央财政安排资金 7000 万元，其中 4000 万元在 16 个省（自治区、直辖市）的 66 个县实施，3000 万元用于农垦补贴。由此拉开了 21 世纪农机购置补贴的序幕。10 年内中央财政用于农机购置补贴的投入累计达 950 亿元，有效地带动了农民的农机购置投入。农民农机购置投入从 2004 年的 237.50 亿元快速增加到了 2013 年的624.60 亿元，年均增长 11.34%。

表 4 - 3 2004 ~ 2013 年农机购置补贴实施情况

类别 年份	实施县数（个）	农机补贴数额 （万元）	农民农机购置投入 （万元）	农机购置总投入 （万元）
2004	66	7000	2375029.00	2491841.66
2005	500	25000	2732638.69	2926179.41
2006	1126	54000	2954663.88	3195106.77
2007	1716	110900	3117086.66	3505958.46
2008	全部	372000	3411600.40	4092555.37
2009	全部	1300000	4528405.23	6097446.59
2010	全部	1549300	5093038.62	7062139.73
2011	全部	1750000	5314401.86	7447057.88
2012	全部	2150000	5963025.60	8569562.16
2013	全部	2175480	6245952.95	8870229.48

注：实施县个数与农机补贴数额由农业部农业机械化管理司提供，其余数据来自 2004 ~ 2013 年的《全国农业机械化统计年报》。

总体而言，这段时期我国农业机械化呈现两大特点。

1. 以农机购置补贴的方式大力扶持农业机械化，有力地推进了农业机械化

（1）表现在农作物综合机械化率上，如图 4 - 2 所示，在第一、第二阶段中，机耕水平处于波动增长之中，进入第三阶段后，机耕水平迈进了快速增长时期，年均增长 5.02%；机播、机收水平在第一、第二阶段里增长缓慢，年均增长分别为 4.49% 与 9.21%，而在第三阶段里机播、机收水平年增长率达到了 6.01% 与10.04%。从全国各区域来看，2012 年底已有 18 个省市区的农作物耕种收综合机械化水平超过 50%，全国农作物耕种收综合机械化达到 59.48%。

（2）表现在主粮机械化上，第三阶段是三大主粮关键机械化环节起步与高速增长的时期（如图4-3所示）。其中，提高最快的是玉米机收水平，2003年只有1.89%，到2013年达到了51.57%，10年间提高了27.3倍；水稻的机播率2003年仅为6.00%，到2013年已达到了36.10%，10年间提高了6倍以上；水稻收获环节的机械化也提高得较快，2003年只有23.40%，2013年达到了80.91%，10年间提高了3.5倍。

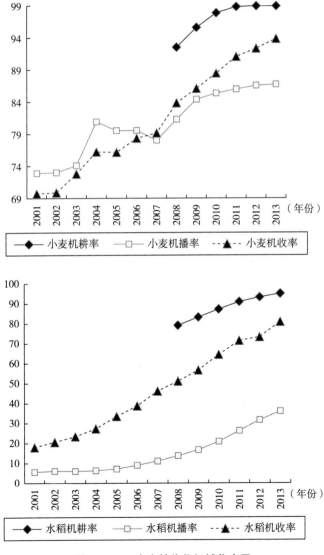

图4-3　三大主粮作物机械化水平

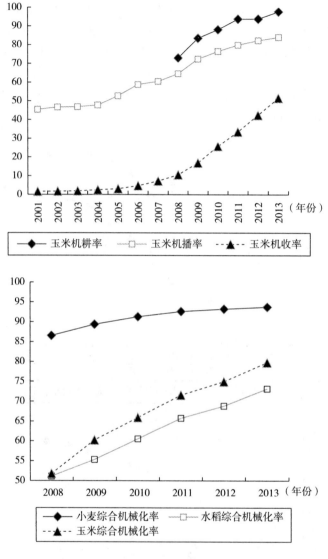

图4-3 三大主粮作物机械化水平（续图）

注：以上数据来自《全国农业机械化统计资料汇编（1949~2004）》与2004~2013年《全国农业机械化统计年报》。

2. 农机社会化服务能力显著增强

受农机购置补贴政策的推动，全国农机户数量大增，农机化作业服务专业户从2004年的3607984个增加到2013年的5242735个，年均增长5.48%。农机化作业服务人数的增加进一步增强了农机化服务的供给能力；同时，本时期内全国劳动力转移加速，农机化服务需求空前增加。因而农机手跨区作业面积得到了明显提高，全国跨区机收小麦、水稻、玉米总面积从 2004 年的 15143.58 千公顷增长到 2013 年的 25372.13 千公顷，年均增长 7.65%。

四、中国农业机械化的典型特征：小农户与现代农业有机衔接的重要形式

改革开放以来，我国农业机械化围绕国情、农情，开辟出了一条独具中国特色、与欧美日韩截然不同的机械化发展道路，探索了以农机社会化服务为核心内涵的新型农业机械化发展模式，即中国特色农业机械化（宗锦耀，2008）。

2013 年全国农业人口 62961 万人，农机化作业服务专业户人口 730.55 万人，倘若去除自有农机的 5253.11 万人，也就是说，1.16% 的农民为全国 91.66% 的农民提供农机化服务，这是中国农业机械化道路的真实写照，同时也是中国特色的农业机械化道路的现实内涵。纵观中国农业机械化二十年的发展历程，我们已然探索了一条"在家庭联产承包经营下，农机手供给农机社会化服务，农户购买服务"的具有中国特色的农业机械化发展道路。中国特色农业机械化道路的开辟有力地回答了两个问题。

1. 中国为什么走农业机械化道路

中国农业机械化道路不同于美国、欧洲、日本等已经实现农业机械化的国家的发展模式，那么我们为什么没有走上与他们相同的机械化道路呢？综观世界机械化发展模式，总体而言有三种形式（如表 4 – 4 所示）。一是美国、加拿大、澳大利亚式的，由于这些国家劳均耕地多，农户农机购置投入能力很强，因而走的是大面积农田配套大型机械的大规模机械化道路；二是欧洲式的，欧洲国家土地规模适中，农户农机购置投入能力强，走的是中等规模集约机械化的道路；三是日本、韩国式的，日韩劳均土地规模分别为 37.5 亩与 16.5 亩，农户农机购置投入能力较强，主要走的是小规模精细机械化的道路。这三种不同形式的机械化道路都是依据这些国家的国情、农情逐渐确立的，他们虽然形式不同但却有三个共同点：一是走资金与技术密集型的路子，农业机具技术含量高、价值大；二是农业机械一般只是作为替代人畜力作业的手段；三是农户的投入能力较强，购买农机主要是农户自有自用，为自家农业生产服务（宗锦耀，2008）。对于中国而言，人多地少是我国的基本国情农情，人均耕地面积仅有 1.35 亩，劳均耕地面积也不过 6 亩，这些基本情况决定了我国无法走上大、中规模机械化的道路；同时，我国农民收入水平低，自我积累能力还很弱，每家每户购买农机，既买不起也不经济，因而决定了我国也无法走上日韩规模精细的机械化道路。

农业机械化对中国粮食产出的影响研究

表4-4 中国与其他国家农业机械化道路比较分析

类别国别	机械化类型	国情农情	特征
美国、加拿大、澳大利亚	大规模机械化道路	①劳均耕地面积多，如澳大利亚劳均耕地面积近1500亩；②农户农机购置投入能力很强	①走资金与技术密集型的路子，农业机具技术含量高、价值大；②农业机械一般只是作为替代人畜力作业的手段；③农户购买农机主要是农户自有自用，为自家农业生产服务
欧洲	中等规模集约机械化道路	①土地规模适中，如英国、意大利劳均耕地面积分别为36亩与114亩；②农户农机购置投入能力强	
日本、韩国	规模精细机械化道路	①人均耕地面积小，劳均耕地面积较适中，日本、韩国劳均土地规模分别达37.5亩与16.5亩；②农户农机购置投入能力较强	
中国	家庭联产承包经营下，农机手提供农机社会化服务，农户购买	①人均耕地面积小仅有1.35亩，劳均耕地面积也仅有6亩；②农户农机购置投入能力弱	①农户以购置中小型农业机械为主；②农户购买农机不仅要为自家自用，更重要的是开展社会化服务

注：郭熙保. 加速推进农业规模化经营刻不容缓 [C]. 湖湘三农论坛，2012，21-24.

2. 中国特色农业机械化道路的科学内涵

中国特色农业机械化道路有什么样的科学内涵呢？须知，在中国发展农业机械化，必须坚持在土地实行家庭联产承包经营的前提下，解决好农业机械大规模作业与亿万小规模小农户生产的矛盾。以农机社会化服务为形式的农业机械化道路就有力地化解了这个矛盾，按照党的十九大报告的提法，中国特色农业机械化道路应以农业社会化服务的方式实现"小农户和现代农业发展有机衔接"。一方面，它减少了农机具的重复购置，解决了"有机户有机没活干、无机户有活没机干"的矛盾，做到了"买不起、用得起"；另一方面，农民购买农机特别是价值较高的大中型机具不仅服务了自家，更重要的是还开展了农业社会化服务，使高投入的大中型农业机械在分散经营的一家一户的土地上实现了高产出。中国特色农业机械化道路符合我国基本国情、农情。同时，中国特色农业机械化道路科学地回答了什么是农业机械化发展主体、发展机制和发展目标的问题（宗锦耀，2008）。一是农民群众是农业机械化的发展主体，以跨区作业为主要形式的农机社会化服务是中国农民继家庭联产承包经营、乡镇企业之后的又一伟大创举。中国地域广阔，农业耕作方式各地差别很大，采用什么样的农机具、以什么样的经营形式组织作业，农民群众最有发言权。因此，推进中国特色农业机械化道路必须坚持农民群众在发展农业机械化中的主体地位，尊重农民群众的创造和选择。二是社会化服务是中国农业机械化的基本发展机制，农机户和各类农机服务组织依据市场需求来开展作业服务，大力发展农机跨区作业，积极推动农机服务社会化、市场化与产业化。这既是中国特色农业机械化的基本形态，也是今后农机化政策的着力点。三是共同利用、提高效益是农业机械化的发展目标，即鼓励农业生产经营者共同使用、合作经营农业机械，提高农业生产效益，推进农业现代化。

总体来看，我国农业机械化既是生产力与生产关系相互适应的过程，也是中国特色农业机械化最深层次的科学内涵。早在改革开放前，我国农业机械化就经历了一段长足发展期，农业机械化适应人民公社时期的生产关系，经历了一段人民公社购买大型农业机械从事农业经营的历程。改革开放后，由于农业生产关系发生了重大变化，家庭成为主要的生产单位，农业机械化经过体制转换、农机社会化服务初步发展、农机社会化服务深度发展的三个阶段，探索了以农户购买服务为鲜明特征的中国特色农业机械化道路，这是当前农业机械化适应生产关系的又一次体现。展望未来，随着农村土地流转的持续发展以及规模化经营的快速发展，农业机械化还将会再次顺应生产关系的调整，本书预测未来的农业机械化将同时出现小农户购买农业机械服务与新型农业经营主体购买大型农业机械同步发展，新型农业经营主体购买大型农业机械将会逐渐成为主形态。当然，不可否认的是农业机械化对农业生产关系的影响也是重大的，这是新型农业经营主体流入土地形成新的农业契约关系的重要物质基础。

第二节 农业机械化发展阶段中的农机具购置补贴政策

2004 年以来，我国开启了农业"四补贴"，其中的农机具购置补贴政策是推动农业机械化快速发展的重要政策变量，是农业机械化跨入第三个发展阶段的重要事件。从农机购置补贴政策实施的方式及特征来看，政策实施大体可划分为三个阶段：1998～2003 年为补贴项目试验阶段；2004～2011 年为补贴政策实施推行阶段；2012 年至今为补贴政策优化调整阶段。

一、第一阶段：补贴试验阶段（1998～2003 年）

从"九五"时期开始，我国大型拖拉机日益老化、保有量不断减少，特别是大型拖拉机不足，无法实现土地深耕深翻，东北等地区土壤板结、土质退化等问题日益严重。为稳定提高农业生产力水平，1998～2000年，中央财政每年投入2000万元，在黑龙江、吉林、辽宁、山东、河南、内蒙古和新疆等7省区实施了"大中型拖拉机及配套农具更新补助"项目。2001～2002年，为适应我国农业结构调整的需要，完善和优化农业机械化发展结构，中央财政设立了"农业机械装备结构调整补助经费"，资金规模仍为每年2000万元，补助范围在原7个省区的基础上，增加了陕西和湖北两省。2003年，结合优势农产品区域布局规划，原项目更名为"新型农机具购置补贴"项目，实施范围由9个省区扩大到11个省区，增加了湖南和重庆两省市，中央财政投资总规模保持2000万元的水平。

这一阶段的主要特征有：①资金投入规模小，每年中央财政投入总规模为2000万元，省均投入不足300万元，县均投入50万元左右；②实施范围窄，仅限于部分粮食主产省的个别粮食生产大县；③补贴机具种类少，主要是大中型拖拉机及配套机具，包括部分耕作机械、播种机械、收获机械；④补贴标准为定额补贴或不超过价格的30%，前期为定额补贴（大中型拖拉机一般单台补贴2万元）；⑤操作方式是按项目进行管理，没有全国统一的项目管理办法，各地操作办法不同，补贴资金兑现方式主要有两种：报账制和直接支付制。报账制，即农民全价购机，然后凭发票领补贴，实施中各地反映补贴资金落实手续繁杂，也出现了一些造假行为。直接支付制，即农民差价购机，省级农机管理部门与供货厂家结算补贴款。由于报账制实践中出现的问题较多，2001～2003年，项目省普遍采取了直接支付制的方式。

二、第二阶段：补贴推行阶段（2004～2011年）

农机购置补贴政策实施的主要环节包括："在哪补（补贴地域）""补给谁（补贴对象）""补什么（补贴目录）""补多少（补贴标准）"以及"怎么补（补贴方式）"的问题。为此，本书将从这几个构建介绍此阶段农机购置补贴政策的实施特征。

1. 补贴区域

农机购置补贴政策实施区域的选择具有以下两个特征：第一，补贴政策并不是在全国各地同时实施，而是各县市依次逐步铺开。2004年，农机购置补贴在66个县试点实施（如表4-5所示）；2009年，农机购置补贴已覆盖到全国所有县市区。第二，政策实施中实行地区普惠制原则。具体而言，以县市区为补贴实施范围，凡该区域内的户籍农民或直接从事农业生产的组织，都能申请补贴，其他县区的则不能申请。在实际操作中，一般是农民根据拟购买农业机械的型号先申请购机补贴①，然后再行购买农机。当补贴资金不充裕时，则采用"先到先得"的资金分配机制。

表4-5　农机购置补贴实施范围

类别年份	实施县级单位数量	补贴区域
2004	66	河北、内蒙古、辽宁、吉林、黑龙江、江苏、安徽、江西、山东、河南、湖北、湖南、重庆、四川、陕西、新疆16个省（区、市）；主要为粮食主产区
2005	500	围绕南方水稻生产机械化和北方旱区机械化的发展重点，按照突出重点与兼顾特色相结合的原则，确定2005年专项实施范围及分省、自治区、直辖市、计划单列市和新疆生产建设兵团（以下简称省、区、市）实施控制规模
2006	1126	围绕发展南方水稻生产机械化和扩大北方保护性耕作实施面积，按照突出重点与兼顾特色相结合的原则，确定2006年专项实施范围及分省、自治区、直辖市、计划单列市和新疆生产建设兵团（以下简称省、区、市）实施资金控制规模
2007	1716	进一步扩大补贴区域，重点要将农业部血防规划中的164个血防疫区县（场）全部纳入农机补贴实施范围。在具体操作中，要优先满足重疫区村农民购买机具，优先满足已经处理耕牛的养牛户的购机需求。要积极开展"以机代牛"整村推进试点，在有条件的重疫区村，加大投入和示范引导力度，以点带面，全面推进
2008	2653	农机购置补贴原则上覆盖全国所有农牧业县；围绕发展南方水稻、油菜生产机械化，推进北方保护性耕作和玉米生产机械化以及血防疫区"以机代牛"工作，按照突出重点与兼顾特色相结合的原则，确定实施范围
2009	全部	覆盖到全国范围

资料来源：农业部及农业部、财政部历年发布的"农业机械购置补贴实施指导意见或实施方案"。

表4-5展示了农机购置补贴政策实施区域的变迁，根据表中内容，补贴实施区域变化体现出了如下规律：第一，粮食主产区先行实施。根据笔者从农业部调研获悉，2004年先行实施补贴的66个县级地区大多为粮食主产区。这些地区耕地资源相对集中，农业生产对机械服务需求较大。第二，突出重点粮食品种。例如，2005年、2006年在选择补贴实施区域时，均提及要"围绕发展南方水稻"，这体现了补贴政策对重点粮食品种机械化的支持。第三，体现对特殊地区扶持。2005年在选择补贴实施区域时提出要以"北方旱区"为重点之一；2007

---

① 农机购置补贴针对农业机械实行分类分档补贴的方式，不同类不同档的机械补贴额度不同。

年提出要将血防疫区县（场）全部纳入补贴实施范围。这充分显示了补贴政策对特殊地带的倾斜。

2. 补贴对象

2004 年，农机购置补贴政策实施初期，补贴对象仅限于"农民个人和直接从事农业生产的农机服务组织"。2004～2011 年，补贴对象总体保持稳定，但是扶持重点逐年有所变动（如表 4-6 所示）。

表 4-6　2004～2011 年农机购置补贴对象的变化

年份	补贴对象	优先补贴对象
2004	农民个人和直接从事农业生产的农机服务组织	
2005	纳入实施范围并符合补贴条件的农民（含地方农场职工）和直接从事农业生产的农机服务组织	农机大户（种粮大户），配套购置机具（主机和与其匹配的作业机具），列入农业部科技入户工程中的科技示范户等
2006	纳入实施范围并符合补贴条件的农民（含地方农场职工）和直接从事农业生产的农机服务组织	农机大户（种粮大户），配套购置机具的（购置主机和与其匹配的作业机具），列入农业部科技入户工程中的科技示范户，农机作业服务组织等
2007	纳入实施范围并符合补贴条件的农民（含地方农场职工）和直接从事农业生产的农机服务组织	农机大户（种粮大户），配套购置机具（主机和与其匹配的作业机具），列入农业部科技入户工程的科技示范户，农机服务组织，"平安农机"示范户
2008	纳入实施范围并符合补贴条件的农牧渔民（含地方农场职工）和直接从事农业生产的农民专业合作组织	农机大户（种粮大户），农民专业合作组织，配套购置机具的（购置主机和与其匹配的作业机具），列入农业部科技入户工程中的科技示范户，"平安农机"示范户
2009	纳入实施范围并符合补贴条件的农牧渔民（含农场职工）、直接从事农机作业的农业生产经营组织，以及取得当地工商登记的奶农专业合作社、奶畜养殖场所办生鲜乳收购站和乳品生产企业参股经营的生鲜乳收购站	农机大户、种粮大户；农民专业合作组织（包括农机专业化组织）；乳品生产企业参股经营的生鲜乳收购站、奶农专业合作社、奶畜养殖场所办生鲜乳收购站；配套购置机具的（购置主机和与其匹配的作业机具）；列入农业部科技入户工程中的科技示范户；"平安农机"示范户
2010	纳入实施范围并符合补贴条件的农牧渔民、农场（林场）职工、直接从事农机作业的农业生产经营组织、取得当地工商登记的奶农专业合作社、奶畜养殖场所办生鲜乳收购站和乳品生产企业参股经营的生鲜乳收购站	农民专业合作组织；农机大户、种粮大户；乳品生产企业参股经营的生鲜乳收购站、奶农专业合作社、奶畜养殖场所办生鲜乳收购站；列入农业部科技入户工程中的科技示范户；"平安农机"示范户

续表

年份	补贴对象	优先补贴对象
2011	纳入实施范围并符合补贴条件的农牧渔民、农场（林场）职工、直接从事农机作业的农业生产经营组织	在申请补贴人数超过计划指标时，要按照公平公正公开的原则，采取公开摇号等农民易于接受的方式确定补贴对象。对于已经报废老旧农机并取得拆解回收证明的农民，可优先补贴

资料来源：农业部、财政部历年发布的"农业机械购置补贴实施指导意见或实施方案"。

　　2005～2007年，农机购置补贴政策扶持对象在2004年的基础上扩展到"农民（含地方农场职工）和直接从事农业生产的农机服务组织"。明确提出对农机服务组织的扶持，体现了以农机社会化服务促进农业机械化的发展方针（宗锦耀，2008；孔祥智等，2015）。2008年扶持对象的内容仅将2005～2007年的"农机服务组织"改为"农民专业合作组织"。这一变化旨在引导农机服务组织在组织形态上向合作组织转变，以此提高服务水平。2009～2010年扶持对象专门提及"奶农专业合作社、奶畜养殖场所办生鲜乳收购站和乳品生产企业参股经营的生鲜乳收购站"，这与2008年"三聚氰胺"事件爆发后，加强乳品生产质量安全相关联。2011年，扶持对象简化表述为"纳入实施范围并符合补贴条件的农牧渔民、农场（林场）职工、直接从事农机作业的农业生产经营组织"，农业生产经营组织范围较宽，既包含了农机服务组织，也涵盖了农民专业合作组织。宽泛的表述体现了扩大地方政策执行中自主决策权的政策内涵。

　　值得关注的是，尽管政策优先补贴对象基本稳定，但逐年有所变动。农机大户（种粮大户），配套购置机具（主机和与其匹配的作业机具），列入农业部科技入户工程中的科技示范户等，多年来均是优先补贴对象。2007年、2008年在此基础上增加了"平安农机"示范户；2009～2010年，补贴政策特别突出了对乳品生产者的优先扶持。不过，2011年优先补贴对象较前几年不同，仅提出"对于已经报废老旧农机并取得拆解回收证明的农民"可优先补贴，这是由于2011年补贴已覆盖到全国范围，并且补贴强度较前几年进一步加大，而且过去优先补贴对象大多获得了政策支持，因此，2011年的补贴侧重点转移到机械的部分报废更新。

　　3. 补贴目录

　　农机购置补贴政策旨在支持农户购置农业机械，但并不是农户购置的所有机械都能享受到补贴，只有当农户购置的机械纳入补贴目录之内，农户才能申请到中央补贴资金。补贴目录由部（农业部）、省两级农机部门分别确定，并共同组成。一般而言，农业部组织制定年度的《全国通用类农业机械购置补贴产品目录》（以下简称《通用类机具补贴目录》）；省级农机部门依据地方特点，组织编制《其他类农业机械购置补贴产品目录》，或称《其他类机具补贴目录》，也称《自选机具补贴目录》。《通用类机具补贴目录》和《自选机具补贴目录》共同构成了补贴目录，供农民选择。

补贴目录一般分大类、小类和品目三个层次。如附录4－1所示，耕整地机械为大类，耕地机械为小类，铧式犁为品目。此外，品目还可以依据机具的动力、性能细分为不同的档位。在操作中，不同档位的补贴额度不同。

附录4－1　2011年全国农机购置补贴机具种类范围（部分）

1. 耕整地机械	1.1.12　机滚船
1.1　耕地机械	1.1.13　机耕船
1.1.1　铧式犁	1.1.14　联合整地机
1.1.2　翻转犁	1.2　整地机械
1.1.3　圆盘犁	1.2.1　钉齿耙
1.1.4　旋耕机	1.2.2　弹齿耙
1.1.5　耕整机（水田、旱田）	1.2.3　圆盘耙
1.1.6　微耕机	1.2.4　滚子耙
1.1.7　田园管理机	1.2.5　驱动耙
1.1.8　开沟机（器）	1.2.6　起垄机
1.1.9　浅松机	1.2.7　镇压器
1.1.10　深松机	1.2.8　合墒器
1.1.11　浅耕深松机	1.2.9　灭茬机

资料来源：《农业部办公厅　财政部办公厅关于印发〈2011年农业机械购置补贴实施指导意见〉的通知》。

2004～2011年，伴随农机购置补贴政策的不断推进，补贴目录的范围也在逐步扩大和完善，如表4－7所示。2004年，补贴目录仅涵盖了拖拉机、联合收割机及深松机等6种农业机械；到2009年，补贴机具的范围已经扩大到了12大类38个小类128个品目，并且形成了12大类补贴目录的整体框架。2010～2011年，补贴小类逐步扩大，补贴品目进一步增加。2011年，形成了12大类46小类180品目的补贴机具种类。

表4－7　2004～2011年农机购置补贴机具种类的变化

年份	补贴机具种类
2004	6大类
2005	6大类18个品种
2006	6大类19个品种
2007	7大类24个品种

续表

年份	补贴机具种类
2008	9 大类 33 种机具
2009	12 大类 38 小类 128 品目
2010	12 大类 45 小类 180 品目
2011	12 大类 46 小类 180 品目

资料来源：农业部、财政部历年发布的"农业机械购置补贴实施指导意见或实施方案"。

4. 补贴标准

自农机购置补贴政策实施以来，补贴标准逐年有所变动，整体呈现如下四个方面的特征。

（1）补贴标准逐步提高。中央资金补贴率基本稳定在机具价格 30% 的水平，但补贴强度的提升则是补贴标准变迁过程中显得较为突出的特征。2007 年之后，单机补贴限额从 3 万元提高到了 5 万元。从 2008 年开始，针对一些大型和重点农业机械的补贴限额也逐渐增加，例如，100 马力以上的大型拖拉机，补贴限额从 2008 年的 8 万元提升至 2009～2012 年的 12 万元（如表 4 - 8 所示）。

表 4 - 8　2004～2011 年农机购置补贴标准变化情况

类别 年份	中央补贴 资金（亿元）	补贴率（额）	备注
2004	0.70	中央资金的补贴率不超过机具价格的 30%，且单机补贴额不超过 3 万元	每个项目县重点补贴 2～3 种机具，中央财政投入 50 万元
2005	2.50	中央资金的补贴率不超过机具价格的 30%，且单机补贴额不超过 3 万元	①每县可安排中央补贴资金 30 万～70 万元不等；②一户农民或一个农机服务组织年度内享受补贴的购机数量原则上不超过一套（4 台，即 1 台主机和与其匹配的 3 台作业机具）
2006	5.40	中央资金的补贴率不超过机具价格的 30%，且单机补贴额不超过 3 万元	①每县可安排中央补贴资金 30 万～70 万元不等。对耕地面积在 300 万亩以上的农业大县，每县可安排补贴资金 100 万元；②一户农民或一个农机服务组织年度内享受补贴的购机数量原则上不超过一套（4 台，即 1 台主机和与其匹配的 3 台作业机具）

续表

年份 类别	中央补贴资金（亿元）	补贴率（额）	备注
2007	11.09	中央资金的补贴率不超过机具价格的30%，且单机补贴额不超过5万元	①一户农民年度内享受补贴的购机数量不超过1套（4台，即1台主机和与其匹配的3台作业农具）；②具备一定规模的农机服务组织可补贴购置农机具2套（8台，即2台主机和与其匹配的6台作业农具）
2008	37.20	①中央资金的补贴率不超过机具价格的30%，且单机补贴额不超过5万元；②血吸虫病综合治理重点县（场）农民购置农田作业机具给予50%的补贴；③各地可利用地方财政资金给予适当累加补贴，累加补贴的补贴率和补贴额度等由地方自行确定；④大型自走式棉花采摘机补贴限额可提高到20万元；100马力以上大型拖拉机和高性能青饲料收获机补贴限额可提高到8万元	①一户农民年度内享受补贴的购机数量原则上不超过一套（4台，即1台主机和与其匹配的3台作业机具）；②具备一定规模的农机服务组织年度内享受补贴的购机数量原则上不超过3套（12台，即3台主机和与其匹配的9台作业机具）
2009	130.00	①全国总体上继续执行30%的补贴比例；②血防疫区继续执行"以机代牛"50%的补贴政策；③汶川地震重灾区县补贴比例提高到50%；④各地可利用地方财政资金给予适当累加补贴，累加补贴的补贴率和补贴额度等由地方自行确定；⑤单机补贴额最高不超过5万元的标准，并根据实际需要，将100马力以上大型拖拉机、高性能青饲料收获机、大型免耕播种机、挤奶机械补贴限额提高到12万元	①一户农民年度内享受补贴的购机数量原则上不超过一套（4台，即1台主机和与其匹配的3台作业机具）；②直接从事植保工作的植保作业服务队年度内享受补贴购置植保机械的数量原则上不超过10台套；③一个生鲜乳收购站年度内享受补贴的购机数量不超过1套［3台，即1台挤奶机、1个储奶（冷藏）罐、1个运输奶罐］；④一户农民（渔民）年度内补贴购置增氧机、投饵机、清淤机的数量分别不超过6台、6台和1台
2010	154.93	①全国总体上继续执行不超过30%的补贴比例；汶川地震重灾区县、重点血防疫区补贴比例可提高到50%	同一种类、同一档次的产品在全省实行统一的定额补贴标准

续表

类别 年份	中央补贴 资金（亿元）	补贴率（额）	备注
2010	154.93	②单机补贴额原则上最高不超过5万元；100马力以上大型拖拉机、高性能青饲料收获机、大型免耕播种机、挤奶机械、大型联合收割机、水稻大型浸种催芽程控设备、烘干机单机补贴限额可提高到12万元；大型棉花采摘机、甘蔗收获机、200马力以上拖拉机单机补贴额可提高到20万元； ③各地可利用地方财政资金对当地农业生产急需和薄弱环节的机具给予累加补贴	同一种类、同一档次的产品在全省实行统一的定额补贴标准
2011	175.00	①定额补贴按不超过本省（区、市、兵团、农垦）市场平均价格30%测算，单机补贴限额不超过5万元； ②汶川地震重灾区县、重点血防区补贴比例可提高到50%； ③100马力以上大型拖拉机、高性能青饲料收获机、大型免耕播种机、挤奶机械、大型联合收割机、水稻大型浸种催芽程控设备、烘干机单机补贴限额可提高到12万元；大型棉花采摘机、甘蔗收获机、200马力以上拖拉机单机补贴额可提高到20万元	①中央财政农机购置补贴资金实行定额补贴，即同一种类、同一档次农业机械在省域内实行统一的补贴标准； ②通用类农机产品补贴额由农业部统一确定，非通用类农机产品补贴额由各省（区、市、兵团、农垦）自行确定

资料来源：农业部、财政部历年发布的"农业机械购置补贴实施指导意见或实施方案"。

（2）补贴标准从比例补贴转向定额补贴。2004~2009年，虽然补贴政策明确指出，中央资金补贴率不超过机具价格的30%，但在执行中绝大部分地区补贴率均是机具价格的30%，即补贴标准执行的是比例补贴。但是在实践中，比例补贴表现了明显地推高机具价格，扭曲市场定价，削弱补贴对购机户扶持力度的缺陷①；为此，2010~2011年逐步探索定额补贴。2010年，补贴率总体上仍然

① 采用比例补贴方式时，农机具一旦纳入补贴目录，价格就随之上涨；有时，购机户实际出资与机具纳入补贴目录前，相差无几。即购机户实质上未享受到补贴扶持，补贴资金流向了农机制造商或经销商。

执行补贴率不超过30%的比例补贴方式,但是规定"同一种类、同一档次的产品在全省实行统一的定额补贴标准",这一规定初具定额补贴特征。2011年,明确提出"中央财政农机购置补贴资金实行定额补贴,即同一种类、同一档次农业机械在省域内实行统一的补贴标准。定额补贴按不超过本省(区、市、兵团、农垦)市场平均价格30%测算。"至此,定额补贴的方式正式确立实施。相比比例补贴,定额补贴弱化了补贴对价格的扭曲程度。

(3)补贴标准从允许地方累加补贴到不再鼓励。2008年,补贴政策首次提出"各地可利用地方财政资金给予适当累加补贴,累加补贴的补贴率和补贴额度等由地方自行确定"。允许累加补贴,体现了加大对购机户扶持力度的政策决心。例如,黑龙江省在中央财政补贴基础上,加大累加补贴实施力度,机具总补贴率一度高达50%~80%。不过,从2011年起,补贴政策不再提允许地方财政资金给予累加补贴。这是由于累加补贴在实施中遭遇了两大困境:一是出现了农机具倒卖现象。即投机分子在补贴率高的地方申请购机补贴后,转手到补贴率低的省份倒卖机具,严重干扰了农机具市场。二是在高补贴率扶持下,出现了购机户不爱惜、暴力使用农机等不良现象。

(4)限定购机户享受补贴机具数量到不再限制。2005~2009年的补贴政策,均明确限定了购机户可享受到补贴机具的数量。例如,2005年的"一户农民或一个农机服务组织年度内享受补贴的购机数量原则上不超过一套",2007年、2008年具备一定规模的农机服务组织分别可补贴购置农机具2套与3套(如表4-7所示)。2010~2011年的补贴政策,则不再如此限定。这种变化体现了补贴扶持力度由弱到强的含义。购机主体补贴机具限定数量由少到多比较明显地显示了这样的政策意图;2010~2011年不再规定数量,体现了给予地方充足的自主决策权,这蕴含着地方可根据情况提高购机主体补贴机具的含义。

5. 补贴方式

2004~2011年农机购置补贴实施的是"差价购机"的补贴方式。差价购机的特点有两点:一是先申请补贴后购买农机,即"先补贴,后购机";二是购机户购买农机仅需支付机具价格与补贴资金的差价。

在差价购机下购机户购机与补贴发放一般流程如下:①购机户填写购置农机具申请书,申请书涉及购机户基本信息与购置农机具信息。②购机户向村委会提交申请书,村委会审核信息并盖章。③购机户携带身份证或户口簿等有效证件到户籍所在地乡镇或县级农机部门,提交申请书;县级农机部门根据农民提交的申请,审核信息并分配购机补贴指标(金额);若购机补贴指标(金额)不够,一般采用"先到先得"或抓阄,或其他方式分配;购机指标分配公示；公示无异议后，购机户签订购机协议。④购机户凭相关购机补贴指标证明材料，以农机具价格与补贴资金的差价向经销商或农机企业购买农机具。⑤企业凭补贴指标确认通知书和发票存根定期向省（县）级农机化主管部门提出结算申请，农机主管部门核实无误后，出具结算确认清单，并向省级财政部门提出结算申请。⑥省级财政部门进行审核并及时与经销商或企业结算补贴资金（如图4-4所示）。

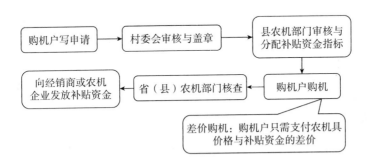

图4-4　差价购机下购机户购机与补贴发放

2011年，购机补贴实施流程的一个变化是：公示无异议后，不再签订购机补贴协议，而是由县级农机化管理部门办理补贴指标确认通知书，经同级财政部门联合确认后，由农机化管理部门交申请购机农民。购机农民在补贴指标确认通知书规定的时限内，携带身份证等相关证件和补贴指标确认通知书向供货企业缴纳差价款购机。对价值较低的机具可采取购机与公示同时进行的办法。同年，在部分省还开展了资金结算层级下放、选择少数农业生产急需且有利于农机装备结构调整和布局优化的农机品目在省域内满足所有农民申购需求等操作方式创新试点。

三、第三阶段：补贴优化阶段（2012年至今）

2012年，补贴方式从差价购机向全价购机发生了重大转变，这标志着农机购置补贴政策进入了优化的全新阶段。在这个阶段内，除补贴方式发生重大变化之外，补贴政策实施的其他主要环节均发生了不同程度的变化。

1. 补贴对象

自2012年以来，农机购置补贴对象主要发生了如下两方面的变化（见表4-9）：

（1）补贴对象扩大到所有从事农业生产的个人和组织。2015年农业部办公厅、财政部办公厅联合下发关于《2015～2017年农业机械购置补贴实施指导意见》(以下简称《意见》)的通知,改变了以往每年发布一次农机购置补贴实施指导意见的工作做法。《意见》最大的变化是对补贴对象进行了修改,将补贴对象从"农牧渔民、农场(林场)职工、农民合作社和从事农机作业的农业生产经营组织"改为"直接从事农业生产的个人和农业生产经营组织"。其中,个人既包括农牧渔民、农场(林场)职工,也包括直接从事农业生产的其他居民;农业生产经营组织的界定可与农业法衔接,既包括农民合作社、家庭农场,也包括直接从事农业生产的农业企业等。这主要是考虑到从事农业生产的主体不仅是农牧渔民,越来越多的农业生产任务也为合作社、农业企业等新型农业经营主体承担。另外,在户籍制度改革后,农民只是一种职业划分,很难再从居住地和户籍上区分。2018 年农业部办公厅、财政部办公厅印发新的农机购置补贴实施指导意见,即《2018~2020 年农机购置补贴实施指导意见》,继续维持了补贴对象扩大到所有从事农业生产的个人和组织的政策要求。

(2) 补贴对象拓展到农机报废更新者与深松整地作业者。2012 年,农业部、财政部联合发布的农机购置补贴指导意见提出"对于已经报废老旧农机并取得拆解回收证明的农民,可优先补贴",这表明农机报废更新已成为政策扶持的重要对象之一。同年,农业部、财政部、商务部联合制定了《2012 年农机报废更新补贴试点工作实施指导意见》,对农机报废更新的总体要求、实施范围、机具种类、补贴标准、操作程序、工作要求等做出了细致规定。

2013 年,农业部、财政部发布《农业部办公厅关于开展农机深松整地作业补助试点工作的通知》,决定对 2013 年在东北、黄淮海等适宜地区开展的秋季农机深松整地作业进行补助试点,补助资金在 2014 年全年中央财政农机购置补贴资金中统筹安排。这标志着除购机与报废更新者之外,农机购置补贴政策扶持对象再度拓宽。2014~2015 年的农机购置补贴实施指导意见都对深松整地作业补贴进行了规定,对补贴资金、对象、要求等做出了具体部署。

表 4-9　2012~2020 年农机购置补贴对象的变化

年份	补贴对象	优先补贴对象
2012	纳入实施范围并符合补贴条件的农牧渔民、农场(林场)职工、直接从事农机作业的农业生产经营组织	对于已经报废老旧农机并取得拆解回收证明的农民,可优先补贴
2013	纳入实施范围并符合补贴条件的农牧渔民、农场(林场)职工、从事农机作业的农业生产经营组织	对已经报废老旧农机并取得拆解回收证明的,可优先补贴

续表

年份	补贴对象	优先补贴对象
2014	纳入实施范围并符合补贴条件的农牧渔民、农场（林场）职工、农民合作社和从事农机作业的农业生产经营组织	对已经报废老旧农机并取得拆解回收证明的补贴对象，可优先补贴
2015～2020	直接从事农业生产的个人和农业生产经营组织	对已经报废老旧农机并取得拆解回收证明的补贴对象，可优先补贴

资料来源：农业部、财政部历年发布的"农业机械购置补贴实施指导意见或实施方案"。

2. 补贴目录

2012～2014 年，农机购置补贴政策补贴机具种类稳定在 12 大类、48 个左右的小类范围内；相比 2009～2010 年，补贴机具种类变化不大。《2015～2017 年农业机械购置补贴实施指导意见》与《2018～2020 年农机购置补贴实施指导意见》发布后，补贴政策发生了重大变化，其中，补贴目录与补贴机具种类均有较大变化。

（1）地方根据中央发布补贴目录选择部分品类列入地方中央资金补贴范围内。过去，均是地方在中央发布的补贴目录内，适当增加部分品类，作为地方中央资金支持补贴机具（如表 4-10 所示）。从 2015 年开始，地方补贴目录在中央补贴目录基础上从"做加法"改变为"做减法"的方式。这种变化体现了农机购置补贴政策对重要机械、关键机械补贴的扶持思路。另外，为了体现各地区的差异性，《2018～2020 年农机购置补贴实施指导意见》增加了"各省可选择不超过三个品目的产品开展农机新产品购置补贴试点，重点支持绿色生态导向和丘陵山区特色产业适用机具"，但总体上补贴目录仍然是在中央发布目录的基础上"做减法"。

表 4-10　2012～2020 年农机购置补贴机具种类的变化

年份	补贴机具种类	备注
2012	12 大类 46 个小类 180 个品目	①除 12 大类 46 个小类 180 个品目以外，各地可以在 12 大类内自行增加不超过 30 个品目的其他机具列入中央资金补贴范围； ②各省（区、市、兵团、农垦）结合本地实际情况，合理确定具体的补贴机具品目范围
2013	12 大类 48 个小类 175 个品目	①除 12 大类 48 个小类 175 个品目之外，各地可在 12 大类内自行增加不超过 30 个品目的其他机具列入中央资金补贴范围； ②各省应结合本地实际情况，在农业部确定的 175 个品目中，选择部分农业生产急需、农民需求量大的品目纳入中央财政补贴机具种类范围

年份	补贴机具种类	备注
2014	12 大类 48 个小类 175 个品目	①除 175 个品目以外，各地可在 12 大类内自行增加不超过 30 个其他品目的机具列入中央资金补贴范围； ②各省应在农业部确定的 175 品目中，缩小范围，选择部分农业生产急需、农民需求量大的品目作为本省中央财政补贴机具种类范围，对于价格较低的机具可以不列入补贴范围，具体各省确定； ③提倡有条件的省份选择部分粮食生产耕种收及烘干等关键环节急需的机具品目敞开补贴，满足省域内所有申购者的需求
2015～2017	11 大类 43 个小类 137 个品目	①各省应根据农业生产实际，在 137 个品目中，选择部分品目作为本省中央财政资金补贴范围；并要根据当地优势主导产业发展需要和补贴资金规模，选择部分关键环节机具实行敞开补贴； ②粮食主产省（区）要选择粮食生产关键环节急需的部分机具品目敞开补贴； ③棉花、油料、糖料作物主产省（区）要对棉花收获机、甘蔗种植机、甘蔗收获机、油菜籽收获机、花生收获机等机具品目敞开补贴； ④有条件的省份，围绕主导产业，按照补贴资金规模与购机需求量匹配较一致的原则，选择机具品目试行全部敞开补贴； ⑤其他地方特色农业发展所需和小区域适用性强的机具，可列入地方各级财政安排资金的补贴范围，具体补贴机具品目和补贴标准由地方自定； ⑥为引导和鼓励农机生产企业加强研发创新，选择若干省份开展农机新产品中央财政资金购置补贴试点。新产品补贴试点，要突出当地粮棉油糖等主要产业发展和农机化新技术推广的需要，进行科学论证、集体研究决策，确保技术先进和风险可控。具体办法可由试点省农机化主管部门、财政部门共同制定
2018～2020	15 大类 42 个小类 137 个品目	①各省从中央确定补贴范围中选取确定本省补贴机具品目，实行补贴范围内机具敞开补贴，逐步将区域内保有量明显过多、技术相对落后、需求量小的机具品目剔除出补贴范围； ②各省可选择不超过 3 个品目的产品开展农机新产品购置补贴试点（以下简称"新产品试点"），重点支持绿色生态导向和丘陵山区特色产业适用机具； ③地方特色农业发展所需和小区域适用性强的机具，可列入地方各级财政安排资金的补贴范围，具体补贴机具品目和补贴标准由地方自定

资料来源：农业部、财政部历年发布的"农业机械购置补贴实施指导意见或实施方案"。

（2）补贴机具范围压缩。2015～2017 年、2018～2020 年中央财政资金补贴机具范围由 2014 年 175 个品目压缩到 137 个品目。《2018~2020 年农机购置补贴实施指导意见》提出，按照"要优先保证粮食等主要农产品生产所需机具和深松整地、免耕播种、高效植保、节水灌溉、高效施肥、秸秆还田离田、残膜回收、畜禽粪污资源化利用、病死畜禽无害化处理等支持农业绿色发展机具的补贴需要，逐步将区域内保有量明显过多、技术相对落后、需求量小的机具品目剔除出补贴范围"。这种变化是为了突出重点，加快推进粮棉油糖等主要农作物生产全程机械化，提高政策的指向性和精准性。

（3）对重点品目实施敞开补贴。《2015~2017 年农业机械购置补贴实施指导意见》提出对重点品目敞开补贴。实行重点品目敞开补贴、普惠制，一方面，能集中资金补重点，提升主要农作物生产全程机械化，提升我国主要农产品的生产能力；另一方面，能简化手续，减少确定补贴对象等审批环节，防范权力"寻租"。2014 年的农机购置补贴实施指导意见也提及过敞开补贴，如"提倡有条件的省份选择部分粮食生产耕种收及烘干等关键环节急需的机具品目敞开补贴"。不过，2014 年的范围仅限于有条件的地区；2015 年，则在全国范围内要求对重点品目实施，政策实施范围之广、力度之大，均比 2014 年显著。

（4）鼓励对新产品实施补贴。由于过去新产品纳入补贴范围，需要经历鉴定、推广等多个环节，流程多、周期长等因素不利于企业研发创新。2015 年的《意见》首次提出"引导和鼓励农机生产企业加强研发创新"，这在推进新产品研发、应用中迈出了坚实的一步。

3. 补贴标准

自 2012 年以来，农机购置补贴中央补贴资金稳定 200 亿元规模以上（如表 4-11 所示），补贴标准仍执行定额补贴。机具补贴标准相比以前发生了变化。

表 4-11 2012~2020 年农机购置补贴标准变化情况

年份	中央补贴资金（亿元）	补贴率（额）	备注
2012	215.00	①通用类农机产品补贴额由农业部统一确定，且单机补贴限额不超过 5 万元；②非通用类农机产品补贴额由各省（区、市、兵团、农垦）自行确定，非通用类农机产品定额补贴不得超过本省（区、市、兵团、农垦）近三年的市场平均销售价格的 30%；③重点血防区非通用类农机产品主要农作物耕种收及植保等大田作业机械补贴定额测算比例不得超过 50%	①中央财政农机购置补贴资金实行定额补贴，即同一种类、同一档次农业机械在省域内实行统一的补贴标准；②100 马力以上大型拖拉机、高性能青饲料收获机、大型免耕播种机、挤奶机械、大型联合收割机、水稻大型浸种催芽程控设备、烘干机单机补贴限额可提高到 12 万元；甘蔗收获机、200 马力以上拖拉机单机补贴额可提高到 20 万元；大型棉花采摘机单机补贴额可提高到 30 万元

年份	中央补贴资金（亿元）	补贴率（额）	备注
2013	217.55	①通用类农机产品最高补贴额由农业部统一确定； ②非通用类农机产品补贴额由各省自行确定，相邻省份应加强沟通、相互协调，防止出现同类产品补贴额差距过大。每档次农机产品补贴按不超过此档产品在本省域近三年的平均销售价格的30%测算，重点血防区主要农作物耕种收及植保等大田作业机械补贴定额测算比例不得超过50%	①中央财政农机购置补贴资金实行定额补贴，即同一种类、同一档次农业机械在省域内实行统一的补贴标准； ②一般机具单机补贴限额不超过5万元；挤奶机械、烘干机单机补贴限额可提高到12万元；200马力以上拖拉机单机补贴限额可提高到25万元；甘蔗收获机单机补贴限额可提高到20万元，广西壮族自治区可提高到25万元；大型棉花采摘机单机补贴限额可提高到30万元，新疆维吾尔自治区和新疆生产建设兵团可提高到40万元
2014	237.50	①通用类农机产品最高补贴额由农业部统一确定； ②纳入多个省份补贴范围的非通用类农机产品最高补贴额由农业部委托牵头省组织，有关省份参加共同确定；其他非通用类和自选品目农机产品补贴额由各省自行确定； ③要按照"分档科学合理直观、定额就低不就高"的原则，科学制定非通用类和自选品目机具分类分档办法并测算补贴额，严禁以农机企业的报价作为平均销售价格测算补贴额。测算每档次农机产品补贴额时，总体应不超过此档产品近三年的平均销售价格的30%，重点血防区主要农作物耕种收及植保等大田作业机械和四川芦山、甘肃岷县漳县地震受灾严重地区补贴额测算比例不超过50%。相邻省份应加强沟通、相互协调，防止出现同类产品补贴额差距过大	①中央财政农机购置补贴资金实行定额补贴，即同一种类、同一档次农业机械在省域内实行统一的补贴标准； ②一般机具单机补贴限额不超过5万元；挤奶机械、烘干机单机补贴限额可提高到12万元；100马力以上大型拖拉机、高性能青饲料收获机、大型免耕播种机、大型联合收割机、水稻大型浸种催芽程控设备单机补贴限额可提高到15万元；200马力以上拖拉机单机补贴限额可提高到25万元；甘蔗收获机单机补贴限额可提高到20万元，广西壮族自治区可提高到25万元；大型棉花采摘机单机补贴限额可提高到30万元，新疆维吾尔自治区和新疆生产建设兵团可提高到40万元

续表

年份	中央补贴资金（亿元）	补贴率（额）	备注
2015 ~ 2017	236.45 *	①通用类机具最高补贴额由农业部统一发布。各省农机化主管部门结合本地农机产品市场售价情况进行测算，在不高于最高补贴额的基础上，负责确定本省通用类农机产品的补贴额； ②各省农机化主管部门负责制定非通用类机具分类分档办法并确定补贴额。对于部分涉及多省需求的机具分类分档及补贴额可由相关省协商确定； ③一般农机每档次产品补贴额原则上按不超过该档产品上年平均销售价格的30%测算	单机补贴额不超过5万元；挤奶机械、烘干机单机补贴额不超过12万元；100马力以上大型拖拉机、高性能青饲料收获机、大型免耕播种机、大型联合收割机、水稻大型浸种催芽程控设备单机补贴额不超过15万元；200马力以上拖拉机单机补贴额不超过25万元；大型甘蔗收获机单机补贴额不超过40万元；大型棉花采摘机单机补贴额不超过60万元
2018 ~ 2020		①通用类机具补贴额不超过农业部发布的最高补贴额； ②补贴额依据同档产品上年市场销售均价测算，原则上测算比例不超过30%	一般补贴机具单机补贴额原则上不超过5万元；挤奶机械、烘干机单机补贴额不超过12万元；100马力以上拖拉机、高性能青饲料收获机、大型免耕播种机、大型联合收割机、水稻大型浸种催芽程控设备单机补贴额不超过15万元；200马力以上拖拉机单机补贴额不超过25万元；大型甘蔗收获机单机补贴额不超过40万元；大型棉花采摘机单机补贴额不超过60万元

资料来源：①农业部、财政部历年发布的"农业机械购置补贴实施指导意见或实施方案"；
②＊为2015年中央财政补贴资金金额。

（1）通用类农机产品补贴额由农业部统一确定，且单机补贴限额不超过5万元。2012年以前，无论是通用类机械还是非通用类机械，补贴标准大致维持着中央资金的补贴率不超过机具价格30%的基本原则。2012年后，这种补贴标准改为通用类农机产品补贴额由农业部确定且单机不超过5万元，而非通用类农机产品补贴标准则继续执行补贴率不超过近三年平均销售价格的30%（血防区与地质灾害区除外）。

（2）非通用类重点机械补贴标准继续提升。例如，100马力以上大型拖拉机单机补贴限额从2012年的12万元提高到2013年的15万元；甘蔗收获机单机补贴额限额从2012年的20万元提升至2013年的20万~25万元、2015年的40万元；大型棉花采摘机单机补贴限额从2012年的30万元，分别增加到2013年的

30 万~40 万元、2015 年的 60 万元。

4. 补贴方式

补贴方式是第三阶段农机购置补贴政策的最大变化,具体表现在两个方面:一是从"差价购机"转向"全价购机";二是从"先补贴,后购机"到鼓励"先购机,后补贴",再到实施敞开补贴。

(1)补贴方式从"差价购机"转向"全价购机"。2012 年,农机购置补贴政策在部分提出开展了"全价购机、县级结算、直补到卡"的资金兑付方式。即购机户需先支付补贴机具的全部价格(全价),而不再是支付价格与补贴资金的差价;当购机户购买机械后,然后再由县级财政部门统一结算,将资金发放到购机户银行卡内。2013 年,农机购置补贴政策指导意见强调,"倡导各地试行'全价购机、县级结算、直补到卡'的兑付方式",至此全价购机的补贴方式正式确立并在全国范围内正式确立。

在全价购机下购机户购机与补贴发放一般流程(如图 4 - 5 所示):前三个流程环节与差价购机一致,这里不再赘述;第四个流程是购机户支付农机具全部价格向经销商或农机企业购买农机具①;第五个流程是县级农机部门核查,检查购机户是否购机;第六个流程是县级财政部门进行审核并向购机户银行卡内发放资金。

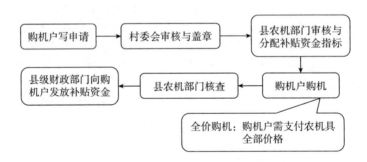

图 4 - 5 全价购机下购机户购机与补贴发放

除全价购机与差价购机的区别之外,结算方式的不同也是此阶段补贴方式的一项重要变化。过去的结算方式是"省级结算",即省级财政部门与农机经销商或农机企业结算,由省际财政部门将资金发放给农机经销商或农机企业。如今的结算方式是"县级结算",结算的主体与客体均发生变化,主体由省级财政部门变为县级财政部门,客体由农机经销商或农机企业转变为购机户。

差价购机向全价购机转变基于如下理由:一是提高资金的安全性,二是增强补

---

① 有的地区,农机经销商或农机企业为促进产品销售,一般允许购机户先以差价(机具价格减去补贴资金)的形式购买农机;待补贴资金发放后,购机户再行支付剩余补贴资金。

贴资金的时效性。2011 年前实行的"差价购机，省级结算"，目的是减轻农民筹款压力，同时也防止资金下拨到市县后被挤占、挪用。从实践来看，这两个目的都达到了。但是，"差价购机，省级结算"在执行中面临着严重的困境，主要体现在三个方面：一是在与农机经销商或农机企业补贴资金结算中，出现了"寻租"与"设租"的现象，行政部门与企业利益勾结，侵蚀了补贴资金。为此，2012 年提出了全价购机，将结算环节调整到县级财政部门与购机户之间，割裂了政府部门与企业之间的直接联系。二是随着我国经济快速发展，近年来市县级财政状况有了很大改善，农民收入也明显提高，补贴资金下放到市县结算，农民全价购机后领取补贴，有了可行性。三是随着补贴资金规模扩大，省级农机化主管部门、财政部门资金结算的工作量十分繁重，为更好地发挥省级部门的监管作用，下放结算级次日显必要。

不过，差价购机和全价购机两种兑付方式各有利弊（如表 4 - 12 所示），但从全价购机补贴试点情况来看，总体利大于弊，各方反映良好。农业部、财政部将在全国倡导推行"全价购机、定额补贴、县级结算、直补到卡"操作方式，并要求各地不断完善相应的配套措施，积极协调当地金融机构创新信贷服务，缓解农民筹资压力；鼓励企业与农民自主议价。

表 4 - 12　全价购机与差价购机比较分析

方式	优点	缺点
差价购机省级结算	①降低农民购机筹款难度； ②确保资金安全，防止地方相关部门或个人挤占补贴资金； ③对农民而言，补贴手续相对简便，减少时间和跑路	①与农机经销商或企业补贴资金结算过程中，行政部门容易与企业产生利益勾结； ②对供货企业来讲，差价购机存在资金回笼缓慢、增加企业垫资压力，影响企业资金周转，不利于组织再生产； ③省级购机补贴资金结算审核工作量大、行政成本高； ④农民对所获补贴优惠缺乏直观感受
全价购机县级结算直补到卡	①直补到卡，增加了套取购机补贴资金的难度； ②农民选购机具的自主权更大，农户与经销商议价能力增强； ③一定程度上减轻了企业垫资压力； ④企业不再向管理部门申办结算，能够投入更多的精力开展产品研发和市场营销； ⑤资金下达地方后，地方管理部门积极性增强，监管主动性提高； ⑥有利于遏制机具倒卖	①农民筹措资金压力加大； ②增加了基层农机部门补贴审核工作量； ③基层农机部门基础设施薄弱，人员力量不足，服务能力有待提高； ④农户需办理补贴资金申领手续，增加了程序

（2）从"先补贴，后购机"到鼓励"先购机，后补贴"。由于农机购置补贴资金有限，补贴政策在推行之初采取的是"先补贴，后购机"的模式，即购机户在确定获得补贴指标后，然后才购买农机。随着补贴资金投入的增加，有些地区具备了"先购机，后补贴"的资金实力。为此，2014 年的农机购置补贴政策指导意见提出"补贴对象先申请补贴再购机还是先购机再申请补贴，由省级农机化主管部门结合实际自主确定"，这说明"先购机，后补贴"的模式已得到认可。2015 年《意见》进一步指出，"提倡补贴对象先购机再申请补贴，鼓励县乡在购机集中地或当地政务大厅等开展受理申请、核实登记'一站式'服务"。这意味着"先购机，后补贴"模式进入了鼓励与推行阶段。相比"先补贴，后购机""先购机，后补贴"模式流程简便，手续简化，减少了农民申领奔波的次数。

（3）实行补贴范围内机具敞开补贴，"先购机，后补贴"全面开启。《2015～2017 年农业机械购置补贴实施指导意见》提出对重点产品实施敞开补贴，初步形成了敞开补贴的实施机制。《2018～2020 年农业机械购置补贴实施指导意见》明确指出，"从上述补贴范围中选取确定本省补贴机具品目，实行补贴范围内机具敞开补贴"这标志着敞开补贴全面实施，进一步细化了"自主选机购机、补贴资金申请、补贴资金兑付"的操作流程，在程序上保障了敞开补贴的实施。

第三节　农机购置补贴政策对农业机械化的作用效果

2004～2015 年，中央农机购置补贴投入从 0.7 亿元增长到 236.45 亿元。根据统计，2004～2014 年中央财政共安排农机购置补贴资金 1200 亿元，补贴购置各类农机具超过 3500 万台（套）。全国农作物耕种收综合机械化率由 2003 年的 33% 提高到 2014 年的 61%，农机具购置补贴政策为我国农业机械化发展提供了坚实的支撑。本节将通过实证分析的方法，测算农机具购置补贴政策对农业机械化的作用效果。

一、描述性分析

1. 农机购置补贴政策与农机总动力

在农机购置补贴政策的带动下，我国农机总动力增长迅速，农机装备结构日趋优化。

（1）农机总动力快速攀升。从图4－6和表4－13可以看出，全国农机总动力保持持续增长。农机总动力的增长大致可以分为以下两个阶段：

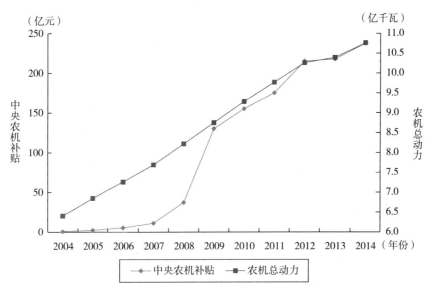

图4－6　2004~2014年中央农机购置补贴与农机总动力

资料来源：2004~2014年《全国农业机械化统计年报》。

表4－13　2004~2014年中央农机购置补贴与农机总动力

单位：亿元、亿千瓦

年份	中央农机补贴	农机总动力
2004	0.70	6.41
2005	2.50	6.85
2006	5.40	7.26
2007	11.09	7.69
2008	37.20	8.22
2009	130.00	8.75
2010	154.93	9.28
2011	175.00	9.77
2012	215.00	10.26
2013	217.55	10.39
2014	237.50	10.76

资料来源：2004~2014年《全国农业机械化统计年报》。

第一阶段（2004～2007年），农机购置补贴推行阶段。在这一阶段中我国农机补贴开始在全国66个县的范围开展政策的试点，全国部分地区农业总动力有了明显提升，而且增加速度也显著高于未实施补贴政策前，农业总动力从2004年的6.41亿千瓦增加到2007年的7.69亿千瓦，年均增长率达到5%。

第二阶段（2008～2014年），随着农机购置补贴试点的成功，2008年开始，该政策在全国范围内推广实施，中央拨付的资金也大大增加，农业总动力显著增长。从2008年的8.22亿千瓦增加到2014年10.76亿千瓦，大约增长了30%。回顾我国农机购置补贴政策实施以来的十多年，我国农机总动力增长了1.68倍，很多农业机械实现了从无到有、从有到优过程的转变，使我国向农业现代化迈出更为坚实的一步。

（2）自实施农机购置补贴十多年来，不仅农机购置总量发生了突飞猛进的变化，总动力突破10亿千瓦，农机结构也不断优化。早期农机购置补贴的重点是补贴粮食类机械，2010年中央一号文件提出："进一步增加农机具购置补贴，扩大补贴种类，把牧业、林业、抗旱和节水机械设备纳入补贴范围。"畜牧、林果业、渔业的机械化水平迅速提高，在某些行业，例如，奶牛养殖、生猪养殖、家禽养殖等，部分养殖场机械化程度已经接近甚至达到了国际先进水平。在集体林权制度改革的大背景下，随着林业经济结构的调整，林下经济快速发展，机械化水平也在不断提高。在种植业领域，表4-14所示的2013年耕整机数量达到了765.41万台，比2002年增加了7.18倍；联合收获机达到142.10万台，比2002年增加4.55倍。耕、种两大环节机械化水平的提升保障了种植业尤其是粮食产业连续10年的大丰收。表4-14还显示了水稻工厂化育秧设备变化的情况，早期设备的性能较差，并且随着时间的推移逐渐淘汰了落后的设备，从而使水稻育秧发生了革命性变化，达到了苗早、苗壮的效果，大大增强了水稻秧苗抗寒的能力，对于10年来水稻的丰收，尤其是北方低温地区水稻的丰收做出了重要贡献。农用运输车的数量也有较大的增加，在很多粮食主产区，畜力运输已经基本绝迹，这对于减轻农民的劳动强度、节省运输成本、提高农产品运输效率起到了重要作用。由于容量的关系，大部分农业机械没有在表4-14中列出，例如，棉花采摘机，2002年全国只有0.01万台，动力2.12万千瓦，到了2013年达到了0.27万台，动力39.30万千瓦，极大地推动了棉区（尤其是西北棉区）节劳降本、提升效率。很多机械，例如，茶叶采摘机、青饲料收获机、牧草收获机等在过去十多年间实现了从无到有，提高了该领域的生产效率，同时也促进了农村劳动力转移和农民收入的提高。在农业机械结构的变化上，一个突出的特点是大中型拖拉机数量增长快，2013年达到了527.02万辆，这主要是由于中共十七届三中全会以来土地流转加快而引致的新型农业经营主体的成长，如农民合作社、家庭农场等，一些农业产业化龙头企业也到农村流转土地。截至 2013 年底，全国土地流转达到 26%，极大地推进了农业的规模化经营，从而需要大中型农业机械作为支撑。此外，全国 500 多万家农机专业户一般都拥有 1 台以上大型农业机械为其他农民提供服务。

表 4 - 14 2002 ~ 2013 年农业机械结构

单位：万台、万套、万辆

类别/年份	大中型拖拉机	小型拖拉机	耕整机	联合收获机	水稻工厂化育秧设备	农副产品加工动力机械	畜牧业机械	林果业机械	渔业机械	农用运输车
2002	90.35	1355.73	106.57	31.21	0.86	809.08	294.61	2.79	79.21	953.47
2003	97.26	1396.8	104.36	36.22	0.52	845.29	317.23	4.41	84.17	1028.59
2004	111.56	1468.03	123.84	40.66	0.52	901.31	368.03	4.27	96.47	1119.34
2005	139.56	1539.81	138.69	47.70	0.42	1004.12	427.45	5.73	95.16	1199.40
2006	167.63	1560.71	167.23	56.78	0.32	1074.12	489.63	6.72	115.07	1236.16
2007	204.79	1629.52	194.58	63.24	0.51	1133.92	528.00	8.16	121.79	1295.70
2008	299.52	1722.41	257.63	74.35	0.26	1215.76	545.30	9.47	193.47	1320.80
2009	350.52	1750.90	330.00	85.84	0.45	1296.64	577.05	13.36	216.56	1345.04
2010	392.17	1785.79	420.78	99.21	0.55	1364.28	607.81	17.36	247.56	1361.40
2011	440.65	1811.27	528.90	111.37	0.79	1421.70	637.70	21.15	301.56	1381.54
2012	485.24	1797.23	667.60	127.88	0.96	1461.71	661.70	27.62	348.78	1396.23
2013	527.02	1752.28	765.41	142.10	1.28	1467.54	686.47	33.60	375.39	1385.55

资料来源：农业部农业机械化管理司编：历年农机统计年报。

（3）拖拉机、耕整地机械、种植施肥机械以及收获机械数量快速增长。其中，各农业机械的增长都经历了前期缓慢增长，中期快速增长，后期增长速度减缓的规律。如表 4 - 15 所示，2004 ~ 2006 年，我国各农业机械增长缓慢，例如，收获机械数量在 2006 年出现减少现象，从 2005 年的 136.75 万台减少为 131.93 万台。2007 ~ 2012 年，随着农机购置补贴的全面实施，各机械数量开始大幅度增加，以种植施肥机械和收获机械尤为突出。例如，2012 年我国种植施肥机械 1136.79 万台，是 2007 年的 2.11 倍；2013 年我国收获机械达到 307.13 万台，是 2004 年的 2.32 倍。

表4-15 2004~2013年全国农业机械分类及数量

单位：万台、万千瓦、万部、万台

类别 年份	拖拉机	拖拉机动力	拖拉机配套农具	耕整地机械	种植施肥机械	收获机械	收获机械动力
2004	1506.33	64140.92	2498.72	1945.85	421.47	134.30	1313.92
2005	1679.37	68549.35	2706.47	2119.14	461.10	136.75	1619.92
2006	1728.34	72635.96	2868.54	2240.51	502.54	131.93	1961.12
2007	1834.31	76878.65	3059.05	2403.21	539.14	132.17	2268.15
2008	2021.93	70410.41	3229.91	2573.46	592.89	192.93	2942.90
2009	2101.42	87496.10	3422.62	2742.88	637.32	218.20	3677.02
2010	2177.96	92780.48	3605.41	2952.72	686.46	250.35	4416.94
2011	2251.91	97734.66	3760.96	3124.68	719.24	273.30	5160.75
2012	2282.47	102558.96	3812.73	3296.70	1136.79	307.13	6193.77
2013	2279.30	103906.75	3907.24	3379.79	1183.07	333.61	7152.19

注：①资料来源：2001~2013年《全国农业机械化统计年报》；

②拖拉机及配套机械分为大中型（14.7千瓦及以上）、小型（2.2~14、7千瓦，含2.2千瓦）与变形拖拉机；

③耕整地机械包括耕整机、机耕船、机引犁、旋耕机、深松机与机引耙6类；

④种植施肥机械包括播种机、水稻种植机械、化肥深施机与地膜覆盖机4类；

⑤收获机械包括联合收获机、割晒机与其他收获器械，其他收获机械指大豆收获机、油菜收获机、马铃薯收获机、甜菜收获机、花生收获机、棉花收获机、蔬菜收获机、茶叶采摘机、青饲料收获机、牧草收获机、秸秆粉碎还田机、秸秆捡拾打捆机、玉米收获专用割台、大豆收获专用割台与油菜收获专用割台。

（4）拖拉机及其配套机械的动力保持着逐年增长的态势，2009~2013年增长尤为迅速。在数量几乎不变的情况下，拖拉机动力却在逐年增长，由此可见拖拉机设备正在逐步向大功率型发展。表4-16的数据进一步说明了这一点：一是2004~2013年，全国大中型拖拉机的数量与总动力持续保持增长的态势，2009年开始大型拖拉机的平均动力也在持续增长；二是小型拖拉机的数量自2011年开始增长速度减缓，但平均动力却在增长，总动力也保持着增加。

表 4 – 16　2004 ~ 2013 年全国拖拉机数量及动力

年份＼类别	大中型拖拉机			小型拖拉机		
	数量（万台）	动力（万千瓦）	平均动力	数量（万台）	动力（万千瓦）	平均动力
2004	111. 56	3686. 59	33. 05	1394. 77	2317. 44	1. 66
2005	139. 56	4315. 68	30. 92	1539. 81	14796. 22	9. 61
2006	167. 63	5154. 47	30. 75	1560. 71	15044. 05	9. 64
2007	204. 79	6113. 77	29. 85	1629. 52	15754. 97	9. 67
2008	299. 52	8186. 50	27. 33	1722. 41	16647. 66	9. 67
2009	350. 52	9742. 10	27. 79	1750. 90	16922. 69	9. 67
2010	392. 17	11166. 99	28. 47	1785. 79	17278. 39	9. 68
2011	440. 65	12850. 15	29. 16	1811. 27	17420. 97	9. 62
2012	485. 24	14436. 39	29. 75	1797. 23	17467. 36	9. 72
2013	527. 02	15957. 58	30. 28	1752. 28	17065. 67	9. 74

资料来源：2004 ~ 2013 年《全国农业机械化统计年报》。

2. 农机购置补贴政策与主要农作物耕种收综合机械化率

农机购置补贴增强了农民农机购置能力，增加了农业机具的数量与种类。随着农业机械总动力的增加，我国主要农作物耕种收综合机械化率水平快速提升。

（1）主要农作物耕种收综合机械化水平快速提升。2004 ~ 2013 年是改革开放以来中国农业生产机械化快速发展的十年。如图 4 – 7 所示，这十年内主要农作物耕种收综合机械化水平增长速度明显高于其他年份，该项指标从 2004 年的 34. 32% 增长到 2013 年的 59. 48%，年均增长 6. 30%，年均增加 2. 80%。其他年份（1978 ~ 2003 年）主要农作物耕种收综合机械化水平年均增长仅为 1. 87%，不及 2004 ~ 2013 年的 1/3。值得注意的是，在农机购置补贴实施的前几年内（1999 ~ 2003 年），中国农业综合机械化水平出现了短暂的下落；但是随着购机补贴政策的实施，迅速扭转了农业生产机械化水平下降的趋势。从图 4 – 7 清晰地看到，2004 年是主要农作物耕种收综合机械化水平增长的转折点，此后曲线上扬，这一年正值农机补贴政策实施初年；2008 年、2009 年也是主要农作物耕种收综合机械化水平快速增长的转折点，这两年内国家加大了对农机购置补贴的财政资金投入，2008 年的补贴总额比 2007 年增长近 3 倍，2009 年又比 2008 年增长 3 倍有余。

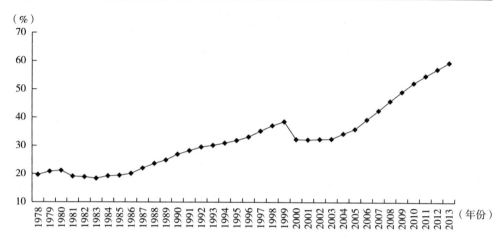

图 4 - 7　1978～2013 年中国主要农作物耕种收综合机械化水平

资料来源：《国内外农业机械化统计资料（1949～2004）》与历年《全国农业机械化统计年报》。其中，主要农作物耕种收综合机械化水平计算方法是按照机耕、机播、机收水平分别以 0.4、0.3、0.3 的权重计算。

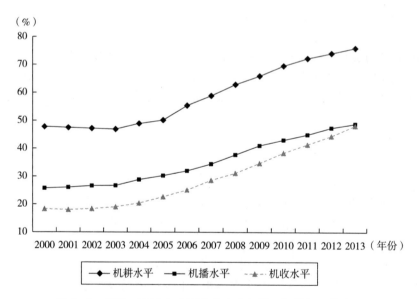

图 4 - 8　2000～2013 年中国农业生产机耕、机播与机收水平

资料来源：《国内外农业机械化统计资料（1949～2004）》与历年《全国农业机械化统计年报》。

（2）农业生产主要环节机械化快速发展。如图 4 - 8 与表 4 - 17 所示，2004～2013 年内农业机耕、机播与机收水平都得到了快速的发展。十年内，机耕水平从 2004 年的 48.90% 增长到了 2013 年的 76.00%，年均增长 5.02%，年均增加 3.01%；机播水平从 2004 年的 28.84% 增长到了 2013 年的 48.78%，年均增长 6.01%，年均增加 4.75%；机收水平从 2004 年的 20.36% 增长到 2013 年的 48.15%，年均增长 10.04%，年均增加 3.09%。

表 4-17 2000~2013 年中国农业生产机耕、机播与机收水平 单位:%

年份＼类别	机耕水平	机播水平	机收水平
2000	47.75	25.75	18.26
2001	47.41	26.06	17.99
2002	47.13	26.64	18.33
2003	46.84	26.70	19.00
2004	48.90	28.84	20.36
2005	50.15	30.26	22.63
2006	55.39	32.00	25.11
2007	58.89	34.43	28.62
2008	62.92	37.74	31.19
2009	65.99	41.03	34.74
2010	69.61	43.04	38.41
2011	72.29	44.93	41.41
2012	74.11	47.37	44.40
2013	76.00	48.78	48.15

资料来源:《国内外农业机械化统计资料（1949~2004）》与历年《全国农业机械化统计年报》。

二、实证分析

上述部分从数据的相关性揭示了农机购置补贴政策对农业机械化的作用效果。但是并未对补贴政策在农业机械化方面的作用效果进行评价。本部分将通过计量模型评估补贴政策对农业机械化的实际效果。

1. 研究模型

本书将运用双重差分法，如式（4-1）所示，评价补贴政策对农业机械化的作用效果。目前，越来越多的学者采用双重差分的办法，对某个经济现象或某项政策进行研究或评估，例如，Galiani 等（2005）研究了供水私营化对儿童死亡率的影响，Bai 和 Wu（2014）分析了新型农村合作医疗保险对农户消费的影响，Nunn 和 Qian（2014）探讨了食物援助项目与社会冲突的关系。双重差分法适合分析或评价外生事件带来的影响，相对农业机械化而言，农机购置补贴政策是一个外生事件。由于农机购置补贴政策采用的是逐县推进的实施机制，这为使用双重差分法评价其对农业机械化的效果提供了"准实验"条件。基于这一特点本书将构建全国县级层面的面板数据，建立双重差分模型对此问题进行分析。双重差分模型的优势在于能够消除所有不随时间变化的选择性偏差。

$$\ln y_{it} = \beta P_{it} + \gamma X_{it} + \mu_i + \theta_t + \varepsilon_{it} \tag{4-1}$$

在式（4-1）中，i 表示县，t 表示年份。因变量 y_{it} 表示第 i 个县 t 年的农业机械化情况。P_{it} 是本书关注的重要的自变量。P_{it} 为取值为 0 或 1 的变量，当 P_{it} 等于 1 时，表示第 i 个县 t 年时已实施农机购置补贴；当 P_{it} 等于 0 时，表示第 i 个县 t 年时还没有实施农机购置补贴。X_{it} 是向量矩阵，表示随时间变动、可能会影响到农业机械化状况的县级特征。μ_i 表征地区固定效应，θ_t 代表时间固定效应。在面板数据中，双重差分模型可以通过控制地区和时间固定效应来实现。如此，所有不随时间变化的影响被地区固定效应所控制，如地区地形等特质性因素；而所有地区共同的年度变化由时间固定效应控制。ε_{it} 表示误差项，误差项可能与地区或时间相关。为此本书采用 Galiani 等（2005）的研究方法，在模型估计中选择县级层面的聚类标准误，这样处理可以满足协方差的结构随着时间、地区而变动的要求。

在估计模型中，系数 β 表示农机购置补贴对因变量 y_{it} 的作用效果。在估计中，本书以 y_{it} 的对数形式作为因变量，$\hat{\beta}$ 是 β 的估计量。若显著地大于 0，意味着由项目实施带来的 y_{it} 的平均增长率为 $\hat{\beta}$。双重差分法的实质是测算出试点县与非试点县在补贴实施前后农业机械化的差异。假设其他条件不变，试点县相比非试点县在实施补贴后，农业机械化发生了显著的变化，那么本书可以断定农机购置补贴的作用是有效的。

2. 变量选择与数据来源

农机购置补贴政策于 2004 年试点实施并于 2009 年覆盖到全国全部县级地区，为了保证研究样本尽可能多的变化，本书研究的时间段为 2003~2008 年。农机购置补贴试点县逐年推进名单来自农业部，本书根据名单构造了研究变量 P_{it}。以农机总动力（power）衡量县级地区农业机械化水平[①]，由于 2003~2008 年我国少数县域区划发生了合并、拆分等变化，为此本书研究数据为非平衡面板数据。

本书选择了如下随时间变动、可能会影响到农业机械化状况的控制变量。

（1）耕地面积（land）。耕地面积是影响农业机械化的重要变量，由于耕地

---

① 资料来源：《中国县域统计年鉴》。

占用、整理、复垦等因素，各县耕地数量在逐年变动①。

（2）农业劳动力（*labor*）。劳动力也是影响农业机械化的重要替代变量，本书以"农林牧渔业从业人员数量"作为劳动力衡量指标②。

（3）农民收入（*income*）。选择农民收入作为农业机械化的控制变量，本书认为，至少有两个重要理由：

1）收入水平直接关系着农民农业机械化服务的购买与使用。我国农业机械化道路不同于发达国家每家每户购买农业机械自我经营的方式，而是少数农户购置农机并提供农机化服务，普通农户购买服务的方式。因此，农民收入水平直接影响着农业机械化水平。

2）农机购置补贴政策实施同期农村地区还有其他重要的政策变化，例如，粮食直补、农资综合补贴等政策，这些政策通过收入补贴的方式刺激农户农业生产行为，因而也能对农业机械化造成影响，为此就有必要对农民收入水平进行控制。本书中以"农村居民人均纯收入"表征农民收入水平③，并通过各省 CPI 指数进行折算成可比价格；考虑到农民收入与农业机械化（农机总动力）之间存在的内生性关系，在模型估计时本书对 income 做了滞后一期处理。

（4）地区财政收入（*fiscal*）。财政收入水平能折射出各县财政支农的能力，因而也能对农业机械化造成影响。本书将以各县"地方财政一般预算收入"作为财政收入衡量指标④。

为了消除异常值的影响，本书对所有连续变量在 1% 和 99% 分位上进行了 Winsorize 处理。

3. 数据描述性分析

（1）表 4 - 18 报告了主要变量对数值的描述性统计结果。粮食产量对数值（lngrain）的均值为 11.8829，最大值和最小值分别为 9.1855 和 13.3928，表明总体样本县粮食产量波动不太大。农机总动力对数值（lnpower）的均值为 3.0053，均值几乎为最小值与最大值的平均值，这表明样本县农机总动力分布相对均匀。试点变量（*P*）的均值为 0.4225，这表明实验组样本量与控制组样本量大体相当。其余变量取值均在正常范围内，不存在极端异常值。

表 4 - 18 变量描述性统计

变量	样本量	均值	标准差	最小值	最大值
lngrain	11197	11.8829	1.0457	9.1855	13.3928
lnpower	11197	3.0053	0.8897	0.9163	5.3706

---

① 资料来源：各县耕地面积数据来自《中国区域经济统计年鉴》。

②③④ 数据来自《中国区域经济统计年鉴》。

续表

变量	样本量	均值	标准差	最小值	最大值
p	11197	0.4225	0.4940	0	1
ln*land*	11197	10.2317	1.1003	0.6931	16.1011
ln*labor*	11197	11.4903	0.8266	6.4135	13.5993
ln*income*	11197	7.9327	0.4101	7.2504	8.6181
ln*fiscal*	11197	10.5733	0.7122	5.7398	13.7840

（2）表4-19报告了各变量间的相关系数。无论是 *spearman* 相关系数还是 *pearson* 相关系数，ln*power* 均与 p 显著正相关，说明在农机购置补贴试点县地区，农机总动力较高，这可能是因补贴实施而产生的效果，这与本书的假设预期是一致的。ln*land*、ln*labor*、ln*labor*、ln*income*、ln*fiscal* 与 ln*power* 也显著相关，这表明这些变量很有可能是影响农业机械化水平与粮食产出的重要控制变量，这与本书的分析相一致。另外，p、ln*land*、ln*labor*、ln*labor*、ln*income* 和 ln*fiscal* 两两之间均显著正相关，这表明本书选择的自变量可能存在着严重的多重共线性问题。为此，在模型估计中本书有必要逐步添加这些变量，并观察随着变量个数的增加对估计造成的影响。倘若随着变量个数的增加对模型估计造成了较大影响，就说明它们不适合于纳入同一个回归模型。

表4-19　相关系数

	ln*power*	p	ln*land*	ln*labor*	ln*income*	ln*fiscal*
ln*power*		0.247***	0.698***	0.584***	0.456***	0.542***
p	0.246***		0.199***	0.0795***	0.289***	0.546***
ln*land*	0.591***	0.189***		0.571***	0.200***	0.414***
ln*labor*	0.618***	0.090***	0.552***		0.087***	0.455***
ln*income*	0.457***	0.290***	0.153***	0.099***		0.528***
ln*fiscal*	0.544***	0.522***	0.365***	0.458***	0.535***	

注：右上角为 *spearman* 相关系数，左下角是 *pearson* 相关系数；*、**、*** 分别表示在1%、5%和10%水平上显著。

4. 模型估计结果

依据式（4-1），表4-18报告了农机购置补贴试点对县级农业机械化的作用效果。从模型（1）~模型（5）的估计来看，补贴对农机总动力具有显著的正向作用，估计系数稳定在0.027左右，这表明由项目实施带来的农机总动力的平均增长率约为 2.7%。这充分说明农机购置补贴确实提高了试点县的农业机械化水平。

模型（2）~模型（5）增加了可能影响机械化水平的控制变量。模型（2）考虑了补贴试点、农民收入对农机总动力的影响，估计结果表明农民收入水平与农机总动力具有显著的正向关系，这与现实相符合，农业机械一般价格较高，较高的收入水平是购置农业机械的前提条件。模型（3）考察了耕地面积、农业劳动力、补贴试点对农机总动力的影响，估计结果显示耕地面积是影响农机总动力的显著正向因子，这反映了耕地资源禀赋与农业机械的关系。当前农村劳动力大量向非农领域转移，耕地资源丰富的县域迫切需要农业机械以补充劳动力不足对农业生产造成的影响。模型（4）分析了地方财政收入、补贴试点对农机总动力的影响，财政收入对农机总动力的作用效果并不显著，这表明财政收入较高地区并没有显著支农的特征。模型（5）则综合分析了这些因素对农机总动力的作用效果。从变量的增减时序来看，自变量间的相关性并未对模型的估计结果造成严重的影响。模型（1）与模型（2）、模型（3）、模型（4）相比较，在增加不同控制变量时，补贴 p 估计系数的显著性水平几乎未发生变化，并且估计系数值也未出现较大的波动；模型（2）、模型（3）、模型（4）与模型（5）相比较，即单独考虑某类控制变量与综合考察所有控制变量作用效果时，各控制变量估计系数及其显著性水平也未出现较大的变化。进一步地，本书对模型（5）做多重共线性检验，VIF 报告值仅为 2.34，这表明自变量间并不存在较强的多重共线性。

此外，模型（1）~模型（5）均考虑了时间固定效应对农机总动力的影响。估计结果表明（时间固定效应结果表 4 - 20 未报告），随着时间的推移各县农机总动力均在逐年增加。这折射出了技术进步，尤其是农机工业技术进步对农业机械化的作用效果。

表 4 - 20　农机购置补贴与农机总动力的实证分析

	因变量：ln*agrpower*				
	模型（1）	模型（2）	模型（3）	模型（4）	模型（5）
p	0.0276 ***	0.0269 ***	0.0275 ***	0.0277 ***	0.0268 ***
	(3.21)	(3.11)	(3.19)	(3.22)	(3.10)
ln*income*		0.0669 ***			0.0647 ***
		(2.88)			(2.75)
ln*land*			0.0182 *		0.0185 *
			(1.96)		(1.96)

	因变量：lnagrpower				
	模型（1）	模型（2）	模型（3）	模型（4）	模型（5）
ln*labor*			0.0071		0.0099
			(0.43)		(0.59)
ln*fiscal*				0.0264	0.0223
				(1.27)	(1.07)
_ *cons*	2.8565 ***	2.3363 ***	2.5876 ***	2.5915 ***	1.8258 ***
	(671.93)	(12.90)	(14.29)	(12.43)	(5.38)
地区固定效应	是	是	是	是	是
时间固定效应	是	是	是	是	是
N	11197	11197	11197	11197	11197
R^2	0.2829	0.2842	0.2834	0.2833	0.2851
R^2_ *adjust*	0.2825	0.2838	0.2829	0.2828	0.2844
F	262.5035	227.0083	198.9631	228.7534	163.4246

注：括号外的数值为估计系数，括号内为该系数下的 t 值，其中 $*p$ 表示0.1、$**p$ 表示0.05、$***$ p 表示0.01。

表4 - 20 的估计结果验证了农机购置补贴对农业机械化的作用效果，估计结果显示，因农机购置补贴政策实施带来的农机总动力的平均增长率约为 2.7%。

第五章　农业机械化与
机械劳动替代

众所周知，农业机械化最直接的效果就是减轻劳动强度，提高农业生产效率，形成对农业劳动力直接的替代作用，具有显著的促进劳动力转移的功效。进入 21 世纪以来我国农村劳动力加速向非农领域转移，同时农业机械化也快速增长。国内许多学者分析并证实了农业机械化与农村劳动力转移之间存在的显著关系（李小阳等，2003；于清东、李彩霞，2007；卢秉福，2014）。

由此，本章将着重分析农业机械对劳动要素的替代效应。研究农业机械对劳动要素的替代效应对全书的研究具有如下三方面的作用：第一，能够解释在农村劳动力大量转移之际新的劳动要素的来源；第二，同时还能够测算出机械投入对粮食产出的贡献，为后续理论机制的研究奠定基础；第三，论证本书命题"中国农业机械化及时弥补了农业劳动力转移留下的生产能力空缺，从而缓解了劳动力转移对粮食产出的冲击"，倘若该命题得以证实，不仅进一步解释了劳动力转移后粮食生产中替代要素来源的问题，而且还深层次地分析机械替代劳动的实际效果，更为重要的是彰显了本书选取农业机械化的角度分析粮食增产的科学性。

为此，首先，本书测算农业机械化对劳动力转移的作用效果，即第一节内容。其次，测算机械对劳动的替代效应，分两个层次展开分析：一是研究农业女性化、老龄化对粮食生产的影响，倘若此部分的分析证实了农业女性化、老龄化并未对粮食生产造成负面影响，既是对开篇命题的论证，又能为后续的研究奠定基础，也为从机械化角度解释粮食产出做了铺垫，即第二节内容；二是具体测算机械对劳动的替代效应，解释新的劳动要素来源与作用，即第三节内容。最后是本章的研究小结，即第四节内容。

第一节 农业机械化对农村劳动力
转移贡献的量化研究

一、研究回顾

推动农村劳动力向非农部门转移是实现城镇化与农业现代化的关键举措。顺利实现劳动力转移不仅对农村经济发展及农民收入增长有积极作用，同时也有利于促进产业结构的升级与调整。因而，许多学者致力于研究农村劳动力的转移，并从经济因素（Banerjee，1991；Decressin，1995；程名望等，2006；秦华、夏宏祥，2009）、制度因素（蔡昉，2001）、个体特征（赵耀辉，1997；都阳，2001；史清华等，2005）、社会文化（朱力，2002；吴兴陆、亓名杰，2005）等多个角度分析农村劳动力转移的动因。其中，就不少学者研究农业机械化这个重要推力因素对农村劳动力转移的影响。农业机械化最直接的效果就是减轻了劳动强度，提高了农业生产效率，形成了对农业劳动力直接的替代作用，具有显著的促进劳动力转移的功效。

自进入 21 世纪以来，我国农村劳动力加速向非农领域转移，同时期农业机械化也快速增长。国内许多学者分析并证实了农业机械化与农村劳动力转移之间存在的显著关系（李小阳等，2003；于清东、李彩霞，2007；卢秉福，2014），事实上农业机械化对农村劳动力转移的推动作用被普遍认为是理所当然的，这个问题的关键在于测算出农业机械化对农村劳动力转移的贡献度。这对于我们以农业机械化为抓手促进劳动力转移具有重要的政策参考价值。在现有的研究中，例如，祝华军（2005）通过建立回归模型分析了全国农机净值总量对全国农村劳动力转移总量的影响，结果认为，全国农机净值总量每增加 1 亿元，则可支撑 4.35 万农业劳动力从农业生产领域转移出来进入非农产业；周孝坤等（2010）的研究结论认为，农用机械总动力每增加 10 万千瓦的使用量就会有 8.47 万个农村剩余劳动力转移出去；崔玉玲、李录堂（2009）的计算显示，农业机械总动力每增加 1 万千瓦就会增加 0.89 万人的农村转移劳动力。还有其他学者也对机械化对农村劳动力转移的贡献进行了探讨（赵成柏，2006；张文、尹继东，2006；秦华、夏宏祥，2009；罗芳、鲍宏礼，2010）。

综观这些研究，我们认为有如下三个方面的不足：第一，忽略了农业机械化与农村劳动力转移之间互为因果的内生性关系。一方面，农业机械化的提升有利于从农业部门析出更多的劳动力；另一方面，随着劳动力的大量转移，容易诱发农业老龄化、妇女化现象（张红宇，2011；孔祥智，2012），老人、妇女因其生理因素往往无法承受繁重的农业劳动，因此对农机化服务产生了强烈的需求，从而又促进了农业机械化的发展。Hayami 和 Ruttan（1971）运用诱致性制度变迁理论，就对两者相互促进、相辅相成的关系进行了深入的描述性分析和理论分析。不考虑机械化与劳动力转移之间互为因果的内生性问题会给模型估计带来非常大的偏差，无法准确判断机械化在推动劳动力转移上的具体贡献度。第二，衡量农业机械化的指标有误。目前研究农业机械化主题的文章几乎都采用农机总动力或农机净值来表征全国或某个区域的机械化程度。然而这两类指标还无法准确地衡量某一个区域真实的农业机械化实况。理由有两个：一是随着农机工业的发展，动力大小对农机作业水平能力的决定作用正在弱化，已有越来越多的小动力机械具有高效能的作业能力；二是农机跨区作业是我国农业机械化中的常态，某个地区农机总动力水平低已经不能说明其农业机械化水平低，在农机跨区作业下低农机总动力的区域依然能有高水平的机械化程度。第三，研究所用的样本数据局限于单一省份的时间序列数据或全国时间序列数据，缺少使用全国各省市区面板数据的研究。

针对这些问题，我们拟采用工具变量的估计方法，以此解决农业机械化与农村劳动力转移之间互为因果的内生性问题；选择更为合适的农业机械化衡量指标，解决使用农机总动力时造成的溢出效应问题；在样本选择上，拟选择全国31个省市区的面板数据。希冀通过我们的研究，准确估计农业机械化对农村劳动力转移的贡献度，更为重要的是能为促进农村劳动力转移政策的制定提供实证支撑。

二、研究设计

1. 农业机械化与农村劳动力转移的互动关系

农业机械化与农村劳动力转移之间具有相互作用的互动关系。农业机械化对农村劳动力转移起到了推力作用，农村劳动力转移也为农业机械化创造了条件，其理论逻辑如图 5 - 1 所示。

（1）农业机械化推动了农村劳动力转移。农业机械化最直接的效果就是减轻劳动强度，提高生产效率。据农业部测算①，水稻机插秧效率是人工插秧的20倍，1 台水稻联合收割机可替代200 多人工作量，1 台玉米收获机能替代 70 ~ 80 个劳动力。更为重要的是，随着劳动力成本的高涨，机械化生产还具有节约生成

---

① 测算数据来源：http：//www. moa. gov. cn/zwllm/zwdt/201011/t20101110_ 1698014. htm（农业部官网）。

本的功效。正是因为农业机械化的这些优势，促使了农民广泛购买农机化服务，进一步形成了机械替代劳动的农业生产方式，从而创造了农业剩余劳动力，为农村劳动力的转移孕育了推力。

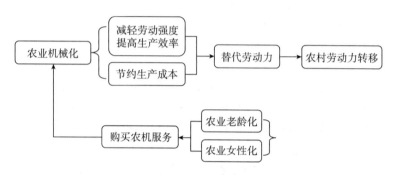

图 5 - 1　农业机械化与农村劳动力转移互动关系

（2）农村劳动力大量转移也为推进农业机械化创造了条件。当前我国农村正面临着农村劳动力大量转移的现实，农村劳动力已经开始呈现出老龄化、妇女化的特点（张红宇，2011；孔祥智，2012）。农业老龄化、妇女化为农业机械化提供了发展契机。老人、妇女因其生理因素往往无法承受繁重的农业劳动，因此，对农机化服务产生了强烈的需求，从而拉动了我国农业机械化的发展。

2. 数据来源与变量选取

（1）一般的研究都以农机总动力作为地区机械化水平的指标。本书第一部分已指出使用农机总动力这个指标的两大缺陷。在本书中，我们选取农作物耕种收综合机械化率（mechanization，单位 100）作为机械化的衡量指标，这个指标由农业部在统计测算。它的测算方法是：机耕水平（plowing）、机播水平（seeding）与机收水平（haversting）分别按照 0.4、0.3、0.3 的权重加权平均。其中，机耕水平是指机耕面积占各种农作物播种面积中应耕作面积的百分比（农作物播种面积中应耕作面积等于农作物总播种面积减去免耕播种面积）；机播水平是指机播面积占各种农作物播种总面积的百分比；机收水平是指机收面积占各种农作物收获总面积的百分比。农作物耕种收综合机械化率直接反映的是地区农作物机械化作业水平，比间接反映机械化情况的农机总动力更为直接，既包含了本地区农机作业水平，也包含了外地农机到本地的作业情况。因此，综合比较选择农作物耕种收综合机械化率比农机总动力更为合适①。此外，不同环节的机械化

---

① 综合机械化率的数据来源《全国农业机械化统计资料汇编（1949～2004）》与 2004～2012 年《全国农业机械化统计年报》。

率对农村劳动力转移的影响是不同的，我们也试图分别分析机耕、机播与机收水平对农村劳动力转移的影响。

（2）关于农村劳动力转移数量（*labortransfer*，单位万人）也是本书研究的关键变量。我们的测算方法是：由于国家统计局统计了每一年各省市区的乡村从业人员数量与农林牧渔从业人数。其中，乡村从业人员指乡村人口中16岁以上实际参加生产经营活动并取得实物或货币收入的人员，既包括劳动年龄内经常参加劳动的人员，也包括超过劳动年龄但经常参加劳动的人员。既不包括户口在家的在外学生、现役军人和丧失劳动能力的人，也不包括待业人员和家务劳动者。从业人员按从事主业时间最长（时间相同按收入最多）分为农业从业人员、工业从业人员、建筑业从业人员、交运仓储及邮电通讯业从业人员、批零贸易及餐饮业从业人员、其他从业人员。因而，我们可以视农村劳动力转移数量为乡村从业人员数量与农林牧渔从业人数之差①。

（3）本书中我们还考虑了家庭人均工资性收入（*wage*，单位元），地区农作物播种面积（*area*，单位千公顷）与第一产业占GDP比重（*ration*，单位%）这些可能对劳动力转移造成影响的变量。家庭人均工资性收入则是劳动力转移的引

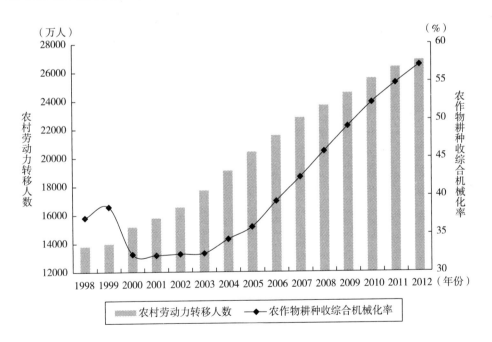

图5-2 农村劳动力转移人数与农作物耕种收综合机械化率

---

① 这些数据来自国家统计局官方网站。

力因素,这个变量能在一定程度上反映非农就业工资水平,因而是研究机械化对劳动力转移的核心控制变量。一般而言,家庭人均工资性收入越高,越能吸引农村劳动力转移。农作物播种面积与第一产业占 GDP 比重则反映了地区农业经济发展水平。

图 5 - 2 描述了农业机械化与农村劳动力转移的相关关系。从图 5 - 2 中可以发现,随着农作物耕种收综合机械化率的逐年攀升,农村劳动力转移人数也在逐年增加,尤其是在 2004 ~ 2012 年农业机械化快速发展的时期内,农村劳动力呈现快速转移的增长态势。由此可见,农业机械化与农村劳动力转移有较为明显的正向相关关系。

3. 研究方法

在研究中,选取 1998 ~ 2012 年全国 31 个省市区的面板数据作为研究样本。估计模型如式(5 - 1)所示:

$$\ln labortransfer_{it} = \alpha + \beta \ln mechanization_{it} + \gamma \ln Z_{it} + a_i + \mu_{it} \qquad (5-1)$$

其中,$labortransfer$ 表示农村劳动力转移数量,$mechanization$ 表示农业机械化程度,以农作物耕种收综合机械化率、机耕、机播、机收为度量指标,Z 为其他控制变量,α_i 是个体固定效应[①],α、β、γ 为待估参数。在估计中,我们对这些变量进行了对数化处理。

正如本书开篇所言,机械化与农村劳动力转移之间具有互为因果的内生性关系:机械化能推动农村劳动力转移,同时农村劳动力的转移能为机械化水平的提升创造条件。为解决这种内生性给模型估计带来的有效性问题,本书拟采用工具变量法来解决估计上的内生性问题。

从 2004 年起,我国开始了对农民个人、农场职工、农机专业户和直接从事农业生产的农机服务组织购置和更新大型农机具给予一定补贴的农机购置补贴政策,补贴资金从 2004 年的 7000 多万元,逐步增加到 2013 年的 217.55 亿元。农机购置补贴有效地带动了农户购机,全国农民农机购置投入从 2004 年的 237.50 亿元快速增长到 2013 年的 624.60 亿元,年均增长 11.34%。无论是在理论上还是依据笔者的实际调研情况来看,农机购置补贴都对各地区农业机械化水平的提升起到了巨大的推动作用。在本书中,我们以各地区获得中央农机购置补贴数额($subsidy$)作为工具变量。中央农机购置补贴能够影响到农业机械化水平,然而补贴数额相对农村劳动力转移而言则为外生变量。

通过这种方法估计出参数 β 后,进一步不难测算出农业机械化对农村劳动力转移增长的贡献率 η,测算公式如下:

---

① 由于各个省市区经济水平不同,为考察这种差异我们使用了固定效应模型;事实上在后文中经多次 Hausman 检验,检验结果也支持固定效应模型。

$$\eta = \beta \left(\frac{\Delta mechan}{mechan} \right) \Big/ \left(\frac{\Delta labortransfer}{labortransfer} \right) \qquad (5-2)$$

其中，$\dfrac{\Delta mechan}{mechan}$、$\dfrac{\Delta labortransfer}{labortransfer}$分别代表机械化率与劳动力转移的增长率。

本书涉及的估计变量如表5－1所示，表5－1给出了各变量的取值情况。

表5－1　变量描述性分析

变量名称	样本量	均值	标准差	最小值	最大值
labortransfer	465	653.22	580.01	8.20	2293.82
mechanization	465	41.28	22.29	1.36	96.08
plowing	465	55.94	25.01	3.01	100.00
seeding	465	31.47	28.34	0.00	94.13
haversting	465	23.67	17.51	0.01	70.90
wage	465	1718.96	1800.93	52.65	11477.70
ration	465	0.14	0.07	0.01	0.36
area	465	5047.40	3511.85	229.40	14262.17
subsidies	465	15460.63	30453.14	0.00	225000.00

三、实证结果与分析

1. 农业机械化对农村劳动力转移的影响

表5－2给出了模型的估计结果。在估计中，我们对 wage 进行了滞后一期的处理。这是因为上一期的工资性收入能够影响农户下一期是否选择非农就业的决策，从而影响劳动力的转移；然而，本期的劳动力转移情况则不会影响上一期的工资性收入。如此，也就在理论上消除了 wage 与 labortransfer 之间互为因果的内生性。

模型（1）未使用工具变量，直接采用面板 OLS 的方式进行估计，估计结果表明农业机械化并未对农村劳动力转移有显著的影响，这与预期结果不符合，控制变量工资性收入则对农村劳动力转移有显著的影响。但是当采用工具变量的估计方法后，如模型（2）~模型（5）所示，结果一致表明农业机械化对农村劳动力转移有显著的正向影响，这充分论证了使用工具变量估计的必要性。同时，将模型（2）~模型（3）与模型（1）进行了 Hausman 检验，检验结果也表明应该使用工具变量法。

在模型（2）~模型（5）一阶段的估计结果中，工具变量 subsidy 对农业机械化都有显著的影响。由于农机购置补贴政策于 2004 年开始实施,为考察不同时间段,农业机械化对劳动力转移的影响,模型 (2)~模型 (3) 估计了2004~2012年农业机械化对农村劳动力转移的影响,模型 (4)~模型 (5) 则估计 1998~2012 年农业机械化对劳动力转移的效果。在模型 (2)~模型 (3) 中,IV 估计与 GMM 估计结果一致表明农业机械化对农村劳动力转移的弹性为 0.5273。同时,通过模型 (4)~模型 (5) 计算出了 1998~2012 年农业机械化对农村劳动力转移的弹性,该弹性为 0.7417。值得注意的是,模型 (2)~模型 (5) 一致表明工资性收入对农村劳动力转移的作用并不显著,由此说明农业机械化成为 21世纪以来促进农村劳动力转移的主要因素。

进一步地,测算农业机械化对农村劳动力转移的贡献率 η:2004~2012 年,农业机械化对农村劳动力转移增长的贡献率达 86.80%,1998~2012 年的贡献率达 42.41%。由此不难有如下结论:随着农业机械化的深入推进,我国农村劳动力大量地向非农领域转移。

表5-2　农业机械化与农村劳动力转移估计结果

	模型 (1)	模型 (2)	模型 (3)	模型 (4)	模型 (5)
	面板 OLS	IV 估计	GMM 估计	IV 估计	GMM 估计
因变量: lnlabortransferlnmechanization	0.0202 (1.14)	0.5273 *** (2.74)	0.5273 * (1.91)	0.7417 *** (3.19)	0.7417 *** (3.09)
$lnwage_{t-1}$	0.2797 *** (16.31)	0.0779 (0.57)	0.0779 (0.40)	0.0674 (0.61)	0.0674 (0.54)
常数项	3.9970 *** (44.61)	4.7422 *** (14.18)		2.8752 *** (17.73)	
R^2	0.7161	0.0241	0.2396	0.0009	0.0435
一阶段估计因变量: lnmechanization/powerlnsubsidy		0.0373 *** (3.06)	0.0373 *** (2.90)	0.2882 *** (5.65)	0.2882 *** (4.89)
$lnwage_{t-1}$		0.5094 *** (6.66)	0.5094 *** (5.93)	0.0258 *** (3.93)	0.0258 *** (4.14)
常数项		0.3635 (0.77)		1.3668 *** (4.25)	
R^2		0.1456	0.5428	0.1500	0.4827
样本量	279	279	279	465	465
固定效应	是	是	是	是	是

续表

	模型（1）	模型（2）	模型（3）	模型（4）	模型（5）
	面板 OLS	IV 估计	GMM 估计	IV 估计	GMM 估计
时间跨度（年）	2004～2012	2004～2012	2004～2012	1998～2012	1998～2012
机械化贡献率（%）		86. 80	86. 80	42. 41	42. 41

注：括号外的数值为估计系数，括号内为该系数下的 t 值，其中 $*p$ 表示 0.1，$**p$ 表示 0.05，$***$ p 表示 0.01。

2. 多控制变量下再分析

表 5 - 2 中的估计还并未考虑到地区因素对农村劳动力转移的影响。为此，我们选择了地区农作物播种面积（$area$）与第一产业占 GDP 比重（$ration$）这两个变量。经测算，各自变量之间高度相关，为解决各变量之间多重共线性对模型估计带来的影响，我们对各变量的对数值做了标准化处理，处理方法如下：

由于如同式（5 - 1）的面板固定效应模型，可以转换成截面数据直接使用 OLS 的方法进行估计。处理办法是首先将估计式两边对时间取平均，如式（5 - 3）所示：

$$\overline{\ln labortransfer_i} = \beta\, \overline{\ln mechanization_i} + \gamma\, \overline{\ln Z_i} + a_i + \overline{\mu_i} \qquad (5-3)$$

由式（5 - 1）减去式（5 - 3）可得到原模型的离差形式，如式（5 - 4）所示：

$$\overline{\ln y_{it}} = \beta\, \overline{\ln x_{it}} + \gamma\, \overline{\ln Z_{it}} + \overline{\mu_{it}} \qquad (5-4)$$

定义 $\overline{\ln y_{it}} = \ln labortransfer_{it} - \overline{\ln labortransfer_i}$，$\overline{\ln Z_{it}} = \ln mechanization_{it} - \overline{\ln mechanization_i}$，$\overline{\mu_{it}} = \mu_{it} - \overline{\mu_i}$。对式（5 - 4）使用 OLS 估计的方法就能一致地估计出各参数。对式（5 - 4）中的各变量进行标准化处理后，即能解决各自变量间的多重共线性对估计结果的影响，因而模型估计系数为标准化系数。

一般而言，标准化估计系数与未标准化系数之间满足如下关系式：

$$\beta_i = \beta_i^* / \frac{\sigma X_i}{\sigma Y_i} \qquad (5-5)$$

其中，β_i^* 为标准化估计系数，β_i 为未标准化估计系数，σX_i 与 σY 分别是自变量与因变量的标准差。当估计出 β_i^* 后，我们不难得出此时机械化对劳动力转移的贡献度 η，如式（5 - 6）所示，其中 $\sigma\ln mechan$ 与 $\sigma\ln labortransfer$ 分别机械化与劳动力转移变量对数值的标准差。

$$\eta = \left(\beta_i^* \times \frac{\sigma\ln mechan}{\sigma\ln labortransfer}\right) \times \left(\frac{\Delta mechan}{mechan}\right) / \left(\frac{\Delta labortransfer}{labortransfer}\right) \qquad (5-6)$$

模型估计结果如表 5 - 3 所示。在表 5 - 3 中，模型（1）～模型（4）的估计结果均表明农业机械化对农村劳动力转移具有显著的正向作用。模型的一阶段估计中，工具变量的估计系数均非常显著。表5-3中选择的几个控制变量，仅lnarea对劳动力转移具有正向促进作用，其他几个控制变量的估计系数或不显著或显著性水平并不稳健。这进一步表明了机械化才是影响当前农村劳动力转移的主要因素。

表5-3 多控制变量下农业机械化对农村劳动力转移影响分析

	模型（1）	模型（2）	模型（3）	模型（4）
	IV 估计	GMM 估计	IV 估计	GMM 估计
因变量：lnlabortransfer lnmechanization	0.5627 **	0.5627 *	0.5969 ***	0.5969 ***
	(1.98)	(1.85)	(3.16)	(3.18)
$lnwage_{t-1}$	− 0.0087	− 0.0087	0.1845	0.1845
	(− 0.03)	(− 0.03)	(1.25)	(1.16)
lnration	− 0.0497	− 0.0497	− 0.3741 ***	− 0.3741 ***
	(− 0.49)	(− 0.50)	(− 6.03)	(− 5.72)
lnarea	0.1308 ***	0.1308 ***	0.1010 ***	0.1010 **
	(2.75)	(2.65)	(2.87)	(2.55)
常数项	0.4224 ***	0.4224 ***	0.0000	0.0000
	(4.18)	(4.56)	(0.00)	(0.00)
R^2	0.1006	0.1006	0.5918	0.5918
一阶段估计 因变量：lnmechanizationlnsubsidy	0.3724 ***	0.3724 **	0.3690 ***	0.3690 ***
	(2.66)	(2.37)	(4.74)	(5.11)
$lnwage_{t-1}$	0.7295 ***	0.7295 ***	0.4990 ***	0.4990 ***
	(6.41)	(6.06)	(6.22)	(5.70)
lnration	− 0.1176	− 0.1176	0.1756 **	0.1756 ***
	(− 1.07)	(− 1.25)	(2.36)	(2.98)
lnarea	− 0.0595	− 0.0595	− 0.0136	− 0.0136
	(− 0.97)	(− 1.13)	(− 0.34)	(− 0.39)
常数项	− 0.4102 ***	− 0.4102 ***	0.0000	0.0000
	(− 5.49)	(− 5.49)	(0.00)	(0.00)
R^2	0.5028	0.5028	0.4902	0.4902
样本量	279	279	465	465
固定效应	是	是	是	是
时间跨度（年）	2004～2012	2004～2012	1998～2012	1998～2012
机械化贡献率（%）	37.08	37.08	21.59	21.59

注：括号外的数值为估计系数，括号内为该系数下的 t 值，其中 *p 表示0.1，**p 表示0.05，***p 表示0.01。

依据 lnmechanization 的估计系数，即机械化对劳动力转移的弹性系数，根据式（5-6）我们不难测算出机械化对劳动力转移的贡献度。如表 5-3 所示，2004~2012 年，农业机械化对农村劳动力转移增长的贡献率为 37.08%，1998~2012 年的贡献率达 21.59%。

值得注意的，表 5-3 中测算的机械化对劳动力转移的贡献率均小于表 5-2 中的。这说明若不考虑以上控制变量，容易高估机械化在推动农村劳动力转移上的贡献。

3. 进一步讨论：不同环节机械化对农村劳动力转移的影响

事实上，不同环节的机械化率对农村劳动力转移的影响是不同的。为此，我们有必要考虑机耕（plowing）、机播（seeding）与机收（haversting）这三个主要环节的机械化水平对劳动力转移的影响。

此外，表 5-2 与表 5-3 中使用的综合机械化率指标来自农业部的统计，它是由机耕、机播与机收三个环节的机械化水平加权计算而来的，是农业部衡量我国总体机械化水平的重要指标。我们认为，对综合机械化的测算采用机耕、机播与机收三个环节的乘积比加权平均值更为合适，理由如下：第一，农业机械化应是所有生产环节的机械化，某个环节的机械化仅仅是综合机械化的必要条件而不是充分条件，因而这也就决定了计算综合机械化率时应使用乘法原理而不是加法原理（赵本东、赵宗禹，2011）。第二，从现实来看，农作物生产全程机械化才能促进更多的劳动力向外转移。以水稻为例，当前水稻机耕与机收机械化水平均已达到较高水平，而机播率则很低。在机播率较低的情况下，无论机耕率有多高，仍然还会有大量的劳动力留在农村，限制在水稻种植环节上。这如同木桶原理中的短板效应一般，必须在所有环节机械化率都较高时，才能更好地推动劳动力转移。这也说明了某个环节的机械化是综合机械化的必要条件而不是充分条件，同时也表明使用乘法方法计算的机械化率更符合实际。第三，采用机耕、机播、机收三者的乘积形式，在计量经济学上常被称作交互项，即考察三者之间的交互作用产生的效果，是一种综合效应。

由此，我们分别用机耕、机播、机收，三者之间两两乘积以及三者之积代表机械化率，以此分析机械化对劳动力转移的影响，各变量我们均做了对数化处理。估计方法与表 5-3 中的相同。

估计结果如表 5-4 所示。模型（1）~模型（7）均采用 IV 估计法，仍以 subsidy 为工具变量，限于篇幅未列出第一阶段估计结果。在第一阶段估计结果中，subsidy 对机械化指标的估计系数均非常显著。在模型（1）~模型（7）的估计结果显示，不同形式的机械化对劳动力转移均具有显著的正向影响，且弹性系数的显著程度均在 1% 水平以下。这进一步表明机械化是推动农村劳动力转移的显著性因素。

表5-4 不同环节机械化对农村劳动力转移的 IV 估计

	模型（1）	模型（2）	模型（3）	模型（4）	模型（5）	模型（6）	模型（7）
ln$plowing$	0.6875*** (2.76)						
ln$seeding$		0.7042*** (2.74)					
ln$harvesting$			0.6883*** (3.19)				
ln（$plowing \times seeding$）				0.7767*** (2.58)			
ln（$plowing \times harvesting$）					0.6448*** (3.23)		
ln（$seeding \times harvesting$）						0.5897*** (3.22)	
ln（$plowing \times seeding \times harvesting$）							0.6465*** (3.07)
ln$wage_{t-1}$	0.1728 (1.00)	0.2760** (1.97)	0.1199 (0.73)	0.0879 (0.41)	0.1362 (0.86)	0.2501** (1.98)	0.1363 (0.82)
ln$ration$	-0.4003*** (-5.49)	-0.2319*** (-2.80)	-0.3400*** (-5.56)	-0.3904*** (-5.95)	-0.3586*** (-5.95)	-0.2846*** (-4.47)	-0.3769*** (-5.87)
ln$areao$	0.0576 (1.30)	0.1377*** (3.29)	0.1672*** (4.25)	0.1754*** (3.50)	0.1334*** (3.79)	0.1188*** (3.44)	0.1647*** (4.06)
常数项	0.0000 (0.00)	0.0000 (0.00)	0.0000 (0.00)	0.0000 (0.00)	0.0000 (0.00)	0.0000 (0.00)	0.0000 (0.00)
样本量	465	465	465	465	465	465	465
R^2	0.4644	0.4570	0.5983	0.3876	0.6088	0.6065	0.5653
固定效应	是	是	是	是	是	是	是
时间跨度（年）	1998~2012	1998~2012	1998~2012	1998~2012	1998~2012	1998~2012	1998~2012
机械化贡献率（%）	11.46	59.08	53.36	33.79	44.39	83.39	72.50

注：括号外的数值为估计系数，括号内为该系数下的 t 值，其中 $*p$ 表示0.1、$**p$ 表示0.05、$***p$ 表示0.01。

模型（1）~模型（3）中，我们分别估计了机耕、机播、机收水平单独对劳动力转移的影响。估计的结果充分表明了不同环节机械化水平对农村劳动力转移的影响程度是不同的。首先，机播水平对劳动力转移的贡献度最高；其次，机收水平；最后，机耕水平贡献度最低；并且机播、机收水平的贡献率近乎是机耕水平的 5 倍。我们认为这一结果与实际是相符合的：第一，当前各种农作物的机耕水平都已达到了非常高的水平，因而通过提高机耕水平来释放农村劳动力的潜力空间已不多，在数值上自然表现为机耕水平对劳动力转移的贡献率不高；第二，机播与机收是农业机械化中的"短板"，2013 年的机播、机收水平仅仅只有机耕（机耕为 76%）的 64.2% 与 63.3%，主粮中如水稻的机播率就非常低，经济作物中如棉花的机收率也非常低，因此，提升机播与机收水平具有较大的促进劳动力转移的空间。

模型（4）~模型（6）分别估计了以机耕、机播、机收三者之间两两乘积为机械化的指标对劳动力转移的影响，即考察两个环节的整体机械化程度与劳动力转移之间的关系。在估计结果中，机播—机收机械化对劳动力转移的贡献度最高，达到了 83.39%。其中，机耕—机播、机耕—机收的贡献度是远远低于机播—机收的，也低于机播水平与机收水平的，这再次印证了机耕水平在推动劳动力转移上潜力相对不足的特征。

模型（7）考察了机耕、机播、机收三个环节综合机械化程度对劳动力转移的影响。采用乘积度量的机械化指标对农村劳动力转移的弹性系数为 0.6465，贡献度达 72.50%。

模型（1）~模型（7）中控制变量对农村劳动力转移的影响作用的估计结果与表 5 – 3 中的近乎一致。

进一步我们采用 GMM 的估计方法对不同环节机械化对农村劳动力转移的影响进行了再次估计，估计结果如表 5 – 5 所示。表 5 – 5 与表 5 – 4 的估计结果几乎一致，各个环节机械化水平对劳动力转移的弹性系数均在 1% 的水平下显著。这充分说明了我们的估计结果非常稳健。

表 5 – 5　不同环节机械化对农村劳动力转移的 GMM 估计

	模型（1）	模型（2）	模型（3）	模型（4）	模型（5）	模型（6）	模型（7）
lnplowing	0.6875 *** (2.98)						
lnseeding		0.7042 *** (2.88)					
lnharvesting			0.6883 *** (3.14)				

续表

	模型 (1)	模型 (2)	模型 (3)	模型 (4)	模型 (5)	模型 (6)	模型 (7)
ln (plowing × seeding)				0.7767 *** (2.69)			
ln (plowing × harvesting)					0.6448 *** (3.26)		
ln (seeding × harvesting)						0.5897 *** (3.25)	
ln (plowing × seeding × harvesting)							0.6465 *** (3.10)
$\ln wage_{t-1}$	0.1728 (0.98)	0.2760 * (2.02)	0.1199 (0.69)	0.0879 (0.41)	0.1362 (0.83)	0.2501 (1.95)	0.1363 (0.80)
lnration	−0.4003 *** (−5.36)	−0.2319 *** (−2.84)	−0.3400 *** (−6.08)	−0.3904 *** (−5.69)	−0.3586 *** (−6.26)	−0.2846 *** (−4.42)	−0.3769 *** (−6.15)
lnareao	0.0576 (1.25)	0.1377 *** (2.82)	0.1672 *** (3.46)	0.1754 *** (3.34)	0.1334 *** (3.19)	0.1188 *** (2.90)	0.1647 *** (3.57)
常数项	0.0000 (0.00)	0.0000 (0.00)	0.0000 (0.00)	0.0000 (0.00)	0.0000 (0.00)	0.0000 (0.00)	0.0000 (0.00)
样本量	465	465	465	465	465	465	465
R^2	0.4644	0.4570	0.5983	0.3876	0.6088	0.6065	0.5653
固定效应	是	是	是	是	是	是	是
时间跨度 (年)	1998~2012	1998~2012	1998~2012	1998~2012	1998~2012	1998~2012	1998~2012
机械化贡献率 (%)	11.46	59.08	53.36	33.79	44.39	83.39	72.50

注: 括号外的数值为估计系数, 括号内为该系数下的 t 值, 其中 * p 表示 0.1、 ** p 表示 0.05、 *** p 表示 0.01。

综合比较表 5-2、表 5-3、表 5-4、表 5-5 中测算的农业机械化对农村劳动力转移的贡献度, 我们有如下研究结论: 第一, 使用农作物耕种收综合机械化率测算的结果严重低估了机械化在推动农村劳动力转移上的作用。如表 5-6 所示, 在同一时期内农作物耕种收综合机械化率测算出的贡献度仅高于机耕水平的测算值, 严重低于其他指标的测算值。造成这种低估现象的原因有两个: 一是在指标测算时赋予了机耕水平过高的计算权重, 事实上机耕水平对劳动力转移的贡献度是远远低于机播、机收水平的, 因而造成了低估; 二是采取加权平均形式测度的综合机械化率指标并不合适，这种指标忽略了某个环节机械化水平不高依然很难推动劳动力转移的事实。第二，采用机耕、机播、机收三者乘积形式的机械化指标能较为准确地估计出农业机械化在推动农村劳动力转移上的作用，这一指标综合考虑了各个环节机械化的交互影响，考虑了某个环节造成的"短板效应"对劳动力转移的影响。从估计结果来看，机耕—机播—机收对劳动力转移的贡献度均高于机耕、机播、机收三者单独的水平，这充分说明三个环节机械化水平的提升比单个环节在促进劳动力转移上的功效要更为明显。第三，在推动劳动力转移上，以提高机播、机收水平为政策抓手将大有可有。估计结果表明，机播、机收、机播—机收对劳动力转移的贡献度均超过了50%，其中机播—机收的贡献度甚至达到了80%以上。

表5-6　1998~2012年农业机械化对农村劳动力转移贡献度研究汇总

机械化指标	贡献度（%）	时间跨度（年）	机械化指标测算方法
农作物耕种收综合机械化率	21.59	1998~2012	机耕、机播、机收按0.4、0.3、0.3的权重加权计算
	37.08	2004~2012	
机耕水平	11.46	1998~2012	
机播水平	59.08	1998~2012	
机收水平	53.36	1998~2012	
机耕—机播	33.79	1998~2012	机耕水平乘以机播水平
机耕—机收	44.39	1998~2012	机耕水平乘以机收水平
机播—机收	83.39	1998~2012	机播水平乘以机收水平
机耕—机播—机收	72.50	1998~2012	机耕、机播、机收三者乘积

四、研究小结

1. 研究结论

通过本书的分析，我们有如下研究结论：

（1）农业机械化对农村劳动力转移有显著的正向促进作用。本书的实证研究表明，以农作物耕种收综合机械化率为机械化衡量指标时，1998~2012年农业机械化对劳动力转移的贡献度为21.59%；以机耕、机播、机收三者乘积为机械化衡量指标时，同时期内机械化对劳动力转移的贡献度达72.50%。

（2）不同环节的机械化水平对劳动力转移的贡献度大小不同。1998~2012年，机播、机收对劳动力转移的贡献度均明显高于机耕水平，机耕、机播、机收对劳动力转移的贡献度分别为11.46%、59.08%与53.36%。

2. 政策含义

需要说明的是，本书的研究结论还有如下政策含义：

（1）农村劳动力转移是我国实现农业现代化，推进城镇化，促进"四化同步"的重要内容，在推动农村劳动力转移上应以提升农业机械化为政策抓手，将更多的农民从田间地头里释放出来，从繁重的体力劳动中解放出来。这就需要我们在政策上大力发展农机社会化服务，给予农机手更多扶持性、奖励性政策，以此提高我国农机化服务供给能力与供给水平。

（2）在农业机械化水平提升上，应重点关注机播、机收关键环节，这两个环节既是当前农业机械化的"短板"，更是推动农村劳动力转移的重要着力点。当前我国许多农作物的机播、机收水平还很低，如水稻机插、棉花机收、甘蔗机收等。农机和农艺结合不够是当前机播与机收水平低的关键因素。因此，这就需要在农业机械技术上进行攻关，推进农机与农艺技术一体化，解决机播、机收上的技术难题，以此促进更多的农村劳动力向外转移。

第二节　机械劳动替代下农业老龄化、女性化与粮食产出

一、已有研究回顾

当前我国农业发展处于城镇化快速发展时期，大量农业劳动力向城镇、向非农领域转移。农业生产老龄化、女性化日趋明显。农业老龄化、女性化会对农业生产造成什么影响呢？目前的研究主要有两种截然不同的观点。

一类观点认为农业老龄化、女性化会对农业产出产生负面影响。盖庆恩等（2014）基于2004～2010年全国固定调查点山西、河南、山东、江苏和浙江的面板数据，研究了劳动力转移对中国农业生产的影响，研究发现各类型劳动力在农业生产中的效率存在显著差异，男性、女性、老人和儿童的效率之比为1.00：0.76：0.71：0.57，男性和壮年女性的转移不仅提高了农户退出农业的概率，而且还会降低农业产出增长率。陈锡文等（2011）定量测度了1978年以来中国农业产出的特征事实，结果表明，2002年以后农村老年人口比重升高与劳动力转移对农业产出产生显著负作用，1990～2009年农村老年人口比重提高与劳动力转移年均对农业劳动投入指数下拉2.262个百分点，尤其2003年以来劳动投入对农业产出的贡献度和贡献率均为负值。何小勤（2013）通过对浙江省农业劳动

力年龄结构的抽样调查，发现在农村青年劳动力转移就业和农村人口老龄化等因素影响下，农业劳动力老龄化程度严重，且呈现逐年上升的趋势，农业劳动力老龄化已对土地资源的有效利用、粮食安全、农业现代化、子代的农业情感、农村基层保障体系的完善等产生了严重影响。李旻、赵连阁（2009）利用辽宁省农调队 2003～2006 年的固定农户连续跟踪调查数据，对辽宁省农业劳动力"女性化"现象及其对农业生产的影响进行了实证分析，分析表明农业劳动力"女性化"已不利于农业生产的发展，以女性劳动力为主的农户相比"男女同耕"的农户生产效率低。

另一类观点认为农业老龄化、女性化并没有对农业产出产生明显的负面影响。林本喜、邓衡山（2012）利用浙江省农村固定观察点样本数据，分析了农业劳动力老龄化对土地资源利用效率的影响，研究表明，农户主要劳动力的年龄对土地利用效率不存在显著影响。刘景景、孙赫（2017）基于全国农村固定观察点的农户数据，统计分析了当前我国农业劳动力年龄的分布情况，比较了老年农户和中青年农户在农业劳动时间、农业经营规模和粮食产量等方面的差异，研究表明老年农业劳动时间占家庭农业总劳动时间的比例呈平稳上升趋势，老年农户经营规模化程度低于中青年农户，户均粮食产量和粮食播种面积逐渐接近并超过中青年农户，老龄化暂时没有表现出对粮食生产的负效应。

本书认为，农业女性化、老龄化对生产的影响还取决于一些情境变量。例如，胡雪枝、钟甫宁（2013）的研究指出，农业老龄化、女性化对农业生产的影响取决于农作物的机械化程度。他们的研究指出，对于集体决策和机械化程度高的小麦作物，老龄化对小麦的种植决策以及种植决策实施的结果（单产）均没有影响，而对于集体决策程度高但机械化程度低的棉花作物，老龄化对作物种植面积决策具有负向作用，但对其他要素投入决策甚至种植决策实施结果均没有显著影响，进一步推论随着作物集体决策与机械化程度由高到低的变化，老龄化对作物的影响呈由完全没有影响到部分有影响再到有显著影响的阶梯变化。

本书此处提出待验证命题：在机械替代劳动背景下，农业老龄化、女性化并不影响粮食产出。为此，首先，本节内容分析农业老龄化、女性化对粮食产出的影响，这是由于我国粮食作物机械化程度普遍较高；其次，下一节内容研究农业机械化在粮食生产中对劳动的替代效应。若本节的研究证实了农业老龄化、女性化对粮食产出并无显著影响，同时下一节的研究表明在粮食生产中农业机械对劳动投入产生了强替代效应，则较好地回应研究命题，一方面，回应了本书开篇提出的问题"农业老龄化、女性化是否对粮食产出造成了负面影响"；另一方面，也从侧面体现机械对劳动要素的替代效果，即机械对劳动替代的间接效果。

二、研究设计

1. 估计模型

本书采用如式（5-7）的估计模型，对此问题进行探讨。

$$\ln Y_{it} = \varphi + \sum_{j=1}^{n} \alpha_j \ln X_{jit} + \beta_1 female_{it} + \beta_2 old_{it} + \beta_3 female\_old_{it} + \mu_i + v_t + \theta_{it}$$

$$(5-7)$$

在式（5-7）中，Y_{it} 表示第 i 个农户 t 年的粮食产量；$\ln X_{jit}$ 表示第 i 个农户 t 年第 j 种要素投入的对数值（劳动力要素除外）[1]；$female_{it}$ 与 old_{it} 分别为第 i 个农户 t 年女性、老年人粮食劳动投入；$female\_old_{it}$ 为第 i 个农户 t 年老年女性粮食生产劳动投入；μ_i 是农户个体固定效应，用于控制农户不随时间变化的特征；v_t 是时间固定效应，用于控制随着时间变化的特征，例如，技术进步、外部政策影响等；θ_{it} 为误差项。α_j、β_1、β_2 与 β_3 为估计参数，φ 为常数项。倘若估计参数 β_1、β_2 与 β_3 的系数值并不是显著为负，那么本书可认为农业老龄化、女性化并不能对粮食产出造成严重的负面影响。即回答了全文开篇问题"农业老龄化、女性化是否对粮食产出造成了负面影响"，也是从侧面体现出机械对劳动要素的替代效果。

2. 变量选取与数据来源说明

本书选择了如下研究变量：因变量是粮食产量（grain）；自变量除了粮食生产中的土地（land）、资本要素（capital）以外，本书还选取了女性劳动投入（female）、老年人劳动投入（old）以及老年女性劳动投入（female_old）三个变量。

（1）模型分析的数据来自农业部农村固定观察点。农业部农村固定观察点有调查户 23000 个，调查行政村 355 个，样本分布在全国除港、澳、台以外的 31 个省（自治区、直辖市）。调查内容包括人口、劳动力情况、土地情况、固定资产情况、农作物播种面积、主要农产品生产的投入产出、出售农产品情况、购买生产、资料情况、家庭经营概况、家庭全年收支情况和全年主要食物消费量和主要耐用物品年末拥有量。以上数据都采用记账式的方式进行统计，数据具有真实可靠的特征，给本书的研究提供了较好的数据支撑（周振等，2014）。各变量的指标选取与度量方法如下：

1）粮食产量（grain）。农业部农村固定观察点调查问卷分类统计了家庭小麦、稻谷、玉米、大豆、薯类以及其他粮食作物的产量、生产要素投入等数据。

---

① 本书中形如 $\ln X$ 的表达式，若无特殊说明，均表示 X 的自然对数值。

本书以这些粮食作物的加总产量表征粮食产量（粮食作物生产要素的投入测算，也采用这种加总方式进行处理）。此外，在本书的分析中除了考察总的粮食作物的生产情况以外，还将对三种主粮（小麦、水稻、玉米）机械对劳动的替代情况进行单独分析。以此作为稳健性检验的一部分。

2）土地要素投入（land）。本书以所有粮食作物的播种面积之和衡量土地要素的投入。

3）劳动投工量（labor）。以粮食作物劳动投工量（天数）来表示。

4）资本要素（capital）。资本要素包括了农户粮食生产中的种子种苗费用（seed）、农家肥折价费用（fym）、化肥费用（ferti）、农膜费用（film）、农药费用（pest）、水电及灌溉费用（irriga）。

5）女性劳动投入（female）。农业部农村固定观察点调查问卷分别统计了各种粮食作物的劳动投入量，但是并未对劳动投入量按性别进行区分或分类统计。本书将采用两种方式进行测量。一是相对值。由于调查问卷统计了各个家庭成员的农业劳动时间，因此，本书能测算出女性农业劳动时间的占比（fe_ ration），以 fe_ ration 表征农业女性化的相对程度。二是绝对值。以 fe_ ration 乘以粮食生产中的劳动投入量，该指标可视为粮食生产中女性劳动投入量的绝对值（fe_ labor）。

6）老年人劳动投入（old）。农业部农村固定观察点调查问卷也未对老年人粮食生产的时间投入进行单独统计，本书采取与 female 相似的测量方式。首先，测算家庭 60 岁及以上老年人的农业劳动时间的比重（old_ ration），以此相对值衡量农业老龄化；其次，计算农业老龄化的绝对值，与 fe_ labor 的测算方式相类似，以 old_ ration 乘以粮食生产中的劳动投入量，得到的新指标（old_ labor）即可作为粮食生产中老年人劳动投入量。

7）老年女性劳动投入（fe_ old）。老年女性劳动投入衡量的是农业老龄化、女性化对粮食生产的双重影响，考察的是女性化、老龄化对粮食产出的交互影响。本书以女性农业劳动投入与老年人劳动投入的交互项表征，仍采取相对值（fe_ old_ ration）与绝对值（fe_ old_ labor）衡量。

（2）本部分研究数据的时间跨度为 2003~2010 年。在数据处理中，本书剔除了不种粮农户的数据。由于数据中存在着农户调查退出以及不种粮等因素导致的缺失，因而本书的数据为非平衡面板数据。针对非平衡面板数据，本书将采用 Galiani 等（2005）的研究方法，在参数估计中选择农户个体层面的聚类标准误，以此获得稳健的估计。

3. 描述性分析

各变量的描述性分析如表 5 - 7 所示。表 5 - 7 报告了粮食生产中各变量

grain、*land*、*captical*、*labor*、*fe_ labor*、*old_ labor*、*fe_ old_ labor* 的对数值。本书的样本量近 10 万个，每年农户样本量达 1.2 万个。

表 5 -7　研究变量描述性分析

变量		样本量	均值	标准差	最小值	最大值
grain	ln*grain*	98081	7.5744	1.0345	0	9.1051
	ln*land*	98081	1.9406	0.7293	0.0953	3.2189
	ln*capital*	98081	7.0297	0.9211	0	8.4841
	ln*labor*	98081	4.2736	0.6532	0	5.6021
wheat	ln*grain*	36245	6.5791	1.0859	0	7.6014
	ln*land*	36245	1.3424	0.4864	0.0953	1.9459
	ln*capital*	36245	6.2612	0.8544	0	7.1973
	ln*labor*	36245	3.4466	0.8005	0	4.3538
rice	ln*grain*	49481	7.1306	0.8816	0	8.2164
	ln*land*	49481	1.4379	0.5634	0.0953	2.3026
	ln*capital*	49481	6.4600	0.8015	0	7.5561
	ln*labor*	49481	3.9116	0.8633	0	5.0173
maize	ln*grain*	59698	2.3625	3.3342	0	8.2164
	ln*land*	59698	1.3884	0.6813	0.0953	2.4849
	ln*capital*	59698	6.2578	1.0694	0	7.7715
	ln*labor*	59698	3.5548	0.9773	0	4.7958
	fe_ ration	90913	0.4977	0.2463	0	1
	ln*fe_ labor*	90847	0.6874	1.2943	-2.9723	7.1653
	old_ ration	90913	0.1628	0.3261	0	1
	ln*old_ labor*	90807	0.9865	1.6529	-2.5115	8.2102
	fe_ old_ ration	90913	0.0674	0.1650	0	1
	ln*fe_ old_ labor*	90842	3.3895	1.3880	-4.3968	12.2741

表 5 -8 汇报了农业女性化、老龄化的发展趋势。表中数值为各变量的均值。从表 5 -8 中的数据，能发现如下规律：第一，*fe_ ration* 与 ln*fe_ labor* 的均值波动较大，2003 ~ 2010 年并未表现出明显的变化规律。值得注意的是，*fe_ ration* 的取值紧密地围绕数值 0.5 上下波动。这表明当前中国农业生产中，女性劳动投入量稳定地占据着 1/2 的地位。第二，*old_ ration* 与 ln*old_ labor* 的均值逐年增长，这表明中国农业老龄化正在逐年深化。其中，老年人的劳动投入占比从 2003 年 11.50% 增长到 2010 年的 20.95%，近乎增长了 1 倍。第三，*fe_ old_ ration* 与 ln*fe_ old_ labor* 的均值也逐年快速增长，并且 *fe_ old_ ration* 与 ln*fe_ old_ labor* 的年均增长速度明显快于 *old_ ration* 与 ln*old_ labor* 的。这说明农业老年女性化的程度也正在日益加深。需要关切的是，2010 年时近 10% 的农业劳动量由老年女性供给，这充分反映了当下中国农业女性化、老龄化的程度。

表5-8　农业女性化、老龄化趋势分析

类别\年份	fe_ ration	lnfe_ labor	old_ ration	lnold_ labor	fe_ old_ ration	lnfe_ old_ labor
2003	0.4909	2.2687	0.1150	0.4932	0.0440	0.3020
2004	0.5068	2.8511	0.1235	0.6198	0.0506	0.4124
2005	0.5006	2.8595	0.1429	0.6988	0.0587	0.4683
2006	0.5033	2.8401	0.1502	0.7286	0.0635	0.4942
2007	0.4992	2.8615	0.1648	0.7915	0.0685	0.5270
2008	0.5010	2.8253	0.1756	0.8396	0.0751	0.5686
2009	0.4995	2.8229	0.1873	0.8814	0.0800	0.5984
2010	0.5045	2.8308	0.2095	0.9826	0.0911	0.6722

三、模型估计

1. 女性化、老龄化劳动相对投入对粮食产量的影响

依据式（5-9），采用农户层面的聚类标准误，在双向控制农户层面与时间层面的固定效应后，表5-9估计出了农业女性化、老龄化对粮食作物总产出的影响。其中，$fe\_ ration$、$old\_ ration$、$fe\_ old\_ ration$ 分别度量的是女性劳动投入占比、老年人劳动投入占比与老年女性劳动投入占比，因此，表5-9测算的是农业女性化、老龄化的相对程度对粮食产出的影响。

表5-10中的模型（1）与模型（2）分析了女性劳动投入占比对粮食产量的影响。从 $fe\_ ration$ 的估计系数与 t 统计量来看，测算结果并未发现女性劳动投入占比对粮食产出有显著的负面影响：第一，$fe\_ ration$ 的估计系数为正，并不为负，这表明了女性劳动投入与粮食产出的负相关关系并不存在。第二，$fe\_ ration$ 的 t 统计量绝对值远小于1.65，这说明估计系数并不显著，即 $fe\_ ration$ 对粮食产出的正向关系不显著。因此，不难有如下判断：女性劳动投入占比的加大并未对粮食产出造成显著的影响，无论是正向的作用还是负向的作用都不显著。

模型（3）与模型（4）测算的是农业老龄化程度对粮食产量的影响。$old\_ ration$ 的估计结果也表明农业老龄化对粮食产出的作用效果不显著。虽然 $old\_ ration$ 的估计系数为负，但是估计系数的 t 统计值显示这种负向关系并不显著。因此，农业老龄化也未能对粮食产出造成显著的影响。

模型（5）与模型（6）研究的是老年女性农业劳动投入程度对粮食产出的影响。其估计结果与模型（3）~模型（4）的相类似，虽然 $fe\_ old\_ ration$ 的估计系数为负，但是估计系数却并不显著。这也说明农业女性化、老龄化的双向作

用对粮食产出的影响也并不显著。

表5-9中的模型还考虑了土地要素投入（lnarea）以及物化资本（lncapital）投入对粮食产出的影响。估计结果均表明这两项要素的投入对粮食产出均有显著的正向影响。

表5-9　女性化、老龄化劳动相对投入对粮食产出影响的估计结果

	模型（1）	模型（2）	模型（3）	模型（4）	模型（5）	模型（6）
fe_ ration	0.0003 (0.02)	0.0045 (0.34)				
old_ ration			-0.0050 (-0.45)	-0.0070 (-0.63)		
fe_ old_ ration					-0.0032 (-0.18)	-0.0037 (-0.20)
lnarea	0.8034*** (46.53)	0.7812*** (40.20)	0.8033*** (46.49)	0.7811*** (40.16)	0.8034*** (46.52)	0.7812*** (40.20)
lncapital		0.2132*** (16.08)		0.2131*** (16.07)		0.2132*** (16.07)
常数项	4.7818*** (115.07)	4.5288*** (64.02)	4.7829*** (114.83)	4.5323*** (63.98)	4.7822*** (115.20)	4.5314*** (64.03)
农户个体固定效应	是	是	是	是	是	是
年份固定效应	是	是	是	是	是	是
年份跨度（年）	2003~2010	2003~2010	2003~2010	2003~2010	2003~2010	2003~2010
R^2	0.3386	0.3373	0.3386	0.3373	0.3386	0.3373
F	585.7698	592.2450	584.0179	594.5296	581.8246	589.7934
样本量	90913	90913	90913	90913	90913	90913

注：括号外的数值为估计系数，括号内为该系数下的 t 值，其中 $*p$ 表示0.1、$**p$ 表示0.05、$***$ p 表示0.01。

2. 女性化、老龄化劳动绝对投入对粮食产量的影响

进一步地，本书还研究了女性、老人以及老年女性劳动投入的绝对量对粮食产出的影响。模型估计结果如表5-10所示。表5-10中的估计模型，均采用农户层面的聚类标准误以及双向控制农户个体、时间层面的固定效应。

表5-10中的模型（1）与模型（2）研究的是女性劳动投入的绝对量对粮食产出的影响。lnfe_ labor的估计系数显著为正。这既说明了女性劳动投入并未对粮食产出造成负面影响，又表明女性劳动投入绝对量的增加反而有利于粮食产出的提高。本书认为，出现如此的估计结果有如下两方面的原因：一是随着粮食

作物机械化程度的逐步提升，女性劳动投入与粮食生产逐渐相适应，即通过机械化服务购买的方式，女性已能成为粮食生产的主体；二是当前的粮食生产中女性劳动投入比重逐渐扩大，女性劳动投入成为粮食生产中的主要来源，女性劳动投入绝对量的显著性实际上反映的是劳动要素投入对粮食产出的作用效果。

模型（3）~模型（4）在模型（1）~模型（2）的基础上增加了老年女性劳动投入变量 lnfe_ old_ labor。在估计结果中，lnfe_ labor 估计系数的数值与显著性水平均未发生较大的变化，这显示出了 lnfe_ labor 估计结果的稳健性。lnfe_ old_ labor 的估计系数并不显著，这表明老年女性劳动投入的绝对量并未对粮食产出造成负面影响。进一步地，模型（9）~模型（10）单独考察了老年女性劳动投入量对粮食产出的影响。估计结果显示老年女性劳动投入对粮食产出具有显著的正向影响，这与模型（3）~模型（4）的估计结果不一致。这可能与模型（3）~模型（4）中变量 lnfe_ labor 与 lnfe_ old_ labor 存在的共线性相关联。值得注意的是，模型（9）~模型（10）中 lnfe_ old_ labor 的估计系数远小于模型（3）~模型（4）中的 lnfe_ labor，这反映出女性劳动投入的绝对量对粮食产出的作用效果大于老年女性的劳动投入。不过可以肯定的是，老年女性劳动投入未对粮食产出产生负面影响。

模型（5）与模型（6）仅仅考虑了老年人劳动投入绝对量对粮食产出的作用效果。估计系数显示。老年人的劳动投入对粮食产出也具有显著的正向作用。这说明女性劳动投入、老年劳动投入，也包括老年女性劳动投入已成为粮食生产中重要因素的来源。从三者的估计系数来看，女性劳动投入的作用效果最为明显。这既显示出了农业女性化特征，又表明农业女性化对粮食产出的促进效果优于农业老龄化。模型（7）~模型（8）在模型（5）~模型（6）的基础上增加了老年女性劳动投入变量后，lnold_ labor 与 lnfe_ old_ labor 估计系数的显著性不再存在，这说明此两变量对粮食产出的作用效果并不稳健。当然，这也有可能是两者之间的共线性造成的。值得肯定的是，在模型（1）~模型（10）中，lnfe_ labor 的估计系数表现出了较好的稳健性。这再次说明了女性劳动投入对粮食产出的重要性。

总结表5－10的研究模型，本书发现女性、老年人抑或老年女性劳动投入的绝对量并未对粮食产出造成负面影响。相反，女性劳动投入对粮食产出的正向作用却非常稳健。另外，结合表5－9中的估计模型，本书亦未发现女性、老年人或老年女性劳动投入的相对量对粮食产出造成负向影响。综上分析，本书认为，农业老龄化、女性化并未对中国粮食产出造成显著的负面作用。这一点与林本喜、邓衡山（2012），胡雪枝、钟甫宁（2012），刘亮等（2014）的研究结论相一致。

表 5 - 10　女性化、老龄化劳动绝对投入对粮食产出影响的估计结果

	模型 (1)	模型 (2)	模型 (3)	模型 (4)	模型 (5)	模型 (6)	模型 (7)	模型 (8)	模型 (9)	模型 (10)
lnfe_labor	0.0223*** (7.97)	0.0241*** (8.30)	0.0217*** (7.60)	0.0236*** (7.99)						
lnold_labor					0.0073*** (3.89)	0.0069*** (3.64)	0.0080 (1.48)	0.0066 (1.23)		
lnfe_old_labor			0.0019 (0.89)	0.0012 (0.58)			-0.0009 (-0.15)	0.0004 (0.06)	0.0075*** (3.52)	0.0073*** (3.43)
lnarea	0.7872*** (44.25)	0.7636*** (38.04)	0.7868*** (44.19)	0.7638*** (38.01)	0.8012*** (46.29)	0.7803*** (40.03)	0.8013*** (46.24)	0.7803*** (39.99)	0.8015*** (46.25)	0.7800*** (39.99)
lncapital		0.2102*** (15.76)		0.2103*** (15.73)		0.2127*** (16.00)		0.2127*** (16.00)		0.2130*** (16.02)
常数项	4.7637*** (115.04)	4.5148*** (63.74)	4.7631*** (114.78)	4.5150*** (63.55)	4.7803*** (114.87)	4.5321*** (63.86)	4.7801*** (114.43)	4.5322*** (63.78)	4.7814*** (115.02)	4.5317*** (63.83)
农户个体固定效应	是	是	是	是	是	是	是	是	是	是
年份固定效应	是	是	是	是	是	是	是	是	是	是
年份跨度 (年)	2003 ~ 2010	2003 ~ 2010	2003 ~ 2010	2003 ~ 2010	2003 ~ 2010	2003 ~ 2010	2003 ~ 2010	2003 ~ 2010	2003 ~ 2010	2003 ~ 2010
R^2	0.3402	0.3390	0.3399	0.3387	0.3384	0.3370	0.3384	0.3370	0.3384	0.3371
F	607.4896	691.4293	569.9663	631.6513	580.3794	600.0686	555.6756	559.4425	588.3791	615.6696
样本量	90842	90842	90785	90785	90807	90807	90806	90806	90847	90847

注：括号外的数值为估计系数，括号内为该系数下的 t 值，其中 * 表示 $p < 0.1$，** 表示 $p < 0.05$，*** 表示 $p < 0.01$。

四、稳健性检验

为了验证上述研究结果的稳健性，本书还将分别以小麦、水稻、玉米三种粮食为例，分别分析农业女性化、老龄化对这三种粮食产出的影响。

1. 女性化、老龄化劳动相对投入对三种粮食产出的影响

表5－11汇报的是女性、老年人和老年女性劳动投入的相对量对三种粮食产出的影响。模型（1）~模型（3）分析的是农业女性化、老龄化对小麦产出的影响。fe_ration、old_ration、fe_old_ration的估计显示，女性、老年人和老年女性劳动投入相对量对小麦产出的作用效果不显著。模型（4）~模型（6）揭示的是农业女性化、老龄化对水稻产出的作用效果，估计系数也表明女性、老年人和老年女性劳动投入比重的加大并未对粮食产出造成显著的影响。模型（7）~模型（9）测算的是农业女性化、老龄化对玉米产出的作用效果，与模型（1）~模型（6）估计结果不同的是，fe_ration、old_ration、fe_old_ration对玉米产出均有负向影响。不过，估计系数中仅old_ration显著。这可能与此阶段内（2003~2010年）玉米作物机械程度较低相关联[①]，从而使机械化对劳动的替代作用未能得到很好的发挥。表5－10中测算的玉米生产中机械对劳动的替代弹性低于其他品种的事实，对此恰好起到了相互印证的作用。总体而言，在表5－11中也没有足够的证据能够支撑"农业女性化、老龄化已对粮食产出造成负面影响"的论断。

2. 女性化、老龄化劳动绝对投入对三种粮食产出的影响

表5－12则讨论了女性、老年人和老年女性劳动投入的绝对量对三种粮食产出的影响。模型（1）~模型（5）分别分析了这三者的投入对小麦产出的作用效果。模型（1）与模型（2）的估计结果均显示出女性劳动投入的绝对量对小麦产出具有显著的正向作用。在模型（2）的估计结果中，$lnfe\_old\_labor$对小麦的产出显著为负，似乎表明老年女性劳动投入对小麦产出产生了负向作用。不过，在模型（5）中，本书单独考虑了$lnfe\_old\_labor$对小麦产出的影响，然而这种负向作用在模型（5）中并不显著，这说明老年女性劳动投入对小麦产出的作用效果还不稳健。模型（3）与模型（4）分析了老年人劳动投入对小麦产出的影响，估计结果表明这种作用也不显著。

---

① 2010年玉米机收水平仅为25.80%，远低于水稻（64.49%）与小麦（88.46%）的机械收割水平。

表 5－11 女性化、老龄化劳动相对投入对三种粮食产出的影响

	小麦产量			水稻产量			玉米产量		
	模型 (1)	模型 (2)	模型 (3)	模型 (4)	模型 (5)	模型 (6)	模型 (7)	模型 (8)	模型 (9)
fe_ration	0.0333 (1.20)			0.0032 (0.21)			-0.0092 (-0.22)		
old_ration		-0.0049 (-0.23)			0.0048 (0.34)			-0.1070** (-2.47)	
fe_old_ration			-0.0401 (-1.11)			0.0255 (1.13)			-0.1051 (-1.43)
lnarea	1.1946*** (32.94)	1.1945*** (32.94)	1.1941*** (32.91)	1.0144*** (39.06)	1.0145*** (39.08)	1.0147*** (39.09)	0.1654*** (4.06)	0.1680*** (4.12)	0.1661*** (4.07)
lncapital	0.1286*** (6.72)	0.1286*** (6.72)	0.1287*** (6.73)	0.1948*** (10.03)	0.1949*** (10.03)	0.1949*** (10.03)	0.0802*** (3.96)	0.0802*** (3.96)	0.0802*** (3.96)
常数项	4.0727*** (44.01)	4.0907*** (44.22)	4.0920*** (44.30)	4.3671*** (46.74)	4.3680*** (46.50)	4.3670*** (46.52)	2.1463*** (21.72)	2.1557*** (22.22)	2.1468*** (22.15)
农户个体固定效应	是	是	是	是	是	是	是	是	是
年份固定效应	是	是	是	是	是	是	是	是	是
年份跨度（年）	2003~2010	2003~2010	2003~2010	2003~2010	2003~2010	2003~2010	2003~2010	2003~2010	2003~2010
R^2	0.2409	0.2408	0.2408	0.3165	0.3165	0.3166	0.0090	0.0093	0.0091
F	315.0380	314.8827	314.7603	787.6659	791.4846	787.5081	20.6811	21.3741	20.9523
样本量	33094	33094	33094	46121	46121	46121	55462	55462	55462

注：括号外的数值为估计系数，括号内为该系数下的 t 值，其中 * 表示 $p<0.1$，** 表示 $p<0.05$，*** 表示 $p<0.01$。

表5-12 女性化、老龄化劳动绝对投入对三种粮食产出的影响

	小麦产量					水稻产量					玉米产量				
	模型(1)	模型(2)	模型(3)	模型(4)	模型(5)	模型(6)	模型(7)	模型(8)	模型(9)	模型(10)	模型(11)	模型(12)	模型(13)	模型(14)	模型(15)
lnfe_labor	0.0409*** (6.39)	0.0436*** (6.48)				0.0101*** (2.88)	0.0091*** (2.59)				-0.0055 (-0.68)	-0.0046 (-0.54)			
lnold_labor			0.0011 (0.26)	0.0091 (0.73)				0.0053* (1.85)	0.0020 (0.43)				-0.0083 (-1.00)	-0.0278 (-1.64)	
lnfe_old_labor		-0.0128** (-2.53)		-0.0111 (-0.76)	-0.0009 (-0.19)		0.0048 (1.41)		0.0046 (0.80)	0.0066* (1.93)		-0.0020 (-0.18)		0.0278 (1.29)	-0.0026 (-0.25)
lnarea	1.1490*** (32.28)	1.1486*** (32.26)	1.1950*** (32.83)	1.1955*** (32.88)	1.1951*** (32.86)	1.0070*** (38.52)	1.0070*** (38.47)	1.0130*** (38.93)	1.0129*** (38.92)	1.0131*** (38.95)	0.1609*** (3.84)	0.1614*** (3.85)	0.1639*** (4.01)	0.1654*** (4.05)	0.1652*** (4.04)
lncapital	0.1279*** (6.69)	0.1279*** (6.69)	0.1280*** (6.68)	0.1280*** (6.69)	0.1284*** (6.70)	0.1927*** (9.88)	0.1923*** (9.84)	0.1942*** (9.98)	0.1942*** (9.97)	0.1943*** (9.98)	0.0804*** (3.97)	0.0804*** (3.96)	0.0812*** (4.01)	0.0812*** (4.01)	0.0802*** (3.96)
常数项	4.0438*** (43.49)	4.0429*** (43.44)	4.0933*** (44.11)	4.0921*** (44.02)	4.0913*** (44.20)	4.3664*** (46.50)	4.3687*** (46.45)	4.3700*** (46.50)	4.3705*** (46.49)	4.3706*** (46.52)	2.1422*** (22.08)	2.1401*** (22.06)	2.1363*** (22.06)	2.1389*** (22.10)	2.1403*** (22.11)
农户个体固定效应	是	是	是	是	是	是	是	是	是	是	是	是	是	是	是
年份固定效应	是	是	是	是	是	是	是	是	是	是	是	是	是	是	是
年份跨度(年)	2003~2010	2003~2010	2003~2010	2003~2010	2003~2010	2003~2010	2003~2010	2003~2010	2003~2010	2003~2010	2003~2010	2003~2010	2003~2010	2003~2010	2003~2010
R^2	0.2436	0.2437	0.2407	0.2407	0.2407	0.3166	0.3162	0.3159	0.3159	0.3160	0.0090	0.0090	0.0090	0.0091	0.0090
F	318.9761	289.8393	315.8646	291.8899	314.7223	795.3144	720.9364	784.3313	716.1924	786.6803	20.6884	18.9348	20.8797	19.0261	20.7897
样本量	33089	33079	33067	33067	33082	46088	46061	46076	46075	46090	55427	55399	55400	55399	55430

注：括号外的数值为估计系数，括号内为该系数下的 t 值，其中 * 表示 $p < 0.1$，** 表示 $p < 0.05$，*** 表示 $p < 0.01$。

模型（6）~模型（10）继而研究了女性、老年人和老年女性劳动投入的绝对量对水稻产出的影响。其中，模型（6）、模型（8）、模型（10）分别单独测算了女性、老年人、老年女性的劳动投入绝对量对水稻产出的作用效果，结果均表明这三种劳动投入对水稻产出起到显著的正向效果。其中，当属女性劳动投入效果最为明显，显著性程度最高。模型（7）与模型（9）则在模型（10）的基础上分别增加变量 $\ln fe\_labor$ 与 $\ln old\_labor$，估计结果中仅 $\ln fe\_labor$ 对粮食产出的作用效果表现出了较好的稳健性。

模型（11）~模型（15）进一步讨论了上述三种类型的劳动投入量对玉米产量的影响。估计结果一致表明，这些劳动投入与玉米产出具有负相关性，然而估计系数却都不显著。这还无法证实农业女性化、老龄化对玉米产出造成了负面影响的判断。

综合上述分析，本书的研究模型中皆未发现农业老龄化、女性化对粮食产出造成显著的负向影响。这一点较好地回应了本书开篇提出的问题，即证伪了研究命题"农业老龄化、女性化不利于中国粮食产出"。

五、研究小结

本节研究了女性、老年人劳动投入对粮食产出的作用效果，此部分研究既是对全文开篇提出的问题的回应，也是间接反映了机械化对劳动的替代效果。研究结果表明，女性、老年人的劳动投入对粮食产出并未造成显著的负面影响，这一点证伪了研究命题"农业老龄化、女性化不利于中国粮食产出"。这表明随着机械对劳动替代作用的日益增强，过去认为的不利于粮食生产的因素如农业老龄化、女性化已不再对粮食生产构成显著的威胁。这从侧面印证了机械化对劳动要素的替代效果。在下一节内容中，本书将进一步研究机械对劳动的替代作用，从机械劳动替代的角度解释农业老龄化、女性化为何没有对粮食产出产生显著负面影响。

第三节　粮食生产中机械对劳动的替代效应

本节将从替代效应的角度，直接分析粮食生产中机械投入对劳动的替代，一方面，通过本节的分析能解释为什么农业老龄化、女性化没有对粮食产出产生显著负面影响；另一方面，也是对本书开篇提出的研究问题进行再次回应。

一、机械劳动替代弹性测算模型

假定粮食生产函数如式（5-8）所示：

$$Y = f(M, L, S, K) \tag{5-8}$$

在式（5-8）中，Y 是粮食产出，M 是机械要素投入，L 是劳动投入，S 是土地投入，K 是诸如种子化肥等资本要素投入。不难测算出，机械要素、劳动要素的产出投入弹性分别式（5-9）与式（5-10）所示。机械和劳动的边际产出分别用 MP_M 和 MP_L 表示。

$$\varepsilon_M = \frac{\partial \ln Y}{\partial \ln M} = \frac{\dfrac{\partial Y}{Y}}{\dfrac{\partial M}{M}} \tag{5-9}$$

$$\varepsilon_L = \frac{\partial \ln Y}{\partial \ln L} = \frac{\dfrac{\partial Y}{Y}}{\dfrac{\partial L}{L}} \tag{5-10}$$

借鉴 Smyth 等（2012）、Lin 和 Wesseh（2013）的研究方法，本书引进替代弹性的概念。替代弹性是指在技术水平和投入要素价格不变的情况下，边际技术替代率的相对变化所引起的生产要素投入的相应变化，及投入要素比例的变动的百分比与边际技术替代率变动百分比的比值。依据定义，机械劳动要素之间的替代弹性 ε_{ML} 如式（5-11）所示。在式（5-11）中，先假定分子与分母都大于 0，这样有利于式子的化简。

$$\varepsilon_{ML} = \frac{\left| \dfrac{\mathrm{d}(M/L)}{(M/L)} \right|}{\left| \dfrac{\mathrm{d}(MP_L/MP_M)}{(MP_L/MP_M)} \right|} = \frac{\dfrac{\mathrm{d}(M/L)}{(M/L)}}{\dfrac{\mathrm{d}(MP_L/MP_M)}{(MP_L/MP_M)}} \tag{5-11}$$

ε_{ML} 衡量了机械投入对劳动投入的替代程度。ε_{ML} 取值具有大于 0 的特征。当 ε_{ML} 取值为 0 时，这表明两种投入要素完全不能相互替代，即两种要素为完全互补要素；当 ε_{ML} 取值无穷大时，这表明两种要素可完全相互替代。其中，ε_{ML} 小于 1 时，则表明两种要素为互补关系；若 ε_{ML} 取值大于 1 时，表示两种要素为替代关系（Hicks，1932）。在式（5-11）中，MP_L 和 MP_M 两者之间的比值如式（5-12）所示：

$$\frac{MP_L}{MP_M} = \frac{\partial Y/\partial L}{\partial Y/\partial M} = \frac{(\partial Y/Y)/(\partial L/L)}{(\partial Y/Y)/(\partial M/M)} \cdot \frac{M}{L} = \frac{\varepsilon_L}{\varepsilon_M} \cdot \frac{M}{L} \tag{5-12}$$

将式（4-5）代入式（4-4），机械和劳动之间的替代弹性可表示为式（5-13）：

$$\varepsilon_{ML} = \frac{\mathrm{d}(M/L)}{\mathrm{d}(MP_L/MP_M)} \cdot \frac{\varepsilon_L}{\varepsilon_M} = \left[\frac{\mathrm{d}(MP_L/MP_M)}{\mathrm{d}(M/L)}\right]^{-1} \cdot \frac{\varepsilon_L}{\varepsilon_M} = \left[\frac{\mathrm{d}\left(\dfrac{\varepsilon_L}{\varepsilon_M} \cdot \dfrac{M}{L}\right)}{\mathrm{d}\left(\dfrac{M}{L}\right)}\right]^{-1} \cdot \frac{\varepsilon_L}{\varepsilon_M}$$

$$(5-13)$$

为了具体估计要素替代弹性的大小，本书需要设定具体的生产函数的形式。从已有研究来看，常见的生产函数有三种。第一种是常见的 C-D 生产函数，然而 C-D 生产函数假定了要素的规模报酬不变，要素替代弹性也限定于常数 1，因而不符合本研究的假定；第二种是不变替代弹性生产函数（CES），与 C-D 生产函数不同的是，CES 生产函数允许要素替代弹性不等于 1，不过它同时限定各要素之间的替代弹性必须都相等。但是在农业生产里，各种要素之间的替代弹性很难都相等，因而 CES 生产函数也不适合本书的研究目的；第三种是超越对数生产函数，这种生产函数设定形式灵活（Christensen et al.，1973）。超越对数生产函数可以避免要素之间替代弹性相等的假设，同时通过加入二次项允许了产出和投入之间可存在非线性关系（Pavelescu，2011）。为此，本书将选取超越对数生产函数对要素替代弹性大小进行估计，估计函数形式如式（5-14）所示：

$$\ln Y_{it} = \varphi + \sum_{j=1}^{n} \alpha_j \ln X_{jit} + \sum_{j=1}^{n} \beta_j (\ln X_{jit})^2 + \sum_{j=1}^{n} \sum_{k \neq j}^{n} \beta_{jk} \ln X_{jit} \ln X_{kit} + \mu_i + v_t + \theta_{it}$$

$$(5-14)$$

在式（5-14）中，Y_{it} 表示第 i 个农户 t 年的粮食产量；$\ln X_{jit}$ 与 $\ln X_{kit}$ 分别表示第 i 个农户 t 年第 j 种与第 k 种要素投入；μ_i 是农户个体固定效应，用于控制农户不随时间变化的特征；v_t 是时间固定效应，用于控制随着时间变化的特征，例如，技术进步、外部政策影响等；θ_{it} 为误差项。α_j、β_j 与 β_{jk} 为估计参数，φ 为常数项。依据式（5-14），不难测算出机械要素、劳动要素对粮食产量的产出弹性，分别如式（5-15）与式（5-16）所示。

$$\varepsilon_M = \frac{\partial \ln Y}{\partial \ln M} = \alpha_M + 2\beta_{MM} \ln M + \sum_{k \neq j}^{n} \beta_{MK} \ln X_k \qquad (5-15)$$

$$\varepsilon_L = \frac{\partial \ln Y}{\partial \ln L} = \alpha_L + 2\beta_{LL} \ln L + \sum_{k \neq j}^{n} \beta_{LK} \ln X_k \qquad (5-16)$$

对于式（5-13），可转化为式（5-17）：

$$\varepsilon_{ML} = \left[\frac{\mathrm{d}\left(\dfrac{\varepsilon_L}{\varepsilon_M} \cdot \dfrac{M}{L}\right)}{\mathrm{d}\left(\dfrac{M}{L}\right)}\right]^{-1} \cdot \frac{\varepsilon_L}{\varepsilon_M} = \left[\frac{\varepsilon_L}{\varepsilon_M} + \frac{M}{L} \frac{\mathrm{d}\left(\dfrac{\varepsilon_L}{\varepsilon_M}\right)}{\mathrm{d}\left(\dfrac{M}{L}\right)}\right]^{-1} \cdot \frac{\varepsilon_L}{\varepsilon_M} \qquad (5-17)$$

$\mathrm{d}\left(\dfrac{\varepsilon_L}{\varepsilon_M}\right)$ 与 $\mathrm{d}\left(\dfrac{M}{L}\right)$ 可表达为式（5-18）与式（5-19）：

$$d\left(\frac{\varepsilon_L}{\varepsilon_M}\right) = \frac{\varepsilon_M d\varepsilon_L - \varepsilon_L d\varepsilon_M}{\varepsilon_{M^2}} \qquad (5-18)$$

$$d\left(\frac{M}{L}\right) = \frac{L dM - M dL}{L^2} \qquad (5-19)$$

将式（5-18）与式（5-19）代入式（5-17），不难得到 ε_{ML}，如式（5-20）所示：

$$\varepsilon_{ML} = \left[1 + \frac{\varepsilon_M}{\varepsilon_L} \times \frac{M}{L} \times \frac{-\dfrac{\varepsilon_L}{\varepsilon_M{}^2} \times \dfrac{d\varepsilon_M}{dL} + \dfrac{1}{\varepsilon_M} \times \dfrac{d\varepsilon_L}{dL}}{-\dfrac{M}{L^2} + \dfrac{1}{L} \times \dfrac{dM}{dL}}\right]^{-1} \qquad (5-20)$$

在式（5-15）与式（5-16）中，对 ε_M 与 ε_L 关于 L 求偏导，有如下关系式：

$$\frac{\partial \varepsilon_M}{\partial L} = \frac{d\varepsilon_M}{dL} = \frac{\beta_{ML}}{L} \qquad (5-21)$$

$$\frac{\partial \varepsilon_L}{\partial L} = \frac{d\varepsilon_L}{dL} = \frac{2\beta_{LL}}{L} \qquad (5-22)$$

将式（5-21）与式（5-22）代入式（5-20），可得式（5-23）：

$$\varepsilon_{ML} = \left[1 + \frac{-\dfrac{\varepsilon_L}{\varepsilon_M} \times \dfrac{M}{L} \times \dfrac{dL}{dM} \times \beta_{ML} + 2 \times \dfrac{M}{L} \times \dfrac{dL}{dM} \times \beta_{LL}}{\varepsilon_L - \varepsilon_L \times \dfrac{M}{L} \times \dfrac{dL}{dM}}\right]^{-1} \qquad (5-23)$$

根据式（5-16）与式（5-16），可知有如式（5-24）的表达式：

$$\frac{\varepsilon_L}{\varepsilon_M} = \frac{(\partial Y/Y)/(\partial L/L)}{(\partial Y/Y)/(\partial M/M)} = \frac{\partial M}{\partial L} \times \frac{L}{M} = \frac{dM}{dL} \times \frac{L}{M} \qquad (5-24)$$

将式（5-23）中 $\dfrac{dM}{dL} \times \dfrac{L}{M} = \dfrac{\varepsilon_L}{\varepsilon_M}$ 的关系式子代入式（5-24），可得到 ε_{ML} 的最终简化式（5-25）：

$$\varepsilon_{ML} = \left[1 + \frac{2\dfrac{\varepsilon_M}{\varepsilon_L} \times \beta_{LL} - \beta_{ML}}{\varepsilon_L - \varepsilon_M}\right]^{-1} \qquad (5-25)$$

在式（5-25）中，系数 β_{LL} 与 β_{ML} 均可通过式（5-14）估计出具体数值，ε_M 与 ε_L 则通过式（5-15）与式（5-16）得到。如此也就能计算出机械对劳动要素的替代弹性。由于 ε_{ML} 取值具有大于 0 的特性，根据推导过程易知机械对劳动要素替代弹性的实际值为 ε_{ML} 的绝对值。

需要注意的是，在式（5-14）中，$\sum\limits_{j=1}^{n} \sum\limits_{k\neq j}^{n} \beta_{jk}\ln X_{jit}\ln X_{kit}$ 实际上包含了两项：

$\ln X_{ji}\ln X_{ki}$ 与 $\ln X_{ki}\ln X_{ji}$。但是在实际估计中，为了处理共线性的问题，往往只会放入一项。因此，此时式（5-25）需改写成式（5-26）的形式：

$$\varepsilon_{ML} = \left| \left[1 + \frac{\dfrac{\varepsilon_M}{\varepsilon_L} \times \beta_{LL} - \beta_{ML}}{\varepsilon_L - \varepsilon_M} \right]^{-1} \right| \qquad (5-26)$$

在式（5-26）与 Smyth 等（2011，2012）、Lin 和 Wesseh（2013）对替代弹性的测算方式相一致。

二、变量选取与数据来源说明

在研究机械对劳动要素的替代作用中，本书选择了如下研究变量：因变量为粮食产量（grain），生产投入要素包括土地（land）、劳动投工量（labor）、机械投入（mechan）、资本要素（capital）。

模型分析的数据也来自农业部农村固定观察点。

因变量为粮食产量（grain）。农业部农村固定观察点调查问卷分类统计了家庭小麦、稻谷、玉米、大豆、薯类以及其他粮食作物的产量、生产要素投入等数据。本书以这些粮食作物的加总产量表征粮食产量（粮食作物生产要素的投入测算，也采用这种加总方式进行处理）。此外，在本书的分析中除了考察总的粮食作物的生产情况之外，还将对三种主粮（小麦、水稻、玉米）机械对劳动的替代情况进行单独分析，以此作为稳健性检验的一部分。

本节的自变量包括：土地要素投入（land），本书以所有粮食作物的播种面积之和衡量土地要素的投入；劳动投工量（labor），以粮食作物劳动投工量（天数）来表示；机械投入（mechan），正如本书第四章第二部分所述，中国的农业机械化道路不同于欧美等发达国家家家户户都购置农业机械并且自有自用的形式，而是少量农户购置农业机械、大量农户购买农业机械服务的模式，农机总动力或农业机械数量等指标已无法较好地衡量粮食生产中的机械要素投入，此处以农户粮食生产中机械作业服务的费用作为机械要素的投入指标；资本要素（capital），包括了农户粮食生产中的种子种苗费用（seed）、农家肥折价费用（fym）、化肥费用（ferti）、农膜费用（film）、农药费用（pest）、水电及灌溉费用（irriga）。

本部分研究数据的时间跨度为 2003~2010 年。在数据处理中，本书剔除了不种粮农户的数据。由于数据中存在着农户调查退出以及不种粮等因素导致的缺失，因而本书的数据为非平衡面板数据。针对非平衡面板数据，本书将采用 Galiani 等（2005）的研究方法，在参数估计中选择农户个体层面的聚类标准误，以此获得稳健的估计。

各变量的描述性分析如表 5-13 所示。表 5-13 报告了粮食生产（粮食加总与三种粮食）中各变量 grain、land、captical、labor、mechan、fe_ labor、old_ labor、fe_ old_ labor 的对数值。本书的样本量近 10 万个，每年农户样本量达 1.2 万个。

表 5 – 13　研究变量描述性分析

变量		样本量	均值	标准差	最小值	最大值
grain	lngrain	98081	7.5744	1.0345	0	9.1051
	lnland	98081	1.9406	0.7293	0.0953	3.2189
	lncapital	98081	7.0297	0.9211	0	8.4841
	lnlabor	98081	4.2736	0.6532	0	5.6021
	lnmechan	98081	5.1399	1.1047	0	6.9575
wheat	lngrain	36245	6.5791	1.0859	0	7.6014
	lnland	36245	1.3424	0.4864	0.0953	1.9459
	lncapital	36245	6.2612	0.8544	0	7.1973
	lnlabor	36245	3.4466	0.8005	0	4.3538
	lnmechan	36245	4.5566	1.2531	0	5.8021
rice	lngrain	49481	7.1306	0.8816	0	8.2164
	lnland	49481	1.4379	0.5634	0.0953	2.3026
	lncapital	49481	6.4600	0.8015	0	7.5561
	lnlabor	49481	3.9116	0.8633	0	5.0173
	lnmechan	49481	4.7348	1.1903	0	6.1334
maize	lngrain	59698	2.3625	3.3342	0	8.2164
	lnland	59698	1.3884	0.6813	0.0953	2.4849
	lncapital	59698	6.2578	1.0694	0	7.7715
	lnlabor	59698	3.5548	0.9773	0	4.7958
	lnmechan	59698	4.0279	1.4381	0	5.8627

三、粮食生产函数估计

式（5 – 7）的估计结果如表 5 – 14 所示。在估计中，本书选择了农户层面的个体固定效应以及时间固定效应。考虑到本书数据为非平衡面板数据，在标准误估计中本书选择的是农户层面的聚类标准误，以此获得稳健的估计结果。在表 5 – 14 中，模型（1）给出的是总的粮食产出的生产函数估计结果，模型（2）~模型（4）列出的分别是小麦、水稻、玉米的生产函数估计结果。

表 5 - 14   粮食生产函数估计结果

	粮食	小麦	水稻	玉米
	模型（1）	模型（2）	模型（3）	模型（4）
ln*land*	1.2542***	1.6744***	1.5254***	1.6127***
	(32.56)	(27.52)	(30.89)	(38.57)
ln*capital*	-0.0119	-0.0165	-0.0009	0.0147
	(-0.64)	(-0.93)	(-0.04)	(0.81)
ln*labor*	0.0086	0.0047	-0.0294*	-0.0340**
	(0.86)	(0.34)	(-1.75)	(-2.51)
ln*mechan*	0.0599***	0.0753***	0.0244***	0.0807***
	(6.62)	(5.45)	(2.61)	(7.82)
ln*land* × ln*capital*	0.0548***	0.0282*	0.0507***	-0.0008
	(5.60)	(1.81)	(4.34)	(-0.06)
ln*land* × ln*labor*	-0.0106***	-0.0068	-0.0060	-0.0298***
	(-3.11)	(-1.16)	(-0.93)	(-5.34)
ln*land* × ln*mechan*	0.0181***	0.0312***	0.0114***	0.0133***
	(7.42)	(6.20)	(3.66)	(3.57)
ln*capital* × ln*labor*	-0.0044**	-0.0027	0.0011	0.0038
	(-2.10)	(-0.91)	(0.31)	(1.16)
ln*capital* × ln*mechan*	-0.0200***	-0.0264***	-0.0106***	-0.0217***
	(-9.93)	(-9.06)	(-5.13)	(-9.04)
ln*labor* × ln*mechan*	0.0007**	-0.0009	-0.0013*	0.0001
	(2.12)	(-1.04)	(-1.80)	(0.08)
(ln*land*)^2	-0.2027***	-0.3064***	-0.2762***	-0.1730***
	(-18.38)	(-13.15)	(-16.40)	(-9.47)
(ln*capital*)^2	0.0107***	0.0176***	0.0063**	0.0166***
	(3.93)	(6.56)	(2.09)	(5.15)
(ln*labor*)^2	0.0080***	0.0072***	0.0086***	0.0154***
	(11.82)	(4.63)	(7.33)	(11.41)
(ln*mechan*)^2	0.0077***	0.0104***	0.0068***	0.0066***
	(15.07)	(10.40)	(10.11)	(8.83)
常数项	4.9150***	4.1283***	4.8902***	4.3897***
	(100.33)	(68.72)	(79.58)	(102.18)
农户个体固定效应	是	是	是	是
年份固定效应	是	是	是	是
年份跨度（年）	2003~2010	2003~2010	2003~2010	2003~2010
R^2	0.5665	0.5349	0.6004	0.5476
F	2362.65	1288.30	1637.17	1865.28
样本量	98081	36245	47680	59698

注：括号外的数值为估计系数，括号内为该系数下的 t 值，其中 * 表示 $p < 0.1$、** 表示 $p < 0.05$、*** 表示 $p < 0.01$。

从模型（1）~模型（4）二次项的估计系数来看，绝大多数二次项的估计系数都非常显著。这说明本书选择的超越对数生产函数形式是合适的。此外，在表5-14估计结果的基础上，本书对二次项进行了联合检验，检验结果拒绝了二次项为0的假设，这进一步表明生产函数的形式应是超越对数生产函数而不是普通的 C-D 生产函数。

在模型（1）~模型（4）中，机械投入的一次项（$mechan$）与平方项（$mechan^2$）的估计系数显著为正，这表明机械要素投入对粮食产出具有显著的正向关系。关于这一点，本书将在后续的研究中进行深入的探讨。

四、机械与劳动投入产出弹性计算

将表5-14中的估计系数代入式（5-15）与式（5-16），不难计算出每一年的机械和劳动投入产出弹性。其中，机械投入要素 $\ln M$、劳动投入要素 $\ln L$ 以及其他投入要素 $\ln X$ 的取值以当年农户投入的平均值表示。机械和劳动的投入产出弹性如表5-15所示。分析表5-15所列数值，有如下几个发现：

（1）在粮食生产中，机械要素的投入产出弹性逐年增长，而劳动要素的投入产出弹性正在逐年递减。2003年时粮食生产中机械要素的投入产出弹性仅为0.0115，2010年时机械投入产出弹性增长近1倍，达到了0.0225，年均增长10.02%；与此同时，劳动投入产出弹性从2003年的0.0204减少至2010年的0.0100，年均减少9.72%。

（2）在小麦、水稻生产中，机械、劳动的投入产出弹性的变化规律与加总粮食的相同，即机械产出投入弹性逐年增长而劳动产出投入弹性逐年递减。值得一提的是，水稻生产中机械要素的投入产出弹性增长得最为迅速，年均增长率达到了18.41%。这与2003~2010年，中国水稻生产机械化技术的快速提升以及机械化服务的广泛普及密切相关。此外，相比其他品种而言，小麦的机械要素投入产出弹性始终保持着高位增长的态势，这与小麦机械化技术的成熟以及机械化起步领先于其他品种的生产环境相关联。

（3）虽然玉米的劳动要素投入产出弹性也在逐年下降，但是下降幅度最小；同时，机械要素投入产出弹性的数值远小于其他品种，并且还处于先降后升的波动变化中。本书认为，这与此阶段内中国玉米机收环节技术尚未突破有关，进而导致了玉米机械化程度偏低，因而农户很难购买到玉米机械收获服务，从而导致了玉米机械要素的投入产出弹性偏低。

（4）除玉米以外，总的粮食、小麦与水稻的机械要素投入产出弹性数值均高于劳动要素的，这反映了当前中国粮食生产中机械要素对产出的作用效果已然高于劳动要素的了。总体而言，从表5-15中得出在中国粮食作物生产中，机械要素的投入产出弹性正在逐年增加，而劳动要素的投入产出弹性正在逐步下降的结论，这体现了机械化对劳动要素的替代效果。

表5-15　机械与劳动要素的投入产出弹性

类别 年份	粮食		小麦		水稻		玉米	
	机械	劳动	机械	劳动	机械	劳动	机械	劳动
2003	0.0115	0.0204	0.0320	0.0277	0.0135	0.0338	0.0055	0.0542
2004	0.0136	0.0181	0.0359	0.0259	0.0191	0.0318	0.0054	0.0531
2005	0.0148	0.0175	0.0368	0.0241	0.0251	0.0314	0.0031	0.0522
2006	0.0165	0.0159	0.0403	0.0230	0.0282	0.0302	0.0033	0.0516
2007	0.0184	0.0138	0.0409	0.0207	0.0343	0.0287	0.0041	0.0488
2008	0.0170	0.0118	0.0383	0.0192	0.0357	0.0286	0.0012	0.0482
2009	0.0205	0.0128	0.0451	0.0196	0.0397	0.0284	0.0039	0.0490
2010	0.0225	0.0100	0.0484	0.0189	0.0442	0.0278	0.0051	0.0474

由于表5-14在估计中，仅将 $\ln X_{ji} \ln X_{ki}$ 一项放入模型进行估计，因此，此处采用式（5-20）的形式测算机械对劳动要素的替代弹性。根据表5-15计算的机械与劳动要素的产出弹性，结合表5-14的估计结果，本书测算出了总粮食作物的以及三种粮食生产过程中机械对劳动要素的替代弹性，如表5-16所示。

表5-16　2003~2010年粮食生产机械对劳动要素替代弹性

年份	粮食	小麦	水稻	玉米
2003	0.6986	0.8788	0.8100	0.9706
2004	0.4545	11.7625	0.6623	0.9704
2005	0.3105	16.3893	0.4365	0.9839
2006	0.0866	4.5582	0.1747	0.9822
2007	0.8645	3.9706	0.9295	0.9737
2008	0.9068	5.0026	1.4463	0.9940
2009	1.7489	3.1742	5.5415	0.9759
2010	2.6105	2.9072	11.6473	0.9644

自2009年以来，粮食作物中机械对劳动要素替代弹性的取值开始大于1，这表明机械对劳动要素逐步表现了替代作用。2010年，该替代弹性取值达到2.6105，表明我国粮食生产已然进入了机械对劳动替代的发展阶段。由于小麦机

械化发展领先于其他品种，因而从 2004 年起机械就对劳动要素表现了较高的替代弹性。虽然近几年来，小麦机械对劳动要素的替代弹性处于较大的波动之中，但是机械投入仍然对劳动要素表现了较强的替代作用。在水稻生产中，机械对劳动要素的替代作用也是在 2008 年始逐步表现出来，2010 年机械对水稻劳动要素的替代弹性高达 11.6473，反映了当前水稻机械化高速发展中机械对劳动大量替代的效果。然而，在玉米生产中，机械还未能到劳动要素产生有效的替代作用，但是机械对劳动要素的替代弹性的取值已非常接近于 1。

五、研究小结

通过对粮食作物机械对劳动要素的替代分析，本书有如下结论：在当前我国粮食生产中，机械对劳动要素的投入已表现了较为明显的替代作用。结合本章第二节的研究结论，这两节的研究共同解释了为什么在农业劳动力大量转移，农业老龄化、女性化加深的背景下，我国粮食产出没有受到严重威胁，关键是农业机械发挥了替代劳动要素的作用。在这五章的基础上，后续的第六章、第七章将深入地剖析这种替代效应的具体表现，即引入机械化要素后对粮食播种面积与单产产生了什么样的影响。

第六章 农业机械化、种植决策与粮食播种面积

本书第五章的分析业已表明，劳动力转移后中国农业女性化、老年化日益深化。然而，研究的结论却显示出农业女性化、老年化并未对粮食产出造成显著的负向影响。第五章初步给出的判断是，中国粮食生产领域内机械对劳动要素替代的程度逐年增加，弥补了劳动力转移后劳动投入不足的问题，从而出现了农业女性化、老年化不影响粮食产出的现象。不过，第五章并没有深刻地揭示机械化对粮食产出的作用机制。本章以及第七章将深入地剖析农业机械化对粮食产出的具体作用机制。

本章将分析机械化对粮食播种面积的影响，着重检验本书第三章提出的研究假说1与假说1a。研究假说1的内容是"在农业劳动力向非农领域转移之际，随着粮食作物农业机械化水平的迅速提高，粮食播种面积将会增加"，它讨论的是农业机械化对粮食作物播种面积绝对量的影响；假说1a的内容是"在农业劳动力向非农领域转移之际，粮食作物农业机械化迅速提升与非粮食作物农业机械化增长缓慢的前提下，农户会增加粮食作物播种面积与减少非粮食作物播种面积，即粮食作物播种面积的比例会随着粮食作物农业机械化的提升而增加"，它分析的则是农业机械化对粮食作物播种面积相对量的作用效果。

依据本章的分析内容，本章具体研究内容共分为四节，第一节为本章的研究设计，研究设计包含三部分内容：一是介绍中国粮食作物与几种主要非粮食作物（经济作物）的农业机械化水平，其实质是证实假说1与假说1a的前提条件；二是介绍验证假说1与假说1a的方法，给出计量分析模型；三是结合研究数据，对数据进行描述性分析。第二节利用计量模型估计农业机械化对粮食播种面积的影响，即具体检验假说1。第三节使用计量模型测算农业机械化对粮食作物种植面积占比的作用效果，即具体检验假说1a。第四节为本章小结。

第一节 研究设计

研究农业机械化对粮食播种面积的影响，首要的是明晰粮食作物与非粮食作物的机械化现状。正如本书第三章假说1a所述，不同品种农作物的机械化程度的差异将会影响农户的种植决策。为此在研究设计部分，将首先介绍粮食作物与非粮食作物的机械化状况，以此揭示出本部分的研究背景；其次才是构建估计模型，以及介绍研究数据。

一、研究背景：粮食与非粮食作物机械化现状

当前中国粮食作物的机械化水平均高于非粮食作物的。这种现状是由多种因素决定的。

1. 与农作物种植面积相关联

某品种农作物播种面积越大，越有利于激励机械生产单位研发出适用于该品种生产的农业机械。中国的粮食生产始终占据了重要地位，根据2015年《中国统计年鉴》数据的测算，2014年全国粮食作物播种面积占比高达68.13%，其中小麦、水稻、玉米三种粮食的占比就达到了55.30%。粮食作物的大面积种植有利于企业研发、生产粮食类生产机械。因而，在中国就出现了粮食作物的机械化进程领先于非粮食作物的现象，并且农业机械化程度大幅度高于非粮食作物。

2. 与农机工艺技术相关

中国粮食作物机械化技术日渐成熟，例如，玉米机械收割技术在近几年内实现了较大突破；然而非粮食类作物的机械化技术却远远落后于粮食类的；又如，棉花机械收割、油菜机械收割等技术仍存在着较大的改进空间。这就从技术上导致了非粮食作物机械化水平落后于粮食作物。事实上，农机工艺技术也与农作物种植面积相关联，农作物种植面积越多越有利于激励技术人员攻克非粮食作物的农机工艺难题。

3. 与农机社会化服务能力相关

中国的农机社会化服务是从小麦机收起步的，目前的农机社会化服务也主要是以粮食作物为主，并且粮食作物的农机社会化服务供给能力也日臻完善。相反，非粮食作物的农机社会化服务却供给不足。农机社会化服务不足成了非粮食作物机械化水平落后于粮食作物的又一项重要因素。非粮食作物机械化水平落后的原因除了农机工艺技术不成熟以外，最根本的还是和农户的种植面积相关联。

非粮食作物不同于粮食作物的种植格局，它往往是小地块、零碎性的种植，不具备规模效应，因而也不利于机械化操作。事实上，归根结底此三项原因中最根本的因素仍然是中国已然形成的粮食与非粮食作物种植结构决定的。

表6-1从具体数值比较分析了粮食与非粮食作物的农业机械化水平。粮食作物中以三种粮食小麦、水稻、玉米为代表；非粮食作物中选取了油菜、花生与棉花。表6-1中的数据揭示出了如下几条重要的信息：第一，无论是粮食作物还是非粮食作物，其农业机械化水平均在近年来有快速的发展。第二，在粮食作物中，小麦机械化水平率先起步并且居于高位，当前其机耕、机播、机收都达到了较高水平；水稻与玉米的机械化环节中，机耕起步早，虽然机播与机收环节落后于机耕，但是近年来增长速度迅速。第三，在非粮食作物机械化环节中，仅机耕达到了较高水平，虽然机播与机收两个环节发展得尤为快速，但是整体上仍处于较低水平，如油菜机播、机收，棉花机收还达不到30%的水平。因此，非粮食作物机械化水平远低于粮食作物的现象是当前中国农业机械化发展中的基本现状。

表6-1 粮食与非粮食作物机械化水平对比分析　　　单位:%

年份类别	2004	2005	2006	2007	2008	2009	2010	20111	2012	2013
小麦：机耕水平					92.51	95.58	97.82	98.79	98.90	98.90
机播水平	80.90	79.54	79.57	78.01	81.28	84.37	85.32	85.95	86.52	86.69
机收水平	76.20	76.14	78.32	79.17	83.84	86.07	88.46	91.05	92.32	93.82
水稻：机耕水平					79.19	83.27	87.27	91.00	93.29	95.09
机械种植水平	6.30	7.14	9.00	11.06	13.73	16.71	20.86	26.24	31.67	36.10
机收水平	27.30	33.50	38.80	46.20	51.16	56.69	64.49	69.32	73.35	80.91
玉米：机耕水平					73.03	83.55	88.11	93.77	93.79	97.67
机播水平	47.78	52.69	58.72	60.47	64.62	72.48	76.52	79.90	82.30	84.08
机收水平			4.73	7.23	10.61	16.91	25.80	33.59	42.47	51.57
油菜：机耕水平					44.97	45.16	48.63	53.44	59.71	70.58
机播水平					9.74	10.39	11.39	12.28	14.51	16.20
机收水平					6.97	8.84	10.69	13.32	16.69	20.29
花生：机耕水平					53.96	53.90	56.56	63.96	61.26	73.39
机播水平					29.34	31.25	32.86	34.57	38.50	40.06
机收水平					18.05	18.02	19.89	23.35	25.75	30.37
棉花：机耕水平					69.06	76.84	83.11	87.39	87.86	94.88
机播水平					49.88	54.18	55.31	57.39	62.75	65.57
机收水平					1.78	2.81	3.97	5.68	8.17	11.46

资料来源：以上数据来自历年《全国农业机械化统计年报》。

正如本书开篇所述，农村劳动力大量转移是当前中国农业生产中的基本情境。与此同时，农业劳动成本也在逐渐攀升（方松海、王为农，2009；周振等，2014）。而农业机械化恰好是降低农业劳动成本、提高效率的有力手段。据笔者调研获悉，随着农机社会化服务的逐渐深入，农户购买农机化服务的费用远低于雇工劳作的成本。例如，浙江余杭地区机械育秧插秧就比人工种植每亩节约成本150~200元。据笔者实地调研，虽然农户一般能购买到粮食作物的机械化服务，但是却较难购买到非粮食作物的机械化服务尤其是非粮食作物的全程机械化服务。笔者于2015年11月在甘蔗主产区广西崇左调查发现，当地普通农户就很难购买到甘蔗农业机械化服务，甘蔗生产基本上由人工操作；而同年12月，笔者在棉花主产区新疆调查发现，新疆地区仅在2015年才开始推广向普通农户提供棉花的农业机械化服务。表6-2展示出了粮食作物单位面积机械化投入成本，从表中数据不难发现三种粮食每亩机械化投入成本呈现了逐年增长的趋势。事实上，这种差别是由粮食作物与非粮食作物的机械化程度抑或农机工艺技术决定的。

表6-2 粮食作物每亩机械化投入成本　　　　　　　　单位：元/亩

年份	小麦	水稻	玉米
2003	18.8724	19.5779	11.2943
2004	29.7581	31.4343	17.9987
2005	37.0104	36.7486	19.8996
2006	39.6107	40.8171	20.4156
2007	47.9184	51.5937	26.8429
2008	58.6155	61.6887	32.0950
2009	59.4063	59.8775	34.5636
2010	66.2344	68.9789	40.1411

资料来源：根据农村固定观察点数据测算而来。

农业劳动成本快速上升与非粮食作物农业机械化服务供给不足的现状表明了非粮食作物在生产中仍然需要大量的劳动投入，进一步说明了非粮食作物的生产成本尤其是劳动成本高于粮食作物的。根据速水佑次郎与弗农·拉坦（2000）的诱致性变迁理论，此种情况下农户一般会做出两种生产决策：一是要素替代。在劳动力成本过高的情况下，农户选择价格相对较低的要素进行替代，例如，购买机械化服务，倘若机械化服务完全可得，此时农户的农作物播种面积抑或粮食播种面积不至于减少，甚至还可能会增加。但是，在非粮食作物农业机械化服务不

农业机械化对中国粮食产出的影响研究

可得或供给不足的情况下，农户就只能选择第二种生产决策，即品种替代，即为减少非粮食作物的生产面积，增加粮食作物的生产，以实现相应地减少非粮食作物生产中的劳动要素投入，使非粮食作物的劳动边际收益与粮食作物的相等。这也正是本书第三章假说1与假说1a所要表达的逻辑含义。其逻辑关系如图6-1所示。

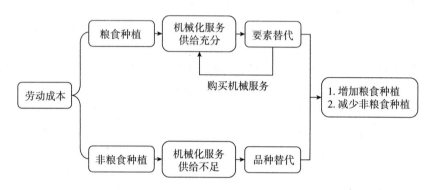

图6-1　机械化与农户粮食作物、非粮食作物种植决策

二、研究模型选择

围绕农业机械化与粮食播种面积之间的关系，本书要论证假说1与假说1a这两个命题。针对这两个研究命题，本书选择的研究模型如下：

1. 农业机械化与粮食播种面积的研究模型

假说1讨论的是机械化与粮食播种面积绝对量之间的关系，本书构建了如式（6-1）所示的估计模型：

$$\ln land_{it} = \alpha + \beta \ln mech_{it} + \sum_{j=1}^{n} \gamma_j X_{jit} + \mu_i + v_t + \theta_{it} \qquad (6-1)$$

在式（6-1）中，$land_{it}$ 表示第 i 个农户 t 年的粮食播种面积；$mech_{it}$ 为第 i 个农户 t 年粮食生产中的机械投入量；X_{jit} 为能够影响第 i 个农户 t 年粮食播种面积的第 j 个控制变量；μ_i 是农户个体固定效应，用于控制农户不随时间变化的特征；v_t 是时间固定效应，用于控制随着时间变化的特征；θ_{it} 为误差项。β 与 γ_j 为估计参数，α 为常数项。

考虑到机械投入要素 $mech$ 与农户粮食播种面积 $land$ 之间可能存在的内生性关系：一方面，由于农业机械也是粮食生产中的重要投入要素，农业机械投入与粮食播种面积之间存在着相互决定、相互影响的关系，粮食播种面积越多机械要素投入也会随之增加；另一方面，机械要素的获取也会影响粮食种植决策，因此对两者直接进行回归必然面临着内生性的问题，从而对估计的有效性造成较为严重的偏差。为此，本书采用两种办法对此问题进行解决。

（1）第一种办法是工具变量估计法。本书以村级单位内其他农户粮食机械化投入的平均值（*mech_ village*）作为单个农户机械要素投入的工具变量。从经济含义上来看，村庄其他农户机械要素投入的均值越高，表明该地区农机社会化服务供给能力越强，即机械化程度越高，农户粮食播种面积可能会随之增加；另外，单个农户的粮食播种很难影响到该地区其他农户的整体机械化水平，因而*mech_ village*满足工具变量外生性的要求。事实上，目前已有不少文献选取社区内其他成员行为变量或社区行为变量的均值作为个体行为变量的工具变量，如Rozelle 等（1999）、高虹、陆铭（2010）等的研究。

为此，估计式（6-1）转换成估计式（6-2）。

$$\begin{cases} \ln mech_{it} = \varphi + \delta \ln mech\_ village_{it} + \mu_i{}' + v{}'_t + \theta_{it}{}' \\ \ln land_{it} = \alpha + \beta \ln mech_{it} + \sum_{j=1}^{n} \gamma_j X_{jit} + \mu_i + v_t + \theta_{it} \end{cases} \qquad (6-2)$$

在式（6-2）中的第一个式子为工具变量估计法的第一阶段估计。其中，φ为常数项，δ为第一阶段估计中 $\ln mech\_ cun_{it}$ 的估计系数，$\mu_i{}'$ 是农户个体固定效应，$v_t{}'$ 是时间固定效应，$\theta_{it}{}'$ 为误差项。第二个式子为工具变量的第二阶段估计。通过这种方法，能准确地测算机械化对粮食播种面积的作用效果。

（2）第二种方法是 DID 估计法。本书将采用中国农机购置补贴这一外生政策事件来对农业机械化与粮食播种面积之间的内生性关系进行识别。中国农机购置补贴政策开始实施于 2004 年，在实施中具有如下特征（如第四章表 4-3 所示）：

1）补贴政策以县市为单位依次逐步铺开。2004 年首批试点的县为 66 个，2009 年补贴试点覆盖到了全国所有县市区。

2）中央财政依据各县耕地面积、粮食产出情况分配资金，补贴资金逐年增加。

3）补贴政策实行地区普惠制原则。具体而言，以县市区为补贴实施单位，凡是该区域内的户籍农民或直接从事农业生产的组织，都能申请补贴，其他县区的则不能申请。在具体操作中，农民根据拟购买农业机械的型号先申请购机补贴指标[1]，然后再行购买农机。

4）当补贴资金不充裕时，则采用"先到先得"的资金分配原则。

5）补贴额度执行"定额补贴"原则，一般农机每档次产品补贴额原则上不

---

[1] 农机购置补贴针对农业机械实行分类分档补贴的方式，不同类不同档的机械补贴额度不同。

超过该档产品上年平均销售价格的 30%。值得一提的是，中国农机购置补贴政策紧扣粮食生产。农办财〔2004〕22 号文件明确指出，农机购置补贴项目的实施原则之一就是根据发展粮食生产的需要，对小麦、水稻、玉米、大豆四种粮食作物田间作业机具购置进行补贴。受政策目标的指引，全国粮食作物机械化水平迅速增长：2013 年底，全国小麦、水稻、玉米耕种收综合机械化率分别达到 93.71%、73.14% 与 79.76%；农机购置补贴实施十年来（2004～2013 年），我国三大主粮关键机械化环节快速发展。玉米机收水平从 2003 年的 1.89%，增长到 2013 年的 51.57%；水稻的机播率从 2003 年的 6.00%，增长到 2013 年的 36.1%。

由于农机购置补贴政策具有县级层面依次展开实施的特征，这为我们的研究提供了一个准实验环境。基于这一特点本书将构建全国县级层面的面板数据，建立双重差分模型分析农业机械投入对粮食播种面积的影响，如式（6-3）与式（6-4）所示。双重差分模型的优势在于能够消除所有不随时间变化的选择性偏差。目前，许多学者采用了这种双重差分的办法，对某个经济现象或某项政策进行了研究或评估，例如，Galiani 等（2005）研究了供水私营化对儿童死亡率的影响，Bai 和 Wu（2014）分析了新型农村合作医疗保险对农户消费的影响，Nunn 和 Qian（2014）探讨了食物援助项目与社会冲突的关系。双重差分法适合分析或评价外生事件带来的影响；在本书中，相对于农户粮食播种面积而言农机购置补贴政策就是这样的一个外生事件。

$$\ln land_{it} = \alpha + \beta P_{it} + \sum_{j=1}^{n} \gamma_j X_{jit} + \mu_i + v_t + \theta_{it} \tag{6-3}$$

$$\ln mech_{it} = \varphi + \eta P_{it} + \sum_{j=1}^{n} \lambda_j X_{jit} + \mu_i{}' + v_t{}' + \theta_{it}{}' \tag{6-4}$$

在式（6-3）与式（6-4）中，P_{it} 是本书关注的自变量。P_{it} 是取值仅为 0 或 1 的二分类虚拟变量，当 P_{it} 等于 1 时，表示第 i 个农户所在县域第 t 年时已实施了农机购置补贴；当 P_{it} 等于 0 时，表示第 i 个农户所在县域第 t 年时还没有实施农机购置补贴。μ_i 表征农户个体固定效应，v_t 代表时间固定效应。在面板数据中，双重差分模型可以通过控制地区和时间固定效应来实现。如此，所有不随时间变化的影响被地区固定效应所控制，例如，地区地形等特质性因素；而所有地区共同的年度变化由时间固定效应控制，再如，粮食生产中的技术进步。θ_{it} 表示误差项，误差项可能与地区或时间相关。

就理论上而言，农机购置补贴政策是通过作用于农业机械化，进一步影响农户粮食种植决策的，即农业机械化充当着农机购置补贴影响粮食播种面积的中介变量。在式（6-3）与式（6-4）中，系数 β 表示农机购置补贴对农户粮食播种面积 $land_{it}$ 的作用效果，系数 η 表示农机购置补贴对农户农业机械投入 $mech_{it}$ 的作用效果，因此，不难测算出农业机械化对农户粮食播种面积的作用效果为 β/η。式 (6-3) 与式 (6-4) 的估计结果中，倘若 β 与 η 的估计系数都显著为正，那么就可以认为，农业机械化有助于促进粮食播种面积的增加。即通过式 (6-3) 与式 (6-4)，本书能间接地测算出农业机械化对粮食播种面积的作用效果。其中，β/η 也是农业机械投入对农户粮食播种面积的弹性。

2. 农业机械化与粮食种植比例的研究模型

假说1a讨论的是机械化与粮食播种面积相对量之间的关系。假定第 i 个农户第 t 年粮食播种面积占总农作物播种面积的比例为 y_{it}，考虑到机械投入与粮食种植比例 y_{it} 之间可能存在的互为因果的内生性关系，本部分的分析仍将采取与研究农业机械化对粮食播种面积相同的模型估计方法，具体如式 (6-5)、式 (6-6) 与式 (6-7) 所示。

$$\begin{cases} \mathrm{ln}mech_{it} = \varphi + \delta \mathrm{ln}mech\_village_{it} + \mu_i{}' + v_t{}' + \theta_{it}{}' \\ y_{it} = \alpha + \beta \mathrm{ln}mech_{it} + \sum_{j=1}^{n} \gamma_j X_{jit} + \mu_i + v_t + \theta_{it} \end{cases} \quad (6-5)$$

在式 (6-5) 中，本书仍以村级单位内其他农户粮食机械化投入的平均值 ($mech\_village$) 作为单个农户机械要素投入的工具变量。与式 (6-2) 唯一不同的是，在式 (6-5) 中第二阶段估计的因变量为粮食作物种植比例 y_{it}，其余变量的情况与式 (6-2) 中的相同。

此外，本书还将考虑使用与式 (6-3)、式 (6-4) 相同的双重差分模型来对此问题进行再研究。以此作为对估计式子 (5-5) 的稳健性检验。估计式子如式 (6-6) 与式 (6-7) 所示。

$$\mathrm{ln}land_{it} = \alpha + \beta P_{it} + \sum_{j=1}^{n} \gamma_j X_{jit} + \mu_i + v_t + \theta_{it} \quad (6-6)$$

$$y_{it} = \varphi + \eta P_{it} + \sum_{j=1}^{n} \lambda_j X_{jit} + \mu_i{}' + v_t{}' + \theta_{it}{}' \quad (6-7)$$

进一步地，考虑到因变量粮食作物种植比例 y_{it} 具有 $0 \leqslant y_{it} \leqslant 1$ 的性质，倘若采取与式 (6-5)、式 (6-7) 相同的 OLS 估计方法，那么将无法获得一致性的估计参数 (Wooldridge, 2012)。y_{it} 的取值性质符合面板 Tobit 模型的估计前提。然而，在面板 Tobit 模型中，较难实现农户层面固定效应的估计；此外，面板 Tobit 模型也很难进行工具变量法的估计。为此，本书将借鉴 Amemiya (1983)、Strauss (1986) 的研究方法，首先，对式 (6-8) 中的第一个式子进行面板 OLS 估计 (使用时间与农户层面的双向固定效应)；其次，估计出 lnmech 的拟合值；最后，将 lnmech 的拟合值代入式 (6-8) 中的第二个式子，采用 Bootstrap 的方法，反复抽样 100 次，使用农户层面随机效应的 Tobit 方法进行估计。在式 (6-8) 第二个式子中 year 为时间虚拟变量，用于控制时间固定效应。式 (6-8) 的估计结果也将作为本书分析的一个稳健性估计。

$$\begin{cases} \ln mech_{it} = \varphi + \delta \ln mech\_village_{it} + \mu_i{}' + v_t{}' + \theta_{it}{}' \\ y_{it} = \alpha + \beta \ln mech_{it} \sum_{j=1}^{n} \gamma_j X_{jit} + year + \theta_{it} \end{cases} \qquad (6-8)$$

三、数据来源与描述性分析

本部分的研究数据来自农业部农村固定观察点。研究数据的时间跨度为 2003～2010 年。

在研究农业机械化对粮食播种面积的影响中，本书选取了如下指标：

（1）因变量粮食播种面积（land）为当年农户播种的所有粮食作物面积之和。自变量机械投入（mechan），仍以农户所有粮食作物生产中机械作业服务费用之和作为测量指标。

（2）以村级单位农户粮食机械化投入的平均值（mech_village）作为单个农户机械要素投入的工具变量。

（3）在稳健性检验中，以农户所在县域第 t 年时是否已实施农机购置补贴的虚拟变量（P_{it}）作为机械化投入与粮食播种面积之间的识别变量，农机购置补贴试点县逐年推进的名单来自农业部。另外，农机购置补贴政策于 2004 年试点实施并于 2009 年覆盖到全国全部县级地区，考虑到为了使研究样本尽可能多地变化，在稳健性检验中本文将研究时间段限定在 2003～2008 年。

（4）此外选择了如下可能会影响到粮食播种面积的控制变量，如户主年龄（age）、户主性别（gender，男性取值为 1，女性取值为 0）、户主受教育年限（education）、家庭有效劳动力（efflabor）[1] 等家庭特征变量；选取了上一年农户销售粮食的平均价格（L. price_grain）、上一年销售经济作物的平均价格（L. price_econ）作为价格因素，价格因素反映的是市场环境对农户种粮的激励；此外，还选取化肥价格（price_fertilizer）、农药价格（price_pesticide）、粮食种子种苗价格（price_seed_grain）、经济作物种子种苗价格（price_seed_econ）等价格变量，表征农业生产投入成本，这些价格均为平均价格。

在研究农业机械化对粮食种植比例的影响中，选取的研究变量几乎与上述的相同，唯一差异就是因变量的测算。此时因变量为农户粮食播种面积占总农作物

---

① 家庭有效劳动力的测算参照 Strauss（1986）的研究方法，年龄小于等于 5 岁的人口以 0.2 个劳动力计，年龄大于等于 6 岁且不超过 10 岁的人口以 0.5 个劳动力计，年龄大于等于 11 岁且不超过 15 岁的男性人口以 0.75 个劳动力计，年龄大于等于 11 岁且不超过 15 岁的女性人口以 0.7 个劳动力计，年龄大于等于 16 岁且不超过 60 岁的男性人口以 1 个劳动力计，年龄大于等于 16 岁且不超过 60 岁的女性人口以 0.9 个劳动力计，超过 60 岁的人口以 0.7 个劳动力计。

播种面积的比例y_{it}。

在研究中，本书除了考虑机械化对总的粮食作物播种面积绝对量以及相对量的影响之外，还将分析机械化对小麦、水稻、玉米种植面积及其播种比例的影响。在对三种粮食的具体研究中，研究变量应研究品种的特点而改变。例如，研究机械化对小麦播种面积的影响时，因变量取小麦播种面积或小麦播种面积占农作物播种比例，机械投入变量取小麦机械投入，粮食价格取农户销售小麦价格，粮食种子种苗价格取小麦种子种苗价格。其余的指标如经济作物价格均保持不变，取值方式如前所述。需要说明的是，在对单一品种进行研究时，本书对样本量做了一定处理。以小麦为例，剔除了研究样本中2003～2010年中连续8年都不种植小麦的农户样本，如此处理是考虑到长期不种植某个品种，可能是由当地自然环境决定的，而不是由机械化或其他非自然因素决定的。

本章研究所涉及的研究变量的描述性分析如表6-3所示。表6-3第一部分显示了粮食作物总播种面积的对数值，粮食播种面积占农作物播种面积比例，上一期平均粮食价格对数值，粮食作物平均种子种苗价格对数值，农户粮食机械投入总费用对数值，村庄粮食机械投入总费用均值的对数值；第二、第三、第四部分分别描述的是小麦、水稻、玉米的以上相关变量；第五部分是上一期经济作物产品价格对数值，农药、化肥价格对数值，补贴试点虚拟变量，农户性别、年龄、受教育年限与家庭有效劳动力人口数。

表6-3 本章研究变量描述性分析

	变量	样本量	均值	标准差	最小值	最大值
grain	lnland	98081	2.5164	5.9991	-2.3026	11.6952
	y	98081	0.7922	0.2370	0.0001	1.0000
	L. lnprice_grain	98081	0.9695	0.1913	0.6931	1.4351
	lnprice_seed_grain	98081	2.1986	1.4003	0.0000	3.8482
	lnmech_grain	98081	5.1399	1.3153	0.0000	6.9575
	lnmech_village_grain	98081	5.2029	1.1434	0.0000	6.8850
wheat	lnland	36245	1.9224	5.1637	-2.3026	10.1174
	y	36245	0.3898	0.1801	0.0001	1.0000
	L. lnprice_grain	36245	0.9095	0.1063	0.7102	1.0986
	lnprice_seed_grain	36245	2.4554	1.3969	0.0000	3.9318
	lnmech_grain	36245	4.5566	1.2531	0.0000	5.8021
	lnmech_village_grain	36245	4.4895	1.3054	0.0000	5.7793

续表

	变量	样本量	均值	标准差	最小值	最大值
rice	ln*land*	49481	2.0312	6.2998	−2.3026	11.6952
	y	49481	0.5291	0.2813	0.0002	1.0000
	L. ln*price_ grain*	49481	0.9951	0.1388	0.7584	1.3000
	ln*price_ seed_ grain*	49481	2.0590	1.3660	0.0000	3.7544
	ln*mech_ grain*	49481	4.7348	1.1903	0.0000	6.1334
	ln*mech_ village_ grain*	49481	4.6903	1.1094	0.0000	6.1074
maize	ln*land*	59698	1.6722	2.3730	−2.3026	7.3132
	y	59698	0.4298	0.2865	0.0001	1.0000
	L. ln*price_ grain*	59698	0.8551	0.1406	0.6608	1.2432
	ln*price_ seed_ grain*	59698	2.1742	1.4252	0.0000	3.9560
	ln*mech_ grain*	59698	4.0279	1.4381	0.0000	5.8627
	ln*mech_ village_ grain*	59698	4.0225	1.4135	0.0000	5.8166
	L. ln*price_ econ*	98081	1.4685	0.7310	0.4608	2.9466
	ln*price_ fertilizer*	98081	0.9452	0.2604	0.4808	1.3905
	ln*price_ pesticide*	98081	2.8067	1.0342	0.4061	4.2297
	ln*price_ seed_ econ*	98081	2.2814	1.7080	0.0000	5.0173
	p	98081	0.5596	0.4964	0.0000	1.0000
	gender	98081	0.9561	0.2048	0.0000	1.0000
	age	98081	51.7752	10.0433	34.0000	70.0000
	education	98081	6.7138	2.3526	2.0000	11.0000
	efflabor	98081	0.9256	0.1273	0.7000	1.0000

第二节　农业机械化对粮食播种面积影响的模型估计

本部分将以村级单位内其他农户粮食机械化投入的平均值作为单个农户机械要素投入的工具变量，分别分析机械投入对粮食总播种面积以及三种粮食播种面积的影响，以此作为基准回归。此外，还将通过农机购置补贴试点政策构建 DID 模型，研究机械化对粮食播种面积的作用效果，以此作为稳健性分析。

一、基准回归

1. 农业机械化与粮食作物播种总面积

表6-4报告了机械投入对粮食作物播种总面积作用效果的Ⅳ估计结果。表6-5给出了相应的一阶段估计结果。模型采用了农户个体层面与年份时间层面的双向固定效应。由于研究数据为非平衡面板数据，本书在估计中选择了农户层面的聚类标准误。选择此标准误能获得稳健的估计结果，不过此标准误会剔除仅在样本中出现一次的农户单元。因而表6-4汇报的样本量个数与表6-3的有所不同。

从表6-5的估计结果来看，工具变量 lnmech_ village_ grain 对农户机械投入 lnmech_ grain 的作用效果显著为正。这表明本书选择的工具变量与自变量之间存在显著的正向关系，进一步说明了工具变量符合与自变量相关的条件。此外，本书在表6-4与表6-5的基础上对工具变量的有效性进行了评判。无论是Kleibergen-Paap rk LM 统计量，Cragg-Donald Wald F 统计量，以及 Anderson-Rubin Wald 检验，还是 Hansen J 统计量都表明本书选择的工具变量是有效的。

表6-4　机械投入对粮食播种总面积作用效果的Ⅳ估计

因变量：lnland	模型（1）	模型（2）	模型（3）	模型（4）
lnmech_ grain	0.0619***	0.0622***	0.0622***	0.0625***
	(25.07)	(24.42)	(24.43)	(24.45)
gender		0.0524***	0.0522***	0.0518***
		(2.90)	(2.90)	(2.90)
age		0.0001	0.0001	0.0002
		(0.19)	(0.20)	(0.27)
education		0.0017	0.0017	0.0017
		(0.95)	(0.96)	(0.97)
efflabor		0.0538**	0.0542**	0.0536**
		(2.43)	(2.44)	(2.43)
L. lnprice_ grain			-0.0497***	-0.0480***
			(-4.98)	(-4.85)
L. lnprice_ econ			-0.0027	-0.0001
			(-1.01)	(-0.03)
lnprice_ fertilizer				-0.0372***
				(-4.38)

因变量: ln$land$	模型 (1)	模型 (2)	模型 (3)	模型 (4)
ln$price\_\ pesticide$				0.0114 ***
				(4.77)
ln$price\_\ seed\_\ grain$				-0.0560 ***
				(-18.30)
ln$price\_\ seed\_\ econ$				-0.0019
				(-1.27)
农户个人固定效应	是	是	是	是
年份固定效应	是	是	是	是
时间跨度 (年)	2003~2010	2003~2010	2003~2010	2003~2010
R^2	0.1220	0.1222	0.1226	0.1312
F	154.1150	98.3352	87.7220	85.0587
样本量	95678	95678	95678	95678

注: 括号外的数值为估计系数, 括号内为该系数下的 t 值, 其中 * 表示 $p<0.1$、** 表示 $p<0.05$、*** 表示 $p<0.01$。

从表6-4的估计结果来看, 不难发现机械要素对粮食播种总面积具有显著的正向作用。在模型 (1)~模型 (4) 中, ln$mech\_\ grain$ 的估计系数显著为正, 系数均在1%水平下显著。ln$mech\_\ grain$ 对 ln$land$ 的作用大小也非常稳定, 随着模型中控制变量的逐渐增加, ln$mech\_\ grain$ 的估计系数值均在0.0662上下较小幅度地波动。由此可见, 机械要素的投入对粮食播种总面积的弹性约为0.0662; 并且, 估计结果证实了机械化对粮食播种面积具有正向促进作用的命题。

观察表6-4中控制变量对粮食播种面积的影响。在农户个人特征中仅户主性别、家庭有效劳动力对粮食播种面积有正向影响, 其他变量的估计系数并不显著。这符合中国粮食生产实际, 即使目前正处于机械对劳动替代的变化进程中, 但是家庭劳动力数量以及男性户主特征对粮食生产仍然能起到一定的作用。在价格变量中, 粮食价格与经济作物价格对粮食播种面积具有负向作用。其中, 经济作物价格的负向作用并不显著; 反常的是, 粮食价格对粮食播种面积却具有负面作用。本书认为, 这与国内粮价受国际因素冲击而未能上涨相关联, 从而出现了粮食播种面积上涨与粮价波动的现象。这也说明了粮价已然不是粮食播种面积增长的驱动因素。不过值得注意的是, 粮价对粮食播种面积的作用效果稳健性并不高, 这种负向作用在表6-6中却并不显著。在生产成本因素中, 化肥价格与粮食种子价格对粮食种植面积的作用效果显著为负, 这反映了生产成本上升对农户种粮积极性的负面影响（方松海、王为农，2009；周振等，2014）。然而，生产成本中农药价格因素却对粮食播种面积表现出了积极的正向作用。后续的研究表明，农药价格因素对粮食播种面积的效果也并不稳健，其作用效果时而为正时而为负，时而显著时而不显著。化肥要素的负向作用也是如此，稳健性不高。在生成成本中，仅粮食种子价格因素对播种面积的作用效果最为显著与稳健；在后续的模型估计中，始终保持着稳健的负向作用。

表 6 - 5　机械投入对粮食播种总面积作用效果 IV 估计的第一阶段结果

因变量：lnmech_ grain	模型（1）	模型（2）	模型（3）	模型（4）
lnmech_ village_ grain	0.9320 ***	0.9248 ***	0.9247 ***	0.9248 ***
	(155.24)	(151.72)	(151.56)	(151.23)
gender		0.0417	0.0413	0.0403
		(1.18)	(1.17)	(1.15)
age		0.0010	0.0011	0.0010
		(0.86)	(0.87)	(0.83)
education		0.0078 **	0.0078 **	0.0077 **
		(2.24)	(2.24)	(2.23)
efflabor		0.0922 **	0.0930 **	0.0920 **
		(2.21)	(2.23)	(2.20)
L. lnprice_ grain			- 0.1083 ***	- 0.1080 ***
			(- 5.41)	(- 5.40)
L. lnprice_ econ			- 0.0048	- 0.0047
			(- 0.95)	(- 0.93)
lnprice_ fertilizer				- 0.0191
				(- 1.12)
lnprice_ pesticide				0.0336 ***
				(6.71)
lnprice_ seed_ grain				- 0.0083
				(- 1.55)
lnprice_ seed_ econ				- 0.0022
				(- 0.79)
农户个人固定效应	是	是	是	是
年份固定效应	是	是	是	是
时间跨度（年）	2003 ~ 2010	2003 ~ 2010	2003 ~ 2010	2003 ~ 2010

续表

因变量：ln$mech\_grain$	模型（1）	模型（2）	模型（3）	模型（4）
R^2	0.6216	0.6216	0.6218	0.6222
F	5369.76	3469.25	2981.84	2342.04
样本量	95678	95678	95678	95678

注：括号外的数值为估计系数，括号内为该系数下的 t 值，其中 * 表示 $p < 0.1$、** 表示 $p < 0.05$、*** 表示 $p < 0.01$。

2. 农业机械化与三种粮食播种面积

进一步地，本部分还将分别分析机械要素对三种粮食播种面积的作用效果。表 6-6 汇报了机械投入对三种粮食播种面积作用效果的 Ⅳ 估计结果。在估计中，仍采用农户层面的聚类标准误，并且选择农户个体层面与年份时间层面的双向固定效应。模型第一阶段的估计结果未汇报，从估计情况来看，工具变量ln$mech\_village\_grain$ 对农户三种粮食机械投入 ln$mech\_grain$ 的作用效果都显著为正；并且对工具变量的检验结果均显示，本部分选择的工具变量是有效的。

在表 6-6 中，ln$mech\_grain$ 的估计系数全部都显著为正，并且显著程度均达到 1% 水平以下，这充分说明了农业机械化有助于提高三种粮食的播种面积。

分品种而言，机械要素对小麦播种面积的弹性均在 0.05 以上，并且随着控制变量的逐渐加入估计系数未发生较大波动。说明本部分的测算结果较为稳定。模型（5）~模型（8）的结果显示，机械要素对水稻播种面积的弹性至少为 0.02，并且随着控制变量的增多，ln$mech\_grain$ 的估计系数表现出了逐渐增大的趋势，估计系数处于 0.023~0.027。模型（9）~模型（12）测算结果表明，机械要素对玉米播种面积的弹性值约为 0.035。

横向比较三种粮食的机械要素对播种面积的弹性数值，首先，发现机械要素对小麦播种面积的作用效果最大，其次是玉米，对水稻的作用效果最小。笔者认为，机械要素对三种粮食播种面积作用效果的差异，与这三种粮食的机械化程度或机械化服务供给能力相关联。中国小麦机械化起步较早，机械化程度远远高于水稻与玉米的（见表 6-1），小麦的农业机械社会化服务供给能力也强于其他品种，因此，在模型估计中表现出了机械要素对小麦播种面积作用效果最高的特征。机械要素对玉米播种面积的作用效果也略大于水稻的，这种现象也验证了上述观点。虽然表 6-1 显示，水稻与玉米的机械化程度相当，但

·160·

是按照农业部的耕种收综合机械化水平①指标计算，玉米的综合机械化水平略高于水稻的。因此，在模型估计中，玉米的机械投入对播种面积的弹性值也就大于水稻的。

表6-6控制变量 *efflabor* 的估计结果也能反映出这一点。在模型（1）~模型（4）中，即小麦的估计中，*efflabor* 的估计系数值最小，并且显著性程度最低（估计系数并不显著）。然而，在水稻与玉米的估计中，*efflabor* 的估计系数值不仅均大于小麦的，而且显著性程度也高于小麦的（估计系数均显著）。较为重要的是，*efflabor* 的估计系数值在水稻模型估计中最高，其大小略高于玉米的，并且远大于小麦的。这充分表明，在机械化程度越高的粮食作物品种中，劳动力对播种面积的促进作用越发明显。这与 ln*mech_grain* 对三种粮食播种面积的作用效果相对应——ln*mech_grain* 估计的结果揭示，机械化程度越高的品种，机械要素对粮食播种面积的作用效果越大；反言之，机械化程度越低的品种，与机械相替代的要素劳动力的作用也就越发重要。

在其他控制变量中，男性户主对三种粮食的播种面积的作用效果显著为正。从系数值来看，*gender* 对水稻的作用效果最高，玉米次之，小麦的最小。这一点与 *efflabor* 的估计结果相类似。笔者认为，其原因也与这三种粮食作物的机械化程度相关联。即粮食作物的机械化程度越高，能代表劳动特征的要素对其播种面积的作用效果也就相应地越小。

年龄（*age*）变量对小麦的播种面积的作用效果显著为负，这反映了随着小麦机械化程度的上升，越来越多的老年户主从事小麦生产。不过，*age* 对其他品种粮食作物播种面积的作用效果却并不显著。此种效果的差异，实则上反映的是不同粮食作物机械化程度的差异对粮食播种面积作用效果的不同。这一点与 *efflabor*、*gender* 的估计结果相类似。

在价格变量中，粮食价格仅对水稻的播种面积表现了显著的负向作用，然而这种负向作用在表6-10中却并不稳健。这表明价格因素对农户种粮的作用效果还并不稳健。

在成本因素中，ln*price_fertilizer* 仅对玉米的播种面积显著为负，对其他两个品种的粮食播种面积的作用效果并不显著。然而，成本变量 ln*price_pesticide* 对小麦、水稻播种面积的作用却显著为正，不过这种反常效果在表6-10中也并不非常显著，这一点本书将在表6-10中继续讨论。ln*price_seed_econ* 的估计结果亦是如此，其稳健性程度不高。ln*price_seed_grain* 的估计结果却稳健地为负，这充分说明了粮食种子价格对其播种面积的负向作用。

---

① 耕种收综合机械化水平计算方法是，按照机耕、机播、机收水平分别为0.4、0.3、0.3的权重计算。

表6-6 机械投入对三种粮食播种面积作用效果的IV估计

因变量: lnland	小麦				水稻				玉米			
	模型(1)	模型(2)	模型(3)	模型(4)	模型(5)	模型(6)	模型(7)	模型(8)	模型(9)	模型(10)	模型(11)	模型(12)
lnmech_grain	0.0512***	0.0544***	0.0544***	0.0531***	0.0237***	0.0250***	0.0252***	0.0269***	0.0348***	0.0358***	0.0354***	0.0358***
	(16.46)	(16.32)	(16.32)	(16.15)	(9.84)	(9.60)	(9.63)	(10.27)	(17.85)	(17.59)	(17.39)	(17.71)
gender		0.0346*	0.0343*	0.0357*		0.0536*	0.0546*	0.0551*		0.0509***	0.0512***	0.0521***
		(1.79)	(1.78)	(1.88)		(2.56)	(2.61)	(2.66)		(2.58)	(2.60)	(2.66)
age		-0.0017**	-0.0017**	-0.0017**		0.0013	0.0013	0.0014*		-0.0009	-0.0009	-0.0009
		(-2.24)	(-2.26)	(-2.27)		(1.51)	(1.54)	(1.67)		(-1.34)	(-1.33)	(-1.34)
education		0.0021	0.0021	0.0021		-0.0035	-0.0036	-0.0037		0.0023	0.0023	0.0024
		(1.05)	(1.05)	(1.06)		(-1.41)	(-1.42)	(-1.50)		(1.18)	(1.15)	(1.23)
efflabor		0.0135	0.0132	0.0145		0.0503*	0.0505*	0.0497*		0.0451*	0.0456*	0.0457*
		(0.49)	(0.49)	(0.54)		(1.77)	(1.78)	(1.76)		(1.80)	(1.82)	(1.83)
L.lnprice_grain			-0.0160	-0.0171			-0.0362*	-0.0342*			-0.0180	-0.0022
			(-0.67)	(-0.72)			(-1.91)	(-1.81)			(-1.02)	(-0.13)
L.lnprice_econ			0.0042	0.0059**			-0.0107***	-0.0109***			-0.0123***	-0.0104***
			(1.49)	(2.09)			(-2.85)	(-2.91)			(-4.14)	(-3.52)
lnprice_fertilizer				0.0002				-0.0131				-0.0195**
				(0.01)				(-1.19)				(-2.05)
lnprice_pesticide				0.0163***				0.0153***				0.0027
				(5.46)				(4.99)				(0.96)
lnprice_seed_grain				-0.0501***				-0.0436***				-0.0660***
				(-12.54)				(-13.76)				(-17.22)

续表

因变量：lnland	小麦				水稻				玉米			
	模型 (1)	模型 (2)	模型 (3)	模型 (4)	模型 (5)	模型 (6)	模型 (7)	模型 (8)	模型 (9)	模型 (10)	模型 (11)	模型 (12)
lnprice_seed_econ				0.0060*** (3.41)				0.0004 (0.26)				0.0072*** (4.46)
农户个体固定效应	是	是	是	是	是	是	是	是	是	是	是	是
年份固定效应	是	是	是	是	是	是	是	是	是	是	是	是
时间跨度（年）	2003~2010	2003~2010	2003~2010	2003~2010	2003~2010	2003~2010	2003~2010	2003~2010	2003~2010	2003~2010	2003~2010	2003~2010
R^2	0.1038	0.1104	0.1105	0.1186	0.0615	0.0634	0.0642	0.0760	0.0884	0.0903	0.0901	0.1019
F	47.1115	31.8787	27.4010	31.6366	50.9058	31.4964	27.5672	31.9869	85.7792	55.1792	48.2152	57.5331
样本量	34803	34803	34803	34803	47680	47680	47680	47680	57707	57707	57707	57707

注：括号外的数值为估计系数，括号内为该系数下的 t 值，其中 * 表示 $p<0.1$，** 表示 $p<0.05$，*** 表示 $p<0.01$。

二、稳健性检验

本部分将使用式（6-3）与式（6-4），利用农机购置补贴政策在全国县域内先试点后逐步推广的特征，采用双重差分模型研究机械化对粮食播种面积的影响。以此作为稳健性检验。

1. 农机购置补贴试点与粮食作物播种总面积

众所皆知，农机购置补贴是通过作用于农业机械投入进一步影响农户粮食生产的。因此，首先，要证实农机购置补贴试点对农户农业机械要素投入的作用效果；其次，若能进一步证明农机购置补贴试点对粮食播种面积的促进作用，那么就不难得出农业机械化有利于粮食播种面积的结论。

表6-7汇报了农机购置补贴试点对粮食作物机械要素总投入的作用效果，即式（6-3）的估计结果。表6-7在估计中采用了农户层面的聚类标准误，并且双向控制农户个体层面与年份时间层面的固定效应。在表6-7中，模型（1）与模型（2）考察的是农机购置补贴试点的当期变量（P_t）对农户粮食生产中机械总投入的影响。考虑到农机购置补贴实施后，农户机械购置、服务购买可能需要一段时间，政策效果的发挥也需要一定时间，因而模型（3）与模型（4）研究了农机购置补贴试点的滞后一期变量（P_{t-1}）对农户粮食生产机械总投入的影响。估计结果显示，无论是农机购置补贴试点的当期变量还是滞后一期变量均对农户的机械总投入具有显著的正向影响，并且显著性程度高达1%水平以下。模型（1）~模型（4）中列举的控制变量对农户机械投入的作用效果并不稳健。表6-7的估计结果证明，农机购置补贴试点对农户粮食生产中的机械要素总投入具有显著的正向作用。

表6-7　农机购置补贴试点对粮食作物机械要素总投入的作用效果

因变量：$\mathrm{ln}mech\_grain$	模型（1）	模型（2）	模型（3）	模型（4）
P_t	0.0723***	0.0619***		
	(6.45)	(5.92)		
P_{t-1}			0.0628***	0.0419***
			(5.74)	(4.15)
gender		-0.0163		-0.0152
		(-0.32)		(-0.27)
age		-0.0059***		0.0037
		(-2.68)		(1.64)

续表

因变量：lnmech_ grain	模型（1）	模型（2）	模型（3）	模型（4）
education		− 0.0014		0.0114 *
		（− 0.23）		（1.87）
efflabor		0.0614		0.0474
		（0.86）		（0.69）
常数项	4.2056 ***	2.2279 ***	4.9219 ***	2.5996 ***
	（352.83）	（13.59）	（686.71）	（15.67）
农户个体固定效应	是	是	是	是
年份固定效应	是	是	是	是
时间跨度（年）	2003 ~ 2008	2003 ~ 2008	2004 ~ 2008	2004 ~ 2008
R^2	0.2113	0.3275	0.1002	0.2699
F	137.2659	126.3781	522.1707	607.9044
样本量	75067	75067	49607	49607

注：括号外的数值为估计系数，括号内为该系数下的 t 值，其中 * 表示 $p < 0.1$、** 表示 $p < 0.05$、*** 表示 $p < 0.01$。

表6-8 继而汇报了农机购置补贴试点对粮食播种总面积的作用效果。表6-8 中的模型采取了与表6-7 相同的估计方法。表6-8 中的模型（1）~ 模型（4）与模型（5）~ 模型（8）显示，P_t 与 P_{t-1} 对农户粮食播种总面积均有显著的正向影响，这表明农机购置补贴试点对农户粮食播种面积有正向促进作用。结合表6-7 的估计结果，本书不难得出，农业机械化有助于农户扩大粮食播种面积的结论。这也表明表6-5 的估计结果是稳健的。根据表6-7 与表6-8 的测算结果，使用式（6-3）与式（6-4）的方法，可推算出机械投入对粮食播种总面积的弹性值位于 0.20 ~ 0.34。

表6-8 列出的各控制变量中，性别变量 gender 对农户粮食播种面积的作用效果显著为正，这与表6-6 的估计结果相似；不过，在表6-5 中，gender 的估计系数却并不显著，这表明了 gender 的作用效果并不稳健。efflabor 的估计结果也仅在模型（1）~ 模型（4）中显著，这也表明 efflabor 的作用效果也并不稳健。在价格因素中，L. lnprice_ grain 对粮食播种面积显著为负，不过正如上文分析所述，这种作用效果在表6-10 中并不稳健。在成本因素中，lnprice_ fertilizer 与 lnprice_ seed_ grain 均对粮食播种面积的作用显著为负，其中 lnprice_ seed_ grain 是影响粮食播种面积的稳健性因子；lnprice_ fertilizer 对粮食播种面积的作用效果在表6-10 中并不稳健。其他成本因子在表6-10 中的估计中均不显著或稳健。

表6－8　农机购置补贴试点对粮食作物播种总面积的作用效果

因变量: ln*land*	模型（1）	模型（2）	模型（3）	模型（4）	模型（5）	模型（6）	模型（7）	模型（8）
P_t	0.0206***	0.0195***	0.0199***	0.0187***				
	(5.17)	(4.75)	(4.84)	(4.58)				
P_{t-1}					0.0127***	0.0145***	0.0143***	0.0143***
					(2.60)	(2.87)	(2.84)	(2.87)
gender		0.0644***	0.0638***	0.0599***		0.0540**	0.0539**	0.0482*
		(3.06)	(3.04)	(2.88)		(2.08)	(2.08)	(1.83)
age		−0.0002	−0.0002	−0.0002		0.0001	0.0002	0.0002
		(−0.27)	(−0.27)	(−0.29)		(0.08)	(0.09)	(0.13)
education		0.0000	0.0000	−0.0003		−0.0007	−0.0006	−0.0007
		(0.00)	(0.01)	(−0.11)		(−0.24)	(−0.20)	(−0.23)
efflabor		0.0775***	0.0776***	0.0806***		0.0309	0.0309	0.0345
		(2.63)	(2.64)	(2.76)		(0.89)	(0.89)	(1.00)
L. ln*price_ grain*			−0.0563***	−0.0541***			−0.0643***	−0.0616***
			(−4.78)	(−4.64)			(−3.99)	(−3.87)
L. ln*price_ econ*			0.0010	0.0037			−0.0034	−0.0027
			(0.34)	(1.22)			(−0.99)	(−0.78)
ln*price_ fertilizer*				−0.0474***				−0.0396***
				(−4.48)				(−3.07)
ln*price_ pesticide*				0.0050*				0.0034
				(1.69)				(0.93)
ln*price_ seed_ grain*				−0.0623***				−0.0775***
				(−17.07)				(−13.25)
ln*price_ seed_ econ*				−0.0066***				−0.0039
				(−3.82)				(−1.64)
常数项	1.9888***	1.8632***	1.9096***	2.0613***	1.9645***	1.8836***	1.9452***	2.2060***
	(698.38)	(31.08)	(31.41)	(33.53)	(677.95)	(17.72)	(18.10)	(20.14)
农户个体固定效应	是	是	是	是	是	是	是	是
年份固定效应	是	是	是	是	是	是	是	是
时间跨度（年）	2003～2008	2003～2008	2003～2008	2003～2008	2004～2008	2004～2008	2004～2008	2004～2008
R^2	0.0148	0.0147	0.0153	0.0279	0.0091	0.0092	0.0100	0.0253
F	90.2800	52.0675	45.2598	53.0686	41.2342	22.9036	20.0348	26.3369
样本量	75067	75067	75067	75067	49607	49607	49607	49607

注：括号外的数值为估计系数，括号内为该系数下的 t 值，其中 * 表示 $p < 0.1$、** 表示 $p < 0.05$、*** 表示 $p < 0.01$。

2. 农机购置补贴试点与三种粮食作物播种面积

表6-9与表6-10分别汇报了农机购置补贴试点对三种粮食作物机械要素投入以及播种面积的影响。表6-9的估计结果表明：

（1）农机购置补贴试点当期变量（P_t）以及滞后一期变量（P_{t-1}）对小麦机械要素的投入都具有显著的正向促进作用。P_{t-1} 的显著性表明，农机购置补贴试点对小麦的机械要素投入具有滞后作用。这种滞后性可能是由农机具发挥作用还需要一段时间与农业生产的周期性决定的。其中，P_t 的估计系数大于 P_{t-1} 的，这说明在小麦生产中，补贴试点的当期变量 P_t 对机械要素投入的重要效果强于滞后一期变量 P_{t-1}。

（2）农机购置补贴试点的滞后一期变量 P_{t-1} 对水稻机械要素投入的作用效果显著为正，然而农机购置补贴试点的当期变量却对水稻机械要素的投入表现出了显著的负向作用。笔者认为，这种负向作用可能与补贴试点的选择性偏差[1]相关联。由于第一批补贴试点主要分布在北方地区，这些地区水稻种植较少，机械要素投入量也不多，因而估计的结果就显现出了 P_t 与水稻机械投入的负向关系。而 P_{t-1} 对水稻机械要素投入的正向作用，反映了补贴试点对水稻机械化的滞后作用。这种滞后性与水稻的生长周期以及农机购置补贴实施的周期相关[2]。值得注意的是，模型（5）~模型（8）的估计结果还显示，P_{t-1} 对水稻机械要素投入的正向作用大于 P_t 的负向作用。这充分说明了农机购置补贴试点对水稻机械化的作用以滞后效果为主。

（3）农机购置补贴试点当期变量（P_t）以及滞后一期变量（P_{t-1}）对玉米机械要素的投入均具有显著的正向促进作用。这说明补贴试点对玉米的机械化也具有滞后性。模型（9）~模型（12）的估计系数还表明，补贴试点当期变量 P_t 对玉米机械化的作用效果大于补贴试点的滞后一期变量 P_{t-1}，这说明农机购置补贴试点对玉米机械化的作用效果以当期作用为主。

---

① 有关农机购置补贴试点的选择性偏差问题，本书将在第七章中进行具体讨论；并且还将在控制补贴试点选择性偏差的基础上，测算出机械化对粮食产出的作用效果。

② 笔者在对全国农机购置补贴的实地调研中获悉，补贴政策在早期实施中由于受补贴资金的限制，许多地区农户在申请补贴资金时具有明显的周期性，一般的申请时间为春耕与秋收两个时间段，有的地区的申请时间会更晚甚至在春耕后；另外，水稻的播种时期一般处于上半年。因而，当年的农机购置补贴试点有时并不能影响到当期的水稻播种，其作用效果可能会在第二期里表现出来，即补贴试点对水稻的播种面积具有滞后性。

表6-9 农机购置补贴试点对三种粮食作物机械要素投入的作用效果

因变量：lnmech	小麦				水稻				玉米			
	模型 (1)	模型 (2)	模型 (3)	模型 (4)	模型 (5)	模型 (6)	模型 (7)	模型 (8)	模型 (9)	模型 (10)	模型 (11)	模型 (12)
P_t	0.0948*** (4.92)	0.1214*** (6.71)			-0.0833*** (-5.31)	-0.0390*** (-2.66)			0.0896*** (5.58)	0.0906*** (5.93)		
P_{t-1}			0.0646*** (4.31)	0.0829*** (6.38)			0.1233*** (6.78)	0.0744*** (4.85)			0.0280* (1.69)	0.0276* (1.95)
gender		-0.1900** (-2.24)		0.0594 (0.93)		-0.0293 (-0.50)		-0.0078 (-0.11)		1.2809*** (57.48)		1.2181*** (44.83)
age		-0.0019 (-0.54)		0.0006 (0.18)		-0.0047* (-1.72)		0.0043 (1.36)		0.0674 (0.92)		-0.0692 (-0.61)
education		-0.0027 (-0.27)		-0.0008 (-0.09)		0.0139* (1.66)		0.0107 (1.38)		-0.0018 (-0.65)		-0.0018 (-0.53)
efflabor		0.0706 (0.64)		0.0652 (0.73)		-0.0531 (-0.53)		0.0151 (0.16)		-0.0019 (-0.23)		0.0004 (0.04)
常数项	3.4454*** (151.86)	1.8578*** (7.29)	4.3912*** (412.91)	2.5545*** (11.17)	3.8769*** (246.71)	2.5569*** (11.71)	4.4967*** (497.31)	2.5358*** (11.17)		-0.0939 (-0.93)		0.0700 (0.67)
农户个体固定效应	是	是	是	是	是	是	是	是	是	是	是	是
年份固定效应	是	是	是	是	是	是	是	是	是	是	是	是
时间跨度 (年)	2003~2008	2003~2008	2004~2008	2004~2008	2003~2008	2003~2008	2004~2008	2004~2008	2003~2008	2003~2008	2004~2008	2004~2008
R^2	0.2710	0.3636	0.1143	0.3175	0.2022	0.2804	0.1252	0.2651	0.2025	0.2999	0.0913	0.2143
F	509.9794	554.5799	197.4067	289.1514	859.3442	666.8505	354.2611	384.6902	834.6549	794.2970	374.9101	417.3126
样本量	28383	28383	17764	17764	38234	38234	24579	24579	45084	45084	28472	28472

注：括号外的数值为估计系数，括号内为该系数下的 t 值，其中 * 表示 $p<0.1$，** 表示 $p<0.05$，*** 表示 $p<0.01$。

表6－10报告了农机购置补贴试点对三种粮食播种面积的作用效果。从表6－10的估计结果中，有如下发现：

第一，模型（1）~模型（4）的估计结果显示，P_t与P_{t-1}的估计系数均显著大于0，这表明农机购置补贴试点对小麦的播种面积具有显著的正向促进作用。其中，模型（3）~模型（4）中P_{t-1}的估计系数均大于模型（1）~模型（2）中P_t的，并且P_{t-1}的估计系数值近乎是P_t的2倍，这说明农机购置补贴对小麦播种面积的滞后效果大于当期的作用效果。模型（3）与模型（4）的估计结果进一步揭示，因补贴试点的实施小麦播种面积也随之相应地增长了2%。

第二，模型（5）~模型（8）的测算结果中P_t与P_{t-1}的估计系数均不显著，这表明农机购置补贴试点对水稻播种面积的作用效果并不明显；也说明了表6－6中的估计结果并不稳健。

第三，模型（9）~模型（12）的估计结果显示出，P_{t-1}的估计系数显著为正，而P_t的估计系数却并不显著。这反映出农机购置补贴试点对玉米播种面积的作用效果是通过试点的滞后性体现出来的。模型（11）与模型（12）的估计系数表明，由补贴试点带来的玉米播种面积的增长为2.37%~2.58%。

在表6－10的控制变量中，age对小麦播种面积的作用效果显著为负，这与表6－6的估计结果相同。L. lnprice_ econ对小麦的播种面积显现了显著的正向效果，不过L. lnprice_ econ在表6－6的估计中并不显著，可见L. lnprice_ econ对小麦播种面积的作用效果还并不稳健。lnprice_ seed_ econ的估计系数为负，这与表6－6中的估计结果相同，并且lnprice_ seed_ econ的估计结果在模型（1）~模型（12）中均表现出了显著的负向作用，这表明lnprice_ seed_ econ是影响粮食播种面积的显著且稳健的因子。其他控制变量对小麦播种面积的作用效果或是不显著或是作用效果不稳健。

在模型（5）~模型（8）的控制变量中，即影响水稻播种面积的控制变量中，仅lnprice_ pesticide与lnprice_ seed_ econ的估计系数显著且相对稳健。反常的是lnprice_ pesticide的估计系数大于0，这与生产成本上升降低粮食播种面积的常识相背离。不过，lnprice_ pesticide的显著性程度还并不高，而且lnprice_ pesticide的估计系数在模型（10）与模型（11）中却是显著小于0，这说明由此还不能得出成本上升促进粮食播种面积增加的结论。

在模型（9）~模型（12）的控制变量中，即影响玉米播种面积的控制变量中，lnprice_ fertilizer、lnprice_ pesticide与lnprice_ seed_ econ的估计系数显著且相对稳健。这三个变量的估计系数显著为负，反映了生产成本上升对玉米播种面积的负向作用。

综合表6－9与表6－10的估计结果，本书能得出如下结论：

表6-10 农机购置补贴试点对三种粮食作物播种面积的作用效果

因变量: lnland	小麦				水稻				玉米			
	模型(1)	模型(2)	模型(3)	模型(4)	模型(5)	模型(6)	模型(7)	模型(8)	模型(9)	模型(10)	模型(11)	模型(12)
P_t	0.0117** (2.36)	0.0145*** (2.85)			0.0035 (0.75)	-0.0031 (-0.66)			0.0028 (0.62)	-0.0032 (-0.70)		
P_{t-1}			0.0206*** (3.65)	0.0207*** (3.60)			-0.0004 (-0.07)	0.0053 (0.95)			0.0258*** (4.71)	0.0237*** (4.25)
gender		0.0205 (0.95)		0.0028 (0.11)		0.0564** (2.54)		0.0599 (1.56)		0.0324 (1.53)		0.0037 (0.15)
age		-0.0022** (-2.11)		-0.0041* (-1.74)		0.0006 (0.65)		0.0028 (1.21)		0.0001 (0.13)		-0.0010 (-0.53)
education		0.0015 (0.60)		0.0040 (1.40)		-0.0048 (-1.63)		-0.0023 (-0.61)		0.0022 (0.99)		-0.0037 (-1.06)
efflabor		0.0386 (1.11)		0.0185 (0.45)		0.0782** (2.21)		0.0322 (0.77)		0.0802** (2.53)		0.0519 (1.32)
L. lnprice_grain		-0.0523* (-1.74)		-0.0122 (-0.34)		-0.0536*** (-2.63)		0.0008 (0.03)		0.0317 (1.60)		0.0419 (1.45)
L. lnprice_econ		0.0110*** (3.41)		0.0144*** (4.06)		-0.0120*** (-2.98)		-0.0024 (-0.52)		-0.0074** (-2.33)		-0.0127*** (-3.37)
lnprice_fertilizer		-0.0077 (-0.64)		-0.0005 (-0.03)		-0.0040 (-0.31)		-0.0364** (-2.34)		-0.0221* (-1.91)		-0.0072 (-0.51)
lnprice_pesticide		0.0091** (2.40)		-0.0034 (-0.73)		0.0065* (1.88)		0.0070* (1.68)		-0.0171*** (-4.83)		-0.0148*** (-3.39)

续表

因变量: lnland	小麦				水稻				玉米			
	模型 (1)	模型 (2)	模型 (3)	模型 (4)	模型 (5)	模型 (6)	模型 (7)	模型 (8)	模型 (9)	模型 (10)	模型 (11)	模型 (12)
lnprice_seed_grain		-0.0566***		-0.0512***		-0.0553***		-0.0519***		-0.0780***		-0.0749***
		(-11.31)		(-8.70)		(-16.39)		(-9.99)		(-17.67)		(-13.56)
lnprice_seed_econ		0.0055**		0.0016		-0.0020		0.0033		0.0021		0.0062**
		(2.52)		(0.58)		(-1.10)		(1.38)		(1.16)		(2.36)
常数项	1.3427***	1.5485***	1.3384***	1.6540***	1.4601***	1.4633***	1.4815***	1.4867***	1.3409***	1.3388***	1.3892***	1.6576***
	(355.51)	(19.92)	(330.37)	(11.64)	(472.78)	(19.64)	(471.81)	(10.60)	(416.19)	(20.52)	(380.73)	(13.75)
农户个体固定效应	是	是	是	是	是	是	是	是	是	是	是	是
年份固定效应	是	是	是	是	是	是	是	是	是	是	是	是
时间跨度（年）	2003~2008	2003~2008	2004~2008	2004~2008	2003~2008	2003~2008	2004~2008	2004~2008	2003~2008	2003~2008	2004~2008	2004~2008
R^2	0.0025	0.0168	0.0054	0.0189	0.0128	0.0308	0.0139	0.0382	0.0070	0.0284	0.0057	0.0279
F	8.8802	14.2397	11.1949	9.6756	32.8772	29.5097	25.6307	19.6099	24.4839	31.5628	15.1574	20.2206
样本量	28383	28383	17764	17764	38234	38234	24579	24579	45084	45084	28472	28472

注：括号外的数值为估计系数，括号内为该系数下的 t 值，其中 * 表示 $p < 0.1$，** 表示 $p < 0.05$，*** 表示 $p < 0.01$。

第一，农机购置补贴试点对小麦、玉米的机械化以及播种面积表现出显著的正向作用，反映了农业机械化是有助于提高小麦、玉米播种面积的事实。上文分析指出在式（6-3）与式（6-4）中，农机购置补贴试点对粮食播种面积的弹性值（β）与农机购置补贴试点对粮食机械投入的弹性值（η）的比值 β/η，β/η 即为机械化对粮食播种面积的弹性。进一步测算出农机购置补贴试点当期变量 P_t 对小麦播种面积的弹性值约为 0.12，而补贴试点滞后一期变量 P_{t-1} 对小麦播种面积的弹性值为 0.25~0.32；补贴试点滞后一期变量 P_{t-1} 对玉米播种面积的弹性值则为 0.85~0.92。这表明农机购置补贴试点对小麦、玉米播种面积的作用主要是通过试点的滞后性表现出来的。

第二，农机购置补贴试点的 DID 模型对水稻的估计结果显示出，农业机械化并不是影响水稻播种面积的稳健因子。

第三，结合表（6-9）与表（6-10），以及式（6-3）与式（6-4），可推算出机械投入对小麦、玉米播种面积的弹性系数分别为 0.25~0.32 与 0.86~0.92。稳健性检验测算出的机械化对三种粮食播种面积作用效果的差异，实则是三种粮食机械化程度的差异对补贴试点的反映：由于水稻机械化程度最低，主要是农机工艺尚未实现较大突破，因而补贴试点测算出的结果显示，农业机械化对水稻播种面积的作用效果并不显著；此外，农业机械化对玉米播种面积的弹性值远大于小麦的，这一点与农业机械化程度远小于小麦的事实有所不同，并且也与表 6-6 的估计结果不同。本书认为，表 6-10 的估计结果更可靠。这是因为表 6-10 的估计结果体现出小麦与玉米两种作物的种植特性。与小麦不同的是，中国适应玉米种植的区域较大并且适宜玉米种植的时间也较长。随着玉米机械化程度的增加，加上玉米种植具有普适性的优良特征，玉米播种面积增长的空间会比小麦的大，因而机械化对其的弹性系数也就表现出了比小麦高的特征。而且就经济学的角度而言，这体现出了边际报酬递减的规律。

第三节　农业机械化对粮食种植比例影响的模型估计

上述研究内容证明了农业机械化对粮食作物播种面积的促进效果。实证结果显示，农业机械投入对粮食作物总播种面积，小麦、玉米的播种面积表现了显著且稳健的正向作用。如此，也就证实了本书提出的假说 1。进一步，本节将对假说 1a 进行检验。若本节的研究亦能验证假说 1a，那么本章的研究就从绝对量与相对量两个角度证实了农业机械化对粮食播种面积的正向影响。

一、基准回归

本部分的基准回归仍将以村级单位内其他农户粮食机械化投入的平均值作为单个农户机械要素投入的工具变量，以粮食总播种面积以及三种粮食播种面积占总农作物播种面积的比例（相对量）为因变量，分析机械投入对粮食作物播种面积占比的影响。

1. 农业机械化与粮食种植总面积比例

表6－11汇报了农业机械投入对粮食作物种植总面积比例的作用效果，表6－11在估计中同样也采用了农户层面的聚类标准误，并且双向控制了农户个体层面与年份时间层面的固定效应。表6－12报告的是与表6－11相对应的第一阶段估计结果。

从表6－12汇报的结果来看，工具变量lnmech_ village_ grain 对单个农户的机械投入 lnmech_ grain 依旧表现了显著的正向影响。在表6－12的模型（1）~模型（4）中，lnmech_ village_ grain 对 lnmech_ grain 的估计系数值均在较小区间内波动，并且显著性程度也未表现出较大的差别，这说明工具变量对自变量的影响很稳定。进一步地，通过对表6－12中工具变量的系列检验后，亦发现工具变量满足外生性的条件。

表6－11　机械投入对粮食种植总面积占比作用效果的Ⅳ估计

因变量：y	模型（1）	模型（2）	模型（3）	模型（4）
lnmech_ grain	0.0173***	0.0180***	0.0181***	0.0184***
	(17.36)	(17.39)	(17.49)	(17.89)
gender		−0.0065	−0.0072	−0.0062
		(−0.94)	(−1.04)	(−0.90)
age		0.0003	0.0003	0.0003
		(1.32)	(1.20)	(1.42)
education		0.0005	0.0004	0.0007
		(0.61)	(0.60)	(0.94)
efflabor		−0.0180**	−0.0183**	−0.0182**
		(−1.98)	(−2.02)	(−2.02)
L. lnprice_ grain			−0.0013	−0.0001
			(−0.26)	(−0.02)

因变量：y	模型（1）	模型（2）	模型（3）	模型（4）
$L.\ lnprice\_\ econ$			0.0150 ***	0.0150 ***
			（12.39）	（12.45）
$lnprice\_\ fertilizer$				−0.0080 **
				（−2.01）
$lnprice\_\ pesticide$				−0.0042 ***
				（−3.90）
$lnprice\_\ seed\_\ grain$				−0.0102 ***
				（−9.34）
$lnprice\_\ seed\_\ econ$				0.0106 ***
				（16.25）
农户个人固定效应	是	是	是	是
年份固定效应	是	是	是	是
时间跨度（年）	2003~2010	2003~2010	2003~2010	2003~2010
R^2	0.0326	0.0344	0.0373	0.0442
F	53.4058	36.7215	41.0457	50.4236
样本量	95678	95678	95678	95678

注：括号外的数值为估计系数，括号内为该系数下的 t 值，其中 * 表示 $p<0.1$、** 表示 $p<0.05$、*** 表示 $p<0.01$。

根据表6-11报告的估计结果，亦发现粮食生产机械总投入 $lnmech\_\ grain$ 对粮食作物种植总面积占比 y 也表现了显著的正向影响。在模型（1）~模型（4）中，$lnmech\_\ grain$ 的估计系数都在1%的水平下显著，并且系数值均在0.0180上下小幅度地波动，这表明表6-11估计的结果很稳定。由此可见，农业机械化不仅能提高粮食作物播种面积的绝对量，也能提升其播种面积的相对量。农业机械化之所以能促进粮食作物播种面积相对量的提高，遵循的逻辑是：当下中国各农作物的农业机械化实情是，粮食作物机械化程度高于非粮食作物，并且农业劳动力转移后致使农业劳动力成本快速上升，机械化程度越低的农作物意味着其劳动力成本越高抑或说是生产成本越高。根据速水佑次郎与弗农·拉坦（2000）的诱致性变迁理论，在要素替代不可得的情况下（受非粮食作物机械工艺限制与机械化服务不足的影响，农户很难通过机械替代非粮食生产中的劳动力），农户会做出品种替代的决策，即增加粮食作物播种面积，并减少非粮食作物播种面积。这种叙述逻辑即为假说1a所述内容。

表 6 - 12　机械投入对粮食种植总面积占比作用效果 IV 估计的第一阶段结果

因变量：lnmech_ grain	模型（1）	模型（2）	模型（3）	模型（4）
lnmech_ village_ grain	0.9320 ***	0.9248 ***	0.9247 ***	0.9248 ***
	(155.24)	(151.72)	(151.56)	(151.23)
gender		0.0417	0.0413	0.0404
		(1.18)	(1.17)	(1.15)
age		0.0010	0.0011	0.0010
		(0.86)	(0.87)	(0.83)
education		0.0078 **	0.0078 **	0.0077 **
		(2.24)	(2.24)	(2.23)
efflabor		0.0922 **	0.0930 **	0.0920 **
		(2.21)	(2.23)	(2.20)
L. lnprice_ grain			- 0.1083 ***	- 0.1080 ***
			(- 5.41)	(- 5.40)
L. lnprice_ econ			- 0.0048	- 0.0047
			(- 0.95)	(- 0.93)
lnprice_ fertilizer				- 0.0191
				(- 1.12)
lnprice_ pesticide				0.0336 ***
				(6.71)
lnprice_ seed_ grain				- 0.0083
				(- 1.55)
lnprice_ seed_ econ				- 0.0022
				(- 0.79)
农户个人固定效应	是	是	是	是
年份固定效应	是	是	是	是
时间跨度（年）	2003 ~ 2010	2003 ~ 2010	2003 ~ 2010	2003 ~ 2010
R^2	0.6216	0.6216	0.6218	0.6222
F	5369.76	3469.25	2981.84	2342.04
样本量	95678	95678	95678	95678

注：括号外的数值为估计系数，括号内为该系数下的 t 值，其中 * 表示 $p < 0.1$、** 表示 $p < 0.05$、*** 表示 $p < 0.01$。

　　在表 6 - 11 的控制变量中，*efflabor* 对粮食种植总面积占比 y 的作用效果显著为负。这表明有效农业劳动力越少的家庭，粮食播种比例越高。当反映家庭农业劳动力数量越少时，农户越会增加种植易于机械化的粮食作物，其实质体现的是机械与劳动相互替代的效果。不过，*efflabor* 对 *y* 的作用效果在表 6－13 ～ 表 6－16 中表现得并不稳健。在产品价格因素中，*L. lnprice_ econ* 对 *y* 表现出了显著的正向影响。一般来说，经济作物产品价格的升高会促进农户种植经济作物而减少粮食播种面积的比例；然而这里对 *y* 的作用效果却为正。本书认为，这与 2003～2010 年经济作物价格与粮食播种面积相对量同时增长的趋势相关；同时，这也反映了价格因素对农户经济作物种植积极性的促进作用已不再明显，而如何减少人力劳动投入与降低生产成本成为影响农户种植决策的重要因素。表 6－11 所列四个种植成本因素，对 *y* 均显现出了显著的负向影响，不过这四个因素中仅 *lnprice_ seed_ grain* 在后续的模型估计中表现了对 *y* 显著且稳健的作用效果。

2. 农业机械化与三种粮食种植比例

在分析农业机械投入对粮食种植总面积比的影响后，本书继而研究了机械化对三种粮食粮食种植比例的作用效果。在模型估计中，仍以村级单位内其他农户某个粮食作物机械投入的平均值作为单个农户机械某粮食作物机械要素投入的工具变量，在估计中继续采用农户层面的聚类标准误，并且双向控制农户个体层面与时间层面的固定效应。农业机械化对三种粮食种植比例的估计结果如表 6－13 所示。其中，工具变量一阶段估计结果未列出。工具变量估计结果显示，工具变量 *lnmech_ village_ grain* 对自变量 *lnmech_ grain* 的作用效果均显著为正，并且工具变量也通过了有效性检验。

表 6－13 中的模型（1）～模型（4）揭示了农业机械化对小麦种植比例的影响效果。估计结果表明，机械要素投入对小麦种植比例的作用效果显著为正，并且估计系数均在 0.01 上下波动，这说明机械要素投入每增长 1%，小麦种植比例则相应地增加 0.01 个百分点。在控制变量中，*gender* 对小麦种植面积占比的作用显著为负，这反映了男性户主特征对小麦种植的重要性。不过，*gender* 的这种作用效果在表 6－14 与表 6－16 中并未表现出稳健性。在产品价格因素中，*L. lnprice_ econ* 对小麦种植比例也显现了正向作用。在生产成本因素中，既有对小麦种植比例起到正向作用的因子，也有负面影响的因素，不过在后续模型中持续保持稳健的变量仅有 *lnprice_ seed_ grain*。

模型（5）～模型（8）反映的是机械投入对水稻种植比例的作用效果。*lnmech_ grain* 的估计系数显示，机械投入对水稻播种面积具有负向效果，不过这种负向效果却并不显著。在控制变量中，*L. lnprice_ econ* 也显示了对水稻播种面积的正向作用；在成本因素中，既有正向作用因子，也有负向影响因素，不过也仅 *lnprice_ seed_ grain* 的作用效果是稳健的。

表 6 – 13 机械投入对三种粮食种植比例作用效果的 IV 估计

因变量: y	小麦				水稻				玉米			
	模型 (1)	模型 (2)	模型 (3)	模型 (4)	模型 (5)	模型 (6)	模型 (7)	模型 (8)	模型 (9)	模型 (10)	模型 (11)	模型 (12)
lnmech_ grain	0.0101***	0.0110***	0.0111***	0.0106***	-0.0007	-0.0013	-0.0014	-0.0010	0.0075***	0.0078***	0.0078***	0.0081***
	(8.23)	(8.29)	(8.35)	(8.02)	(-0.56)	(-0.86)	(-0.93)	(-0.64)	(8.64)	(8.54)	(8.65)	(9.08)
gender		-0.0171**	-0.0178**	-0.0170**		-0.0149	-0.0154	-0.0153		-0.0011	-0.0011	0.0002
		(-2.11)	(-2.20)	(-2.11)		(-1.56)	(-1.62)	(-1.62)		(-0.12)	(-0.12)	(0.02)
age		0.0001	0.0001	0.0001		0.0002	0.0002	0.0003		-0.0009***	-0.0009***	-0.0009***
		(0.29)	(0.18)	(0.21)		(0.64)	(0.61)	(0.87)		(-2.87)	(-2.90)	(-2.84)
education		0.0015	0.0015	0.0015*		-0.0009	-0.0009	-0.0005		-0.0009	-0.0009	-0.0008
		(1.64)	(1.64)	(1.68)		(-0.79)	(-0.80)	(-0.47)		(-0.99)	(-1.00)	(-0.84)
efflabor		-0.0066	-0.0073	-0.0068		-0.0066	-0.0068	-0.0068		-0.0263**	-0.0264**	-0.0256**
		(-0.59)	(-0.66)	(-0.62)		(-0.52)	(-0.54)	(-0.54)		(-2.15)	(-2.16)	(-2.11)
L. lnprice_ grain			-0.0032	-0.0040			0.0017	0.0006			-0.0087	-0.0089
			(-0.29)	(-0.36)			(0.18)	(0.06)			(-0.89)	(-0.90)
L. lnprice_ econ			0.0085***	0.0088***			0.0054***	0.0055***			0.0022	0.0021
			(6.69)	(6.90)			(2.91)	(2.96)			(1.42)	(1.40)
lnprice_ fertilizer				0.0103**				-0.0212***				0.0012
				(2.28)				(-3.40)				(0.27)

续表

因变量：y	小麦				水稻				玉米			
	模型(1)	模型(2)	模型(3)	模型(4)	模型(5)	模型(6)	模型(7)	模型(8)	模型(9)	模型(10)	模型(11)	模型(12)
lnprice_pesticide				0.0061*** (4.40)				-0.0072*** (-4.24)				-0.0087*** (-6.13)
lnprice_seed_grain				-0.0148*** (-8.57)				-0.0132*** (-9.41)				-0.0144*** (-9.22)
lnprice_seed_econ				0.0046*** (5.74)				0.0105*** (11.63)				0.0085*** (11.22)
农户个体固定效应	是	是	是	是	是	是	是	是	是	是	是	是
年份固定效应	是	是	是	是	是	是	是	是	是	是	是	是
时间跨度（年）	2003~2010	2003~2010	2003~2010	2003~2010	2003~2010	2003~2010	2003~2010	2003~2010	2003~2010	2003~2010	2003~2010	2003~2010
R^2	0.0338	0.0350	0.0371	0.0429	0.0001	0.0008	0.0006	0.0087	0.0829	0.0838	0.0840	0.0907
F	49.1378	30.6730	27.9357	29.5223	4.1489	2.4430	2.7101	13.5607	228.4031	145.1752	125.3220	111.2869
样本量	34803	34803	34803	34803	47680	47680	47680	47680	57707	57707	57707	57707

注：括号外的数值为估计系数，括号内为该系数数下的 t 值，其中 $*$ 表示 $p < 0.1$，$**$ 表示 $p < 0.05$，$***$ 表示 $p < 0.01$。

模型（9）~模型（12）测算的是机械投入对玉米种植比例的影响。ln*mech_grain* 的估计系数表明，机械投入显著地提高了玉米种植比例。ln*mech_grain* 的估计系数均在 1% 水平下显著，系数值在 0.0078 上下波动。这说明机械要素投入每增长 1%，玉米种植比例会相应地增加 0.0078 个百分点。控制变量对玉米种植比例的影响与小麦、玉米的相类似。不同的是，*age* 与 *efflabor* 对玉米种植比例起到了显著的影响，然而其稳健性在表 6 – 14 与表 6 – 16 中依然不高。

比较表 6 – 13 中机械投入对三种粮食种植比例的作用效果，不难发现：首先是机械投入对小麦的作用效果最为明显，其次是玉米的，对水稻的作用效果最弱。这与上一节中探讨机械投入对三种粮食播种面积绝对量的影响的结论相同。本书认为，这种差别仍然是由这三种粮食作物的机械化程度决定的。按照假说 1a 的内容，不难有这样的推论，即机械化程度越高的产品，播种面积与种植比例均会增加。在三种粮食中，首先小麦的机械化程度最高，其次是玉米，最后是水稻最低。因而机械投入对这三种粮食种植比例的作用强度也就表现出了小麦、玉米、水稻逐次减弱的特征。

二、稳健性检验

接下来的内容将通过两种方式对表 6 – 11 与表 6 – 13 的估计结果进行稳健性检验。

1. bootstrap-xttobit 两步法的稳健性分析

考虑到因变量粮食作物种植比例 y_{it} 具有 $0 \leqslant y_{it} \leqslant 1$ 的性质，为了获得一致性的估计参数，本书将采用式（6 – 8）的方式对上述模型进行再估计。模型估计结果如表 6 – 14 所示。

表 6 – 14 中的模型（1）与模型（2）汇报的是机械投入对粮食种植比例的作用效果。首先，在测算中对模型（1）进行面板数据的 OLS 估计，估计中采用农户层面的聚类标准误，并且双向控制时间与农户个体的固定效应；根据估计的参数计算出因变量 ln*mech_grain* 的拟合值 ln*mech_grain_hat*。其次，用这个拟合值作为模型（2）的重要自变量，通过 bootstrap 的方法，采用抽样 100 次的方式，对模型（2）进行面板数据的 Tobit 估计。对小麦、水稻、玉米的研究亦是采用的这种方法。

从模型（1）与模型（2）的估计结果来看，ln*mech_village_grain* 与 ln*mech_grain_hat* 的估计系数均在 1% 水平下显著为正，这表明 bootstrap-xttobit 两步法估计的结果依然支持机械投入有助于增加粮食播种面积相对量的结论。模型（3）~模型（8）的估计结果也分别显示出，机械投入有助于提高小麦、水稻与玉米种植比例。

表 6-14　bootstrap-xttobit 两步法对三种粮食种植比例的作用效果

因变量	粮食加总		小麦		水稻		玉米	
	模型 (1)	模型 (2)	模型 (3)	模型 (4)	模型 (5)	模型 (6)	模型 (7)	模型 (8)
	lnmech_grain	y	lnmech_grain	y	lnmech_grain	y	lnmech_grain	y
lnmech_village_grain	0.9261*** (151.29)		0.8587*** (129.71)		0.9242*** (135.14)		0.9502*** (237.32)	
lnmech_grain_hat		0.0399*** (30.10)		0.0252*** (22.19)		0.0114*** (6.55)		0.0259*** (28.53)
gender	0.0407 (1.17)	-0.0050 (-0.71)	-0.0353 (-0.88)	-0.0278*** (-4.39)	0.0281 (0.78)	-0.0194*** (-2.74)	0.0842** (2.25)	-0.0028 (-0.34)
age	0.0010 (0.85)	0.0001 (0.50)	-0.0030** (-2.11)	0.0003* (1.88)	0.0031** (2.25)	0.0004** (2.09)	0.0018 (1.54)	-0.0003 (-1.48)
education	0.0079** (2.27)	0.0006 (0.96)	0.0078* (1.91)	0.0015*** (2.66)	0.0116*** (2.60)	0.0004 (0.53)	0.0028 (0.80)	0.0001 (0.07)
efflabor	0.0907** (2.18)	-0.0265** (-2.58)	0.0633 (1.15)	-0.0222** (-2.40)	0.0434 (0.79)	-0.0093 (-0.99)	0.0751 (1.62)	-0.0285** (-2.44)
L.lnprice_grain	-0.1038*** (-5.20)	-0.0279*** (-5.64)	-0.0524 (-0.96)	0.0388*** (3.23)	0.0625* (1.77)	-0.0114 (-1.44)	0.0042 (0.13)	-0.1053*** (-11.71)
L.lnprice_econ	-0.0033 (-0.67)	0.0241*** (20.46)	-0.0281*** (-4.74)	0.0122*** (9.62)	0.0177** (2.55)	0.0036** (2.19)	-0.0035 (-0.59)	-0.0009 (-0.65)
lnprice_fertilizer	-0.0151 (-0.88)	0.0137*** (3.13)	0.0101 (0.46)	0.0387*** (9.21)	0.0345 (1.36)	-0.0062 (-1.20)	-0.0213 (-1.16)	0.0423*** (8.83)

续表

	粮食加总		小麦		水稻		玉米	
	模型（1）	模型（2）	模型（3）	模型（4）	模型（5）	模型（6）	模型（7）	模型（8）
lnprice_pesticide	0.0328***	-0.0080***	-0.0145**	0.0036***	0.0172**	-0.0092***	0.0196***	-0.0097***
	(6.57)	(-5.52)	(-2.29)	(2.91)	(2.49)	(-6.19)	(3.82)	(-8.17)
lnprice_seed_grain	-0.0070	-0.0125***	-0.0223***	-0.0145***	-0.0160**	-0.0173***	-0.0752***	-0.0130***
	(-1.32)	(-9.51)	(-3.01)	(-9.12)	(-2.50)	(-10.89)	(-11.24)	(-8.82)
lnprice_seed_econ	-0.0033	0.0170***	0.0141***	0.0053***	-0.0007	0.0124***	0.0031	0.0104***
	(-1.20)	(23.03)	(3.79)	(7.02)	(-0.19)	(14.84)	(1.07)	(13.74)
常数项	0.2088**	0.6647***	0.7884***	0.2480***	0.0121	0.5103***	0.1023	0.3844***
	(2.13)	(35.62)	(6.56)	(12.68)	(0.10)	(25.88)	(1.04)	(18.09)
农户个体固定效应	是	否	是	否	是	否	是	否
年份固定效应	是	是	是	是	是	是	是	是
时间跨度（年）	2003~2010	2003~2010	2003~2010	2003~2010	2003~2010	2003~2010	2003~2010	2003~2010
bootstrap 次数		100		100		100		100
R^2	0.7034		0.7518		0.6623		0.8028	
F	2368.81		1934.95		1671.65		5092.00	
样本量	95678	95678	34803	34803	47680	47680	57707	57707

注：括号外的数值为估计系数，括号内为该系数下的 t 值或 Z 值，其中 * 表示 $p<0.1$，** 表示 $p<0.05$，*** 表示 $p<0.01$。

与表 6 - 13 估计结果不同的是，机械投入对水稻种植比例的作用效果在表 6 - 14 中变得非常显著。不过，lnmech_ grain_ hat 对水稻播种面积占比 y 的作用效果在三种粮食中却是最小的，这与表 6 - 13 中的情况是一致的。

进一步发现，表 6 - 14 中 lnmech_ grain_ hat 的估计系数，均比表 6 - 12 与表 6 - 13 中估计出的机械投入（lnmech_ grain）的作用效果要大。这表明表 6 - 12 并未较大程度地高估机械投入对粮食播种面积占比的作用效果。综合表 6 - 12、表 6 - 13 与表 6 - 14 的估计结果，可以肯定的是机械投入对粮食种植比例，小麦、玉米种植比例的确起到了积极的促进作用。

2. 农机购置补贴试点与粮食作物种植比例

本部分将使用式（6 - 6）与式（6 - 7），通过农机购置补贴试点对机械投入作用于粮食种植比例的效果进行稳健性检验。表 6 - 15 报告的是农机购置补贴试点对粮食作物种植比例的作用效果。表 6 - 15 在估计中，依然采用农户层面的聚类标准误，并且双向控制农户个体层面与时间层面的固定效应。

表 6 - 7 的分析已表明，农机购置补贴试点对粮食生产中机械总投入存在着积极的正向作用。这为表 6 - 15 的分析奠定了基础。从表 6 - 15 的估计结果来看，无论是 P_t，还是 P_{t-1} 的估计系数均显著为正，估计系数的显著性程度都在 1% 水平以下。从估计系数数值大小来看，模型（1）~模型（4）中的 P_t 分别比模型（5）~模型（8）中的 P_{t-1} 略高，但是差别并不大；另外，模型（1）~模型（4）中 P_t 的系数值变化亦不大，模型（5）~模型（8）中 P_{t-1} 的也是如此。这体现了估计结果的稳定性。进一步的估计结果表明，农机购置补贴试点提高了粮食作物种植比例。结合表 6 - 7 中的分析，不难得出农业机械投入有助于提高粮食作物种植比例的结论。由此可见，表 6 - 11 的估计结论是稳健的。综合表 6 - 7、表 6 - 15 的估计系数，采用式（6 - 6）与式（6 - 7）的方法，可计算出机械投入对粮食播种总面积相对量的半弹性系数为 0. 16 ~ 0. 24。

在表 6 - 15 的控制变量中，虽有不少变量对粮食作物种植比例的作用效果显著。但是从全文的分析来看，仅 L. lnprice_ econ 与 lnprice_ seed_ grain 的作用效果具有稳健性。这两个变量对粮食作物播种总面积相对量表现的显著且稳健作用的经济含义，本书已在上文中做了分析，此处不再赘述。

表 6 - 15　农机购置补贴试点对粮食作物种植总面积占比的作用效果

因变量：y	模型（1）	模型（2）	模型（3）	模型（4）	模型（5）	模型（6）	模型（7）	模型（8）
P_t	0. 0116 ***	0. 0110 ***	0. 0114 ***	0. 0120 ***				
	(7. 19)	(6. 67)	(6. 91)	(7. 30)				

续表

因变量: y	模型（1）	模型（2）	模型（3）	模型（4）	模型（5）	模型（6）	模型（7）	模型（8）
P_{t-1}					0.0105 *** (5.42)	0.0107 *** (5.36)	0.0101 *** (5.10)	0.0101 *** (5.12)
gender		-0.0007 (-0.09)	-0.0015 (-0.17)	-0.0005 (-0.05)		-0.0005 (-0.04)	-0.0008 (-0.06)	0.0016 (0.12)
age		0.0004 (1.35)	0.0003 (1.18)	0.0004 (1.36)		0.0003 (0.51)	0.0004 (0.52)	0.0005 (0.68)
education		-0.0005 (-0.61)	-0.0005 (-0.61)	-0.0003 (-0.35)		-0.0007 (-0.55)	-0.0007 (-0.52)	-0.0005 (-0.42)
efflabor		-0.0091 (-0.80)	-0.0104 (-0.91)	-0.0100 (-0.88)		-0.0072 (-0.52)	-0.0074 (-0.54)	-0.0058 (-0.42)
L. lnprice_ grain			-0.0093 * (-1.69)	-0.0071 (-1.30)			-0.0283 *** (-3.98)	-0.0252 *** (-3.59)
L. lnprice_ econ			0.0169 *** (12.94)	0.0172 *** (13.22)			0.0116 *** (7.78)	0.0115 *** (7.73)
lnprice_ fertilizer				-0.0100 ** (-2.26)				-0.0095 * (-1.81)
lnprice_ pesticide				-0.0049 *** (-4.11)				-0.0046 *** (-3.06)
lnprice_ seed_ grain				-0.0122 *** (-10.19)				-0.0145 *** (-7.92)
lnprice_ seed_ econ				0.0118 *** (15.27)				0.0170 *** (15.36)
常数项	0.7881 *** (683.85)	0.7824 *** (34.65)	0.7726 *** (33.58)	0.7771 *** (33.01)	0.7854 *** (676.77)	0.7807 *** (18.68)	0.7910 *** (18.57)	0.7892 *** (18.03)
农户个体固定效应	是	是	是	是	是	是	是	是
年份固定效应	是	是	是	是	是	是	是	是
时间跨度（年）	2003~2008	2003~2008	2003~2008	2003~2008	2004~2008	2004~2008	2004~2008	2004~2008
R^2	0.0021	0.0024	0.0064	0.0166	0.0031	0.0032	0.0062	0.0230
F	17.3351	11.1346	22.5017	38.8203	16.1265	9.1829	13.5678	28.2348
样本量	75067	75067	75067	75067	49607	49607	49607	49607

注：括号外的数值为估计系数，括号内为该系数下的 t 值，其中 * 表示 $p<0.1$、** 表示 $p<0.05$、*** 表示 $p<0.01$。

3. 农机购置补贴试点与三种粮食作物种植比例

进一步利用农机购置补贴试点，本书将对机械投入作用于三种粮食种植比例的效果进行稳健性检验。表 6 - 16 报告了稳健性估计的结果。表 6 - 16 的估计方式与表 6 - 15 的相同，即采用农户层面聚类标准误，且双向控制农户个体与年份固定效应。

表 6-16 中模型（1）~模型（4）讨论的是农机购置补贴试点对小麦种植比例的作用效果。在模型（1）与模型（2）中，P_t 对小麦种植比例 y 表现出了负向作用，不过这种负向作用并不显著。在模型（3）与模型（4）中，P_t 的估计系数显著大于 0，显著性程度达到了 1% 水平以下。这表明农机购置补贴试点对小麦种植比例的作用效果存在滞后效应。一方面，这种滞后效应来源于补贴机具发挥作用还需要一定时间的特性；另一方面，也来源于农户种植结构决策变迁需要时间调整的特征。

模型（5）~模型（8）研究的是农机购置补贴试点对水稻种植比例的影响效果。模型（5）~模型（8）均显示，农机购置补贴试点对水稻种植比例存在着负向作用。不过，这种负向作用仅在模型（7）与模型（8）中显著。在模型（7）与模型（8）中，P_{t-1} 对水稻种植比例 y 的作用效果的显著性程度达到了 1% 以下。这表明农机购置补贴试点对水稻种植结构的变化也存在着滞后性。

模型（9）~模型（12）测算了农机购置补贴试点对玉米种植比例的作用效果。模型估计结果均表明，农机购置补贴试点有助于提升玉米种植比例。其中，模型（11）与模型（12）中 P_{t-1} 的估计系数，均远大于模型（9）与模型（10）中 P_t 的。这说明了农机购置补贴试点对玉米种植结构的影响也是以滞后效应为主。

横向比较农机购置补贴试点对三种粮食种植比例的作用效果，有如下发现：第一，补贴试点对三种粮食种植比例的影响都存在较强的滞后效应，而且均是以滞后效应的作用效果为主。第二，补贴试点对水稻种植比例表现出的负向作用效果，实际上反映的是农户会减少机械化程度较低作物种植比例的事实。本书的假说 1a 欲证明的是，机械化会提高机械化程度较高的粮食作物的种植比例，即降低机械化程度较低的经济作物的种植比重；在表 6-16 中，发现的机械化对机械化程度较低的水稻作物种植面积比重的负向作用的现象，实际上也是印证了假说 1a。这说明在粮食作物中，机械化会促使农户增加机械化程度高的粮食作物的种植比例，减少机械化程度低的粮食作物的种植比重。第三，农机购置补贴试点对玉米种植比例的提升效果大于小麦的，这与表 6-13 分析的结论不同。事实上，在表 6-13 中，机械投入对小麦种植比例的促进作用仅仅是略大于玉米的；而此处采用式（6-6）与式（6-7）推算出的机械投入对小麦播种面积相对量的半弹性为 0.0940~0.1207，而推算出的机械投入对玉米播种面积相对量的半弹性为 0.8286~0.8442，即机械投入对玉米种植比例的提升效果远大于对小麦的。本书认为，这与玉米种植范围的普适性相关联，而小麦的种植受空间与季节的约束程度则比玉米的大得多。

表 6-16 的控制变量对三种粮食作物种植比例的作用效果及其反映出的经济学含义，已在上文中做了多次分析，此处也不再赘述。

表 6-16　农机购置补贴试点对三种粮食种植比例的作用效果

因变量:	小麦				水稻				玉米			
y	模型 (1)	模型 (2)	模型 (3)	模型 (4)	模型 (5)	模型 (6)	模型 (7)	模型 (8)	模型 (9)	模型 (10)	模型 (11)	模型 (12)
P_t	-0.0030	-0.0011			-0.0002	-0.0020			0.0089***	0.0079***		
	(-1.62)	(-0.59)			(-0.10)	(-0.85)			(4.65)	(4.00)		
P_{t-1}			0.0071***	0.0078***			-0.0078***	-0.0086***			0.0232***	0.0233***
			(3.16)	(3.40)			(-2.92)	(-3.12)			(9.02)	(8.75)
gender		-0.0183*		-0.0066		-0.0067		-0.0051		-0.0160		-0.0208
		(-1.91)		(-0.48)		(-0.57)		(-0.30)		(-1.39)		(-1.25)
age		0.0002		-0.0002		-0.0001		-0.0004		-0.0002		-0.0019
		(0.70)		(-0.43)		(-0.13)		(-0.37)		(-0.49)		(-1.59)
education		0.0006		0.0002		-0.0013		-0.0008		-0.0003		-0.0017
		(0.59)		(0.21)		(-0.95)		(-0.45)		(-0.32)		(-1.01)
efflabor		-0.0056		-0.0089		-0.0126		-0.0106		-0.0082		0.0055
		(-0.42)		(-0.60)		(-0.77)		(-0.57)		(-0.56)		(0.29)
L.lnprice_grain		-0.0020		0.0107		-0.0244**		0.0082		-0.0073		0.0410***
		(-0.16)		(0.73)		(-2.48)		(0.64)		(-0.68)		(3.01)
L.lnprice_econ		0.0128***		0.0117***		0.0066***		0.0094***		0.0030*		0.0037*
		(8.60)		(7.20)		(3.41)		(4.06)		(1.74)		(1.78)
lnprice_fertilizer		0.0105**		-0.0000		-0.0287***		-0.0334***		0.0074		0.0103
		(2.14)		(-0.00)		(-4.20)		(-3.92)		(1.43)		(1.55)
lnprice_pesticide		0.0057***		0.0015		-0.0088***		-0.0053**		-0.0176***		-0.0161***
		(3.43)		(0.70)		(-4.76)		(-2.28)		(-10.16)		(-7.39)

续表

因变量：y	小麦				水稻				玉米			
	模型 (1)	模型 (2)	模型 (3)	模型 (4)	模型 (5)	模型 (6)	模型 (7)	模型 (8)	模型 (9)	模型 (10)	模型 (11)	模型 (12)
lnprice_seed_grain		-0.0122*** (-6.42)		-0.0135*** (-6.45)		-0.0179*** (-11.78)		-0.0173*** (-7.41)		-0.0174*** (-10.37)		-0.0154*** (-7.57)
lnprice_seed_econ		0.0067*** (6.96)		0.0085*** (6.89)		0.0131*** (12.65)		0.0170*** (12.21)		0.0075*** (8.62)		0.0091*** (7.25)
常数项	0.3642*** (276.30)	0.3664*** (12.41)	0.3853*** (270.98)	0.3951*** (9.77)	0.5328*** (350.88)	0.6020*** (17.74)	0.5400*** (337.46)	0.5981*** (9.79)	0.3767*** (246.77)	0.4314*** (13.88)	0.4144*** (259.22)	0.5584*** (8.10)
农户个体固定效应	是	是	是	是	是	是	是	是	是	是	是	是
年份固定效应	是	是	是	是	是	是	是	是	是	是	是	是
时间跨度（年）	2003~2008	2003~2008	2004~2008	2004~2008	2003~2008	2003~2008	2004~2008	2004~2008	2003~2008	2003~2008	2004~2008	2004~2008
R^2	0.0203	0.0328	0.0093	0.0253	0.0003	0.0187	0.0013	0.0234	0.0566	0.0689	0.0400	0.0533
F	54.6407	29.1394	17.2647	13.8992	1.7388	18.6671	4.6490	13.9359	194.7445	84.0854	97.0273	41.2126
样本量	28383	28383	17764	17764	38234	38234	24579	24579	45084	45084	28472	28472

注：括号外的数值为估计系数，括号内为该系数下的 t 值，其中*表示 $p < 0.1$，**表示 $p < 0.05$，***表示 $p < 0.01$。

第四节　本章小结

通过本章的研究与分析，有如下研究结论：

1. 农业机械化促进了粮食作物播种面积的增加

无论是基准回归，还是稳健性检验，抑或是对粮食总面积以及三种粮食作物播种面积的分析，都证实了该结论。具体而言：

（1）农业机械化促进了粮食播种总面积、小麦播种面积以及玉米播种面积的增加，对水稻播种面积的正向作用还不太稳健。

（2）稳健性检验结果表明，机械投入对农户粮食播种总面积的弹性系数为 0.20 ~ 0.34，对小麦与玉米播种面积的弹性系数分别为 0.25 ~ 0.32 与 0.86 ~ 0.92。

（3）稳健性检验测算出的机械化对三种粮食播种面积作用效果的差异，实则是三种粮食机械化程度的差异对补贴试点的反映：由于水稻机械化程度最低，主要是农机工艺尚未实现较大突破，因而补贴试点测算出的结果显示出农业机械化对水稻播种面积的作用效果并不显著；虽然农业机械化对玉米播种面积的弹性值远大于小麦的，但是由于玉米比小麦具有种植的区域较大、适宜种植的时间较长的特征，当玉米机械化程度的逐年增加时，玉米播种面积增长的空间也会比小麦的大，因而机械化对其的弹性系数也就表现出了比小麦高的特征。

2. 农业机械化提高了粮食作物种植比例

基准回归与稳健性检验也都证实了机械化对粮食作物种植比例的正向促进作用。具体而言：

（1）农业机械化显著且稳健地提高了粮食作物、小麦与玉米的种植比例，对水稻种植比例的促进效果并不稳健，并且稳健性检验结果还表明农业机械化降低了水稻播种面积的占比。

（2）稳健性检验测算的结果显示，机械投入对粮食种植比例的半弹性系数为 0.16 ~ 0.24，即机械投入每增长 1%，粮食作物播种总面积相应地增加 0.16 ~ 0.24 个百分点；机械投入对小麦种植比例与玉米种植比例的半弹性分别为 0.0940 ~ 0.1207 与 0.8286 ~ 0.8442，即机械投入每增长 1%，小麦播种面积相对量与玉米播种面积相对量相应地增加 0.0940 ~ 0.1207 个与 0.8286 ~ 0.8442 个百分点。

（3）稳健性检验测算出的机械化对三种粮食种植比例作用效果的差异，既是三种粮食机械化程度的差异对补贴试点的反映，也是作物种植特性差别的体现，这一点与机械化对粮食作物播种面积绝对量的作用效果的差异相同。

综上所述，农业机械化有助于提高粮食作物播种面积的绝对量与相对量，如此假说 1 与假说 1a 均得证。

第七章 农业机械化与粮食单产

延续第六章的研究内容，本章将继续实证研究农业机械化对粮食产出的作用机制。本章讨论的是农业机械化对粮食单产的作用效果，同时还将对农业机械化作用于粮食单产的机制进行实证检验。倘若本部分的实证研究证实了农业机械化对粮食单产的正向作用，那么结合第六章的研究结论，本书也就完成了机械化对粮食产出作用机制的检验，也实现了对第三章理论模型的验证工作。

具体而言，将对本书的假说2、假说2a以及假说2b进行实证检验。假说2的内容是"粮食作物农业机械化水平的提升，将有助于粮食单产的提升"，假说2检验的是机械化对粮食单产的综合效应。假说2a与假说2b是对假说2的延伸，是对机械化作用于粮食单产的机制的检验。其中，假说2a的内容是"农业机械化通过提高粮食生产的技术效率与要素配置效率，从而促进了粮食单产的提升"，它检验的是机械化对粮食单产的直接作用效果。假说2b的内容是"农业机械化促进了农业劳动力向非农领域转移，提升了农户收入水平，增加了农户在粮食生产中的资本要素投入，随着农业资本投入的深化，粮食单产随之提高"，它研究的是机械化对粮食单产的间接作用效果。

依据本章的分析内容，具体研究内容安排如下：①第一部分为引言部分。②第二部分为本章的研究设计，研究设计包含四部分内容：一是给出农业机械化对粮食单产作用效果的研究模型，即假说2的检验模型；二是给出农业机械化作用于粮食单产的直接作用机制的评价模型，此为假说2a的检验模型；三是农业机械化作用于粮食单产的间接作用机制的评价模型，即为检验假说2b的实证模型；四是变量选择说明与数据的描述性分析。③第三部分利用计量模型估计农业机械化对粮食单产的总体影响效应，即具体检验假说2。④第四部分检验农业机械化对粮食单产的直接作用机制，此为具体检验假说2a。⑤第五部分利用研究模型，验证农业机械化对粮食单产的间接作用机制，即具体检验假说2b。⑥第六部分为本章小结。

第一节　研究设计

本部分将给出机械化对粮食单产作用效果的评价模型，并且还将给出机械化作用于粮食单产的机制研究模型。具体内容如下所述。

一、农业机械化对粮食单产作用效果评价模型

假说 2 讨论的是机械化与粮食单产之间的关系，本书构建了如式（7-1）所示的估计模型：

$$\ln av Y_{it} = \alpha + \beta \ln avmech_{it} + \sum_{j=1}^{n} \gamma_j X_{jit} + \mu_i + v_t + \theta_{it} \qquad (7-1)$$

在式（7-1）中，avY_{it} 表示第 i 个农户 t 年的粮食单产；$avmech_{it}$ 为第 i 个农户 t 年粮食生产中的单位面积机械投入量；X_{jit} 为能够影响第 i 个农户 t 年粮食单产的第 j 个控制变量；μ_i 是农户个体固定效应，用于控制农户不随时间变化的特征；v_t 是时间固定效应，用于控制随着时间变化的特征；θ_{it} 为误差项。β 与 γ_j 为估计参数，α 为常数项。β 衡量的是机械投入对粮食单产的弹性。

考虑到粮食单产与农业机械投入之间可能存在的内生性：首先，机械投入会对粮食单产造成影响；其次，粮食单产的变化，将会影响农户收入水平的变化，进一步会影响农户机械化服务的购买。本部分将通过 DID 估计法对式（7-1）进行稳健性检验。DID 模型与第六章的式（6-3）与式（6-4）相似，依然利用农机购置补贴逐县推进的准实验特征，建立如式（7-2）与式（7-3）所示的估计式子：

$$\ln av Y_{it} = \alpha + \beta P_{it} + \sum_{j=1}^{n} \gamma_j X_{jit} + \mu_i + v_t + \theta_{it} \qquad (7-2)$$

$$\ln avmech_{it} = \varphi + \eta P_{it} + \sum_{j=1}^{n} \gamma_j X_{jit} + \mu_i' + v_t' + \theta_{it}' \qquad (7-3)$$

在式（7-2）与式（7-3）中，P_{it} 是本书关注的自变量，为农户所在县当年是否为农机购置补贴试点县的虚拟变量。P_{it} 是取值为 0 或 1 的变量，当 P_{it} 等于 1 时，表示第 i 个农户所在县域第 t 年时已实施农机购置补贴；当 P_{it} 等于 0 时，表示第 i 个农户所在县域第 t 年时还没有实施农机购置补贴。μ_i 表示农户个体固定效应，v_t 表示时间固定效应。在面板数据中，双重差分模型可以通过控制地区和时间固定效应来实现。θ_{it} 表示误差项，误差项可能与地区或时间相关。

在式（7-2）与式（7-3）中，系数 β 表示农机购置补贴对农户粮食单产

avY_{it} 的作用效果，系数 η 表示农机购置补贴对农户单位面积农业机械投入 $avmech_{it}$ 的作用效果，因此，不难测算出农业机械化对农户粮食单产的作用效果为 β/η。在式（7-2）与式（7-3）的估计结果中，倘若 β 与 η 的估计系数都显著为正，那么就可以认为农业机械化有助于提高粮食单产。通过式（7-2）与式（7-3），本书能间接地测算出农业机械化对粮食单产的作用效果。其中，β/η 就是单位农业机械投入对农户粮食单产的作用弹性。

二、农业机械化、生产效率提升及其对粮食单产的直接作用机制效果评价模型

根据假说2a的内容，本章将验证农业机械化对生产效率的影响。根据本书第三章所述，这里的生产效率指的是技术效率与要素配置效率。即农业机械化是通过作用于技术效率、要素配置效率的渠道影响着粮食的单产。为此，本部分首先需要测算出农户生产中的技术效率与要素配置效率。

1. 技术效率与配置效率的测算

一般而言，技术效率是指在实现既定产出的前提下，投入最小化的能力；或在投入既定的条件下，产出最大化的能力（Kumbhakar and Lovell，2000）。根据 Kumbhakar 和 Lovell（2000）、Battese 和 Coelli（1992）的研究，本书将通过建立随机前沿生产函数的方式，对技术效率与配置效率进行测算。随机前沿生产函数可用式（7-4）表达：

$$y_{it} = f(x_{it}, \beta) \cdot TE_{it} \qquad (7-4)$$

在式（7-4）中，y_{it} 为既定产出变量，这里为给定的粮食单产或最大单产量；x_{it} 为投入要素向量；$f(x_{it}, \beta)$ 是前沿生产函数，β 是待估参数；TE_{it} 为第 i 个农户第 t 年的生产技术效率。如此，技术效率可用式（7-5）表示。式（7-5）清晰地表达了技术效率的经济学含义。在投入一定的条件下，技术效率的越高意味着生产个体单元越能获得较大产出。换言之，技术效率与产出之间是正相关关系。根据定义，可知技术效率具有 $0 \leq TE_{it} \leq 1$ 的特性，当 TE_{it} 等于1时，意味着生产完全具有技术效率；当 TE_{it} 小于1时，表明生产存在效率损失；当 TE_{it} 等于0时，说明生产完全没有效率。

$$TE_{it} = \frac{y_{it}}{f(x_{it}, \beta)} \qquad (7-5)$$

借鉴 Cornwell、Schmidt 和 Sickles（CSS）（1990）与 Kumbhakar（1990）的研究，本书将以一个携带时变技术效率指数的随机前沿生产函数为本书的基本模型，如式（7-6）所示：

$$y_{it} = f(x_{it}, \beta) \cdot \exp(v_{it} - \mu_{it}) \qquad (7-6)$$

在式（7-6）中，v_{it} 是服从独立同分布的随机误差项，即 $v_{it} \sim i.i.d.N$（0，$\sigma^2 v$）；u_{it} 为技术无效率项。根据式（7-5），技术效率可表征为如式（7-7）所示：

$$TE_{it} = \exp(-\mu_{it}) \tag{7-7}$$

对式（7-6）进行参数估计后，可得到每个生产单元的 u_{it}，继而可计算出技术效率。

进一步地，本书将给出配置效率的计算方法。配置效率可通过全要素生产率增长（ΔTFP）的表达式推算出。全要素生产率定义为实际产出（y）与要素投入的比值，如式（7-8）所示：

$$TFP = \frac{y}{\text{Input}(x, t)} \tag{7-8}$$

全要素生产率增长（ΔTFP）是由全要素生产率（TFP）对时间 t 求导推算而来的。假设 $\text{Input}(x, t) = \prod_{j=1}^{n} x_j^{sj}$，$x_j$ 为第 j 种投入要素，s_j 为要素 j 的成本份额。假设要素 x_j 的价格为 p_j，则 $s_j = \dfrac{p_j \times s_j}{\sum_{j=1}^{n} p_j \times s_j}$。那么有：

$$\Delta TFP = \dot{TFP} = \frac{\text{d}\ln TFP}{\text{d}t} = \frac{\text{d}\ln\left(\dfrac{y}{\text{Input}(x, t)}\right)}{\text{d}t}$$

$$= \frac{\text{d}\ln\left(\dfrac{y}{\prod_{j=1}^{n} x_j^{sj}}\right)}{\text{d}t}$$

$$= \frac{\text{d}\ln y}{\text{d}t} - \frac{\text{d}\ln \prod_{j=1}^{n} x_j^{sj}}{\text{d}t}$$

$$= \frac{\text{d}\ln y}{\text{d}t} - \sum_{j=1}^{n}\left(s_j \times \frac{\text{d}\ln x}{\text{d}t}\right) \tag{7-9}$$

假定实际产出 y 是投入要素 x 与时间 t 的函数，其表达如式（7-10）所示：

$$y = f(x(t), t) \times \exp(-\mu) \tag{7-10}$$

那么，在式（7-9）中右边第一项可写作如式（7-11）所示：

$$\frac{\text{d}\ln y}{\text{d}t} = \frac{\text{d}\ln f(x(t), t)}{\text{d}t}$$

$$= \frac{\text{d}\ln f(x(t), t)}{\text{d}x(t)} \times \frac{\text{d}x(t)}{\text{d}t} + \frac{\text{d}\ln f(x(t), t)}{\text{d}t} - \frac{\text{d}\mu}{\text{d}t} \tag{7-11}$$

在式（7-11）中，$\dfrac{\text{d}\ln f(x(t), t)}{\text{d}x(t)}$ 是各生产要素的产出弹性，可用 ε_j 表征；

$\dfrac{\mathrm{d}x\ (t)}{\mathrm{d}t}$ 为各投入要素增长，即 $\dot{x}$；$\dfrac{\mathrm{d}\ln f(x(t),\ t)}{\mathrm{d}t}$ 为技术变化，即 ΔT，体现的是技术进步对全要素生产率增长的作用；$-\dfrac{\mathrm{d}\mu}{\mathrm{d}t}$ 为技术效率变化，即 ΔTE。ΔTE 实际上技术效率对时间 t 的导数，如式（7 – 12）所示。在式（7 – 12）中，$f(x,\ \beta)\cdot\exp(v)$ 与 $f(x,\ \beta)\cdot\exp(v-\mu)$ 分别为前沿生产量与一般生产量。

$$\Delta TE = \frac{\mathrm{d}\ln TE}{\mathrm{d}t} = \frac{\mathrm{d}\ln\left\{\dfrac{f(x,\ \beta)\cdot\exp(v-\mu)}{f(x,\ \beta)\cdot\exp(v)}\right\}}{\mathrm{d}t}$$

$$= \frac{\mathrm{d}\ln\exp(-\mu)}{\mathrm{d}t} = \frac{\mathrm{d}\mu}{\mathrm{d}t} \qquad (7-12)$$

根据式（7 – 9）、式（7 – 11）与式（7 – 12），ΔTFP 可表达为式（7 – 13）的形式：

$$\Delta TFP = \Delta T + \Delta TE + (\varepsilon - 1)\times\sum_{j=1}^{n}\left(\frac{\varepsilon_j}{\varepsilon}\times\dot{x}\right) + \sum_{j=1}^{n}\left[\left(\frac{\varepsilon_j}{\varepsilon}-s_j\right)\times\dot{x}\right] \qquad (7-13)$$

在式（7 – 13）中，$\varepsilon = \sum_{j=1}^{n}\varepsilon_j$。式（7 – 13）即为 Kumbhakar 和 Lovell（2000）给出的全要素生产率增长的分解式子。式子的第一项为技术变化；第二项为技术效率变化；第三项为规模效率变化，若规模效率变化大于 0，则表示全要素投入与规模报酬相适应，即规模效率变化能促进全要素生产率的增加；第四项为要素配置效率（AE），也有的文献称其为要素配置效率变化（Key et al.，2008；张乐、曹静，2013；钱雪亚、缪仁余，2014）[1]。要素配置效率反映的是要素弹性份额偏离要素成本份额的程度，它衡量的是要素配置无效的指标。若配置效率大于 0，说明此项能促进 TFP 的增长；反之，则阻碍 TFP 的增加。因而也有的文献称要素配置效率为要素配置效率无效项（Fioramanti，2010）。

根据式（7 – 13）与式（7 – 8），不难有如下推论：要素配置效率的增加会促进 ΔTFP 的增加；进一步地，随着 ΔTFP 的增加，会促进 TFP 增长。TFP 增长意味着在投入要素既定下，能实现较高的产出。技术效率的增加对产出的作用效果亦是如此，随着技术效率的增加，产出越接近前沿面，实际表现为产出的增加。事实上，从 ΔTFP 的分解式中也能得知技术效率对产出的作用方向：技术效率增加，意味着 u 的取值变小，那么 ΔTE 的值将随之增大，即 ΔTFP 增加。

---

① ΔTFP 的四个部分中，技术变化反映的是技术进步对产出的作用效果，在本书中指科学技术、良种等科技对产出的影响，这部分与机械化的关系并不大；而机械化是否能对规模效率起作用，目前暂无相关理论与实证研究支持。在本书中暂不对此进行探讨，作为日后研究的方向。

2. 农业机械化与技术效率、配置效率的模型估计

通过上述分析可知，技术效率与配置效率均对产出有正向作用效果。倘若本书的分析能够证实机械化对技术效率、配置效率存在显著的正向影响，那么等价于证实了机械化能促进粮食单产增加的命题。更为重要的是，验证了机械化对单产影响的作用机制。

为此，本部分设计了如下机械化作用于技术效率（TE）与配置效率（AE）的研究模型：

$$TE_{it} \mid AE_{it} = \alpha + \beta \ln avmech_{it} + \sum_{j=1}^{n} \gamma_j X_{jit} + \mu_i + v_t + \theta_{it} \qquad (7-14)$$

在式（7-14）中，TE_{it} 与 AE_{it} 分别表示第 i 个农户 t 年的粮食生产的技术效率与陪效率；$avmech_{it}$ 为第 i 个农户 t 年粮食生产中的单位面积机械投入量；X_{jit} 为能够影响第 i 个农户 t 年粮食生产技术效率或与配置效率的第 j 个控制变量；μ_i 是农户个体固定效应，用于控制农户不随时间变化的特征；v_t 是时间固定效应，用于控制随着时间变化的特征；θ_{it} 为误差项。β 与 γ_j 为估计参数，α 为常数项。考虑到技术效率具有 $0 \leqslant TE_{it} \leqslant 1$ 的特性，对式（7-14）还将采用随机效应的面板 Tobit 模型进行估计。

另外，本书还通过 DID 估计法对式（7-14）进行稳健性检验。DID 模型依然利用农机购置补贴逐县推荐的准实验方法，建立如式（7-15）与式（7-16）所示的估计式子：

$$TE_{it} = \alpha + \beta P_{it} + \sum_{j=1}^{n} \gamma_j X_{jit} + \mu_i + v_t + \theta_{it} \qquad (7-15)$$

$$AE_{it} = \alpha + \gamma P_{it} + \sum_{j=1}^{n} \gamma_j X_{jit} + \mu_i + v_t + \theta_{it} \qquad (7-16)$$

在式（7-15）与式（7-16）中，μ_i 表示农户个体固定效应，v_t 表示时间固定效应。在面板数据中，双重差分模型可以通过控制地区和时间固定效应来实现。θ_{it} 表示误差项，误差项可能与地区或时间相关。倘若式（7-3）中的估计系数 η 与式（7-15）、式（7-16）中的系数 β、λ 均显著地为正，那么可以认为机械化有助于提高粮食生产的技术效率与配置效率。此外，不难测算出机械化对技术效率、配置效率的半弹性为 β/η 与 λ/η。

三、农业机械化、农业资本增进及其对粮食单产的间接作用机制效果评价模型

如本书第三章所言，农业机械化对粮食单产的间接作用如图 7-1 所示。本书第四章证实了农业机械化对粮食生产中的劳动替代效应。另外，在式（7-1）与式（7-2）的控制变量中，本书还将选择单位面积资本投入（lnavcapital）变

量，倘若在式（7－1）与式（7－2）中能证实资本投入对粮食单产的正向作用效果。那么，本部分只需要证实机械化对农业资本增进的促进作用，即可证实机械化对粮食单产的间接作用机制。

图7－1　农业机械化对粮食单产的间接作用机制

为此，本部分建立了如式（7－17）所示的估计模型。

$$\ln avcapital_{it} = \alpha + \beta \ln avmech_{it} + \sum_{j=1}^{n} \gamma_j X_{jit} + \mu_i + v_t + \theta_{it} \qquad (7-17)$$

在式（7－17）中，$avcapital$ 表示第 i 个农户 t 年的单位面积粮食资本要素投入；$avmech_{it}$ 为第 i 个农户 t 年粮食生产中的单位面积机械投入量；X_{jit} 为能够影响第 i 个农户 t 年资本投入的第 j 个控制变量；μ_i 是农户个体固定效应，用于控制农户不随时间变化的特征；v_t 是时间固定效应，用于控制随着时间变化的特征；θ_{it} 为误差项。β 与 γ_j 为估计参数，α 为常数项。

考虑到资本投入与机械要素投入资金可能存在的内生性问题，本书也还将通过农机购置补贴试点，建立 DID 模型，对式（7－17）进行稳健性检验。估计式如式（7－18）所示：

$$\ln avcapital_{it} = \alpha + \rho P_{it} + \sum_{j=1}^{n} \gamma_j X_{jit} + \mu_i + v_t + \theta_{it} \qquad (7-18)$$

在式（7－18）中，μ_i 表示农户个体固定效应，v_t 表示时间固定效应，θ_{it} 表示误差项。当式（7－3）中的估计系数 η 与式（7－18）中的估计系数 ρ，都显著为正时，那么即可证实机械化对农业资本增进的促进作用。同时，不难测算出机械投入对资本增进的弹性系数，即为 ρ / η。

四、数据来源与描述性分析

本部分的研究数据仍然来自农业部农村固定观察点。研究数据的时间跨度为2003～2010 年。

在研究农业机械化对粮食单产作用效果总体评价模型中，选取的研究变量有：①因变量粮食单产（AvY）；②自变量为单位面积机械投入（Avmechan），以农户单位面积粮食作物生产中机械作业服务费用作为测量指标，以此作为农业机械化的测量指标；自变量还有农户所在县是否为农机购置补贴试点县的虚拟变量（P_{it}）；③控制变量为单位面积投工量（Avlabor）与单位面积的资本投入（Avcapital）。此外，在式（7-3）中，还将选择可能会影响农户单位机械要素投入的变量，如户主性别（Gender）、年龄（Age）、受教育年限（Education），以及家庭有效劳动力（Efflabor）。

在测算技术效率与配置效率时，涉及的变量如下：粮食单产（AvY），单位面积投工量（Avlabor），单位面积资本投入量（Avcapital）。在配置效率测算中，需要涉及劳动与资本价格变量，关于劳动价格以单位时间（日）雇工价格计算（price_ labor）；单位资本投入量是以货币单位元衡量，因此，这里可假设资本的单位为1。

在研究农业机械化对技术效率、配置效率的作用效果时，相关变量有：①因变量，技术效率（TE）与配置效率（AE）；②自变量为单位面积机械投入量（Avmechan），补贴试点虚拟变量（Pit）；③控制变量为农户特征变量，如户主性别（Gender）、年龄（Age）、受教育年限（Education），以及家庭有效劳动力（Efflabor）。

在研究农业机械化对农业投入资本的影响时，有关研究变量如下：①因变量，单位资本投入量（Avcapital）；②自变量为单位面积机械投入量（Avmechan），补贴试点虚拟变量（P_{it}）；③控制变量与研究机械化对技术效率、配置效率的相同。

在本书中，除了考虑机械化对总的粮食作物的相关影响之外，还将具体分析机械化对小麦、水稻、玉米的相应作用效果。在对三种粮食的具体研究中，研究变量应研究品种的特点而改变。具体处理办法与第五章的方式相同。

本章研究所涉及研究变量的描述性分析如表7-1所示。表7-1第一部分显示了粮食作物的平均单产，平均每亩机械投入，平均每亩劳动投入量，平均每亩资本投入变量的对数值；第二、三、四部分分别描述的是小麦、水稻、玉米的以上相关变量；第五部分是劳动价格变量，农户性别、年龄、受教育年限与家庭有效劳动力人口数。

表7-1　本章研究变量描述性分析

	变量	样本量	均值	标准差	最小值	最大值
grain	lnavY	98081	5.8865	0.4271	4.8363	6.5038
	lnavmech	98081	3.5173	0.7530	1.8846	4.6667
	lnavlabor	98081	2.6524	0.6985	1.2090	3.9050
	lnavcapital	98081	5.3187	0.3796	4.5778	5.9876

续表

	变量	样本量	均值	标准差	最小值	最大值
wheat	lnavY	36245	5.6843	0.4371	4.6151	6.2166
	lnavmech	36245	3.7117	0.7619	2.0369	4.7628
	lnavlabor	36245	2.5842	0.6298	1.3863	3.7318
	lnavcapital	36245	5.3282	0.4012	4.5392	6.0309
rice	lnavY	49481	6.0854	0.2741	5.5002	6.5525
	lnavmech	49481	3.7392	0.8180	1.9124	4.9136
	lnavlabor	49481	2.8742	0.5982	1.7130	3.9951
	lnavcapital	49481	5.3869	0.3994	4.6289	6.0978
maize	lnavY	59698	2.1704	3.1015	0.0000	7.8637
	lnavmech	59698	3.1633	0.7842	1.5581	4.4362
	lnavlabor	59698	2.6543	0.7020	1.2730	3.9448
	lnavcapital	59698	5.3068	0.3951	4.5296	6.0087
	p	98081	0.5596	0.4964	0.0000	1.0000
	gender	98081	0.9561	0.2048	0.0000	1.0000
	age	98081	51.7752	10.0433	34.0000	70.0000
	education	98081	6.7138	2.3526	2.0000	11.0000
	efflabor	98081	0.9256	0.1273	0.7000	1.0000
	price_ labor	98081	33.2640	22.3536	0.5343	82.5000

第二节　农业机械化对粮食单产作用效果评价

本节将评估农业机械化对粮食单产的综合效果。下一节将具体分析农业机械化对粮食单产的作用机制，并对各环节的效果进行评价。

一、基准回归

表 7 - 2 汇报了农业机械投入对粮食平均单产以及三种粮食单产的作用效果。在表 7 - 2 的模型估计中，本书控制了年份时间与农户个体固定效应，并且选择了农户层面的聚类标准误。在模型（1）~模型（12）中，农业机械化指标机械

投入 ln*avmech* 的估计系数均显著地大于 0，并且显著性程度均在 1% 水平以下。这表明，农业机械投入有助于粮食单产的提升。

具体而言，模型（1）~模型（3）揭示的是机械投入对粮食作物平均单产的作用效果。随着控制变量的逐步加入，ln*avmech* 的估计系数值与系数显著性程度均表现出了较高的稳定性。ln*avmech* 的估计系数值显示，机械投入对粮食作物平均单产的弹性值为 0.02~0.03，即机械投入每增长 1 个百分点，粮食单产相应地增长 0.02~0.03 个百分点。

模型（4）~模型（12）解释的是机械投入对三种粮食单产的影响效果。各品种 ln*avmech* 的估计系数值与系数显著性程度同样显示出较高的稳定性。从系数值的大小来看，机械投入对小麦、水稻、玉米的弹性值分别为 0.040~0.046、0.007~0.011、0.037~0.040。

横向比较机械投入对三种粮食单产的作用效果，首先是机械投入对小麦单产作用效果最大；其次是玉米，水稻最低。其中，机械投入对小麦单产的弹性值近乎是对水稻的 4 倍有余。本书认为，这种差别是由各粮食作物机械化程度决定的。由于水稻机械化程度一直较低，因而对单产的提升能力受到了限制。不过，在表 7-1 中的描述性分析数据都显示，水稻机械投入的均值就高于小麦与玉米的。本书认为，这反映了这样的事实：由于水稻机械化程度较低，从而农机服务市场竞争不够充分，因而机械服务价格高于其他品种的。高位数值的 ln*avmech* 与单产进行回归时，易出现估计系数较低的现象。

在表 7-2 的回归中，还逐步控制了单位劳动（ln*avlabor*）与单位资本投入（ln*avcapital*）变量。从估计结果来看，这两个变量对粮食单产几乎都起到了显著的正向促进作用。需要指出的是，仅劳动投入 ln*avlabor* 对玉米单产的作用效果不显著。这表明在玉米生产中，劳动投入已不再是影响单产的重要因素。比较模型（1）~模型（12）中劳动投入 ln*avlabor* 与资本投入 ln*avcapital* 的估计系数，易发现资本投入对粮食增产的作用效果明显高于劳动投入的。例如，模型（3）显示，ln*avcapital* 对单产的弹性近乎为 ln*avlabor* 的 5 倍；在模型（9）中，ln*avcapital* 的弹性值也近乎是 ln*avlabor* 的 10 倍。此外，模型估计结果还显示，ln*avcapital* 对粮食单产的弹性值也数倍于 ln*avmech* 的。例如，模型（3）中，ln*avcapital* 的弹性值就是 ln*avmech* 的 7 倍；在模型（9）中，ln*avcapital* 的弹性值是 ln*avmech* 的 10 倍有余。这说明在表 7-2 列举的三要素中，资本投入已然成为当下粮食增产的重要因子。

表 7-2 农业机械投入对粮食单产作用效果的基准回归估计结果

因变量: lnavY	粮食加总平均			小麦			水稻			玉米		
	模型 (1)	模型 (2)	模型 (3)	模型 (4)	模型 (5)	模型 (6)	模型 (7)	模型 (8)	模型 (9)	模型 (10)	模型 (11)	模型 (12)
lnavmech	0.0298***	0.0283***	0.0203***	0.0443***	0.0456***	0.0408***	0.0111***	0.0108***	0.0076***	0.0402***	0.0400***	0.0372***
	(12.51)	(12.00)	(8.82)	(11.29)	(11.64)	(10.55)	(5.36)	(5.27)	(3.80)	(4.74)	(4.73)	(4.39)
lnavlabor		0.0384***	0.0340***		0.0385***	0.0387***		0.0197***	0.0145***		0.0023	-0.0023
		(14.01)	(12.86)		(8.54)	(8.69)		(7.18)	(5.46)		(0.22)	(-0.22)
lnavcapital			0.1561***			0.0775***			0.1191***			0.1127***
			(32.33)			(10.47)			(25.58)			(5.81)
常数项	5.6851***	5.6010***	4.8408***	5.4136***	5.3094***	4.9238***	5.9829***	5.9344***	5.3456***	2.1262***	2.1211***	1.5741***
	(818.06)	(572.74)	(181.16)	(433.91)	(301.99)	(114.17)	(921.13)	(605.01)	(211.08)	(87.73)	(62.32)	(15.20)
农户个体固定效应	是	是	是	是	是	是	是	是	是	是	是	是
年份固定效应	是	是	是	是	是	是	是	是	是	是	是	是
时间跨度 (年)	2003~2010	2003~2010	2003~2010	2003~2010	2003~2010	2003~2010	2003~2010	2003~2010	2003~2010	2003~2010	2003~2010	2003~2010
R^2	0.0523	0.0573	0.0785	0.0662	0.0709	0.0770	0.0389	0.0409	0.0681	0.0109	0.0109	0.0119
F	384.4537	362.6203	436.4923	173.7586	164.9888	156.8713	148.8260	135.6664	193.5266	34.6612	30.9339	34.0450
样本量	98081	98081	98081	36245	36245	36245	49481	49481	49481	59698	59698	59698

注: 括号外的数值为估计系数, 括号内为该系数下的 t 值, 其中 * 表示 $p < 0.1$, ** 表示 $p < 0.05$, *** 表示 $p < 0.01$。

二、稳健性检验

考虑到单位面积机械投入与粮食单产之间可能存在的内生性关系，本部分将借助农机购置补贴试点，检验农业机械化对粮食单产的作用效果，以此作为稳健性检验。

1. 农机购置补贴试点对粮食平均单产的作用效果

表7-3报告了农机购置补贴试点对粮食作物平均单产的作用效果。表7-4汇报的是农机购置补贴试点对粮食作物单位面积平均机械投入的影响效果。

首先，分析农机购置补贴试点对粮食作物单位面积机械投入的作用效果。从表7-4的估计结果来看，P_t 与 P_{t-1} 的估计系数均显著地为正。值得注意的是，P_{t-1} 的估计系数值均小于 P_t 的。这表明农机购置补贴试点能在当期对粮食单位面积机械投入产生作用效果。

其次，分析农机购置补贴试点对粮食单产的作用效果，估计结果如表7-3所示。模型（1）~模型（3）计算的是农机购置补贴试点当期变量 P_t 对粮食单产的影响；模型（4）~模型（6）估计的是农机购置补贴试点滞后一期变量 P_{t-1} 对粮食单产的作用效果。估计结果显示，P_t 的估计系数均不显著；而 P_{t-1} 的估计系数却显著为正。这表明农机购置补贴试点能对粮食产出起到显著的增产作用，并且补贴试点对粮食增产的作用也是以滞后效果为主。在模型（4）~模型（6）中 P_{t-1} 的估计系数表明，因农机购置补贴试点的实施，粮食单产增长至少为 0.015%。

表7-3中的控制变量，lnavlabor 与 lnavcapital 的估计系数也显著为正，并且 lnavcapital 的估计系数值大于 lnavlabor 的，这一点与表7-2中的估计情况相同，这反映了当下粮食生产中基本要素投入对粮食单产的作用效果。

表7-3 农机购置补贴试点对粮食作物平均单产的作用效果

因变量：lnavY	模型（1）	模型（2）	模型（3）	模型（4）	模型（5）	模型（6）
P_t	0.0004	0.0012	-0.0014			
	(0.11)	(0.37)	(-0.43)			
P_{t-1}				0.0161***	0.0167***	0.0154***
				(3.96)	(4.18)	(3.92)
lnavlabor		0.0361***	0.0320***		0.1046***	0.0898***
		(12.26)	(11.30)		(16.93)	(15.50)
lnavcapital			0.1681***			0.1535***
			(29.39)			(21.30)

续表

因变量：lnavY	模型（1）	模型（2）	模型（3）	模型（4）	模型（5）	模型（6）
常数项	5.7668***	5.6836***	4.8397***	5.8874***	5.5959***	4.8495***
	(2246.95)	(797.38)	(159.63)	(2478.70)	(320.71)	(117.25)
农户个体固定效应	是	是	是	是	是	是
年份固定效应	是	是	是	是	是	是
时间跨度（年）	2003~2008	2003~2008	2003~2008	2004~2008	2004~2008	2004~2008
R^2	0.0593	0.0646	0.0900	0.0296	0.0503	0.0714
F	441.2111	410.6688	486.0184	191.3048	207.2822	232.7480
样本量	75067	75067	75067	49607	49607	49607

注：括号外的数值为估计系数，括号内为该系数下的 t 值，其中 * 表示 $p<0.1$、** 表示 $p<0.05$、*** 表示 $p<0.01$。

在表7-3中，P_{t-1} 对粮食单产的作用效果显著为正，且表7-4中 P_{t-1} 对机械投入的作用效果也显著为正，这说明机械投入能促进粮食单产的增加，即表7-2中模型（1）~模型（3）的估计结果是稳健的。根据式（7-2）与式（7-3），再结合表7-2与表7-3的估计结果，可计算出机械投入对粮食平均单产的弹性，即为0.3860~0.5160。

表7-4　农机购置补贴试点对粮食作物单位面积机械投入的作用效果

因变量：ln$avmech$	模型（1）	模型（2）	模型（3）	模型（4）
P_t	0.0076**	0.0043**		
	(2.02)	(1.97)		
P_{t-1}			0.0312***	0.0399***
			(4.62)	(5.81)
gender		-0.0108		-0.0201
		(-0.36)		(-0.48)
age		-0.0024**		0.0018
		(-2.15)		(0.99)
education		0.0053		0.0085*
		(1.50)		(1.73)
efflabor		0.0084		0.0258
		(0.18)		(0.50)

续表

因变量：lnavmech	模型（1）	模型（2）	模型（3）	模型（4）
常数项	2.7536*** (422.73)	2.8394*** (31.36)	3.2568*** (733.45)	3.1075*** (24.36)
农户个体固定效应	是	是	是	是
年份固定效应	是	是	是	是
时间跨度（年）	2003～2008	2003～2008	2004～2008	2004～2008
R^2	0.3489	0.3476	0.2198	0.2176
F	3134.5317	1756.3957	1393.2598	732.3519
样本量	75067	75067	49607	49607

注：括号外的数值为估计系数，括号内为该系数下的 t 值，其中 * 表示 $p < 0.1$、** 表示 $p < 0.05$、*** 表示 $p < 0.01$。

2. 农机购置补贴试点对三种粮食单产的作用效果

进一步地，本书将借助农机购置补贴试点，评价农业机械投入对三种粮食单产的作用效果。模型估计结果如表7－5与表7－6所示。表7－5汇报的是农机购置补贴试点对三种粮食单产的作用效果，表7－6报告的是农机购置补贴试点对三种粮食单位面积机械投入的影响效果。

（1）分析机械投入对小麦单产的作用效果。表7－6中的模型（1）～模型（4）揭示了农机购置补贴试点对小麦单位面积机械投入的作用效果。其中，P_t 的估计系数显著为负，而 P_{t-1} 的估计系数则显著为正，值得指出的是，P_{t-1} 估计系数的绝对值明显大于 P_t 的。这说明农机购置补贴试点能促进小麦单位面积机械投入的增加，并且这种作用效果具有滞后性。表7－5中的模型（1）～模型（4）测算的是农机购置补贴试点对小麦单产的作用效果，估计结果也是 P_t 的估计系数显著为负，P_{t-1} 的估计系数显著为正；此外，P_{t-1} 估计系数的绝对值也大于 P_t 的。这说明农机购置补贴试点对小麦单产的作用效果也存在滞后性。结合表7－5与表7－6各自模型（3）与模型（4）的估计结果，可以得出机械投入有助于小麦单产提升的结论。需要说明的是，根据式（7－2）与式（7－3），以及表7－5与表7－6各自模型（1）与模型（2）的估计结果，亦可得出机械投入对粮食单产的正向促进作用。但是这种作用路径不符合逻辑，它是通过两个负向作用效果相除而来。首先，农机购置补贴试点对机械投入的作用效果（η）显著为负；其次，农机购置补贴试点对小麦单产的作用效果（β）也显著为负。β 与 η 相除，β/η 必然为正。然而，这种作用机制不符合事实：农机购置补贴试点显著地减少了单位面积机械投入，这显然不符合事实。另外，表7－5与表7－6各自模型（3）与模型（4）的估计结果还表明，补贴试点对机械投入以及小麦单产具有显著的正向作用，只是这种作用具有滞后的特征；另外，P_{t-1} 估计系数的绝对值也均大于 P_t 的。这表明由表 7 − 5 与表 7 − 6 各自模型（1）与模型（2）估计结果测算出的机械投入对小麦单产的作用效果值不可取，而应以模型（3）与模型（4）的估计结果为准。根据式（7 − 2）与式（7 − 3），进一步可推算出机械投入对小麦单产的弹性，弹性值为 0. 2688 ~ 0. 2839。

（2）讨论机械投入对水稻单产的影响效果。表 7 − 5 与表 7 − 6 的估计结果显示，农机购置补贴试点当期变量 P_t 与滞后一期变量 P_{t-1} 对水稻单位面积机械投入以及单产作用效果的方向，与补贴试点对小麦的相同：P_t 对机械投入与水稻单产的作用效果都显著为负；而 P_{t-1} 的作用效果则显著为正。比较 P_t 与 P_{t-1} 估计系数的大小，亦发现 P_{t-1} 的作用效果明显强于 P_t 的。在表 7 − 6 中，P_{t-1} 的估计系数绝对值近乎是 P_t 的 3 倍；在表 7 − 5 中，P_{t-1} 的估计系数绝对值也约为 P_t 的 2 倍。这反映了农机购置补贴对水稻单位面积机械投入与单产的作用效果也是存在滞后性的，并且补贴试点的作用效果仍以滞后效应为主。从表 7 − 5 与表 7 − 6 各自模型（7）与模型（8）的估计结果可知，农业机械投入也有助于水稻单产的提升。根据式（7 − 2）与式（7 − 3）来测算机械投入对水稻单产的弹性，其弹性值为 0. 3873 ~ 0. 4545。

（3）探讨机械投入对玉米单产的作用效果。表 7 − 5 中模型（9）~ 模型（12）的估计结果显示出，农机购置补贴试点当期变量 P_t 对玉米单产起到了显著的正向促进作用；而补贴试点滞后一期变量 P_{t-1} 对玉米单产的作用方向虽为正，但是作用效果却不显著。这说明补贴试点能在当期即能对玉米单产起到增产效果。表 7 − 6 中模型（9）~ 模型（12）的估计结果指出，农机购置补贴试点当期变量 P_t 对玉米单位面积机械投入的作用效果显著为正，而补贴试点滞后一期变量 P_{t-1} 对玉米单位面积机械投入的效果却显著为负。不过，值得注意的是，P_t 作用效果的强度远大于 P_{t-1} 的。由此可见，补贴试点对玉米单位面积机械投入的作用效果在当期即可发挥。这一点与小麦、水稻不同，本书认为，这可能与玉米种植范围广、适宜种植季节长的特征相关联，因而补贴试点能在当期就能对玉米单位面积机械投入量起到作用。因而，根据表 7 − 5 与表 7 − 6 各自模型（9）与模型（10）的估计结果可判断出，农机购置补贴试点对玉米单产起到了增产的作用效果。根据这些估计结果，结合式（7 − 2）与式（7 − 3），可推算出机械投入对玉米单产的作用弹性，弹性大小为 0. 7949 ~ 0. 8331。

通过农机购置补贴试点对三种粮食单产以及单位面积机械投入的分析，本书有如下结论：

第一，估计结果再次证实了机械投入能对三种粮食单产起到增产效果的结论，这表明表 7 − 2 中机械投入对三种粮食单产效果的估计结果是稳健的。

表 7-5 农机购置补贴试点对三种粮食单产的作用效果

因变量: lnavY	小麦				水稻				玉米			
	模型 (1)	模型 (2)	模型 (3)	模型 (4)	模型 (5)	模型 (6)	模型 (7)	模型 (8)	模型 (9)	模型 (10)	模型 (11)	模型 (12)
P_t	-0.0133*** (-2.48)	-0.0161*** (-3.02)			-0.0128*** (-3.39)	-0.0151*** (-4.11)			0.0686*** (4.33)	0.0659*** (4.17)		
P_{t-1}			0.0251*** (3.86)	0.0218*** (3.42)			0.0306*** (6.90)	0.0285*** (6.51)			0.0244 (1.32)	0.0231 (1.25)
lnavlabor		0.0449*** (9.32)		0.0706*** (8.41)		0.0027 (0.95)		0.0255*** (4.34)		0.0178 (1.63)		0.0285 (1.10)
lnavcapital		0.0860*** (10.17)		0.0721*** (7.27)		0.1374*** (24.54)		0.1124*** (14.70)		0.1985*** (9.26)		0.1306*** (5.37)
常数项	5.5420*** (1267.41)	4.9814*** (107.01)	5.7112*** (1295.57)	5.1465*** (91.23)	6.0202*** (2337.76)	5.3065*** (179.27)	6.0917*** (2390.88)	5.4313*** (128.20)	2.1907*** (173.16)	1.1563*** (10.24)	2.0387*** (168.89)	1.2884*** (9.59)
农户个体固定效应	是	是	是	是	是	是	是	是	是	是	是	是
年份固定效应	是	是	是	是	是	是	是	是	是	是	是	是
时间跨度 (年)	2003~2008	2003~2008	2004~2008	2004~2008	2003~2008	2003~2008	2004~2008	2004~2008	2003~2008	2003~2008	2004~2008	2004~2008
R^2	0.0750	0.0894	0.0303	0.0475	0.0437	0.0795	0.0323	0.0583	0.0028	0.0066	0.0030	0.0050
F	204.2683	187.3408	70.1898	72.0163	174.9802	219.0507	104.9571	116.0287	11.8176	22.4977	9.3038	12.9519
样本量	28383	28383	17764	17764	38234	38234	24579	24579	45084	45084	28472	28472

注：括号外的数值为估计系数，括号内为该系数下的 t 值，其中 * 表示 $p < 0.1$，** 表示 $p < 0.05$，*** 表示 $p < 0.01$。

表 7－6　农机购置补贴试点对三种粮食单位面积机械投入的作用效果

因变量: lnanmech	小麦				水稻				玉米			
	模型(1)	模型(2)	模型(3)	模型(4)	模型(5)	模型(6)	模型(7)	模型(8)	模型(9)	模型(10)	模型(11)	模型(12)
P_t	-0.0507*** (-4.92)	-0.0640*** (-6.14)			-0.0438*** (-3.87)	-0.0230** (-1.97)			0.0863*** (8.62)	0.0791*** (7.76)		
P_{t-1}			0.0884*** (7.28)	0.0811*** (6.63)			0.0790*** (6.24)	0.0627*** (4.90)			-0.0202* (-1.66)	-0.0301** (-2.51)
gender		-0.0776 (-1.48)		0.0444 (0.69)		-0.0420 (-0.93)		-0.0599 (-0.88)		0.0113 (0.22)		-0.0509 (-0.60)
age		-0.0006 (-0.35)		0.0023 (0.75)		-0.0030 (-1.59)		0.0040 (1.32)		-0.0022 (-1.39)		-0.0009 (-0.33)
education		0.0008 (0.14)		0.0041 (0.48)		0.0140** (2.22)		0.0129* (1.74)		0.0046 (0.89)		-0.0042 (-0.61)
efflabor		0.0404 (0.58)		0.0937 (1.24)		-0.0855 (-1.15)		0.0410 (0.52)		0.0448 (0.66)		0.0586 (0.71)
常数项	2.9198*** (261.62)	2.9959*** (21.02)	3.4832*** (459.48)	3.2139*** (15.24)	2.9798*** (284.98)	3.1651*** (20.39)	3.3969*** (530.97)	3.1360*** (15.02)	2.4570*** (244.18)	2.4808*** (18.93)	2.8823*** (415.90)	2.9518*** (15.10)
农户个体固定效应	是	是	是	是	是	是	是	是	是	是	是	是
年份固定效应	是	是	是	是	是	是	是	是	是	是	是	是
时间跨度(年)	2003~2008	2003~2008	2004~2008	2004~2008	2003~2008	2003~2008	2004~2008	2004~2008	2003~2008	2003~2008	2004~2008	2004~2008
R^2	0.3696	0.3667	0.2136	0.2108	0.3166	0.3149	0.2586	0.2580	0.2286	0.2263	0.1384	0.1388
F	1123.46	631.83	453.35	240.05	1649.71	903.47	923.307	487.06	1210.11	679.76	603.77	312.99
样本量	28383	28383	17764	17764	38234	38234	24579	24579	45084	45084	28472	28472

注：括号外的数值为估计系数，括号内为该系数下的 t 值，其中*表示 $p<0.1$，**表示 $p<0.05$，***表示 $p<0.01$。

第二，机械投入对小麦、水稻、玉米单产的作用弹性分别为 0. 2688 ~ 0. 2839、0. 3873 ~ 0. 4545 与 0. 7949 ~ 0. 8331，机械投入对玉米单产作用效果最高，其次是水稻，小麦的最低。

第三，机械投入对三种粮食单产作用弹性大小差别揭示出了如下规律：由于玉米适宜种植时间与区域较宽，加上近几年玉米机械化发展较为迅速，因此，机械投入对玉米单产的作用效果最为突出；水稻机械化发展近几年也较快，不过由于水稻机械化程度还低于玉米，因此，机械投入对水稻单产的作用效果低于玉米；此外，由于小麦机械化程度早在 21 世纪初已实现了较大的突破，机械投入对小麦单产的提升空间已不宽，因此农业机械投入对小麦单产的作用效果最低。

第三节　农业机械化、生产效率提升及其对粮食单产的直接效果评价

本章第三节评估了机械投入对粮食单产的综合效果。本节和第五节将对机械投入作用于粮食单产的机制进行检验。本节着重分析机械投入对粮食单产的直接作用效果。

一、技术效率与配置效率的测算

本书第三章理论分析部分已指出，机械投入对粮食单产的直接效果是通过改变技术效率与配置效率实现的。倘若机械投入能促进技术效率与配置效率的增进，那么等同于证实了机械投入对粮食单产起到了增产的作用。为此，本节首先需要对粮食生产中的技术效率与配置效率进行测算。

1. 技术效率的测算

测算技术效率与配置效率，首要的是对生产函数进行估计。根据式（7 -4），本部分建立了如式（7 - 19）所示的生产函数。

$$\ln avY_{it} = \sum_{k=1}^{n} a_k \ln x_{kit} + \sum_{k=1}^{n} \beta_k \ln x_{kit}^2 + \sum_{k=1}^{n} \sum_{j \neq k} \beta_{kj} \ln x_{kit} \ln x_{jit} + v_{it} - \mu_{it} + \varepsilon_i$$

$$(7 - 19)$$

在式（7 - 19）中，avY_{it} 为粮食单产，$\ln x_{kit}$ 与 $\ln x_{jit}$ 为单位面积要素投入，v_{it} 为误差项，μ_{it} 为技术无效率项，ε_i 为农户个体固定效应。α_k、β_k 与 β_{kj} 为估计参数。运用随机前沿估计方法，在技术效率可变与控制农户个体固定效应的前提下，本节对粮食作物平均单产以及三种粮食单产的生产函数进行了估计。估计结

果如表 7-7 所示。表 7-7 的估计模型在变量选择时，仅考虑了劳动与资本两种投入要素对粮食单产的影响。这里未考虑机械投入要素对粮食单产的影响基于如下考虑：第一，后续模型中会将机械投入为重要的自变量，研究机械投入对技术效率与配置效率的作用效果。第二，生产函数中未考虑机械投入的最根本的考虑是，研究在没有机械投入变量时劳动、资本两要素对粮食生产的作用效果。换言之，即探讨机械投入是如何影响传统生产要素劳动与资本的技术效率与配置效率的。

表 7-7 的估计结果显示，劳动与资本要素对粮食单产的作用效果呈 U 型或倒 U 型曲线分布。粮食平均单产估计模型中，劳动要素与资本要素对粮食单产的作用效果都呈现出倒 U 型曲线分布，这表明随着投入要素的逐渐增加粮食单产先增长，达到一定程度时，粮食单产逐渐下降。在小麦单产的估计模型中，亦能发现这样的规律。而水稻与玉米单产的估计模型却显示，劳动投入对两者单产的作用效果呈 U 型曲线分布，即劳动投入到一定量后才能对粮食单产起到增产作用；资本投入对单产的作用效果则是呈现倒 U 型曲线分布。事实上，倒 U 型曲线分别较为符合实际，并且倒 U 型曲线也是符合边际报酬递减规律的。本书认为，劳动投入对水稻与玉米单产的作用效果表现出的 U 型曲线，折射出了这样的事实：由于水稻与玉米的机械化程度还较低，劳动投入必然显得格外重要，因而只有当劳动投入到一定量时才能对单产起到增产的作用效果。

表 7-7　粮食单产随机前沿生产函数估计

因变量：$\ln avY$	粮食加总平均	小麦	水稻	玉米
	模型（1）	模型（2）	模型（3）	模型（4）
$\ln avlabor$	0.0461	0.4096***	-0.2024***	-0.6588***
	(1.51)	(6.99)	(-5.16)	(-5.60)
$\ln avcapital$	1.1792****	1.1970***	0.5595***	0.7315**
	(12.78)	(8.86)	(5.96)	(2.17)
$(\ln avlabor)^2$	-0.0077***	-0.0389***	0.0149***	0.0462***
	(-2.53)	(-6.46)	(3.57)	(3.77)
$(\ln avcapital)^2$	-1.009***	-0.0982***	-0.0516***	-0.0834***
	(-11.55)	(-7.79)	(-5.91)	(-2.62)
$\ln avlabor \times \ln avcapital$	0.0130**	-0.0291***	0.0290***	0.0902***
	(2.28)	(-3.04)	(4.25)	(4.16)
$Sigma\_u$	0.3667	0.3854	0.2402	3.0082
$Sigma\_v$	0.3301	0.2077	0.1600	0.6899
农户个体固定效应	是	是	是	是

因变量：lnavY	粮食加总平均	小麦	水稻	玉米
	模型（1）	模型（2）	模型（3）	模型（4）
年份固定效应	否	否	否	否
时间跨度（年）	2003～2010	2003～2010	2003～2010	2003～2010
样本量	95678	34803	47680	57707

注：括号外的数值为估计系数，括号内为该系数下的 Z 值，其中 $*$ 表示 $p<0.1$、$**$ 表示 $p<0.05$、$***$ 表示 $p<0.01$。

根据表 7-7 的估计结果，结合式（7-7）可测算出各农户粮食生产的技术效率。表 7-8 给出了粮食平均与三种粮食的技术效率的描述性分析结果。粮食平均技术效率的年度均值呈现了先增后减的规律；小麦的年度平均技术效率均值从整体上则表现了逐年增长的态势；水稻技术效率的年度均值也表现了逐年增长的趋势；玉米技术效率的年度均值则波动性较大，整体趋势是先增后减。

表 7-8　粮食作物年度平均技术效率值

年份	2003	2004	2005	2006	2007	2008	2009	2010	平均值
粮食加总平均	0.4201	0.4773	0.4003	0.4290	0.4805	0.4669	0.3959	0.3144	0.4243
小麦	0.4896	0.4977	0.5380	0.5250	0.5675	0.6002	0.5797	0.5423	0.5413
水稻	0.4896	0.5757	0.5732	0.5141	0.5896	0.5968	0.5893	0.5773	0.5620
玉米	0.0297	0.0286	0.0715	0.0463	0.0480	0.0392	0.0555	0.0391	0.0451

图 7-2 绘制了粮食平均、三种粮食的机械投入与技术效率的年度趋势发展。图 7-2 的左上图展示了粮食平均技术效率与单位面积机械投入的趋势关系。2005～2007 年，粮食平均技术效率与机械投入增长趋势相同，共同处于增长态势之中。其中，2004 年与 2008 年为两者发展中共同的拐点，2004 年后粮食技术效率突然下降。与此同时，粮食单位面积机械投入量的增速也迅速下降；2008 年的情况也是如此。

图 7-2 的右上图显示了小麦技术效率与小麦机械投入的趋势。不难发现，小麦机械投入与小麦技术效率两者之间具有较为一致的发展趋势。2003～2008 年，两者共同处于逐年增长之中；不过，2008 年后小麦机械投入仍在增长，而小麦技术效率则出现了下降趋势。

图 7-2 的左下图描绘了水稻技术效率与水稻机械投入的关系。水稻技术效率与机械投入的增长趋势也非常一致。其中，2004 年与 2006 年为两者发展中的

共同拐点。2006 年后，水稻技术效率与机械投入的变化趋势近乎一致。

图 7-2 的右下图给出了玉米技术效率与玉米机械投入的发展变化。玉米机械投入逐年增长，发展趋势较为明显。然而，玉米技术效率的变化则波动性较大，暂未表现出明显的、一致的变化趋势。

从这些图形技术效率与机械投入的发展趋势中可初步判断出机械投入与技术效率存在正向相关关系。其中，小麦、水稻的机械投入与技术效率的这种正相关关系表现得尤为突出。

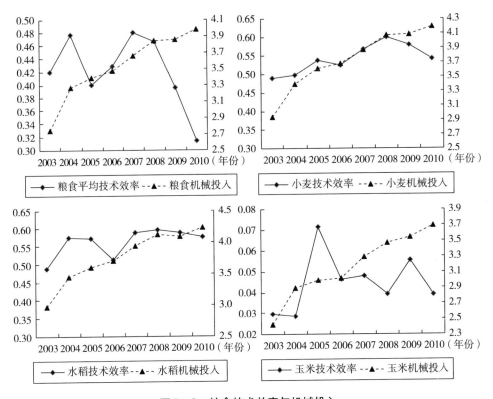

图 7-2　粮食技术效率与机械投入

注：左轴代表技术效率，右轴代表单位面积机械投入的对数值。

2. 配置效率的测算

根据式（7-13）中的部分式子 $\sum_{j=1}^{n}\left[\left(\dfrac{\varepsilon_j}{\varepsilon}-s_j\right)\times\dot{x}\right]$，以及表 7-7 的估计结果，不难计算出粮食生产中的配置效率。表 7-9 给出了粮食作物年度平均配置效率值。从表 7-9 中的数据，可发现粮食平均、小麦、水稻的配置效率值呈现先增后减的变化趋势。玉米的配置效率在 2004～2008 年处于高位小幅度波动，而 2009 年时配置效率迅速下降，2010 年又快速上升。整体而言，粮食配置效率年度均值多小于 0，这说明各要素的配置效率还较低，要素弹性份额小于要素成本份额。

表 7 - 9　粮食作物年度平均配置效率值

年份	粮食加总平均	小麦	水稻	玉米
2004	- 0. 1616	- 0. 1807	- 0. 2048	- 0. 1528
2005	- 0. 0130	- 0. 0353	0. 0216	- 0. 0935
2006	- 0. 0139	- 0. 0328	0. 0043	0. 0034
2007	- 0. 0099	- 0. 0572	0. 0014	- 0. 1191
2008	- 0. 0324	- 0. 0761	- 0. 0274	0. 0114
2009	- 0. 0697	- 0. 0690	- 0. 0855	- 1. 3384
2010	- 0. 0304	- 0. 0737	- 0. 0181	- 0. 1383
平均值	- 0. 0456	- 0. 0713	- 0. 0438	- 0. 2461

图 7 - 3 描绘了粮食机械投入与配置效率的年度变化趋势。在各个图形中发现早期几年内，粮食机械投入与配置效率还存在着共同增长的变化趋势；2009～2010 年，机械投入与配置效率也表现出同样的共同增长态势。其他年份内，机械投入与配置效率的波动性较大。从表 7 - 3 中，尚不能得出如同机械投入与技术效率那样的——机械投入与配置效率具有正相关关系的结论。

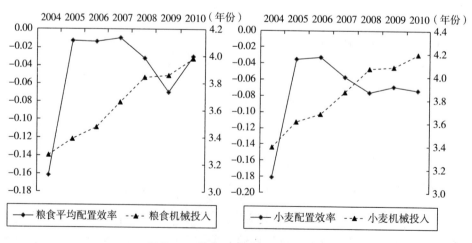

图 7 - 3　粮食配置效率与机械投入

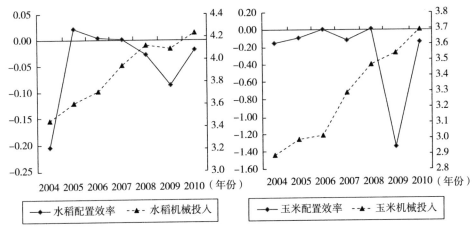

图 7 - 3　粮食配置效率与机械投入（续图）

注：左轴代表配置效率，右轴代表单位面积机械投入的对数值。

二、农业机械化、技术效率及其对粮食单产的影响

本部分将实证分析农业机械化对技术效率的作用效果。首先，以农业机械投入作为机械化指标，分析机械投入对技术效率的影响；其次，使用农机购置补贴试点，研究机械投入对技术效率的作用，以此作为稳健性检验。

1. 基准回归

表 7 - 10 汇报了单位面积农业机械投入对粮食作物平均技术效率的作用效果。其中，模型（1）与模型（2）采用面板 OLS 的估计方法，双向控制了年份时间与农户个体固定效应，并且选择了农户个体层面的聚类标准误。考虑到技术效率具有大于 0 小于 1 的取值特征，模型（3）与模型（4）还采用面板 Tobit 模型的方法再次估计了机械投入对技术效率的作用效果。面板 Tobit 模型控制了年份时间的固定效应。

无论是面板 OLS 模型的估计结果还是面板 Tobit 模型的都显示，lnavmech 的估计系数均大于 0，并且显著性水平皆在 1% 以下。这表明农业机械投入有助于提升粮食作物的技术效率。比较面板 OLS 模型与面板 Tobit 模型的估计结果，发现后者 lnavmech 的估计系数均大于前者，并且估计系数的 t 统计量也高于前者的。这说明在不控制农户个体固定效应以及考虑因变量的取值范围时，机械投入对粮食作物平均技术效率的作用效果要大于控制个体固定效应与不考虑因变量取值范围的。这也间接表明在模型估计中有必要考虑因变量的取值特性。

面板 OLS 模型估计结果测算机械投入对粮食作物平均技术效率的半弹性至少为 0.003，这表明农业机械投入每增长 1%，粮食作物平均技术效率至少相应地

增加 0.003 个百分点。面板 Tobit 模型的估计结果指出，农业机械投入每增长 1%，粮食作物平均技术效率增加约 0.008 个百分点。

表 7 - 10 中还考虑了农户个体特征变量。农户个体特征变量直接影响着农业生产方式，因而可能会对生产技术效率造成影响。从估计结果来看，农户个体特征变量中仅 education 在模型（4）中出现了显著性的估计结果，但是估计系数值非常小；值得一提的是，在模型中加入农户个体特征变量后，几乎不会对 lnavmech 的估计结果造成较大影响，如模型（1）与模型（2）中 lnavmech 的估计系数与系数的 t 统计量几乎相同；模型（3）与模型（4）中的情况也是如此。这表明农户个体特征变量并不能影响粮食生产的技术效率。

表 7 - 10　农业机械投入对粮食作物平均技术效率的作用效果

因变量：TE_ grain	面板 OLS 模型		面板 Tobit 模型	
	模型（1）	模型（2）	模型（3）	模型（4）
lnavmech	0.0033 ***	0.0031 ***	0.0078 ***	0.0077 ***
	(4.38)	(4.02)	(15.07)	(14.68)
gender		-0.0012		0.0027
		(-0.28)		(0.97)
age		-0.0002		-0.0001
		(-1.17)		(-1.36)
education		-0.0006		0.0006 **
		(-1.20)		(2.03)
efflabor		-0.0061		0.0014
		(-0.96)		(0.32)
常数项	0.4030 ***	0.4254 ***	0.2855 ***	0.2846 ***
	(179.49)	(33.05)	(120.65)	(34.56)
农户个体固定效应	是	是	否	否
年份固定效应	是	是	是	是
时间跨度（年）	2003 ~ 2010	2003 ~ 2010	2003 ~ 2010	2003 ~ 2010
R^2	0.3805	0.3850		
F	5963.79	3834.39		
样本量	91570	91570	91570	91570

注：括号外的数值为估计系数，括号内为该系数下的 t 值或 Z 值，其中 * 表示 $p < 0.1$、** 表示 $p < 0.05$、*** 表示 $p < 0.01$。

进一步地，表 7 - 11 分析了农业机械投入对三种粮食技术效率的影响。表 7 -11采用了与表 7 - 10 相同的估计方法，既给出了面板 OLS 模型的估计结果，也汇报了面板 Tobit 模型的估计数据。

表 7 -11 中模型（1）～模型（4）分析的是机械投入对小麦技术效率的作用效果。从两种估计方法的估计结果来看，机械投入对小麦技术效率存在显著的正向促进作用。其中，面板 Tobit 模型估计出的机械投入的作用效果依然高于面板 OLS 模型估计出的。

模型（5）～模型（8）研究的是机械投入对水稻技术效率的影响效果。面板 OLS 模型测算出的 lnavmech 的估计系数值大于 0，但是系数值却并不显著，这说明这种正向作用效果不显著。然而，面板 Tobit 模型估计出的机械投入对水稻技术效率的作用效果却非常显著，显著性程度达到了 1% 水平以下。不过，面板 Tobit 模型对 lnavmech 的估计值并不是很稳定，随着控制变量的加入，模型（7）中 lnavmech 的估计值由 0. 0067 减少到模型（8）中的 0. 0027，lnavmech 的 t 统计量值也从 10. 05 下降到 3. 79，变化幅度较为剧烈。为此，对模型（7）～模型（8）的估计结果需要进一步的稳健性检验。

模型（9）～模型（12）报告的是机械投入对玉米技术效率的作用效果。模型（9）～模型（10）中 lnavmech 的估计系数显著大于 0；而模型（11）～模型（12）的估计结果中，仅模型（11）中 lnavmech 的估计系数值显著大于 0，模型（12）的估计系数值缺乏显著性。可见，机械投入对玉米技术效率的作用效果还并不稳健。

值得注意的是，表 7 - 11 中的控制变量仅在面板 Tobit 模型中表现出了显著性，而在面板 OLS 模型的估计中所有的控制变量均不显著，这一点与表 7 - 10 中的情况相同。本书认为，这与面板 Tobit 模型尚未对农户个体固定效应加以控制有关。结合面板 OLS 与面板 Tobit 模型的估计结果，不难发现这些代表农户个体特征的控制变量对三种粮食技术效率的作用效果也并不稳健。

根据表 7 - 10 与表 7 - 11 的估计结果，此处做如下小结：第一，农业机械投入显著地提高了粮食作物平均技术效率，农业机械投入对粮食作物平均技术效率的半弹性至少为 0. 003；第二，农业机械投入对小麦技术效率也表现出了显著的正向作用，机械投入对技术效率的半弹性至少为 0. 01；第三，农业机械投入对水稻、玉米的技术效率同样展示出了正向的促进作用，只是这种正向促进作用在部分估计模型中还并不显著，为此，机械投入对水稻、玉米技术效率的影响效果与大小本书将结合下文稳健性检验结果再行做出综合判断。

表7-11　农业机械投入对三种粮食技术效率的作用效果

因变量：TE	小麦				水稻				玉米			
	面板OLS模型		面板Tobit模型		面板OLS模型		面板Tobit模型		面板OLS模型		面板Tobit模型	
	模型(1)	模型(2)	模型(3)	模型(4)	模型(5)	模型(6)	模型(7)	模型(8)	模型(9)	模型(10)	模型(11)	模型(12)
lnarmech	0.0113*** (7.79)	0.0103*** (6.85)	0.0237*** (21.20)	0.0304*** (25.11)	0.0012 (1.29)	0.0014 (1.53)	0.0067*** (10.05)	0.0027*** (3.79)	0.0014*** (3.30)	0.0010** (2.37)	0.0007* (1.90)	0.0003 (0.87)
gender		0.0096 (1.07)		0.0042 (0.65)		-0.0037 (-0.68)		0.0029 (0.69)		-0.0016 (-0.55)		0.0007 (0.28)
age		0.0001 (0.37)		0.0004** (2.28)		-0.0001 (-0.50)		-0.0004*** (-3.23)		0.0002** (2.05)		0.0001 (0.70)
education		0.0007 (0.66)		0.0041*** (6.70)		-0.0008 (-1.06)		0.0011** (2.56)		-0.0004 (-0.95)		-0.0006** (-2.14)
efflabor		-0.0139 (-1.08)		-0.0215*** (-2.14)		0.0069 (0.71)		0.0154** (2.02)		0.0091** (2.12)		0.0077** (2.00)
常数项	0.4492*** (94.27)	0.4492*** (16.60)	0.4264*** (81.22)	0.4233*** (22.45)	0.4922*** (175.26)	0.5020*** (25.79)	0.5542*** (169.84)	0.5899*** (44.37)	0.0330*** (27.54)	0.0176* (1.90)	0.0429*** (23.88)	0.0371*** (5.07)
农户个体固定效应	是	是	否	否	是	是	否	否	是	是	否	否
年份固定效应	是	是	是	是	是	是	是	是	是	是	是	是
时间跨度(年)	2003~2010	2003~2010	2003~2010	2003~2010	2003~2010	2003~2010	2003~2010	2003~2010	2003~2010	2003~2010	2003~2010	2003~2010
R^2	0.1415	0.1355			0.2250	0.2277			0.0865	0.0835		
F	332.2100	209.6886			1680.87	1053.38			232.1468	142.8801		
样本量	32657	32657	32657	32657	45112	45112	45112	45112	54535	54535	54535	54535

注：括号外的数值为估计系数，括号内为该系数下的t值或Z值，其中*表示$p<0.1$，**表示$p<0.05$，***表示$p<0.01$。

2. 稳健性检验

表 7 – 12 使用农机购置补贴试点，对表 7 – 10 的估计结果做了稳健性检验。表 7 – 12 在估计中，双向控制了农户个体与年份时间的固定效应。

从表 7 – 12 中 P_t 与 P_{t-1} 的估计系数来看，估计结果都不显著。这意味着表 7 – 10中的估计结果缺乏稳健性，本书还并不能得出机械投入有助于提高粮食作物平均技术效率的结论。

表 7 – 12 农机购置补贴试点对粮食作物平均技术效率的作用效果

因变量：TE_grain	模型（1）	模型（2）	模型（3）	模型（4）
P_t	– 0.0004	– 0.0003		
	（– 0.43）	（– 0.25）		
P_{t-1}			0.0011	0.0010
			（1.20）	（1.08）
gender		– 0.0021		0.0036
		（– 0.41）		（0.69）
age		– 0.0001		– 0.0001
		（– 0.35）		（– 0.44）
education		– 0.0001		– 0.0011 *
		（– 0.10）		（– 1.82）
efflabor		– 0.0058		– 0.0057
		（– 0.72）		（– 0.79）
常数项	0.4120 ***	0.4250 ***	0.4758 ***	0.4934 ***
	（426.42）	（26.94）	（644.63）	（25.45）
农户个体固定效应	是	是	是	是
年份固定效应	是	是	是	是
时间跨度（年）	2003 ~ 2008	2003 ~ 2008	2004 ~ 2008	2004 ~ 2008
R^2	0.2204	0.2231	0.3571	0.3577
F	5359.44	3064.48	5052.69	2687.25
样本量	69979	69979	48627	48627

注：括号外的数值为估计系数，括号内为该系数下的 t 值，其中 * 表示 $p < 0.1$、** 表示 $p < 0.05$、*** 表示 $p < 0.01$。

采取与表 7 – 12 相同的估计方法，本书对表 7 – 11 的估计结果做了同样的稳健性检验，检验结果如表 7 – 13 所示。

（1）分析农机购置补贴试点对小麦技术效率的作用效果。表7－12的模型（1）~模型（4）中，P_t与P_{t-1}的估计系数都不显著。这表明农业机械投入对小麦技术效率的作用效果也并不稳健。

（2）研究农机购置补贴试点对水稻技术效率的影响效果。表7－12的模型（5）~模型（8）中，P_t与P_{t-1}的估计系数都非常显著，估计系数值均大于0。这表明农机购置补贴试点促进了水稻技术效率的提升。另外，表7－6的估计结果指出，农机购置补贴试点对水稻单位面积机械投入存在显著的正向促进作用，并且这种促进作用还具有滞后性。结合表7－12中模型（7）与模型（8）的估计结果，可得出如下结论：农业机械投入有助于水稻技术效率的提高，这表明表7－11中农业机械投入对水稻技术效率的正向作用具有显著且稳健的特性。依据表7－12中模型（7）~模型（8）与表7－6中模型（7）~模型（8），结合式（7－3）与式（7－15），可测算机械投入对水稻技术效率的半弹性，半弹性数值为0.0392~0.0638。

（3）观察农机购置补贴试点对玉米技术效率的作用效果。表7－13的模型（9）~模型（12）中，P_t与P_{t-1}的估计系数也都非常显著，并且估计系数值均大于0。这说明了农机购置补贴试点也能促进水稻技术效率的提升。此外，表7－6的估计结果显示，农机购置补贴试点当期变量P_t显著提高了玉米单位面积的机械投入量。因此，根据表7－13的模型（9）~模型（10）与表7－6的模型（9）~模型（10）可知，农业机械投入显著地提升了玉米技术效率。这说明了在表7－11中，机械投入对玉米技术效率的作用效果是稳健的。依据这些估计结果，结合式（7－3）与式（7－15），同样可测算出机械投入对玉米技术效率的半弹性，半弹性数值为0.0228~0.0336。

表7－13中的控制变量对三种粮食技术效率的作用效果都不显著，这一点与表7－10的估计情况相同。这也再次表明农户个体特征变量并不能影响粮食生产的技术效率。

根据基准回归与稳健性检验的结果，此处做如下总结：第一，农业机械投入对粮食作物平均技术效率起到了提升作用，但是其作用效果还并不稳健；第二，农业机械投入对小麦、水稻、玉米此三种粮食的技术效率也起到了正向的促进作用，但是对小麦技术效率的作用效果也并不稳健，而对水稻、玉米的作用效果却较为稳健。

第七章 农业机械化与粮食单产

表7-13 农机购置补贴试点对三种粮食技术效率的作用效果

因变量：TE	小麦 模型(1)	模型(2)	模型(3)	模型(4)	水稻 模型(5)	模型(6)	模型(7)	模型(8)	玉米 模型(9)	模型(10)	模型(11)	模型(12)
P_t	-0.0007 (-0.34)	-0.0013 (-0.63)			0.0042*** (2.87)	0.0048*** (3.22)			0.0029*** (2.89)	0.0018* (1.77)		
P_{t-1}			0.0022 (1.23)	0.0019 (1.03)			0.0031** (2.17)	0.0040*** (2.77)			0.0035*** (4.15)	0.0040*** (4.59)
gender		0.0036 (0.42)		0.0080 (0.98)		-0.0093 (-1.55)		-0.0041 (-0.53)		0.0021 (0.80)		0.0058 (1.24)
age		-0.0001 (-0.16)		-0.0003 (-0.47)		-0.0004 (-1.22)		-0.0003 (-0.71)		0.0002 (1.44)		-0.0007 (-0.92)
education		0.0018 (1.47)		0.0008 (0.64)		0.0002 (0.21)		0.0000 (0.05)		-0.0003 (-0.85)		-0.0006 (-1.11)
efflabor		-0.0234 (-1.50)		-0.0222 (-1.55)		0.0108 (0.93)		0.0122 (1.10)		0.0084 (1.73)		-0.0022 (-0.40)
常数项	0.4831*** (254.86)	0.4973*** (15.14)	0.5015*** (335.56)	0.5235*** (14.88)	0.4976*** (391.96)	0.5151*** (22.11)	0.5655*** (587.54)	0.5758*** (19.20)	0.0363*** (60.76)	0.0175 (1.62)	0.0259*** (35.26)	0.0610 (1.48)
农户个体固定效应	是	是	是	是	是	是	是	是	是	是	是	是
年份固定效应	是	是	是	是	是	是	是	是	是	是	是	是
时间跨度（年）	2003~2008	2003~2008	2004~2008	2004~2008	2003~2008	2003~2008	2004~2008	2004~2008	2003~2008	2003~2008	2004~2008	2004~2008
R^2	0.1684	0.1614	0.2333	0.2283	0.2852	0.2909	0.3524	0.3536	0.1052	0.1009	0.1169	0.1126
F	374.3514	209.1844	465.3555	245.9611	2329.05	1309.87	3081.77	1594.62	272.5509	150.1243	255.1595	131.9281
样本量	25398	25398	17263	17263	34881	34881	23920	23920	41203	41203	27805	27805

注：括号外的数值为估计系数，括号内为该系数下的 t 值，其中 * 表示 $p<0.1$，** 表示 $p<0.05$，*** 表示 $p<0.01$。

·217·

三、农业机械化、配置效率及其对粮食单产的影响

此部分将实证分析农业机械化对粮食配置效率的作用效果。首先，以农业机械投入作为机械化指标，分析机械投入对配置效率的影响；其次，使用农机购置补贴试点，研究机械投入对配置效率的作用，以此作为稳健性检验。

1. 基准回归

表7-14报告了农业机械投入对粮食作物平均要素配置效率的作用效果。在模型估计中，本书双向控制了年份时间与农户个体固定效应，并选择了农户层面的聚类标准误。表7-14不仅分析了农业机械投入对全部要素或综合要素配置效率的作用效果，而且还分别分析了农业机械投入对劳动、资本配置效率的影响效果。[①]

表7-14 农业机械投入对粮食作物平均要素配置效率的作用效果

因变量：AE_ grain	综合配置效率		劳动配置效率		资本配置效率	
	模型（1）	模型（2）	模型（3）	模型（4）	模型（5）	模型（6）
lnavmech	0.0076***	0.0104***	-0.0004	0.0007	0.0083***	0.0100***
	(4.25)	(5.71)	(-0.28)	(0.45)	(7.55)	(8.89)
gender		0.0098		0.0037		0.0015
		(0.83)		(0.36)		(0.22)
age		-0.0004		-0.0005		-0.0000
		(-0.90)		(-1.24)		(-0.01)
education		-0.0004		-0.0003		0.0000
		(-0.36)		(-0.26)		(0.03)
efflabor		0.0113		0.0019		0.0105
		(0.87)		(0.17)		(1.43)
常数项	-0.1874***	-0.1912***	-0.1565***	-0.1363***	-0.0372***	-0.0545***
	(-29.38)	(-5.93)	(-29.02)	(-4.78)	(-9.92)	(-2.97)
农户个体固定效应	是	是	否	否	是	是
年份固定效应	是	是	是	是	是	是
时间跨度（年）	2004~2010	2004~2010	2004~2010	2004~2010	2003~2010	2003~2010
R^2	0.1010	0.0989	0.1293	0.1270	0.0555	0.0540

---

① 由于本书在测算要素配置效率时，仅考虑了劳动与资本两种要素。这里称要素综合配置效率为所有要素配置效率之和。根据式（7-13）不难知道，本书中的要素综合配置效率等于劳动配置效率与资本配置效率之和。

续表

因变量：AE_ grain	综合配置效率		劳动配置效率		资本配置效率	
	模型（1）	模型（2）	模型（3）	模型（4）	模型（5）	模型（6）
F	451. 2434	265. 5557	454. 0191	267. 3613	396. 6120	236. 5756
样本量	67242	67242	67242	67242	67242	67242

注：括号外的数值为估计系数，括号内为该系数下的 t 值，其中 * 表示 $p < 0.1$、** 表示 $p < 0.05$、*** 表示 $p < 0.01$。

表 7 - 14 中模型（1）与模型（2）的估计结果显示，lnavmech 的估计系数大于 0，并且系数显著性程度达到了 1%。这表明农业机械投入有助于增进粮食作物要素综合配置效率。模型（3）~模型（4）与模型（5）~模型（6）分别探讨了农业机械投入对劳动、资本要素配置效率的作用效果。估计结果表明，农业机械投入仅对资本配置效率的提升起到了显著的正向作用。这也进一步显示，农业机械投入是通过提高资本配置效率来提升要素综合配置效率的。

农业机械投入对资本配置效率展现出的正向促进作用揭示了如此事实：机械投入正改变着农业生产中资本要素的投入，或说机械投入与资本投入相适应，使资本要素能以少量的投入获得更大的产出。相反，农业机械投入却并未对劳动要素配置效率的提升产生积极的作用效果。本书认为，这可能与中国农业机械化水平还较低、提升空间较大有关，农业生产对劳动力的依赖性还是较高，例如，玉米、水稻的生产中，抑或是农业中依然存在许多尚未转移出去的剩余劳动力，从而使劳动要素的配置效率还处于低水平。当然，至于其中深层次的原因可能仍需要进一步的探讨。

表 7 - 14 中显示的控制变量在估计中都不显著，这表明农户个体特征变量不是影响要素配置效率的重要因子，这一点与技术效率影响因素研究的情况相似。

表 7 - 15 汇报了农业机械投入对三种粮食综合要素配置效率的影响效果。表 7 - 15 的模型估计方式与表 7 - 14 的相同。从表 7 - 15 的估计结果来看，不难发现机械投入仅对小麦、水稻要素综合配置效率起到了显著的提升作用；对玉米要素配置效率反而起到了负向作用，不过这种负向作用并不显著。

表 7 - 15　农业机械投入对三种粮食要素综合配置效率的作用效果

因变量：AE	小麦		水稻		玉米	
	模型（1）	模型（2）	模型（3）	模型（4）	模型（5）	模型（6）
lnavmech	0. 0146 ***	0. 0146 ***	0. 0060 *	0. 0104 ***	- 0. 2872	- 0. 3085
	(2. 81)	(2. 73)	(1. 68)	(2. 83)	(- 1. 01)	(- 1. 02)

续表

因变量: AE	小麦		水稻		玉米	
	模型（1）	模型（2）	模型（3）	模型（4）	模型（5）	模型（6）
gender		0.0456		0.0065		−2.4769
		(1.24)		(0.23)		(−0.98)
age		−0.0003		−0.0010		−0.0451
		(−0.25)		(−0.98)		(−1.75)
education		−0.0000		−0.0015		−0.0223
		(−0.01)		(−0.56)		(−0.33)
efflabor		−0.0244		0.0175		−1.3114
		(−0.71)		(0.59)		(−1.24)
常数项	−0.2286***	−0.2299**	−0.2325***	−0.2037***	0.8867	6.9733
	(−12.08)	(−2.51)	(−17.59)	(−2.77)	(0.83)	(1.46)
农户个体固定效应	是	是	否	否	是	是
年份固定效应	是	是	是	是	是	是
时间跨度（年）	2004~2010	2004~2010	2004~2010	2004~2010	2004~2010	2004~2010
R^2	0.0319	0.0304	0.1009	0.0979	2.2346	2.0848
F	57.9971	33.1663	217.0329	121.6075	0.0004	0.0005
样本量	23093	23093	32561	32561	39381	39381

注：括号外的数值为估计系数，括号内为该系数下的 t 值，其中 * 表示 $p<0.1$、** 表示 $p<0.05$、*** 表示 $p<0.01$。

　　进一步地，本书研究了农业机械投入对三种粮食劳动、资本要素配置效率的作用效果。估计结果如表 7–16 所示，表 7–16 中的模型在估计中采取了与表 7–14 相同的方法。从表 7–16 汇报的结果来看，机械投入仅对小麦与水稻的资本要素配置效率起到了显著的提升作用；但是，机械投入对三种粮食的劳动配置效率的作用却并不显著，这一点与表 7–14 的估计结果相同。

　　结合表 7–14、表 7–15 与表 7–16 的估计结果，有如下研究结论：第一，农业机械投入对粮食作物要素综合配置效率起到了显著的提升作用；第二，机械投入在对三种粮食的作用中，对小麦、水稻的要素综合配置效率起到了显著的促进作用，对玉米的作用效果不显著；第三，从要素综合配置效率的组成部分来看，机械投入仅对资本要素配置效率起到了显著的提升作用，对劳动要素配置效率的作用效果则均不显著，这说明了机械投入仅仅是促进了资本要素配置效率的改进，并且通过改进资本要素配置效率作用于综合配置效率。

表7-16　农业机械投入对粮食作物劳动、资本配置效率的作用效果

因变量: AE	小麦				水稻				玉米			
	劳动配置效率		资本配置效率		劳动配置效率		资本配置效率		劳动配置效率		资本配置效率	
	模型(1)	模型(2)	模型(3)	模型(4)	模型(5)	模型(6)	模型(7)	模型(8)	模型(9)	模型(10)	模型(11)	模型(12)
lnavmech	-0.0009	0.0000	0.0150***	0.0139***	-0.0014	0.0009	0.0074***	0.0095***	0.0747	0.0821	-0.3619	-0.3905
	(-0.23)	(0.00)	(4.43)	(4.09)	(-0.45)	(0.28)	(3.77)	(4.65)	(1.06)	(1.07)	(-1.06)	(-1.07)
gender		0.0260		0.0084		-0.0063		0.0128		4.8673		-7.3442
		(1.12)		(0.41)		(-0.26)		(0.87)		(1.03)		(-1.01)
age		-0.0005		0.0010		-0.0007		-0.0003		0.0150		-0.0600
		(-0.53)		(1.29)		(-0.86)		(-0.56)		(0.55)		(-1.34)
education		0.0005		0.0002		0.0014		-0.0029*		-0.0867		0.0644
		(0.23)		(0.09)		(0.59)		(-1.83)		(-0.86)		(0.93)
efflabor		-0.0120		0.0230		-0.0023		0.0198		0.9547		-2.2661
		(-0.48)		(1.03)		(-0.09)		(1.16)		(0.86)		(-1.22)
常数项	-0.1434***	-0.1361**	-0.0897***	-0.1646***	-0.2049***	-0.1702***	-0.0276***	-0.0335	-0.4001	-6.1814	1.2869	13.1547
	(-10.26)	(-2.10)	(-7.49)	(-2.90)	(-17.95)	(-2.78)	(-4.00)	(-0.84)	(-1.20)	(-0.88)	(0.97)	(1.18)
农户个体固定效应	是	是	是	是	是	是	是	是	是	是	是	是
年份固定效应	是	是	是	是	是	是	是	是	是	是	是	是
时间跨度(年)	2004~2010	2004~2010	2004~2010	2004~2010	2004~2010	2004~2010	2004~2010	2004~2010	2004~2010	2004~2010	2004~2010	2004~2010
R^2	0.0538	0.0506	0.0064	0.0055	0.1374	0.1335	0.0553	0.0501	0.0003	0.0005	0.0004	0.0006
F	85.7833	48.9628	16.6845	8.7910	228.1246	128.9997	187.6277	101.4636	1.4834	1.1725	1.1926	0.8010
样本量	23093	23093	23093	23093	32561	32561	32561	32561	39381	39381	39381	39381

注: 括号外的数值为估计系数,括号内为该系数下的t值,其中*表示$p<0.1$,**表示$p<0.05$,***表示$p<0.01$。

2. 稳健性检验

此外，本书将使用农机购置补贴政策试点逐渐推进的时序特征，对表7－14、表7－15与表7－16的估计结果进行稳健性检验。

表7－17报告了农机购置补贴试点对粮食作物配置效率的作用效果。表7－17的模型估计方法与表7－14的相同。表7－17中的模型（1）~模型（4）汇报的是农机购置补贴试点对粮食作物综合配置效率的影响效果。估计结果显示，补贴试点当期变量 P_t 对配置效率的作用效果显著为正，其滞后一期变量 P_{t-1} 对配置效率的作用效果则显著为负；并且 P_{t-1} 的估计系数远大于 P_t 的，P_{t-1} 估计系数的 t 统计量也是远大于 P_t 的。表7－4的估计结果指出，农机购置补贴试点当期变量 P_t 与滞后一期变量 P_{t-1} 均对单位面积的机械投入起到了显著的正向促进作用。结合表7－17中模型（3）~模型（4）的估计结果，不难推导出机械投入反而降低了粮食作物综合配置效率的结论，这一点与表7－14的结论相左。然而，综合表7－4与表7－17中模型（1）~模型（2）的估计结果，又可以得出机械投入有助于提高粮食作物综合配置效率的结论。由此可见，本书中有关机械投入对粮食作物配置效率的作用效果还并不稳健，诸多结论仍需要进一步研究。

表7－17中的模型（5）~模型（8）给出了农机购置补贴试点对劳动要素配置效率的作用效果。与模型（1）~模型（4）的估计结果情况相类似，补贴试点当期变量 P_t 对劳动要素配置效率的作用效果显著为正，但是补贴试点滞后一期变量 P_{t-1} 对劳动要素配置效率的作用效果则显著为负。不过，与模型（1）~模型（4）的估计结果不同的是，农机购置补贴试点当期变量 P_t 与滞后一期变量 P_{t-1} 对劳动要素配置效率的作用大小差别并不大。结合表7－4的估计结果，又能得出农业机械投入既有助于提高劳动要素配置效率，又能降低劳动要素配置效率的自相矛盾的结论。这也与表7－14的结论不一致。这足以表明，农业机械投入对粮食作物劳动要素配置效率的作用效果也是不稳健的。

表7－17中的模型（9）~模型（12）给出了农机购置补贴试点对资本要素配置效率的作用效果。估计显示，补贴试点当期变量 P_t 对资本要素配置效率的作用效果不显著；而补贴试点滞后一期变量 P_{t-1} 对资本要素配置效率的作用效果却显著为负。根据表7－4的估计结果，这表明农业机械投入有损资本要素配置效率的提升，这与表7－14的估计结论相反。因此，不难发现农业机械投入对资本要素配置效率的作用效果亦不稳健。

综合表7－14与表7－17的研究，有如下结论：农业机械投入对粮食作物的综合要素配置效率、劳动要素配置效率、资本要素配置效率的作用效果均不稳健。

表 7 - 17　农机购置补贴试点对粮食作物要素配置效率的作用效果

因变量：AE_grain	综合配置效率				劳动配置效率				资本配置效率			
	模型（1）	模型（2）	模型（3）	模型（4）	模型（5）	模型（6）	模型（7）	模型（8）	模型（9）	模型（10）	模型（11）	模型（12）
P_t	0.0074** (2.58)	0.0052* (1.80)			0.0084*** (3.39)	0.0069*** (2.73)			0.0009 (0.58)	0.0004 (0.27)		
P_{t-1}			-0.0187*** (-7.14)	-0.0198*** (-7.43)			-0.0059*** (-2.62)	-0.0077*** (-3.37)			-0.0128*** (-8.61)	-0.0120*** (-7.89)
gender		0.0110 (0.58)		0.0107 (0.56)		0.0040 (0.24)		0.0036 (0.22)		0.0029 (0.29)		0.0028 (0.29)
age		0.0002 (0.23)		0.0002 (0.25)		-0.0007 (-0.99)		-0.0007 (-0.99)		0.0006 (1.51)		0.0006 (1.55)
education		-0.0013 (-0.73)		-0.0013 (-0.70)		-0.0008 (-0.53)		-0.0008 (-0.51)		-0.0003 (-0.27)		-0.0002 (-0.25)
efflabor		-0.0016 (-0.08)		-0.0016 (-0.08)		-0.0079 (-0.47)		-0.0083 (-0.49)		0.0122 (1.15)		0.0123 (1.16)
常数项	-0.1618*** (-68.66)	-0.1687** (-3.20)	-0.1620*** (-68.79)	-0.1698*** (-3.22)	-0.1567*** (-72.89)	-0.1109** (-2.46)	-0.1567*** (-72.83)	-0.1103** (-2.44)	-0.0103*** (-9.70)	-0.0551** (-1.99)	-0.0106*** (-9.93)	-0.0563** (-2.04)
农户个体固定效应	是	是	是	是	是	是	是	是	是	是	是	是
年份固定效应	是	是	是	是	是	是	是	是	是	是	是	是
时间跨度（年）	2004~2008	2004~2008	2004~2008	2004~2008	2004~2008	2004~2008	2004~2008	2004~2008	2004~2008	2004~2008	2004~2008	2004~2008
R^2	0.1268	0.1241	0.1277	0.1252	0.1522	0.1489	0.1521	0.1490	0.0044	0.0050	0.0062	0.0066
F	531.5431	272.0842	543.7181	279.3929	581.5600	296.1904	579.8726	296.1141	26.9397	16.3320	42.8551	23.7336
样本量	49491	49491	49491	49491	49491	49491	49491	49491	49491	49491	49491	49491

注：括号外的数值为估计系数，括号内为该系数下的 t 值，其中 * 表示 $p<0.1$，** 表示 $p<0.05$，*** 表示 $p<0.01$。

表 7 – 18、表 7 – 19、表 7 – 20 也利用农机购置补贴试点逐县推进的特征，通过 DID 模型检验了农业机械投入对三种粮食配置效率的作用效果。表 7 – 18、表 7 – 19、表 7 – 20 的模型估计方法与表 7 – 14 的相同。

表 7 – 18 报告的是农机购置补贴试点对三种粮食要素综合配置效率的作用效果。其中，模型（1）~模型（4）讨论的是补贴试点对小麦综合配置效率的影响效果。估计结果表明，补贴试点当期变量 P_t 对小麦综合配置效率的作用效果显著为正，而补贴试点滞后一期变量 P_{t-1} 的作用效果则并不显著。另外，表 7 – 6 模型估计结果指出，农机购置补贴试点当期变量 P_t 对小麦单位面积机械投入的作用效果显著为负（补贴试点滞后一期变量 P_{t-1} 对小麦单位面积机械投入的作用效果显著为正，并且作用强度大于 P_t 的）。因此，推导出的结论是：机械投入降低了小麦要素综合配置效率。这与表 7 – 15 中模型（1）与模型（2）的结论相反。这进一步说明，农业机械投入对小麦综合配置效率的作用效果不稳健。

表 7 – 18 中的模型（5）~模型（8）分析的是补贴试点对水稻综合配置效率的作用效果。模型估计结果显示，P_t 与 P_{t-1} 的估计系数显著为负，这说明农机购置补贴试点降低了水稻综合配置效率。此外，表 7 – 6 中的估计结果揭示出，补贴试点显著地提高了水稻单位面积的机械投入。这表明农业机械投入不利于水稻综合配置效率的提升。这也与表 7 – 15 中模型（3）~模型（4）的结论相反。由此可见，农业机械投入对水稻综合配置效率的作用效果也不稳健。

表 7 – 18 中的模型（9）~模型（12）研究的是补贴试点对玉米综合配置效率的影响效果。模型估计结果表明，农机购置补贴试点对玉米综合配置效率的作用效果不显著。从模型（9）~模型（12）的结论中，可知农业机械投入对玉米综合配置效率的作用效果也是不显著的。这与表 7 – 15 中模型（5）~模型（6）的结论是一致。研究结论充分表明，农业机械投入并未对玉米综合配置效率产生显著的作用效果。

表 7 – 19 中具体研究了补贴试点对三种粮食劳动要素配置效率的作用效果。模型（1）~模型（4）分析的是补贴试点对小麦劳动要素配置效率的影响情况。模型中，仅模型（1）~模型（2）中 P_t 的估计系数显著为正，而模型（3）~模型（4）中补贴试点滞后一期变量 P_{t-1} 对小麦劳动要素配置效率的作用效果不显著。结合表 7 – 6 中的估计结论，不难得出机械投入降低了小麦劳动要素配置效率的结论。不过，需要指出的是在表 7 – 16 中，尚未发现机械投入对小麦劳动要素配置效率显著的负向作用效果。这表明农业机械投入对小麦劳动要素配置效率的作用效果也是不稳健的。

表7-18 农机购置补贴试点对三种粮食要素综合配置效率的作用效果

因变量: AE	小麦				水稻				玉米			
	模型(1)	模型(2)	模型(3)	模型(4)	模型(5)	模型(6)	模型(7)	模型(8)	模型(9)	模型(10)	模型(11)	模型(12)
P_t	0.0219*** (2.69)	0.0187** (2.23)			-0.0074 (-1.26)	-0.0115* (-1.90)			0.0152 (0.29)	0.0002 (0.00)		
P_{t-1}			0.0036 (0.50)	0.0012 (0.16)			-0.0245*** (-4.39)	-0.0304*** (-5.37)			-0.0768 (-1.02)	-0.0998 (-1.26)
gender		0.1140** (2.29)		0.1122** (2.25)		-0.0045 (-0.10)		-0.0032 (-0.07)		0.2714 (1.39)		0.2710 (1.39)
age		0.0019 (0.96)		0.0019 (0.94)		-0.0018 (-1.00)		-0.0018 (-1.04)		-0.0018 (-0.16)		-0.0013 (-0.12)
education		0.0004 (0.09)		0.0005 (0.12)		-0.0014 (-0.35)		-0.0014 (-0.36)		-0.0929 (-1.52)		-0.0923 (-1.51)
efflabor		-0.0527 (-1.07)		-0.0554 (-1.13)		-0.0133 (-0.32)		-0.0129 (-0.32)		-0.1088 (-0.34)		-0.1083 (-0.33)
常数项	-0.1698*** (-29.97)	-0.3241** (-2.40)	-0.1690*** (-29.85)	-0.3183** (-2.36)	-0.2090*** (-42.47)	-0.0880 (-0.76)	-0.2099*** (-42.85)	-0.0876 (-0.76)	-0.1237* (-1.90)	0.4356 (0.40)	-0.1252* (-1.94)	0.4067 (0.38)
农户个体固定效应	是	是	是	是	是	是	是	是	是	是	是	是
年份固定效应	是	是	是	是	是	是	是	是	是	是	是	是
时间跨度(年)	2004~2008	2004~2008	2004~2008	2004~2008	2004~2008	2004~2008	2004~2008	2004~2008	2004~2008	2004~2008	2004~2008	2004~2008
R^2	0.0389	0.0376	0.0382	0.0371	0.1321	0.1292	0.1329	0.1303	0.0002	0.0003	0.0002	0.0003
F	67.6477	34.5273	66.0838	33.7773	252.0970	124.4030	261.8892	130.0054	2.1166	3.8913	2.1112	3.6381
样本量	17474	17474	17474	17474	24492	24492	24492	24492	28411	28411	28411	28411

注：括号外的数值为估计系数，括号内为该系数下的t值，其中*表示$p<0.1$，**表示$p<0.05$，***表示$p<0.01$。

表 7-19　农机购置补贴试点对三种粮食劳动要素配置效率的作用效果

因变量：AE_labor	小麦				水稻				玉米			
	模型(1)	模型(2)	模型(3)	模型(4)	模型(5)	模型(6)	模型(7)	模型(8)	模型(9)	模型(10)	模型(11)	模型(12)
P_t	0.0194*** (3.54)	0.0167*** (2.98)			-0.0047 (-0.88)	-0.0072 (-1.32)			0.1003 (0.80)	0.0941 (0.71)		
P_{t-1}			0.0071 (1.45)	0.0047 (0.95)			-0.0229*** (-4.73)	-0.0310*** (-6.35)			-0.0457 (-0.80)	-0.0583 (-0.96)
gender		0.0573* (1.86)		0.0558* (1.82)		-0.0104 (-0.27)		-0.0096 (-0.25)		0.2972 (1.42)		0.2967 (1.42)
age		0.0005 (0.40)		0.0004 (0.37)		-0.0017 (-1.26)		-0.0018 (-1.32)		-0.0035 (-0.37)		-0.0031 (-0.33)
education		0.0013 (0.41)		0.0014 (0.44)		-0.0000 (-0.00)		-0.0001 (-0.02)		-0.1762 (-1.31)		-0.1758 (-1.31)
efflabor		0.0033 (0.09)		0.0009 (0.02)		-0.0243 (-0.66)		-0.0238 (-0.65)		-0.0088 (-0.04)		-0.0184 (-0.08)
常数项	-0.1398*** (-32.56)	-0.2281*** (-2.63)	-0.1391*** (-32.55)	-0.2224** (-2.56)	-0.2077*** (-48.04)	-0.0796 (-0.83)	-0.2085*** (-48.38)	-0.0778 (-0.82)	-0.0974** (-2.30)	0.9964 (0.83)	-0.1006** (-2.45)	0.9821 (0.82)
农户个体固定效应	是	是	是	是	是	是	是	是	是	是	是	是
年份固定效应	是	是	是	是	是	是	是	是	是	是	是	是
时间跨度（年）	2004~2008	2004~2008	2004~2008	2004~2008	2004~2008	2004~2008	2004~2008	2004~2008	2004~2008	2004~2008	2004~2008	2004~2008
R^2	0.0621	0.0586	0.0612	0.0579	0.1583	0.1537	0.1592	0.1554	0.0003	0.0009	0.0003	0.0008
F	101.3513	50.4003	100.1010	49.8212	289.6239	141.6049	300.6263	148.6215	1.9337	4.2666	2.1398	3.8041
样本量	17474	17474	17474	17474	24492	24492	24492	24492	28411	28411	28411	28411

注：括号外的数值为估计系数，括号内为该系数下的 t 值，其中 * 表示 $p<0.1$，** 表示 $p<0.05$，*** 表示 $p<0.01$。

表 7-20 农机购置补贴试点对三种粮食资本要素配置效率的作用效果

因变量: AE_capital	小麦				水稻				玉米			
	模型 (1)	模型 (2)	模型 (3)	模型 (4)	模型 (5)	模型 (6)	模型 (7)	模型 (8)	模型 (9)	模型 (10)	模型 (11)	模型 (12)
P_t	0.0069 (1.40)	0.0059 (1.19)			-0.0027 (-0.90)	-0.0043 (-1.38)		0.0006 (0.18)	-0.0851 (-0.79)	-0.0939 (-0.83)		
P_{t-1}			-0.0027 (-0.57)	-0.0021 (-0.45)			-0.0016 (-0.51)				-0.0310 (-0.35)	-0.0415 (-0.44)
gender		0.0386 (1.44)		0.0379 (1.41)		0.0059 (0.29)		0.0064 (0.32)		-0.0258 (-0.22)		-0.0257 (-0.21)
age		0.0019 (1.61)		0.0019 (1.61)		-0.0000 (-0.04)		-0.0000 (-0.02)		0.0017 (0.20)		0.0018 (0.22)
education		-0.0011 (-0.41)		-0.0010 (-0.40)		-0.0014 (-0.69)		-0.0014 (-0.70)		0.0833 (0.81)		0.0835 (0.81)
efflabor		-0.0021 (-0.06)		-0.0030 (-0.09)		0.0110 (0.54)		0.0109 (0.54)		-0.1000 (-0.33)		-0.0900 (-0.30)
常数项	-0.0369*** (-12.56)	-0.1593* (-1.93)	-0.0367*** (-12.52)	-0.1579* (-1.92)	-0.0013 (-0.69)	-0.0085 (-0.15)	-0.0014 (-0.75)	-0.0098 (-0.17)	-0.0263 (-0.44)	-0.5608 (-0.57)	-0.0246 (-0.42)	-0.5754 (-0.59)
农户个体固定效应	是	是	是	是	是	是	是	是	是	是	是	是
年份固定效应	是	是	是	是	是	是	是	是	是	是	是	是
时间跨度（年）	2004~2008	2004~2008	2004~2008	2004~2008	2004~2008	2004~2008	2004~2008	2004~2008	2004~2008	2004~2008	2004~2008	2004~2008
R^2	0.0059	0.0059	0.0058	0.0057	0.0050	0.0058	0.0050	0.0057	0.0001	0.0002	0.0001	0.0002
F	13.3382	7.2106	13.0786	7.0961	15.7333	9.1917	15.8163	9.1601	0.6215	0.4494	0.6849	0.5896
样本量	17474	17474	17474	17474	24492	24492	24492	24492	28411	28411	28411	28411

注：括号外的数值为估计系数，括号内为该系数下的 t 值，其中 * 表示 $p<0.1$，** 表示 $p<0.05$，*** 表示 $p<0.01$。

表7-19中模型（5）~模型（8）分析了补贴试点对水稻劳动要素配置效率的作用。模型（5）~模型（8）中，补贴试点当期变量 P_t 与滞后一期变量 P_{t-1} 的估计系数均为负，这表明补贴试点对水稻劳动要素配置效率产生了负向作用。不过，这种负向作用仅在 P_{t-1} 上表现出了稳健的显著性特征。根据模型（7）~模型（8）以及表7-6的结论，同样得出了与表7-16相悖的结论：农业机械投入反而降低了水稻劳动要素的配置效率；表7-16中这种负向作用并不显著。因此，机械投入对水稻劳动要素配置效率的作用效果也是不稳健的。

模型（9）~模型（12）探讨了补贴试点与玉米劳动要素配置效率的关系。模型结果显示，补贴试点对玉米劳动要素配置效率的作用效果不显著；这间接表明了机械投入对玉米劳动要素配置效率的影响程度也是不显著的。这与表7-16中的估计结果相一致。

表7-20细致地分析了补贴试点对三种粮食资本要素配置效率的作用效果。模型估计结果表明，无论是农机购置补贴试点当期变量 P_t 还是滞后一期变量 P_{t-1}，对三种粮食的资本要素配置效率的作用效果都不显著。这说明表7-16的研究结论——农业机械投入提高了三种粮食资本要素配置效率的结论是不稳健的。

总结农业机械投入对粮食作物配置效率的作用情况，此处做如下三点小结：第一，农业机械投入对粮食作物要素综合配置效率起到了显著的提升作用，在三种粮食中对小麦、水稻的要素综合配置效率起到了显著的促进作用；第二，从要素综合配置效率的组成部分来看，机械投入仅对资本要素配置效率起到了显著的提升作用，对劳动要素配置效率的作用效果则均不显著；第三，稳健性检验结果表明，农业机械投入对以上配置效率的作用效果还并不稳健。这说明机械投入还并未对其他要素配置效率的改进起到了稳定的作用效果。

第四节 农业机械化、农业资本增进及其对粮食单产的间接效果评价

本章第四节分析了农业机械化对粮食单产的直接作用效果。本节将探讨农业机械投入对粮食单产的间接影响作用。本书第三章以及本章第二节已指出，农业机械化通过促进农业劳动力转移、增进农业资本投入的渠道影响着粮食单产。本节内容将对此机制或理论假说进行检验。

一、基准回归

根据式（7-17）、表7-21汇报了模型机械投入对粮食作物单位面积农业资本投入作用效果的模型估计结果。表7-21在估计中，双向控制了年份时间与农户个体固定效应，并且选取了农户聚类层面的标准误。表7-21中的模型（1）与模型（2）研究的是农业机械投入对粮食作物农业资本投入的影响效果。考虑到化肥投入是当前农业生产中较为重要并且投入占比较大的一项资本性投入，为此在本节中还将单独分析农业机械化对化肥投入的影响。农业机械投入对粮食作物化肥投入的作用效果见模型（3）与模型（4）。

表7-21模型（1）与模型（2）中lnavmech的估计系数显著为正，显著性水平也达到了1%水平以下；并且模型（1）与模型（2）中lnavmech的系数值非常接近。这表明机械投入对粮食作物农业资本投入的正向作用较为稳定。从lnavmech的系数值来看，不难知道机械投入对粮食作物农业资本投入的弹性至少为0.05。模型（2）考虑了农户个体特征变量对农业资本投入的影响，各变量的估计系数表明农户个体特征并不影响农业资本的投入。

表7-21模型（3）与模型（4）中lnavmech的估计系数也显著为正，两个模型中lnavmech的估计系数值也非常接近。这表明农业机械化显著地提高了粮食生产中的化肥投入。估计系数值显示，农业机械投入对化肥投入的弹性至少为0.06。

表7-21 农业机械投入对粮食作物单位面积农业资本投入的作用效果

因变量	农业资本投入		化肥投入	
	模型（1）	模型（2）	模型（3）	模型（4）
lnavmech	0.0524***	0.0521***	0.0640***	0.0664***
	(21.26)	(20.47)	(20.34)	(20.43)
gender		-0.0181		0.0429**
		(-1.33)		(2.39)
age		-0.0006		-0.0002
		(-1.36)		(-0.37)
education		0.0006		0.0005
		(0.42)		(0.24)
efflabor		0.0045		0.0018
		(0.26)		(0.08)

续表

因变量	农业资本投入		化肥投入	
	模型（1）	模型（2）	模型（3）	模型（4）
常数项	4.9303 ***	4.9742 ***	3.8273 ***	3.7934 ***
	(690.34)	(139.95)	(408.50)	(75.95)
农户个体固定效应	是	是	是	是
年份固定效应	是	是	是	是
时间跨度（年）	2003~2010	2003~2010	2003~2010	2003~2010
R^2	0.3159	0.3140	0.2902	0.2934
F	3558.44	2254.66	2437.39	1590.56
样本量	98081	98081	98081	98081

注：括号外的数值为估计系数，括号内为该系数下的 t 值，其中 * 表示 $p<0.1$、** 表示 $p<0.05$、*** 表示 $p<0.01$。

表7-22进而分析了农业机械化对三种粮食农业资本投入的作用效果。表7-22中的各模型采取了与表7-21相同的估计方法。

表7-22中模型（1）~模型（4）分析的是农业机械投入对小麦资本投入的影响效果。模型（1）与模型（2）指出，农业机械化显著地提高了小麦的资本投入，农业机械投入对小麦资本投入的弹性至少为0.06。模型（3）与模型（4）的估计结果也表明，农业机械化也提高了小麦种植中的化肥投入，其中农业机械投入对小麦化肥投入的弹性接近于0.1。

表7-22中模型（5）~模型（8）的估计结果也揭示出，农业机械化也显著地提高了水稻种植中的资本投入与化肥投入。其中，农业机械投入对水稻资本总投入的作用弹性至少为0.025，而对水稻化肥投入的弹性则至少为0.04。

表7-22中模型（9）~模型（12）的估计结果也反映出了农业机械化对玉米资本投入以及化肥投入的正向促进作用。机械投入对玉米资本投入、化肥投入的弹性至少分别为0.027与0.05。

表7-22也考虑农户个体特征变量对三种粮食资本投入的影响。研究结果显示，仅个别特征变量对个别品种某项投入有显著的作用效果，其他特征变量的影响均不显著。

根据表7-21与表7-22的估计结果，有如下结论：第一，农业机械化显著地提高了粮食作物单位面积的资本投入以及化肥投入；第二，本章第三节业已证实资本投入显著地提高了粮食单产，由此可见，农业机械化通过增进农业资本投入的渠道提高粮食单产的作用机制是成立的，其作用效果亦是显著的。

表 7-22　农业机械投入对三种粮食作物单位面积农业资本投入的作用效果

因变量	小麦 资本投入 模型(1)	小麦 资本投入 模型(2)	小麦 化肥投入 模型(3)	小麦 化肥投入 模型(4)	水稻 资本投入 模型(5)	水稻 资本投入 模型(6)	水稻 化肥投入 模型(7)	水稻 化肥投入 模型(8)	玉米 资本投入 模型(9)	玉米 资本投入 模型(10)	玉米 化肥投入 模型(11)	玉米 化肥投入 模型(12)
lnaamech	0.0621*** (16.15)	0.0609*** (15.22)	0.0970*** (15.98)	0.0979*** (15.42)	0.0273*** (8.95)	0.0251*** (7.92)	0.0414*** (10.38)	0.0424*** (10.20)	0.0278*** (10.73)	0.0278*** (10.42)	0.0507*** (14.13)	0.0513*** (13.85)
gender		-0.0137 (-0.60)		0.0368 (1.18)		-0.0352* (-1.77)		0.0686** (2.58)		-0.0018 (-0.09)		0.0282 (1.11)
age		0.0003 (0.44)		-0.0006 (-0.60)		-0.0013* (-1.83)		-0.0005 (-0.49)		0.0004 (0.67)		0.0009 (0.90)
education		0.0036* (1.66)		-0.0008 (-0.22)		-0.0003 (-0.13)		0.0016 (0.50)		0.0024 (1.26)		0.0016 (0.57)
efflabor		-0.0207 (-0.73)		-0.0238 (-0.60)		0.0136 (0.50)		-0.0194 (-0.54)		-0.0008 (-0.03)		-0.0042 (-0.12)
常数项	4.9695*** (412.67)	4.9726*** (86.23)	3.7623*** (191.69)	3.7871*** (45.33)	5.0537*** (528.88)	5.1597*** (87.94)	4.0503*** (325.73)	4.0296*** (53.81)	4.9432*** (644.53)	4.9129*** (98.57)	3.7974*** (346.45)	3.7244*** (49.80)
农户个体固定效应	是	是	是	是	是	是	是	是	是	是	是	是
年份固定效应	是	是	是	是	是	是	是	是	是	是	是	是
时间跨度（年）	2004~2010	2004~2010	2004~2010	2004~2010	2004~2010	2004~2010	2004~2010	2004~2010	2004~2010	2004~2010	2004~2010	2004~2010
R^2	0.2922	0.2883	0.2424	0.2468	0.3016	0.3025	0.2311	0.2340	0.2721	0.2679	0.2552	0.2580
F	1189.62	734.0369	788.2677	507.1689	1475.02	937.3349	894.1050	579.8716	1714.21	1076.24	1223.86	797.34
样本量	36245	36245	36245	36245	49481	49481	49481	49481	59698	59698	59698	59698

注：括号外的数值为估计系数，括号内为该系数下的 t 值，其中，*表示 $p < 0.1$，**表示 $p < 0.05$，***表示 $p < 0.01$。

二、稳健性检验

考虑在表7-21与表7-22的模型中,机械投入与资本投入可能存在的内生性关系。本节将根据式(7-3)与式(7-18),使用农机购置补贴试点逐县推进的特征,建立DID模型,对表7-21与表7-22中的各模型进行稳健性检验。

表7-23汇报了农机购置补贴试点对粮食作物单位面积资本投入的影响效果。模型(1)~模型(4)分析了农机购置补贴试点对粮食作物单位面积资本投入的作用效果。模型估计结果显示,补贴试点当期变量P_t与滞后一期变量P_{t-1}的估计系数显著为正,这表明补贴试点显著提高了粮食生产中的资本投入。另外,表7-4的估计结果表明,补贴试点当期变量P_t与滞后一期变量P_{t-1}对粮食作物单位面积机械投入的作用效果均显著为正。结合表7-4的结论与模型(1)~模型(4)的分析,不难发现农业机械投入对粮食作物资本投入的作用效果也是显著为正的。这表明在表7-21中,机械投入对粮食作物单位面积资本投入的正向作用效果是稳健的。根据式(7-3)与式(7-18)可测算出,农业机械投入对粮食作物单位面积资本投入的弹性为0.2436~3.8372。

表7-23中模型(5)~模型(8)研究了农机购置补贴试点对粮食作物单位面积化肥投入的影响。估计结果中,补贴试点当期变量P_t的估计系数显著为正,显著性程度达到了1%水平以下;而补贴试点滞后一期变量P_{t-1}的估计系数则并不显著。这表明补贴试点对粮食作物化肥投入的作用效果在补贴当期即表现出。根据表7-4中的分析,亦可得出农业机械投入有助于提升粮食作物单位面积化肥投入的结论。同理,根据式(7-3)与式(7-18)也可测算出,农业机械投入对粮食作物单位面积化肥投入的弹性为5.2105~9.8372。

表7-23的估计结果表明,农业机械投入对粮食作物单位面积资本投入以及化肥投入的作用效果是稳健的。

表7-24与表7-25进一步研究了农机购置补贴试点对三种粮食作物单位面积农业资本投入以及化肥投入的作用效果。表7-24与表7-25在估计中仍然采取了双向控制年份时间与农户个体固定效应以及选取了农户层面的聚类标准误的估计方法。

表7-24模型(1)~模型(4)分析了农机购置补贴试点对小麦单位面积农业资本投入的影响。估计结果显示,P_t与P_{t-1}的估计系数均显著为正。需要指出的是,P_{t-1}的估计系数值是P_t的2倍有余。这说明农机购置补贴试点对小麦农业资本投入的作用效果有滞后性,并且作用效果以滞后作用为主。表7-6的模型(1)~模型(4)的估计结果指出,农机购置补贴试点的滞后一期变量P_{t-1}对

小麦单位面积机械投入具有显著的正向作用。结合表7-24的模型（3）与模型（4）可知，农业机械投入显著地提高了小麦单位面积农业资本投入。根据式（7-3）与式（7-18）可测算出，农业机械投入对小麦单位面积农业资本投入的弹性为0.3891~0.4229。

表7-24模型（5）~模型（8）研究了农机购置补贴试点对水稻单位面积农业资本投入的影响。模型（5）~模型（8）的估计情况与模型（1）~模型（4）相类似，P_t与P_{t-1}的估计系数均显著为正，并且P_{t-1}对水稻资本投入的作用效果大于P_t的。此外，表7-6的模型（5）~模型（8）的估计结果指出，农机购置补贴试点的滞后一期变量P_{t-1}对水稻单位面积机械投入具有显著的正向作用，并且补贴试点对水稻单位面积机械投入的作用以滞后效果为主。由此可见，农业机械投入对水稻单位面积资本投入的正向作用效果也是稳健的。根据式（7-3）与式（7-18），结合表7-24的模型（7）~模型（8）与表7-6的模型（7）~模型（8），可计算出农业机械投入对水稻单位面积农业资本投入的弹性为0.2835~0.5183。

表7-24模型（9）~模型（12）探讨了农机购置补贴试点对玉米单位面积农业资本投入的作用效果。在估计结果中，P_t的估计系数显著为正，显著性程度达到了1%水平以下；而P_{t-1}的估计系数则仅在模型（11）中显示了显著性，而在模型（12）中P_{t-1}对玉米单位面积农业资本投入的作用效果则不显著，可见P_{t-1}的作用效果并不稳健。另外，表7-6中的模型（9）~模型（12）的估计结果也指出，仅试点滞后一期变量P_{t-1}对玉米单位面积机械投入的作用效果是显著的。因此，结合表7-6中的结论与表7-24中的模型（9）~模型（10）可知，农业机械投入对玉米单位面积资本投入的正向促进作用亦是稳健的。根据式（7-3）与式（7-18），结合表7-24的模型（9）~模型（10）与表7-6中的模型（9）~模型（10），可计算出农业机械投入对玉米单位面积农业资本投入的弹性为0.1518~0.1833。

表7-25分析了农机购置补贴试点对三种粮食作物单位面积化肥投入的作用效果。

表7-25中模型（1）~模型（4）的估计结果显示，P_t的估计系数显著为正，而P_{t-1}的估计系数则并不显著。这表明农机购置补贴试点对小麦单位面积化肥投入的作用效果不具备滞后效应。另外，表7-6中模型（1）~模型（4）却指出，P_t对小麦单位面积机械投入的作用效果显著为负。这间接表明机械投入对小麦单位面积化肥投入的作用效果显著为负。这与表7-22中的估计结果不同，可见农业机械投入对小麦单位面积化肥投入的作用效果不稳健。

表 7－23　农机购置补贴试点对粮食作物单位面积农业资本投入的作用效果

因变量	农业资本投入				化肥投入			
	模型（1）	模型（2）	模型（3）	模型（4）	模型（5）	模型（6）	模型（7）	模型（8）
P_t	0.0148***	0.0165***			0.0396***	0.0423***		
	(4.48)	(4.88)			(8.69)	(9.07)		
P_{t-1}			0.0076*	0.0098**			0.0017	0.0039
			(1.82)	(2.32)			(0.35)	(0.76)
gender		-0.0007		-0.0181		0.0680***		0.0223
		(-0.05)		(-0.79)		(3.06)		(0.84)
age		-0.0015***		-0.0008		-0.0007		-0.0004
		(-2.63)		(-0.67)		(-0.86)		(-0.30)
education		0.0005		0.0049**		0.0007		0.0056*
		(0.31)		(2.03)		(0.27)		(1.71)
efflabor		-0.0255		-0.0084		0.0043		0.0236
		(-1.17)		(-0.31)		(0.14)		(0.67)
常数项	5.0772***	5.1751***	5.1331***	5.1697***	4.0097***	3.9769***	4.1671***	4.1147***
	(1930.83)	(116.86)	(2159.31)	(67.22)	(952.26)	(61.97)	(1321.97)	(45.83)
农户个体固定效应	是	是	是	是	是	是	是	是
年份固定效应	是	是	是	是	是	是	是	是
时间跨度（年）	2003～2008	2003～2008	2004～2008	2004～2008	2003～2008	2003～2008	2004～2008	2004～2008
R^2	0.3478	0.3472	0.3351	0.3351	0.2597	0.2630	0.2439	0.2452
F	4072.43	2327.12	2813.77	1504.44	2316.89	1354.65	1658.22	894.52
样本量	75067	75067	49607	49607	75067	75067	49607	49607

注：括号外的数值为估计系数，括号内为该系数下的 t 值，其中 * 表示 $p<0.1$，** 表示 $p<0.05$，*** 表示 $p<0.01$。

表7-24　农机购置补贴试点对三种粮食作物单位面积农业资本投入的作用效果

因变量	小麦				水稻				玉米			
	模型(1)	模型(2)	模型(3)	模型(4)	模型(5)	模型(6)	模型(7)	模型(8)	模型(9)	模型(10)	模型(11)	模型(12)
P_t	0.0130** (2.29)	0.0156*** (2.68)			0.0180*** (3.58)	0.0236*** (4.55)			0.0131*** (2.69)	0.0145*** (2.93)		
P_{t-1}			0.0344*** (4.52)	0.0343*** (4.43)			0.0224*** (3.70)	0.0325*** (5.29)			0.0135** (2.12)	0.0072 (1.11)
gender		0.0147 (0.52)		0.0562 (1.31)		-0.0251 (-1.05)		-0.0313 (-0.89)		-0.0088 (-0.39)		-0.0354 (-1.06)
age		-0.0002 (-0.25)		0.0022 (1.29)		-0.0013 (-1.38)		-0.0013 (-0.63)		-0.0007 (-0.92)		-0.0011 (-0.49)
education		0.0037 (1.27)		0.0034 (0.81)		-0.0010 (-0.33)		0.0025 (0.59)		0.0015 (0.60)		0.0078* (2.01)
efflabor		-0.0301 (-0.79)		-0.0400 (-0.75)		-0.0090 (-0.26)		0.0359 (0.92)		-0.0267 (-0.86)		0.0145 (0.35)
常数项	5.1544*** (1093.72)	5.1597*** (68.41)	5.1835*** (1108.85)	5.0347*** (40.83)	5.1451*** (1291.80)	5.2587*** (70.08)	5.1967*** (1542.59)	5.2524*** (40.06)	5.0020*** (1290.30)	5.0656*** (81.10)	5.1354*** (1258.63)	5.1595*** (40.95)
农户个体固定效应	是	是	是	是	是	是	是	是	是	是	是	是
年份固定效应	是	是	是	是	是	是	是	是	是	是	是	是
时间跨度效应（年）	2003~2008	2003~2008	2004~2008	2004~2008	2003~2008	2003~2008	2004~2008	2004~2008	2003~2008	2003~2008	2004~2008	2004~2008
R^2	0.3154	0.3134	0.3105	0.3101	0.3253	0.3259	0.3320	0.3359	0.3105	0.3082	0.2249	0.2220
F	1308.74	732.3089	830.7565	437.1369	1640.83	938.4968	1221.58	663.5086	2002.70	1129.89	899.7731	472.0211
样本量	28383	28383	17764	17764	38234	38234	24579	24579	45084	45084	28472	28472

注：括号外的数值为估计系数，括号内为该系数下的 t 值，其中 * 表示 p<0.1，** 表示 p<0.05，*** 表示 p<0.01。

表7-25 农机购置补贴试点对三种粮食作物单位面积化肥投入的作用效果

因变量	小麦				水稻				玉米			
	模型(1)	模型(2)	模型(3)	模型(4)	模型(5)	模型(6)	模型(7)	模型(8)	模型(9)	模型(10)	模型(11)	模型(12)
P_t	0.0163** (2.02)	0.0234*** (2.84)			0.0117* (1.68)	0.0192*** (2.67)			0.0849*** (12.08)	0.0860*** (11.98)		
P_{t-1}			0.0026 (0.28)	0.0031 (0.33)			-0.0116 (-1.50)	-0.0030 (-0.37)			0.0154* (1.90)	0.0095 (1.15)
gender		0.0404 (1.06)		0.0859* (1.74)		0.0923*** (2.63)		-0.0079 (-0.16)		0.0109 (0.33)		0.0141 (0.29)
age		0.0005 (0.37)		0.0004 (0.18)		0.0004 (0.28)		0.0031 (1.31)		-0.0005 (-0.46)		-0.0019 (-0.91)
education		-0.0030 (-0.64)		-0.0055 (-0.92)		0.0023 (0.53)		0.0080 (1.54)		0.0012 (0.31)		0.0060 (1.11)
efflabor		0.0411 (0.76)		0.0533 (0.90)		-0.0014 (-0.03)		0.0643 (1.18)		0.0136 (0.28)		-0.0021 (-0.04)
常数项	4.0487*** (467.05)	3.9692*** (35.60)	4.2583*** (747.08)	4.1501*** (26.86)	4.1819*** (738.03)	4.0793*** (40.67)	4.3156*** (937.38)	4.0742*** (26.59)	3.9246*** (599.84)	3.9236*** (42.21)	4.1016*** (781.96)	4.1526*** (28.48)
农户个体固定效应	是	是	是	是	是	是	是	是	是	是	是	是
年份固定效应	是	是	是	是	是	是	是	是	是	是	是	是
时间跨度(年)	2003~2008	2003~2008	2004~2008	2004~2008	2003~2008	2003~2008	2004~2008	2004~2008	2003~2008	2003~2008	2004~2008	2004~2008
R^2	0.2135	0.2187	0.2206	0.2176	0.2056	0.2082	0.1910	0.1923	0.2269	0.2293	0.1872	0.1871
F	748.2320	434.5153	519.8440	274.7620	864.3332	502.1797	613.5542	329.8019	1173.25	680.4518	695.8021	376.2554
样本量	28383	28383	17764	17764	38234	38234	24579	24579	45084	45084	28472	28472

注：括号外的数值为估计系数，括号内为该系数下的t值，其中*表示$p<0.1$，**表示$p<0.05$，***表示$p<0.01$。

同理，根据表 7-25 中模型（5）~模型（8）以及表 7-6 中的模型（5）~模型（8），亦得出了农业机械投入降低了水稻单位面积化肥投入的结论。这说明表 7-22 中得出的有关农业机械投入增进了水稻单位面积化肥投入的结论也缺乏稳健性。

表 7-25 中模型（9）~模型（12）分析的是农机购置补贴试点对玉米单位面积化肥投入的影响。在模型估计结果中，亦是 P_t 的估计系数表现出了稳健的显著性，而 P_{t-1} 的显著性则并不稳健。表 7-6 中的估计结论也指出，农机购置补贴试点当期变量 P_t 显著地提高了玉米单位面积的机械投入。这表明农业机械投入对玉米单位面积的化肥投入产生了正向促进作用，同时也显示出表 7-22 中有关机械投入促进玉米化肥投入的结论是稳健的。

总结本节基准回归与稳健性检验的估计结果，此处做如下小结：第一，基准回归的估计结果表明农业机械化显著地提高了粮食作物以及三种粮食单位面积的资本投入以及化肥投入；第二，稳健性检验的结果进一步指出，农业机械化对粮食作物以及三种粮食单位面积的资本投入的正向促进作用是稳健的，具体而言，农业机械投入对粮食作物单位面积资本投入的弹性为 0.2436 ~ 3.8372，对小麦、水稻、玉米单位面积资本投入的弹性分别为 0.3891 ~ 0.4229、0.2835 ~ 0.5183 与 0.1518 ~ 0.1833；第三，机械投入对粮食作物化肥投入的作用效果则不具备稳健性，三种粮食中仅发现机械投入对玉米单位面积化肥投入的促进作用具有稳健性。

本节的分析证实了假说 2b，即农业机械化通过增进农业生产资本的投入起到了粮食增产的效果。

第五节　本章小结

本章分析了农业机械化对粮食单产的作用效果，并且实证研究了农业机械化对粮食单产的作用机制，运用多种模型估计方法检验了各个作用机制。通过大量的模型分析，本章有如下研究结论：

1. 农业机械化显著提高了粮食作物单产

基准回归与稳健性检验均证实了此结论，即本书假说 2 得证。具体而言，基准回归的结果指出，农业机械投入对粮食作物平均单产的弹性值为 0.02 ~ 0.03，对小麦、水稻、玉米的弹性值分别为 0.040 ~ 0.046、0.007 ~ 0.011、0.037 ~ 0.040。稳健性检验测算的结果指出，农业机械投入对粮食作物平均单产的弹性值为 0.3860 ~ 0.5160，对小麦、水稻、玉米单产的弹性值分别为 0.2688 ~ 0.2839、0.3873 ~ 0.4545、0.7949 ~ 0.8331。

2. 研究结论

本章检验了农业机械化对粮食单产的作用机制，即分析了农业机械化对粮食单产的直接作用与间接作用。

（1）农业机械化对粮食单产的直接作用是通过作用于粮食生产技术效率与配置效率实现的。

有关农业机械化对粮食作物技术效率作用效果的结论有：尽管农业机械投入对粮食作物平均技术效率起到了提升作用，但是其作用效果并不稳健。农业机械投入对小麦、水稻、玉米此三种粮食的技术效率也起到了正向的促进作用，不过对小麦技术效率的作用效果不稳健，但是对水稻、玉米的作用效果却较为稳健。

有关农业机械化对粮食作物配置效率作用效果的结论有：农业机械投入对粮食作物要素综合配置效率起到了显著的提升作用，在三种粮食中对小麦、水稻的要素综合配置效率起到了显著的促进作用。从要素综合配置效率的组成部分来看，机械投入仅对资本要素配置效率起到了显著的提升作用，对劳动要素配置效率的作用效果则均不显著。然而，稳健性检验结果却表明，农业机械投入对以上配置效率的作用效果还并不稳健。这说明机械投入还未对其他要素配置效率的改进起到稳定的作用效果。

这说明本章仅仅部分证实了农业机械化对粮食单产的直接作用，即部分验证了假说 2a。

（2）农业机械化对粮食单产的间接作用是通过机械替代劳动、增加农户非农收入，增进农业资本投入实现的。

农业机械化对粮食单产的间接作用的研究结论表明：农业机械化显著地提高了粮食作物以及三种粮食单位面积的资本投入以及化肥投入。进一步的稳健性检验指出，农业机械化对粮食作物以及三种粮食单位面积的资本投入的正向促进作用是稳健的。不过，农业机械投入对粮食作物化肥投入的作用效果则不具备稳健性，三种粮食中仅发现机械投入对玉米单位面积化肥投入的增进作用具有稳健性。研究结论充分证实了农业机械化对粮食单产的间接作用，即验证了本书假说 2b。

通过本章的分析，本书证实了研究假说 2，即农业机械化显著地提高了粮食单产。本章的研究验证了农业机械化对粮食增产的重要作用机制，即农业机械化提高了粮食单产。

第八章 农业机械化对粮食产量的效果评价

第七章检验了农业机械化与粮食播种面积的关系，证实了农业机械化有助于扩大粮食播种面积的研究假说。第七章检验了农业机械化与粮食单产的关系，也证实了农业机械化提升了粮食单产的研究假说。总体而言，第六章与第七章联合检验了农业机械化对粮食增产的作用机制。不过，这两章还尚未测算出机械化对粮食产出的综合效果。为此，本章将评价农业机械化对粮食总产的综合效果。从全书结构安排上来看，本章是第六章、第七章研究内容的延续，也是对机械化在粮食产出中的作用做归纳总结。

根据研究内容，本章结构安排如下：①第一部分为本章的研究设计，研究设计包含两部分内容：一是给出农业机械化对粮食产出作用效果的研究模型，研究模型有的未考虑样本选择偏差问题，有的考虑了样本选择偏差。需要指出的是，在研究农业机械化对粮食播种面积、单产的影响时，本书尚未考虑样本选择偏差的问题①；不过，本章在讨论农业机械化对粮食总产的作用效果时，将对此问题进行着重分析，测算在考虑样本选择偏差时农业机械化对粮食产出的影响效果。二是介绍变量选择与数据的描述性分析。②第二部分利用计量模型估计农业机械化对粮食总产的综合效应，本部分的研究模型不考虑样本选择偏差问题。③第三部分在考虑样本选择偏差的前提下，评估农业机械化对粮食产出的作用效果，此部分作为本章的稳健性检验。④第四部分为本章小结。

第一节 研究设计

本部分将给出机械化对粮食产量作用效果的评价模型；并且，重点分析在考

---

① 在对下文的分析中，本书将介绍前几章的研究未考虑样本选择偏差的原因；并且，还将分析前几章不考虑样本选择偏差时对研究结果有效性的影响问题。

虑样本选择偏差时，农业机械化作用于粮食产量的研究模型。具体研究内容如下所述。

一、农业机械化对粮食产量的一般评价模型

为研究农业机械化与粮食产量之间的关系，本章构建了如式（8-1）所示的估计模型：

$$\ln Y_{it} = \alpha + \beta \ln mech_{it} + \sum_{j=1}^{n} \gamma_j X_{jit} + \mu_i + v_t + \theta_{it} \tag{8-1}$$

在式（8-1）中，Y_{it} 表示第 i 个农户 t 年的粮食产出；$mech_{it}$ 为第 i 个农户 t 年粮食生产中的机械投入量；X_{jit} 为能够影响第 i 个农户 t 年粮食产出的第 j 个控制变量，如粮食播种面积、资本投入等变量；μ_i 是农户个体固定效应，用于控制农户不随时间变化的特征；v_t 是时间固定效应，用于控制随着时间变化的特征；θ_{it} 为误差项。β 与 γ_j 为估计参数，α 为常数项。β 衡量的是机械投入对粮食产出的弹性。

考虑到农业机械投入与粮食产出之间存在的相关决定的内生性关系。本章将采用两种方法对此内生性问题进行处理。

一是建立双重差分模型（DID）。本部分将通过 DID 估计法对式（8-1）进行稳健性检验。DID 模型与前几章的研究方法相似，依然利用外生的农机购置补贴政策，采用农机购置补贴逐县推进的准实验特征，本章建立如式（8-2）与式（8-3）所示的估计式子：

$$\ln Y_{it} = \alpha + \beta P_{it} \sum_{j=1}^{n} \gamma_j X_{jit} + \mu_i + v_t + \theta_{it} \tag{8-2}$$

$$\ln mech_{it} = \varphi + \eta P_{it} + \sum_{j=1}^{n} \lambda_j X_{jit} + \mu_i{}' + v_t{}' + \theta_{it}{}' \tag{8-3}$$

在式（8-2）与式（8-3）中，P_{it} 是本文关注的自变量，为农户所在县当年是否为农机购置补贴试点县的虚拟变量。P_{it} 是取值为 0 或 1 的变量，当 P_{it} 等于 1 时，表示第 i 个农户所在县域第 t 年时已实施了农机购置补贴；当 P_{it} 等于 0 时，表示第 i 个农户所在县域第 t 年时还没有实施农机购置补贴。μ_i 表征农户个体固定效应，v_t 表示时间固定效应。在面板数据中，双重差分模型可以通过控制地区和时间固定效应来实现。θ_{it} 表示误差项，误差项可能与地区或时间相关。

在式（8-2）与式（8-3）中，系数 β 表示农机购置补贴对农户粮食产量 Y_{it} 的作用效果，系数 η 表示农机购置补贴对农户粮食生产农业机械投入 $mech_{it}$ 的作用效果，因此，不难测算出农业机械化对粮食产量的作用效果为 β/η。式（8-2）与式（8-3）的估计结果中，倘若 β 与 η 的估计系数都显著为正，那么就可以认为农业机械化有助于提高粮食产出。通过式（8-2）与

式（8-3），本章能间接地测算出农业机械化对粮食产出的作用效果。其中，β/η 就是农业机械投入对粮食产出的作用弹性。

二是通过工具变量法进行估计（IV估计）。考虑到式（8-2）中的控制变量包含了粮食土地面积投入以及资本投入变量，前两章的研究已指出这些变量与机械投入之间存在着显著的关系，为降低式（8-2）在估计中存在的多重共线性。本章将引入工具变量对式（8-2）进行IV估计，估计式子如式（8-4）所示。在式（8-4）中第二个式子为IV估计的第一阶段估计，这里引用的工具变量为是否实施了农机购置补贴试点的虚拟变量。这里选用的工具变量与第五章采用的村级单位内其他农户粮食机械化投入的平均值（mech_village）有所不同，考虑到变量 mech_village 还并不是较好的外生变量（一般而言，粮食产出越高的地区，农业机械化越发达），这里选用了与粮食生产外生的农机购置补贴试点①作为研究的工具变量。

$$
\begin{cases}
\ln Y_{it} = \alpha + \beta P_{it}\sum_{j=1}^{n}\gamma_j X_{jit} + \mu_i + v_t + \theta_{it} \\
\ln mech_{it} = \varphi + \eta P_{it} + \sum_{j=}^{n}\lambda Z_{jit} + \mu_i' + v_t' + \theta_{it}'
\end{cases}
\tag{8-4}
$$

在式（8-4）第二个式子中，φ 为常数项，η 为第一阶段估计中 $\ln mech_{it}$ 的估计系数，μ_i' 是农户个体固定效应，v_t' 是时间固定效应，θ_{it}' 为误差项。Z_{jit} 为第 j 个影响第 i 个农户第 t 年机械投入的控制变量，λ_j 为该变量的估计系数。

需要注意的是，由于机械投入的工具变量（P_{it}）可能与粮食产出（Y_{it}）之间存在显著的关系，即式（8-2）拟揭示的规律，因而 P_{it} 可能还不太满足工具变量与因变量 Y_{it} 不相关的要求，故而还不是很好的工具变量（Wooldridge，2012）。但是，只要式（8-2）与式（8-3）能够揭示出 P_{it} 对粮食产出 Y_{it} 存在着显著的正向关系，本书就得到机械化投入对粮食产出的正向关系；即使在式（8-4）中，P_{it} 的弱工具变量特征也能接受，这是因为式（8-4）只需能测算出机械投入对粮食产量的作用效果即可，毕竟在式（8-2）与式（8-3）成立的基础上，式（8-4）能更为精确地测算出机械投入对粮食产量的弹性。

二、农业机械化对粮食产量的稳健性检验模型：考虑样本选择偏差

需要指出的是，式（8-2）、式（8-3）与式（8-4）以及前几章在运用农机购置补贴试点建立估计模型时，均未考虑样本选择偏差的问题。样本选择偏差是指在研究过程中因样本选择的非随机性而导致研究结论产生的偏差（Heckman，

---

① 事实上，粮食生产与农机购置补贴也并不是完全的外生。后续的研究将对此问题进行探讨，并提供解决方案。

1979)。然而，上述的计量模型都是基于农机购置补贴试点在县级层面选择中是随机的前提，这也是确保模型估计准确的重要前提。正如 Angrist 和 Pischke (2008) 所述，使用双重差分模型的重要前提条件是实验组（试点县）与参照组（非试点县）存在共同趋势。

然而，中国农机购置补贴在县级层面的试点选择中却并不是随机的。据笔者向农业部调研获悉，中国农机购置补贴对试点县的选择遵循了如下准则：一是试点地区耕地相对集中，粮食生产能力强；二是试点地区对农业机械服务具有较强的需求；三是试点地区具有一定财政实力，能够完成补贴试点工作。符合此三条准则的县将会优先被纳入补贴试点中。因此，若不对农机购置补贴试点的选择偏差进行处理，那么必然会有损模型估计结果的精确性（Heckman，1979；Angrist and Pischke，2008）。

针对样本选择偏差问题，本章将采用两种方式进行处理。

一是控制能够对应农机购置补贴试点县选择的三条规则的变量，如县级耕地面积，县级农业从业人员数量，县级农村居民人均纯收入和县级财政收入。研究模型如式（8 - 5）与式（8 - 6）所示。需要指出的，在处理样本选择偏差问题时，研究的数据为全国层面县级的数据，而不再是农户层面的微观数据。这是因为：考虑到处理样本选择偏差时，会涉及大量的样本删失问题，会对研究的结果造成影响；另外，选择全国层面县级数据能够在全国层面分析农业机械化对粮食产出的综合效应；并且，使用不同类别的数据做分析，也是稳健性检验的常用手段之一。

$$\ln Y_{it} = \alpha + \beta P_{it} + \sum_{j=1}^{n} \gamma_j X_{jit} + \mu_i + v_t + \theta_{it} \qquad (8-5)$$

$$\ln power_{it} = \varphi + \eta P_{it} + \sum_{j=1}^{n} \lambda_j X_{jit} + \mu_i{}' + v_t{}' + \theta_t t' \qquad (8-6)$$

在式（8 - 5）中的各变量与估计参数情况，大致与式（8 - 1）中的相同。不同的是，式（8 - 5）中的控制变量包含了县级农业从业人员数量，县级农村居民人均纯收入和县级财政收入这些变量，用于对应控制样本选择规则。在式（8 - 6）中，因变量为县级层面的农机总动力对数值，此处用农机总动力表征农业机械化。虽然农机总动力并不是衡量农业机械化最佳的指标，但是在县级层面上农机总动力也能在一定程度上体现出县级地区农业机械化的发展程度。式（8 - 6）的其他变量及参数的情况与式（8 - 3）的相同。

二是通过倾向值匹配（PSM）的方法筛选出一个随机的"实验组"与"对照组"，以此来满足双重差分模型的前提条件。在样本筛选中严格控制补贴试点县的选择规则，使补贴试点县满足随机性的条件。在样本筛选后，仍采用式（8 - 5）与式（8 - 6）进行估计，以此得到稳健的无偏差的机械化对粮食产出的作用效果。

在这两种方法中，式（8-5）与式（8-6）的估计结果里，倘若β与η的估计系数都显著为正，那么就可以认为农业机械化有助于提高粮食产量。通过式（8-5）与式（8-6），本书能间接地测算出农业机械化对粮食产量的作用效果。其中，β/η就是单位农业机械投入对粮食产量的作用弹性。

三、数据来源与描述性分析

本章研究的数据样本分为两种，具体而言如下：

第一，在农业机械化对粮食产量一般评价模型的实证估计中，将采用农业部农村固定观察点的农户微观数据，研究数据的时间跨度为2003~2010年。

此部分研究中选取的研究变量有：一是因变量粮食产量（Y）。二是自变量为粮食生产农业机械总投入（Mechan），以农户粮食作物生产中机械作业服务费用作为测量指标，以此衡量农业机械化；自变量还有农户所在县是否为农机购置补贴试点县的虚拟变量（P_{it}）。三是控制变量包含粮食播种面积（Land），粮食生产投工量（Labor）以及资本投入（Capital）。此外，在式（8-4）中，还将选择可能会影响农户农业机械要素投入的变量，如户主性别（Gender）、年龄（Age）、受教育年限（Education），以及家庭有效劳动力（Efflabor）。

在研究中，本章除了考虑机械化对总的粮食作物的相关影响之外，还将具体分析机械化对小麦、水稻、玉米的相应作用效果。在对三种粮食的具体研究中，研究变量应研究品种的特点而改变。具体处理办法与第五章的方式相同。

此部分涉及变量的描述性分析如表8-1所示。在数据选取中，剔除了种粮面积为0的农户数据，因而研究数据为非平衡面板数据。表8-1第一部分显示了粮食作物的总产出、农业机械投入、劳动投入量、资本投入的对数值；第二、三、四部分分别描述的是小麦、水稻、玉米的以上相关变量；第四部分是农户个体特征变量，包括农户性别、年龄、受教育年限与家庭有效劳动力人口数。

表8-1　一般评价模型研究变量描述性分析

变量		样本量	均值	标准差	最小值	最大值
粮食总产量（*grain*）	ln*Y*	98081	7.5744	1.0345	0	9.1051
	ln*mech*	98081	5.1399	1.3153	0	6.9575
	ln*land*	98081	1.9406	0.7293	0.0953	3.2189
	ln*labor*	98081	4.2736	0.9931	0	5.6021
	ln*capital*	98081	7.0297	0.9211	0	8.4841

变量		样本量	均值	标准差	最小值	最大值
小麦 (wheat)	lnY	36245	6.5791	1.0859	0	7.6014
	lnmech	36245	4.5566	1.2531	0	5.8021
	lnland	36245	1.3424	0.4864	0.0953	1.9459
	lnlabor	36245	3.4466	0.8005	0	4.3538
	lncapital	36245	6.2612	0.8544	0	7.1973
水稻 (rice)	lnY	49481	7.1306	0.8816	0	8.2164
	lnmech	49481	4.7348	1.1903	0	6.1334
	lnland	49481	1.4379	0.5634	0.0953	2.3026
	lnlabor	49481	3.9116	0.8633	0	5.0173
	lncapital	49481	6.4600	0.8015	0	7.5561
玉米 (maize)	lnY	59698	2.3625	3.3342	0	8.2164
	lnmech	59698	4.0279	1.4381	0	5.8627
	lnland	59698	1.3884	0.6813	0.0953	2.4849
	lnlabor	59698	3.5548	0.9773	0	4.7958
	lncapital	59698	6.2578	1.0694	0	7.7715
p		98081	0.5596	0.4964	0.0000	1.0000
户主性别 (gender)		98081	0.9561	0.2048	0.0000	1.0000
年龄 (age)		98081	51.7752	10.0433	34.0000	70.0000
受教育年限 (education)		98081	6.7138	2.3526	2.0000	11.0000
家庭有效劳动力 (efflabor)		98081	0.9256	0.1273	0.7000	1.0000

第二，在农业机械化对粮食产量的稳健性检验模型的实证估计中，将采用全国县级层面的面板数据。由于农机购置补贴政策于 2004 年试点实施并于 2009 年覆盖到全国全部县级地区，为了保证研究样本尽可能多的变化，本书研究的时间段为 2003～2008 年。农机购置补贴试点县逐年推进名单来自农业部，根据名单我们构造了研究虚拟变量 P_{it}。本章以各县粮食总产量（grain）表征粮食产出，数据来自《中国县域统计年鉴》；以农机总动力（power）衡量县级地区农业机械化水平，数据同样来自《中国县域统计年鉴》；在本章的研究样本中剔除了那些粮食产出为 0 的县级地区。由于 2003～2008 年我国少数县域区划发生了合并、拆分等变化，为此此部分研究数据也为非平衡面板数据。

本书选择了如下随时间变动、可能会影响到粮食产出或农业机械化状况的控制变量。

（1）耕地面积（*land*）。耕地面积是影响粮食产出的重要变量，由于耕地占用、整理、复垦等因素，各县耕地数量在逐年变动。各县耕地面积数据来自《中国区域经济统计年鉴》。由于现有统计年鉴尚未公布粮食作物播种面积数据，为此，本章尚不能使用县级数据分析农业机械化对粮食作物播种面积以及单产的作用效果。因而，本书在第七章中使用了县级面板数据作为机械化对粮食产出作用效果的稳健性检验。

（2）农业劳动力（*labor*）。劳动力也是影响粮食产出的重要投入变量，本文以"农林牧渔业从业人员数量"作为劳动力衡量指标，数据来自《中国区域经济统计年鉴》。

（3）农民收入（*income*）。选择农民收入作为粮食产出的控制变量，本书认为至少有三个理由：一是农民收入在一定程度上能反映出农户对农业投入的能力，是粮食生产资本投入的重要代理变量。二是收入水平直接关系着农户农业机械化服务的购买与使用。我国农业机械化模式不同于发达国家每家每户购买农业机械自我经营的方式，而是少数农户购置农机并提供农机化服务、普通农户购买服务。因此，农户收入水平直接影响着当地粮食作物机械化水平。三是农机购置补贴政策实施同期我国农村地区还伴随着其他政策的施行，如粮食直补、农资综合补贴等，这些政策通过收入补贴的方式刺激农户种粮行为，因而也能对粮食产出造成影响，为此就有必要对农户收入水平进行控制。本章中以"农村居民人均纯收入"表征农民收入水平，数据来自《中国区域经济统计年鉴》，并通过各省CPI指数进行折算成可比价格；考虑到农民收入与粮食产出之间存在的内生性关系，在模型估计时对 *income* 做了滞后一期处理。

（4）地区财政收入（*fiscal*）。财政收入水平能折射出各县财政支农的能力，因而也能对粮食产出造成影响。本书将以各县"地方财政一般预算收入"作为财政收入衡量指标[①]。

需要指出的是，选择 *land*、*labor*、*income*、*fiscal* 这些变量，最主要的目的是控制样本选择偏差。这些变量对应着补贴试点县的选择规则：*land* 变量对应着试点地区耕地相对集中，粮食生产能力强的选择规则，一般而言耕地资源充裕的地区为中国粮食主产区；*labor*、*income* 变量对应着试点地区对农业机械服务具有较强的需求的选择规则，农业劳动力越少，人均收入越高的地区，农业机械化服务的需求越强烈；*fiscal* 变量对应着试点地区具有一定财政实力、能够完成补贴试点工作的选择规则，财政收入越高的地区，越是有能力承担完成补贴试点

---

① 数据来自《中国区域经济统计年鉴》。

工作。

另外，还需要说明的是，此处研究机械化对粮食产出的总体效应时没有考虑资本投入等控制变量。本书能如此处理的理由是，倘若农机购置补贴在县级层面的试点选择中是随机的，那么即使不控制其他影响粮食产出的变量时也能通过双重差分法得出农业机械化对粮食产出的净效应（Angrist and Pischke，2008）。其证明过程如下所示：式（8 - 7）与式（8 - 8）分别表示 a 县第 $t-1$ 年、t 年农机购置补贴与粮食产出的关系式。其中，X 为影响粮食产出的控制变量。进一步假设 $t-1$ 年时，a 县尚未实施补贴，即 $P_{at-1}=0$；再假定第 t 年时，a 县实施了补贴，即 $P_{at}=1$。

$$\ln Y_{at-1} = \beta P_{at-1} + \gamma X_{at-1} + \mu_a + \theta_a + \varepsilon_{at-1} \tag{8-7}$$

$$\ln Y_{at} = \beta P_{at} + \gamma X_{at} + \mu_a + \theta_a + \varepsilon_{at} \tag{8-8}$$

同时，存在任意一个 b 县，在第 $t-1$ 年与 t 年时，都没有实施补贴，那么有式（8 - 9）与式（8 - 10），此时 $P_{bt-1}=P_{bt}=0$。b 县即为 a 县的对照组。

$$\ln Y_{bt-1} = \beta P_{bt-1} + \gamma X_{bt-1} + \mu_b + \theta_b + \varepsilon_{bt-1} \tag{8-9}$$

$$\ln Y_{bt} = \beta P_{bt} + \gamma X_b + \mu_b + \theta_b + \varepsilon_{bt} \tag{8-10}$$

由于在估计中本书选择的是双重差分法，即同一个县级单位在时间上做差后再与不同县级单位之间做差，如式（8 - 11）所示。倘若补贴试点县在选择中是随机的，那么在大样本下补贴试点县 a 与非补贴试点县 b 必然存在如下关系，$X_{at}=X_{bt}$ 与 $X_{at-1}=X_{bt-1}$。如此，式（8 - 11）可简化为式（8 - 12）。

$$(\ln Y_{at} - \ln Y_{at-1}) - (\ln Y_{bt} - \ln Y_{bt-1}) = \beta [(p_{at} - p_{at-1}) - (p_{bt} - p_{bt-1})] +$$
$$\gamma [(X_{at} - X_{at-1}) - (X_{bt} - X_{bt-1})] + (\varepsilon_{at} - \varepsilon_{at-1}) - (\varepsilon_{bt} - \varepsilon_{bt-1}) \tag{8-11}$$

$$(\ln Y_{at} - \ln Y_{at-1}) - (\ln Y_{bt} - \ln Y_{bt-1}) = \beta [(p_{at} - p_{at-1}) - (p_{bt} - p_{bt-1})] + (\varepsilon_{at} - \varepsilon_{at-1}) - (\varepsilon_{bt} - \varepsilon_{bt-1}) \tag{8-12}$$

式（8 - 12）即为估计式子式（8 - 7）～式（8 - 10）的一种变形。因此，当县级农机购置补贴的试点在选择中是随机的，那么在不考虑其他影响粮食产出的因素时，本章的估计亦然能测算出农业机械化对粮食产出的净效应。

为了消除异常值的影响，本章对所有连续变量在 1% 和 99% 分位上进行了 *winsorize* 处理。表 8 - 2 报告了主要变量对数值的描述性统计结果。粮食产量对数值（ln*grain*）的均值为 0.0714，最大值和最小值分别为 9.1855 和 13.3928，表明总体样本县粮食产量波动不太大。农机总动力对数值（ln*power*）的均值为 3.0053，均值几乎为最小值与最大值的平均值，这表明样本县农机总动力分布相对均匀。试点变量（P）的均值为 0.4225，这表明实验组样本量与控制组样本量大体相当。其余变量取值均在正常范围内，不存在极端异常值。

表 8 - 2　稳健性检验模型变量描述性统计

变量	样本量	均值	标准差	最小值	最大值
lngrain	11197	11.8829	1.0457	9.1855	13.3928
lnpower	11197	3.0053	0.8897	0.9163	5.3706
p	11197	0.4225	0.4940	0	1
lnland	11197	10.2317	1.1003	0.6931	16.1011
lnlabor	11197	11.4903	0.8266	6.4135	13.5993
lnincome	11197	7.9327	0.4101	7.2504	8.6181
lnfiscal	11197	10.5733	0.7122	5.7398	13.7840

第二节　农业机械化对粮食产量的一般评价模型估计

本节在不考虑农机购置补贴试点样本选择偏差的情况下，运用农业部固定观察点微观农户数据，测算农业机械化对粮食产量的效果。本节内容分为两部分，一是基准回归，研究机械投入对粮食产出的效果；二是稳健性检验，运用农机购置补贴试点建立 DID 模型与工具变量法来评估机械化对粮食产出的影响作用。

一、基准回归

根据式（8 - 1），在不考虑机械投入与粮食产出内生性的前提下，表 8 - 3 估计了机械投入对粮食总产以及三种粮食产出的作用效果。表 8 - 3 双向控制了农户个体与年份时间的固定效应，并且选择了农户层面的聚类标准误。模型（1）~模型（8）中 lnmech 的估计系数均大于 0，并且估计系数的显著性程度均在 1% 水平以下。这充分表明机械投入有助于粮食产出的提高。

模型（1）~模型（2）讨论了机械投入的粮食产量的作用效果，估计结果显示机械投入对粮食产量的作用弹性至少为 0.0194。这说明机械投入每增长 1%，粮食产量至少增长 0.0194 个百分点。

模型（3）~模型（4）的估计结果表明，机械投入对小麦产出的弹性至少为 0.0224。模型（5）~模型（6）的测算结果显示，机械投入对水稻的作用弹性至少达 0.0127。模型（7）~模型（8）的估计结果显示，机械投入对玉米产出的作用弹性至少为 0.0321。

横向比较机械投入对三种粮食的作用弹性，首先，不难发现机械投入对玉米产出的弹性最大；其次，是对小麦的产出；最后，对水稻产出的作用弹性最小。机械投入对三种粮食产出作用效果的差别缘自三种粮食的机械化程度，这一点与机械投入对三种粮食播种面积、单产作用效果差别的原理相同。第一，水稻作物的机械化程度远低于其他品种，水稻生产的关键环节如机插水平尚未实现突破，2010年以前绝大多数地区的水稻播种仍以人工种植为主，因此机械投入对水稻产出的作用效果受到了机械化瓶颈的限制。第二，玉米作物的机械化程度上升较快，因而机械投入对玉米产出的作用效果凸显。第三，小麦机械化程度早在2000年以来就已实现了较大的突破，因此机械投入对小麦产出的作用效果必然显现出来，在估计数值上表现为机械投入对小麦产出的作用弹性大于水稻的。另外，由于小麦机械化程度已居高位，因而机械投入对小麦产出促进效果的提升空间已不大，在估计数值上表现为机械投入对小麦产出作用弹性小于玉米的。这实际上反映了边际报酬递减的规律。

表8-3选择的控制变量，在各模型中均表现出了显著的正向促进作用。不过，劳动与土地投入要素在模型（7）~模型（8）中却表现出了显著的负向作用。本书认为，这可能与各投入要素存在的多重共线性有关。不过，由于表8-3在估计中采取了逐步增加投入要素的方法，因而这种多重共线性并不会影响全文分析结论。

综合表8-3中基准模型的回归结果，不难得出农业机械化有助于粮食增产的结论。这进一步验证了全文第五章、第六章的研究结论。

不过，由于基准模型尚未考虑机械投入与粮食产出之间互为内生的关系，为此表8-3的研究结论还需进一步的稳健性检验。

表8-3 农业机械投入对粮食产量的作用效果

	粮食加总		小麦		水稻		玉米	
	模型（1）	模型（2）	模型（3）	模型（4）	模型（5）	模型（6）	模型（7）	模型（8）
ln*mech*	0.0389***	0.0194***	0.0283***	0.0224***	0.0236***	0.0127***	0.0311***	0.0321***
	(9.94)	(5.57)	(5.36)	(4.22)	(5.13)	(3.06)	(5.04)	(5.17)
ln*land*	0.9702***	0.7337***	1.3149***	1.0771***	1.1928***	0.9809***	-0.1111***	-0.1321***
	(60.39)	(34.43)	(50.79)	(30.96)	(81.79)	(35.03)	(-3.35)	(-3.25)
ln*labor*		0.0454***		0.0850***		0.0226***		-0.0407***
		(10.82)		(10.01)		(3.26)		(-4.60)
ln*capital*		0.1946***		0.1212***		0.1865***		0.0486**
		(15.02)		(6.77)		(9.60)		(2.53)

续表

	粮食加总		小麦		水稻		玉米	
	模型（1）	模型（2）	模型（3）	模型（4）	模型（5）	模型（6）	模型（7）	模型（8）
常数项	5.4462***	4.4974***	4.6204***	3.9441***	5.2324***	4.3398***	2.4376***	2.2953***
	(179.60)	(63.87)	(120.76)	(43.88)	(196.33)	(44.43)	(55.32)	(24.66)
农户个体固定效应	是	是	是	是	是	是	是	是
年份固定效应	是	是	是	是	是	是	是	是
时间跨度（年）	2003~2010	2003~2010	2003~2010	2003~2010	2003~2010	2003~2010	2003~2010	2003~2010
R^2	0.2989	0.3134	0.2340	0.2428	0.3002	0.3123	0.0091	0.0097
F	647.2731	578.1639	350.8976	303.9648	809.8330	765.8551	25.5071	21.4606
样本量	98081	98081	36245	36245	49481	49481	59698	59698

注：括号外的数值为估计系数，括号内为该系数下的 t 值，其中 * 表示 $p<0.1$、** 表示 $p<0.05$、*** p 表示 <0.01。

二、稳健性检验

本部分将通过双重差分模型与工具变量估计法，估计农业机械投入对粮食产出的作用效果，以此作为对基准模型的稳健性检验。

1. 双重差分模型（DID）估计

依据式（8-2）与式（8-3），表8-4汇报了农机购置补贴试点对粮食产量的作用效果。表8-4在估计中控制了农户个体与年份时间的固定效应，并且选择了农户层面的聚类标准误。

表8-4　农机购置补贴试点对粮食产量的作用效果

	模型（1）	模型（2）	模型（3）	模型（4）
P_t	0.0112	-0.0156***		
	(1.62)	(-2.93)		
P_{t-1}			0.0358***	0.0190***
			(4.57)	(2.88)
ln$land$		0.7074***		0.6567***
		(28.81)		(23.05)
ln$labor$		0.0541***		0.1501***
		(11.77)		(11.48)

续表

	模型（1）	模型（2）	模型（3）	模型（4）
ln*capital*		0.2196*** （14.20）		0.1744*** （10.06）
常数项	7.5311*** （1490.86）	4.4194*** （53.25）	7.6274*** （1606.58）	4.4849*** （44.13）
农户个体固定效应	是	是	是	是
年份固定效应	是	是	是	是
时间跨度（年）	2003～2008	2003～2008	2004～2008	2004～2008
R^2	0.0026	0.3440	0.0027	0.3400
F	26.4878	498.1863	16.8821	404.0858
样本量	75067	75067	49607	49607

注：括号外的数值为估计系数，括号内为该系数下的 t 值，其中 * 表示 $p < 0.1$、** 表示 $p < 0.05$、*** 表示 $p < 0.01$。

表 8-4 的估计结果显示，农机购置补贴试点滞后一期变量 P_{t-1} 对粮食产量的作用效果显著为正，而农机购置补贴试点当期变量 P_t 对粮食产量的作用效果则并不稳健。如模型（1）中，P_t 对粮食产量的作用系数虽为正，但是作用效果却并不显著；而模型（2）中，P_t 对粮食产量的作用效果则显著为负。表 8-4 的估计结果表明，农机购置补贴对粮食产量的作用效果具有显著的滞后效应。

本书第五章表 5-7 的估计结果显示，农机购置补贴试点滞后一期变量 P_{t-1}、农机购置补贴试点当期变量 P_t 对加总粮食作物农业机械投入的作用效果均显著为正。结合表 8-4 的估计结果，不难得出农业机械投入有助于提高粮食产量的结论。综合全书表 5-7 的模型（3）~模型（4）与表 8-4 的模型（3）~模型（4）的估计结果，并利用式（8-2）与式（8-3）的测算方法，可测算出农业机械投入对粮食产量的弹性为 0.4535～0.5701。

不难发现，表 8-4 测算出的机械投入对粮食产量的弹性大于表 8-3 的。这表明倘若不处理农业机械投入与粮食产量之间互为内生的问题，易低估机械投入对粮食产出的作用效果。

进一步地，表 8-5 估计了农机购置补贴试点对三种粮食产出的作用效果。表 8-5 采用了表 8-4 相同的估计方法。

表8-5　农机购置补贴试点对三种粮食产出的作用效果

	小麦				水稻				玉米			
	模型(1)	模型(2)	模型(3)	模型(4)	模型(5)	模型(6)	模型(7)	模型(8)	模型(9)	模型(10)	模型(11)	模型(12)
P_t	-0.0336*** (-2.73)	-0.0315*** (-3.16)			0.0066 (0.63)	-0.0033 (-0.40)			0.0779*** (4.45)	0.0792*** (4.50)		
P_{t-1}			-0.0070 (-0.39)	-0.0407** (-2.47)			0.0335*** (3.05)	0.0335*** (3.79)			0.0540** (2.51)	0.0565*** (2.63)
lnland		1.0881*** (25.22)		1.0580*** (19.99)		0.9312*** (29.31)		0.9063*** (19.26)		-0.1959*** (-4.33)		-0.1474** (-2.39)
lnlabor		0.0966*** (10.32)		0.1360*** (6.59)		0.0051 (0.70)		0.0796*** (4.96)		-0.0161* (-1.88)		-0.0741*** (-2.79)
lncapital		0.1399*** (6.48)		0.0764*** (3.30)		0.2520*** (10.56)		0.1647*** (5.74)		0.0597*** (2.87)		0.0626** (2.46)
常数项	6.4748*** (668.94)	3.8464*** (35.90)	6.6445*** (690.35)	4.2716*** (38.52)	7.0662*** (772.62)	4.1122*** (34.75)	7.2169*** (1156.15)	4.5007*** (27.03)	2.3375*** (155.48)	2.2979*** (23.19)	2.2095*** (157.25)	2.3091*** (18.20)
农户个体固定效应	是	是	是	是	是	是	是	是	是	是	是	是
年份固定效应	是	是	是	是	是	是	是	是	是	是	是	是
时间跨度(年)	2003~2008	2003~2008	2004~2008	2004~2008	2003~2008	2003~2008	2004~2008	2004~2008	2003~2008	2003~2008	2004~2008	2004~2008
R^2	0.0072	0.2450	0.0051	0.1944	0.0041	0.2876	0.0031	0.3364	0.0027	0.0042	0.0038	0.0059
F	27.7752	263.7701	12.2003	206.1889	15.4803	553.9167	8.9212	435.3414	11.8633	10.6202	12.4406	9.5373
样本量	28383	28383	17764	17764	38234	38234	24579	24579	45084	45084	28472	28472

注：括号外的数值为估计系数，括号内为该系数下的t值，其中*表示$p<0.1$，**表示$p<0.05$，***表示$p<0.01$。

表 8-5 中模型（1）~模型（4）测算了农机购置补贴试点对小麦产出的作用效果。估计结果显示，农机购置补贴试点滞后一期变量 P_{t-1} 对小麦产出的作用效果并不稳健，模型（3）中 P_{t-1} 的估计系数不显著，但是模型（4）中 P_{t-1} 的估计系数却显著为负。另外，农机购置补贴试点当期变量 P_t 对小麦产出的作用效果也表现出了显著的负向效果，这一点与预期的结论不相符合。本书认为，这可能与补贴试点的选择偏差有关。一般而言，粮食主产区尤其是小麦主产区会被优先纳入补贴试点范围，因此此处的回归因样本选择偏差而出现了负向的作用。在表 8-7 中，通过Ⅳ估计的方式再次做了稳健性检验，研究结论显现出了农业机械投入对小麦产出的显著的正向作用效果。

表 8-5 中模型（5）~模型（8）分析了农机购置补贴试点对水稻产出的作用效果。估计结果表明，农机购置补贴试点滞后一期变量 P_{t-1} 对水稻产出具有显著的正向效果，而 P_t 的作用效果则并不显著。P_{t-1} 的估计系数在模型（7）~模型（8）的显著性程度均达到了 1% 水平以下，而且估计系数的数值非常接近，这表明估计的结果具有很高的稳健性。更为重要的是，P_{t-1} 的估计系数的显著性表明了农机购置补贴试点对水稻产出的作用效果具有滞后性。本书第五章表 5-9 的估计结果显示，农机购置补贴试点滞后一期变量 P_{t-1} 对水稻作物的机械投入量也是具有显著的正向效果。根据式（8-2）与式（8-3）的测算方法，结合表 8-5 模型（7）~模型（8）与表 5-9 模型（7）~模型（8）的估计结果，可计算出农业机械投入对水稻产出的弹性系数为 0.2717~0.4503。

表 8-5 中模型（9）~模型（12）估计了农机购置补贴试点对玉米产出的作用效果。估计结果显示，农机购置补贴试点当期变量 P_t 与农机购置补贴试点滞后一期变量 P_{t-1} 均对玉米产量表现出了显著的正向效果，并且估计系数均在 1% 水平下显著，估计系数值也显现出了较好的稳健性。其中，P_t 的估计系数大于 P_{t-1} 的，这说明农机购置试点对玉米产出的作用效果能即可表现出来。这一点与农机购置补贴试点对玉米播种面积、单产作用效果的原理相同——与玉米适宜种植的区域、季节广泛的特征相关联。表 5-9 的估计结果也显示出，农机购置补贴试点当期变量 P_t 对玉米机械投入的作用效果大于 P_{t-1} 的。根据式（8-2）与式（8-3）的测算方法，综合表 5-9 模型（9）~模型（10）与表 8-5 模型（9）~模型（10）的估计结果，测算出机械投入对玉米产出弹性为 0.8694~0.8742。

2. 工具变量估计

以农机购置补贴试点作为农业机械投入的工具变量，根据式（8-4），表 8-6 估计了农业机械投入对粮食产量的作用效果。表 8-6 在估计中，双向控制了农户个体层面与年份时间层面的固定效应，并且选择了农户层面的聚类标准误。

表 8-6 农业机械投入对粮食产量的 Ⅳ 估计

	P_t 工具变量		P_{t-1} 工具变量	
	模型（1）	模型（2）	模型（3）	模型（4）
ln*mech*	-0.1917	-0.4276**	0.4742***	0.4323**
	(-1.56)	(-2.24)	(3.10)	(2.57)
ln*land*	1.2123***	0.9516***	0.4737***	0.3892***
	(8.92)	(8.77)	(2.90)	(3.63)
ln*labor*		0.1293***		0.0843***
		(3.63)		(2.91)
ln*capital*		0.3773***		0.0518
		(5.24)		(1.05)
农户个体固定效应	是	是	是	是
年份固定效应	是	是	是	是
时间跨度（年）	2003~2008	2003~2008	2004~2008	2004~2008
R^2	0.1917	0.1237	0.0587	0.1164
F	455.4759	362.7910	448.9640	393.2703
样本量	72353	72353	46919	46919

注：括号外的数值为估计系数，括号内为该系数下的 t 值，其中 * 表示 $p<0.1$、** 表示 $p<0.05$、*** 表示 $p<0.01$。

表 8-6 中的模型（1）~模型（2）中以农机购置补贴试点的当期变量 P_t 作为农业机械投入的工具变量，估计结果显示农业机械投入对粮食产量的作用效果为负，不过估计系数却并不稳健，P_t 的估计系数仅在模型（2）中表现出了显著性。模型（3）~模型（4）则以农机购置补贴试点的滞后一期变量 P_{t-1} 作为农业机械投入的工具变量，估计结果表明农业机械投入对粮食产量的作用效果显著为正。测算结果表明，农业机械投入对粮食产量的弹性至少为 0.4323。这与表 8-4 测算的结果 0.4535~0.5701 相近。

表 8-6 各模型的第一阶段估计结果未汇报，第一阶段估计结果显示：模型（1）~模型（2）中，工具变量 P_t 对机械投入的作用效果不显著，即不满足工具变量与自变量显著的前提条件。在模型（3）~模型（4）中，工具变量 P_{t-1} 对机械投入的作用效果非常显著。在模型（3）~模型（4）中的工具变量 P_{t-1} 经 Kleibergen-Paap rk LM 统计量、Cragg-Donald Wald F 统计量、Hansen J 统计量以及 Anderson-Rubin Wald 检验后，均表明工具变量是有效的。

表8-7 农业机械投入对三种粮食产出的IV估计

	小麦				水稻				玉米			
	P_t 工具变量		P_{t-1} 工具变量		P_t 工具变量		P_{t-1} 工具变量		P_t 工具变量		P_{t-1} 工具变量	
	模型(1)	模型(2)	模型(3)	模型(4)	模型(5)	模型(6)	模型(7)	模型(8)	模型(9)	模型(10)	模型(11)	模型(12)
lnmech	-0.1577	-0.3021***	0.3704**	0.4077**	-0.0272	0.0349	0.2740***	0.2727***	0.9101***	1.0334***	-18.0072	-5.1914
	(-1.63)	(-2.69)	(2.02)	(2.43)	(-0.27)	(0.40)	(3.52)	(3.50)	(3.54)	(3.43)	(-0.21)	(-0.71)
lnland	1.5901***	1.3947***	0.8247***	0.7290***	1.2279***	0.9096***	0.8477***	0.6689***	-1.3053***	-0.9592***	21.6535	3.4344
	(11.47)	(11.15)	(3.76)	(5.56)	(11.28)	(13.83)	(9.78)	(8.46)	(-3.94)	(-4.25)	(0.21)	(0.68)
lnlabor		0.0876***		0.1055***		0.0005		0.0723***		-0.1873***		0.2792
		(8.10)		(5.11)		(0.04)		(4.75)		(-3.46)		(0.56)
lncapital		0.2342***		-0.0506		0.2411***		0.1074***		-0.2518***		1.9910
		(5.53)		(-0.79)		(6.63)		(3.61)		(-2.62)		(0.73)
农户个体固定效应	是	是	是	是	是	是	是	是	是	是	是	是
年份固定效应	是	是	是	是	是	是	是	是	是	是	是	是
时间跨度(年)	2003~2008	2003~2008	2004~2008	2004~2008	2003~2008	2003~2008	2004~2008	2004~2008	2003~2008	2003~2008	2004~2008	2004~2008
R^2	0.1714	0.0671	0.1536	0.1468	0.2643	0.2853	0.2122	0.2211	0.5627	0.7088	0.0181	0.0183
F	293.1476	225.8777	242.3091	192.1107	607.9542	556.2541	452.0834	408.0797	9.8888	7.7656	0.0879	0.8718
样本量	28383	28383	16477	16477	38234	38234	22898	22898	45084	45084	26553	26553

注：括号外的数值为估计系数，括号内为该系数下的 t 值，其中 * 表示 $p<0.1$，** 表示 $p<0.05$，*** 表示 $p<0.01$。

表 8-7 进一步采用了 Ⅳ 估计法测算了农业机械投入对三种粮食产出的作用效果。表 8-7 采用了表 8-6 相同的估计方法。表 8-7 分别用农机购置补贴试点当前变量 P_t 与滞后一期变量 P_{t-1} 作为农业机械投入的工具变量。

表 8-7 中模型（1）~ 模型（4）估计了农业机械投入对小麦产出的作用效果。其中，以 P_t 作为工具变量的估计结果显示出，农业机械投入对小麦产出具有负向的作用效果，不过这种负向作用的效果还并不稳健，仅在模型（2）中表现了显著性。不过，以 P_{t-1} 作为工具变量的估计表明，农业机械投入对小麦产量产生了显著的正向促进作用。这反映了补贴试点对小麦产出的作用效果具有滞后性。模型（3）与模型（4）中 lnmech 估计系数显示，农业机械投入对小麦产出的作用弹性至少为 0.3704。工具变量检验结论显示，P_{t-1} 作为农业机械投入的工具变量是有效的。

表 8-7 中模型（5）~ 模型（8）测算了农业机械投入对水稻产出的作用效果。估计结果也表明，当 P_t 作为农业机械投入工具变量时，农业机械投入对水稻产出的作用效果并不显著；而当 P_{t-1} 作为农业机械投入工具变量时，农业机械投入对水稻产出的作用效果则非常显著。这进一步反映出了农机购置补贴试点对水稻产出的滞后性作用效果。工具变量检验结论也显示，P_{t-1} 作为水稻农业机械投入的工具变量是有效的。模型（7）与模型（8）中 lnmech 估计系数表明，农业机械投入对水稻产出的作用弹性至少为 0.2727，这与表 8-5 的测算值 0.2717 ~ 0.4503 相近。

表 8-7 中模型（9）~ 模型（12）分析了农业机械投入对玉米产出的作用效果。估计结果表明，P_t 才是玉米农业机械投入有效的工具变量。当 P_t 作为农业机械投入工具变量时，农业机械投入对玉米产出表现出了显著的正向作用效果；而当 P_{t-1} 作为农业机械投入工具变量时，农业机械投入对玉米产出的作用效果则并不显著。模型（9）与模型（10）的估计结果指出，农业机械投入对玉米产出的作用弹性至少为 0.9101，这与表 8-5 的测算结果 0.8694 ~ 0.8742 较为接近。这反映了本书的研究结论具有较好的一致性。

根据上述研究结论，此处做如下研究小结：第一，农业机械投入对粮食产量以及三种粮食的产出均具有显著的正向促进效果。第二，DID 模型与Ⅳ模型的测算结果表明，农业机械投入对粮食产量的弹性至少为 0.4323，而农业机械投入对小麦、水稻、玉米产出的弹性至少为 0.3704、0.2717 与 0.8694。第三，农业机械投入对玉米的产出弹性最高，其次是小麦，水稻最低，这一点与农业机械投入对三种粮食播种面积、单产的作用效果相同，农业机械投入对三种粮食产出作用效果的差异与三种粮食机械化现状相关联。第四，DID 模型与Ⅳ模型测算出的机械投入对粮食产出的作用效果均高于表 8-3 基准模型的，这表明若不考虑机械投入与粮食产出之间的内生性关系问题，易低估农业机械投入对粮食产出的作用效果。

第三节　农业机械化对粮食产量的
稳健性估计：考虑样本选择偏差

本节将在考虑样本选择偏差的前提下，估计农业机械化对粮食产量的实际效果。此节部分作为第三节内容的稳健性检验。

一、基准回归

本节使用的数据为全国县级层面的宏观数据，不再是微观农户数据。由于县级层面数据相对微观农户数据具有样本量小的特征，为此有必要考虑各自变量之间的相关关系对模型估计的影响。为此，在模型估计前，表 8 - 8 汇报了各变量之间的相关系数。

表 8 - 8 的估计结果显示，无论是 *spearman* 相关系数还是 *pearson* 相关系数，ln*grain*、ln*power* 均与 p 显著正相关，说明在农机购置补贴试点县地区，农机总动力与粮食产出都较高，这可能是因补贴实施而产生的效果，这与本书的假设预期是一致的。ln*land*、ln*labor*、ln*labor*、ln*income*、ln*fiscal* 与 ln*grain*、ln*power* 也显著相关，表明这些变量很有可能是影响农业机械化水平与粮食产出的重要控制变量，这与本书的分析相一致。另外，p、ln*land*、ln*labor*、ln*labor*、ln*income* 和 ln*fiscal* 两两之间均显著正相关，这表明本书选择的自变量可能存在严重的多重共线性问题。为此，在模型估计中有必要逐步添加这些变量，并观察随着变量个数的增加对估计造成的影响。倘若随着变量个数的增加对模型估计造成了较大影响，这说明它们不适合于纳入同一个回归模型。

表 8 - 8　县级数据各变量相关系数

	ln*grain*	ln*power*	p	ln*land*	ln*labor*	ln*income*	ln*fiscal*
ln*grain*		0.749 ***	0.225 ***	0.764 ***	0.726 ***	0.316 ***	0.529 ***
ln*power*	0.739 ***		0.247 ***	0.698 ***	0.584 ***	0.456 ***	0.542 ***
p	0.215 ***	0.246 ***		0.199 ***	0.0795 ***	0.289 ***	0.546 ***
ln*land*	0.673 ***	0.591 ***	0.189 ***		0.571 ***	0.200 ***	0.414 ***
ln*labor*	0.765 ***	0.618 ***	0.090 ***	0.552 ***		0.087 ***	0.455 ***
ln*income*	0.302 ***	0.457 ***	0.290 ***	0.153 ***	0.099 ***		0.528 ***
ln*fiscal*	0.511 ***	0.544 ***	0.522 ***	0.365 ***	0.458 ***	0.535 ***	

注：右上角为 *spearman* 相关系数，左下角是 *pearson* 相关系数；* 、** 、*** 分别表示在 1%、5% 和 10% 水平上显著。

依据式（8-6），表8-9报告了农机购置补贴试点对县级农业机械化的作用效果。表8-9既分析了农机购置补贴试点当期变量 P_t 对农机总动力的影响效果，也分析补贴试点滞后一期变量 P_{t-1} 对农机总动力的作用效果。估计结果显示，补贴试点当期变量 P_t 对农机总动力具有显著的影响效果，而补贴试点滞后一期变量 P_{t-1} 对农机总动力的作用效果则并不显著。可见，补贴试点在当期即能对农机总动力的提升发挥作用。

从表8-9中模型（1）~模型（5）的估计来看，补贴对农机总动力具有显著的正向作用，估计系数稳定在0.027左右，这表明由项目实施带来的农机总动力的平均增长率约为2.7%。这充分说明农机购置补贴确实提高了试点县的农业机械化水平。

模型（2）~模型（5）增加了可能影响机械化水平的控制变量。模型（2）考虑了补贴试点、农民收入对农机总动力的影响，估计结果表明农民收入水平与农机总动力具有显著的正向关系，这与现实相符合，农业机械一般价格较高，较高的收入水平是购置农业机械的前提条件。模型（3）考察了耕地面积、农业劳动力、补贴试点对农机总动力的影响，估计结果显示耕地面积是影响农机总动力的显著正向因子，这反映了耕地资源禀赋与农业机械的关系。当前农村劳动力大量向非农领域转移，耕地资源丰富的县域迫切需要农业机械以补充劳动力不足对农业生产造成的影响。模型（4）分析了地方财政收入、补贴试点对农机总动力的影响，财政收入对农机总动力的作用效果并不显著，这表明财政收入较高地区并没有显现出显著支农的特征。模型（5）则综合分析了这些因素对农机总动力的作用效果。从变量的增减时序来看，自变量间的相关性并未对模型的估计结果造成严重的影响。模型（1）与模型（2）、模型（3）、模型（4）相比较，在增加不同控制变量时，补贴试点当期变量 P_t 估计系数的显著性水平几乎未发生变化，并且估计系数值也未出现较大的波动；模型（2）、模型（3）、模型（4）与模型（5）相比较，即单独考虑某类控制变量与综合考察所有控制变量作用效果时，各控制变量估计系数及其显著性水平也未出现较大的变化。进一步地，本书对模型（5）做多重共线性检验，VIF报告值仅为2.34，这表明自变量间并不存在较强的多重共线性。

此外，模型（1）~模型（5）均考虑了时间固定效应对农机总动力的影响。估计结果表明（时间固定效应结果表8-9未报告），随着时间的推移各县农机总动力均在逐年增加。这折射出了技术进步，尤其是农机工业技术进步对农业机械化的作用效果。

表8-9 基准模型：农机购置补贴与农机总动力

因变量：ln*agrpower*

	模型 (1)	模型 (2)	模型 (3)	模型 (4)	模型 (5)	模型 (6)	模型 (7)	模型 (8)	模型 (9)	模型 (10)
P_t	0.0276***	0.0269***	0.0275***	0.0277***	0.0268***					
	(3.21)	(3.11)	(3.19)	(3.22)	(3.10)					
P_{t-1}						0.0119	0.0107	0.0113	0.0119	0.0102
						(1.34)	(1.18)	(1.26)	(1.35)	(1.14)
ln*incomet*		0.0669***			0.0647***		0.0854**			0.0839**
		(2.88)			(2.75)		(2.41)			(2.35)
ln*land*			0.0182*		0.0185*		0.0174*			0.0158
			(1.93)		(1.96)		(1.72)			(1.56)
ln*labor*			0.0071		0.0099			-0.0009		0.0010
			(0.43)		(0.59)			(-0.05)		(0.06)
ln*fiscal*				0.0264	0.0223				-0.0006	-0.0040
				(1.27)	(1.07)				(-0.03)	(-0.17)
常数项	2.8565***	2.3363***	2.5876***	2.5915***	1.8258***	2.9052***	2.2362***	2.7380***	2.9114***	2.1159***
	(671.93)	(12.90)	(14.29)	(12.43)	(5.38)	(631.67)	(8.02)	(15.08)	(12.31)	(5.20)
地区固定效应	是	是	是	是	是	是	是	是	是	是
年份固定效应	是	是	是	是	是	是	是	是	是	是
时间跨度（年）	2003~2008	2003~2008	2003~2008	2003~2008	2003~2008	2004~2008	2004~2008	2004~2008	2004~2008	2004~2008
R^2	0.2829	0.2842	0.2834	0.2833	0.2851	0.2277	0.2292	0.2283	0.2277	0.2296
F	262.5035	227.0083	198.9631	228.7534	163.4246	223.8609	193.7195	161.8981	188.3244	132.2610
样本量	11197	11197	11197	11197	11197	9321	9321	9321	9321	9321

注：括号外的数值为估计系数，括号内为该系数下的 t 值，其中 * 表示 $p<0.1$，** 表示 $p<0.05$，*** 表示 $p<0.01$。

表 8-9 的估计结果验证了农机购置补贴试点对农业机械化的作用效果。进一步将研究农机购置补贴试点对粮食产出的作用效果。表 8-10 报告了农机购置补贴对粮食产出的作用效果。

在表 8-10 的模型（1）~模型（5）中，从 P_t 的估计系数来看，发现农机购置补贴对粮食产量的作用效果并不稳健，如模型（2）、模型（5）的估计结果就与模型（1）、模型（3）、模型（4）的不一致。然而，在对表 8-9 的分析中，知道各变量间的多重共线性并没有对模型估计产生较大影响，因此，可以排除补贴试点 P_t 与收入滞后变量 $\ln income_{t-1}$ 的共线性造成的干扰。为此，本书认为，这种现象可能与补贴对粮食生产作用效果的时滞性相关联。据笔者实地调查获悉，农机购置补贴在实施中具有明显的周期性，一般而言 3 月、4 月与 8 月、9 月是农民申请购机补贴款并购置农业机械的集中时期。结合粮食作物的生长周期，当年的补贴试点可能并不能对本年的粮食生产起到较大的促进作用；相反，补贴对粮食产出的作用效果很有可能在第二年里发挥作用，即农机购置补贴对粮食产出的作用效果具有滞后性。为此，本书分析补贴试点滞后一期变量 P_{t-1} 对粮食产出的作用效果，如模型（6）~模型（10）所示。

表 8-10 模型（6）~模型（10）中，P_{t-1} 对粮食产出的作用效果非常显著并且高度稳健，显著性水平均达到了 1% 以下。P_{t-1} 的估计系数值也非常稳定，位于 0.0326 ~ 0.0362，这表明因农机购置补贴项目的实施带来的粮食产出的平均增长率为 3% ~ 4%。值得注意的是，模型（6）~模型（10）补贴试点的估计系数均高于模型（1）~模型（5）中的。这表明 P_{t-1} 对粮食产出的作用效果比 P_t 更为明显，即补贴试点对粮食产出的作用效果的确存在时滞性。这也表明我们对补贴试点做滞后一期的处理是合适的。

在模型（6）~模型（10）逐次增加控制变量时，各变量估计系数并没有出现明显的变化，再次说明各变量间的共线性并未给估计带来严重的干扰。控制变量中仅 $\ln income_{t-1}$ 对粮食产出有显著的正向作用。这反映了如下事实：高收入地区的农民具有较强的农业投入能力，因而能通过增加农业投入提升粮食产出，这种投入既包括农业资本投入也包含对农业机械化服务的购买。

在表 8-10 中模型（1）~模型（10）也均考虑了时间固定效应对粮食产出的影响。估计结果显示（时间效应结果表 8-10 未报告），随着年份的推移，相比 2003 年或 2004 年，时间因素对各县粮食产出总体上表现出显著的正向促进作用。这反映了农业技术进步对粮食产出的贡献。

表8-10 基准模型：农机购置补贴试点与粮食产量

因变量：lngrain

	模型 (1)	模型 (2)	模型 (3)	模型 (4)	模型 (5)	模型 (6)	模型 (7)	模型 (8)	模型 (9)	模型 (10)
P_t	0.0268*** (2.86)	0.0012 (0.13)	0.0266*** (2.85)	0.0266*** (2.86)	0.0007 (0.08)					
P_{t-1}						0.0339*** (3.53)	0.0326*** (3.36)	0.0339*** (3.55)	0.0362*** (3.73)	0.0351*** (3.58)
$lnincome_{t-1}$		0.0653*** (2.74)			0.0705*** (2.83)		0.0605** (2.51)			0.0659*** (2.62)
$lnland$			0.0111 (0.81)		0.0017 (0.09)			0.0030 (0.17)		-0.0001 (-0.01)
$lnlabor$			0.0043 (0.26)		0.0118 (0.55)			0.0080 (0.39)		0.0143 (0.67)
$lnfiscal$				-0.0544 (-0.76)	-0.1009 (-1.21)				-0.1023 (-1.23)	-0.1036 (-1.24)
常数项	11.7406*** (1983.16)	11.3618*** (61.08)	11.5770*** (58.70)	12.2858*** (17.12)	12.1961*** (14.51)	11.8695*** (2810.45)	11.3985*** (60.49)	11.7472*** (53.23)	12.9123*** (15.15)	12.2504*** (14.53)
地区固定效应	是	是	是	是	是	是	是	是	是	是
年份固定效应	是	是	是	是	是	是	是	是	是	是
时间跨度（年）	2003~2008	2003~2008	2003~2008	2003~2008	2003~2008	2004~2008	2004~2008	2004~2008	2004~2008	2004~2008
R^2	0.1059	0.0249	0.1061	0.1074	0.0309	0.0260	0.0271	0.0260	0.0321	0.0334
F	112.9612	35.0487	87.1180	98.7292	28.2520	43.4095	38.0064	32.5614	41.1073	29.9682
样本量	11197	9321	11197	11197	9321	9321	9321	9321	9321	9321

注：括号外的数值为估计系数，括号内为该系数下的 t 值，其中*表示 $p<0.1$，**表示 $p<0.05$，***表示 $p<0.01$。

根据式（8-5）与式（8-6），结合表8-9与表8-10的估计结果可知：农机购置补贴提高了县级地区农业机械化水平，并且农机购置补贴对粮食产出起到了显著的正向作用。这间接表明了农业机械化提高了粮食产出。由于表8-9中仅P_t的估计系数显著，而表8-10中P_t的估计系数不显著或不稳健，为此，还不能通过式（8-5）与式（8-6）直接测算出机械化对粮食产出的作用效果[①]。因为式（8-5）与式（8-6）要求估计系数P_t或P_{t-1}均显著。为此，本书将通过工具变量法，计算农机总动力对粮食产出的作用效果。由于补贴试点当期变量P_t对农机总动力的作用效果显著为正，本书以农机购置补贴试点当期变量P_t作为农机总动力的工具变量。估计结果如表8-11所示。

表8-11　农机总动力对粮食产量产出的IV估计

	模型（1）	模型（2）	模型（3）	模型（4）	模型（5）
lnpower	0.9682**	0.9091**	0.9706**	0.9588**	0.9005**
	(2.52)	(2.36)	(2.50)	(2.51)	(2.35)
$\text{ln}income_{t-1}$		0.1460***			0.1602***
		(3.99)			(4.36)
lnland			-0.0066		-0.0083
			(-0.38)		(-0.48)
lnlabor			-0.0026		0.0081
			(-0.12)		(0.39)
lnfiscal				-0.0798	-0.0911
				(-1.20)	(-1.36)
地区固定效应	是	是	是	是	是
年份固定效应	是	是	是	是	是
时间跨度（年）	2003~2008	2003~2008	2003~2008	2003~2008	2003~2008
R^2	0.3699	0.3019	0.3725	0.3566	0.2892
F	108.7147	105.4160	83.0943	95.1247	77.4837
样本量	11191	11191	11191	11191	11191

　　注：括号外的数值为估计系数，括号内为该系数下的t值，其中*表示$p<0.1$、**表示$p<0.05$、***表示$p<0.01$。

---

　　① 这主要是由机械化对粮食产出的滞后性造成的。

表8-11仅汇报了农机总动力对粮食产量的作用效果估计结果，模型第一阶段估计结果尚未汇报。第一阶段估计结果均显示，农机购置补贴试点当期变量 P_t 对农机总动力的作用效果显著为正。从表8-11的估计结果来看，不难发现，农机总动力对粮食产量的作用效果显著为正，并且农机总动力对粮食产量的弹性至少为0.9。

需要指出的是，运用工具变量法计算出的农机总动力对粮食产量的作用效果与式（8-5）、式（8-6）推算出的值，差别并不大。例如，根据表8-10中的模型（1）与表8-9中的模型（1），推算出农机总动力对粮食产出的弹性为0.9710，这与表8-11模型（1）中 P_t 的估计系数0.9682就非常接近。

然而，在判断机械化是否对粮食产出产生了显著的影响时，使用DID模型比使用工具变量法更有效。这是因为DID的方法能有效地去掉其他影响粮食产出的因素，计算出机械投入对粮食产出的净效益。为此，本节的分析将遵循如下研究思路：首先，通过DID法判断机械化是否能对粮食产出造成影响；其次，若DID模型判断出机械化对粮食产出造成了显著的影响，则采用工具变量的估计方法，测算出农机总动力对粮食产出的作用效果，即弹性。

二、情境检验

农业机械化对粮食产出的作用效果还受许多环境因素的影响。尤其是本书采用农机购置补贴试点建立研究模式时，更应该考虑农机购置补贴的作用效果还受补贴试点县特质性因素的影响，如收入、所处南北方位与地形特征等。为此，本书有必要考虑不同情境下补贴试点的作用效果。在本书中将考虑三种情境效应：一是收入水平，农户收入水平与农机购置补贴之间存在着一种"替代"关系，一般而言收入水平高的地区对补贴的需求程度不如收入水平低的地区，因此补贴试点在不同收入水平地区的作用效果是有差异的。二是南北方位，我国北方地区粮食作物以玉米、小麦为主，而南方地区则以水稻为主，南北方位情境主要是考察粮食作物品种差异对补贴效果产生的影响。三是地形因素，即分析补贴试点分别在平原、丘陵、山区的作用效果。

1. 农民收入与农业机械化的作用效果

表8-12报告了农民收入与农业机械化的作用效果。模型（1）~模型（2）与模型（3）~模型（4）分别讨论了补贴试点与农民收入交互作用对农机总动力、粮食产出的作用效果。模型（1）~模型（4）的估计结果再次证实了补贴试点对农机总动力与粮食产量有显著的正向促进作用。这进一步表明，在考虑农民收入的情境中，农业机械化对粮食产出的正向促进作用依旧显著。

从补贴试点与农民收入交互项的估计系数来看，补贴试点在不同收入水平地区的作用效果确实存在着差异。模型（1）与模型（2）中 $P_t \times \ln incomet$ 的估计系数显著为负，这表明低收入地区补贴试点对农机总动力增长的作用效果明显高于高收入地区，这也说明在高收入地区补贴与收入的"替代效应"非常明显。模型（3）~模型（4）的估计结果与模型（1）~模型（2）的相类似，$P_{t-1} \times \ln income_{t-1}$ 的估计系数也显著为负。这表明低收入地区补贴试点对粮食产出的作用效果明显强于高收入地区。

根据表 8-12 的估计结果不难得出如下两个结论：第一，收入情境下，农业机械化对粮食产量的作用效果依然显著为正。第二，$P_{t-1} \times \ln income_{t-1}$ 在模型（1）~模型（2）与模型（3）~模型（4）的估计系数均显著为负，根据式（8-5）、式（8-6），可知 $\ln power \times \ln income$ 对粮食产出的作用效果也显著为正，这表明不同收入下农业机械化对粮食产出的作用效果是不同的。

表 8-12 农民收入水平与农机购置补贴试点的作用效果

	因变量：lnpower		因变量：lngrain	
	模型（1）	模型（2）	模型（3）	模型（4）
P_t	0.5300 ***	0.5785 ***		
	(5.45)	(5.08)		
$P_t \times \ln incomet$	-0.0644 ***	-0.0703 ***		
	(-5.27)	(-4.93)		
$\ln incomet$	0.1316 ***	0.1337 ***		
	(5.41)	(4.56)		
P_{t-1}			0.2011 **	0.3336 ***
			(2.06)	(2.97)
$P_{t-1} \times \ln income_{t-1}$			-0.0234 *	-0.0385 ***
			(-1.88)	(-2.73)
$\ln income_{t-1}$			0.0490 *	0.0718 **
			(1.74)	(2.12)
$\ln land$		-0.0015		-0.0362
		(-0.19)		(-1.44)
$\ln labor$		0.0236		0.0382
		(1.02)		(1.10)
$\ln fiscal$		-0.0044		-0.4190 ***
		(-0.18)		(-4.05)

续表

	因变量：lnpower		因变量：lngrain	
	模型（1）	模型（2）	模型（3）	模型（4）
常数项	1.9062***	1.7119***	11.5497***	15.7439***
	(9.96)	(4.25)	(52.21)	(12.11)
地区固定效应	是	是	是	是
年份固定效应	是	是	是	是
时间跨度（年）	2003~2008	2003~2008	2003~2008	2003~2008
R^2	0.2963	0.3129	0.0266	0.1464
F	199.8914	135.2067	38.0581	29.0578
样本量	11197	11197	9321	9321

注：括号外的数值为估计系数，括号内为该系数下的 t 值，其中 $*$ 表示 $p<0.1$、$**$ 表示 $p<0.05$、$***$ 表示 $p<0.01$。

2. 南北方位与农业机械化的作用效果

由于气候的原因，我国南北方的农业生产存在明显的不同。本书以秦岭—淮河一线作为样本县南北方位划分依据，构建了南北方位两个虚拟变量。*South* 取值为 1 时，表示样本县位于南方，取值为 0 表示样本县位于北方；同理，北方变量（*north*）的取值规则亦是如此。在表 8－13 中，不仅考虑了时间与地区双固定效应的作用，而且也控制了南北方位与时间交互作用对农机总动力与粮食产量的影响，以考虑南北方在时间趋势上的不同。

表 8－13 报告了南北方位与补贴试点的作用效果。估计结果显示，补贴试点对南北方农机总动力与粮食产量均有显著的正向影响，不过补贴试点的作用效果在南方、北方却存在明显的地区差异。模型（2）显示，补贴试点对北方地区农机总动力的促进作用约为南方地区的 1.8 倍；模型（3）~模型（4）的结果表明，补贴试点对北方地区粮食增产的效应近乎达到了南方的 2 倍。这说明农机购置补贴在北方地区的作用效果明显大于南方地区，间接表明了北方农业机械化对粮食产出的作用效果大于南方的。

本书认为，补贴试点在农业机械化、粮食产出上表现出的南北方位差异性与粮食作物品种的机械化程度相关。北方地区的粮食作物以小麦、玉米为主，南方地区的则以水稻为主。受农机工艺水平的限制，在补贴试点期内（2004~2008年）水稻机械种植与玉米机收的农机工艺技术尚未实现较大突破，这两个环节的机械化水平还很低，2008 年时全国水稻机械种植水平仅为 13.73%，而玉米机收水平也仅仅只有 10.61%[①]。最终表现为水稻、玉米耕种收综合机械化率远低于小麦水平[②]；另外，在补贴试点期内水稻与玉米的综合机械化率几乎相当，也就是说南方地区粮食作物的综合机械化率落后于北方地区。值得一提的是，南方粮食作物机械化水平落后的根源在于农机工艺技术，即使在南方地区实施农机补贴试点，受农机技术门槛的限制，南方地区农业机械化水平也不会有较高的突破；北方玉米作物在机收环节虽然也受技术限制，但是小麦作物的耕种收全程机械化技术在试点期内均已达到了较好的应用水平了，综合比较在补贴试点的推动下北方地区农业机械化水平的提升空间会大于南方地区。因此，农机购置补贴在粮食产出中的作用效果就表现出了明显的南北地区差异。

表 8 - 13　南北方位与农机购置补贴试点的作用效果

	因变量：lnpower		因变量：lngrain	
	模型（1）	模型（2）	模型（3）	模型（4）
$south \times P$	0.0206*	0.0189*		
	(1.73)	(1.58)		
$north \times P$	0.0348***	0.0347***		
	(3.51)	(3.49)		
$south \times P_{t-1}$			0.0207**	0.0241**
			(2.32)	(2.53)
$north \times P_{t-1}$			0.0474***	0.0471***
			(3.25)	(3.27)
lnincome		0.098***		
		(4.53)		
$lnincome_{t-1}$				0.0363*
				(1.66)
lnland		0.0247***		-0.0065
		(2.83)		(-0.40)
lnlabor		0.0111		-0.0016
		(0.72)		(-0.08)

① 数据来源于 2008 年《全国农业机械化统计年报》。

② 根据《全国农业机械化统计年报》统计，2008 年小麦、水稻、玉米的耕种收综合机械化率分别为86.54%、51.15% 和 51.78%。

	因变量: lnpower		因变量: lngrain	
	模型（1）	模型（2）	模型（3）	模型（4）
lnfiscal		0.0316		-0.099
		(1.63)		(-1.32)
south × 2004year	0.0147**	0.0155**		
	(2.03)	(2.07)		
south × 2005year	0.0282***	0.0409***	-0.0361***	-0.0404***
	(2.89)	(4.10)	(-3.86)	(-4.24)
south × 2006year	0.0600***	0.0757***	0.0168	0.0106
	(4.00)	(4.95)	(0.98)	(0.65)
south × 2007year	0.0829***	0.0986***	-0.0116	-0.0168
	(3.93)	(4.68)	(-0.71)	(-0.98)
south × 2008year	0.1012***	0.1189***	-0.1217***	-0.1246***
	(4.81)	(5.76)	(-6.60)	(-6.77)
常数项	2.8565***	1.3953***	11.8695***	12.6802***
	(741.82)	(4.47)	(3167.42)	(16.67)
地区固定效应	是	是	是	是
年份固定效应	是	是	是	是
时间跨度（年）	2003~2008	2003~2008	2003~2008	2003~2008
R^2	0.2892	0.2935	0.0465	0.0525
F	172.1570	135.4369	43.7385	33.7749
样本量	11197	11197	9321	9321

注：括号外的数值为估计系数，括号内为该系数下的 t 值，其中 * 表示 $p < 0.1$、** 表示 $p < 0.05$、*** 表示 $p < 0.01$。

3. 地形特征与农业机械化的作用效果

按照《中国县域统计年鉴》的分类名单，将样本县地形划分为山区（Mountain）、丘陵（Hill）与平原（Plain）三类，构造了三类地形特征的 0~1 虚拟变量。

表 8-14 汇报了地形特征与补贴试点的作用效果。地形特征与补贴试点交互项的估计结果再次证明了农机购置补贴能够提升试点县的农机总动力水平，并且进一步促进了试点县的粮食产出。分地形而言，首先是补贴试点对山区农机总动

力增长的作用效果最大，其次是丘陵地区，最后是平原地区。至于粮食产出，补贴试点在丘陵地区的作用效果最为明显，其次是平原地区，最后是山区。那么，补贴试点在不同地形区域的作用效果为何有明显的差异？对此，将在稳健性检验部分进行讨论。

表 8 - 14　地形特征与农机购置补贴试点的作用效果

	因变量：lnpower		因变量：lngrain	
	模型（1）	模型（2）	模型（3）	模型（4）
$mountain \times P$	0.0433 ***	0.0418 ***		
	(3.44)	(3.33)		
$hill \times P$	0.0350 **	0.0344 **		
	(2.09)	(2.06)		
$plain \times P$	0.0249 *	0.0265 **		
	(1.93)	(2.05)		
$mountain \times P_{t-1}$			0.0226 **	0.0236 **
			(2.05)	(2.09)
$hill \times P_{t-1}$			0.0404 **	0.0429 **
			(2.27)	(2.43)
$plain \times p_{t-1}$			0.0332 *	0.0343 *
			(1.68)	(1.76)
$lnincome$		0.0795 ***		
		(3.85)		
$lnincome_{t-1}$				0.0530 **
				(2.44)
$lnland$		0.0224 **		0.0043
		(2.58)		(0.27)
$lnlabor$		0.0059		0.0158
		(0.39)		(0.80)
$lnfiscal$		0.0275		-0.1047
		(1.43)		(-1.40)
$mountain \times 2004year$	-0.0114	-0.0161 **	(base)	(base)
	(-1.49)	(-2.09)		
$plain \times 2004year$	-0.0258 **	-0.0305 ***	(base)	(base)
	(-2.45)	(-2.87)		

续表

	因变量：lnpower		因变量：lngrain	
	模型（1）	模型（2）	模型（3）	模型（4）
mountain × 2005year	-0.0249**	-0.0228*	0.0157	0.0169
	(-2.04)	(-1.86)	(1.19)	(1.43)
plain × 2005year	-0.0337***	-0.0373***	0.0600***	0.0617***
	(-2.66)	(-2.97)	(3.93)	(4.28)
mountain × 2006year	-0.0083	-0.0041	0.0775***	0.0796***
	(-0.39)	(-0.19)	(4.17)	(4.34)
plain × 2006year	-0.0437*	-0.0485**	0.0862***	0.0917***
	(-1.96)	(-2.18)	(3.68)	(4.20)
mountain × 2007year	0.1027***	0.1087***	0.0458**	0.0472**
	(3.57)	(3.78)	(2.35)	(2.51)
plain × 2007year	-0.0163	-0.0200	0.0848***	0.0874***
	(-0.55)	(-0.68)	(3.12)	(3.29)
mountain × 2008year	-0.0461*	-0.0396	0.0044	0.0084
	(-1.72)	(-1.49)	(0.21)	(0.40)
plain × 2008year	-0.1066***	-0.1104***	0.0869***	0.0885***
	(-3.82)	(-3.98)	(2.90)	(2.99)
常数项	2.8565***	1.6649***	11.8695***	12.2991***
	(742.92)	(5.51)	(3174.41)	(16.27)
地区固定效应	是	是	是	是
年份固定效应	是	是	是	是
时间跨度（年）	2003 ~ 2008	2003 ~ 2008	2003 ~ 2008	2003 ~ 2008
R^2	0.2993	0.3024	0.0346	0.0418
F	120.1635	102.2927	21.5403	19.6629
样本量	11197	11197	9321	9321

注：括号外的数值为估计系数，括号内为该系数下的 t 值，其中 * 表示 $p < 0.1$、** 表示 $p < 0.05$、*** 表示 $p < 0.01$。

综合情境分析，不难有如下两个结论：第一，三类情境回归结果再次证实了农机购置补贴的确促进了试点县的粮食产出；同时，情境回归也验证了补贴试点对粮食产出的作用机制，即通过提升试点县农业机械化水平，进一步作用于粮食产出。第二，表 8 - 12 ~ 表 8 - 14 后两列估计式对补贴试点求导后，不难测算出在三种情境回归中因农机购置补贴项目的实施带来的粮食产出的平均增长率，该数值范围为 3%～4%，这与基准回归的结果相一致。据此，本部分的分析证实了农机补贴政策对粮食产出具有的正向作用的命题，进一步表明在不同情境下，农业机械化也是有助于粮食增产的，说明了农业机械化对粮食产出的作用效果是稳健的。

三、倾向值匹配与稳健性估计

使用双重差分模型估计农机购置补贴政策对粮食产出作用效果时，尤其要关注补贴试点县的选择问题。现有研究表明，使用双重差分模型的重要前提条件是实验组（试点县）和参照组（非试点县）存在共同趋势（Angrist and Pischke，2008）。然而，本章第二部分已介绍试点县在选择上遵循了试点地区耕地相对集中、粮食生产能力强，农业机械服务需求强，具有实施补贴的财政实力三个规则。因而农机购置补贴试点县的选择可能不符合双重差分模型的假设，这必然会给我们的估计带来一定的偏差。虽然在基准模型与情境模型中，控制了一系列能够对应这三条规则的变量，例如，耕地面积、农业从业人员数量、农村居民人均纯收入和县级财政收入，但是仍需要筛选出一个随机的"实验组"与"对照组"，以此满足双重差分模型的前提条件。为此，首先，我们需要对样本进行再抽样以满足模型估计的前提；其次，对使用新样本进行再估计。

1. 匹配与样本再筛选

在对样本再抽样之前，以 2004 年所有县是否纳入补贴试点为因变量，以 2003 年各县耕地面积、粮食单产、财政收入为自变量，做了简单的回归分析。回归结果表明试点县在选择中确实遵循了上述三个规则。为此，将使用倾向值匹配（Propensity Score Matching）的方法来对已有样本进行筛选，使筛选出的样本满足试点县与非试点县在耕地资源、产粮能力与财政水平上不存在着明显的差异的特征。

倾向值匹配（PSM）是 Rosenbaum 和 Rubin（1985）提出的一个处理干预效果的分析方法，代替前项的参数估计。假设试点筛选规则变量为 X^T，PSM 就是通过倾向值的方法找到具有相同的 X^T 变量特征的试点县组与非试点县组，即试点县与非试点县在筛选规则变量上无显著差异，如此试点县与非试点县的选择就处在随机状态。具体实现方法如下：由于农机购置补贴是一次干预性实验，接受试点的条件概率是通过是否为试点（P）的二分变量 $logistic$ 回归来进行估计的。记第 i 个县的试点类别为 P，P 是取值为 0－1 的虚拟变量，取值为 1 表示 i 县实施了试点，取值为 0 表示尚未实施试点。那么，i 县接受试点的条件概率表达如式（8－13）所示，这个概率即为倾向值。

$$P(W_i \mid X_i = x_i) = E(W_i) = \frac{e^{x\beta_i}}{1 + e^{x\beta_i}} = \frac{1}{1 + e^{-x\beta_i}} \tag{8-13}$$

在估计得到倾向值之后，将选择半径匹配的方法来匹配试点县和非试点县（Rosenbaum and Rubin，1985）。假设 P_i 和 P_j 分别是试点县组和非试点县组的倾向值，I_1 和 I_0 分别是试点县组和非试点县组成员的集合。当 i 和 j 之间倾向值之差的绝对值小于某一个数 ε 时，j 看作 i 的一个匹配，如式（8-14）所示。在使用卡尺匹配时，试点县组和非试点县组需要有比较大的共同支持域（Common Support）。也就是说，要在试点县组和非试点县组倾向值相重叠的部分进行回归分析。对于倾向值不能重叠区域的观察个体，应从分析样本中剔除，如此也就完成了重新抽样的过程。

$$\|P_i - P_j\| < \varepsilon, \; j \in I_0 \tag{8-14}$$

在匹配过程中，并没有选择逐年匹配的方式，而是以 2006 年样本县是否实施了补贴试点为二分变量，以 2003 年各县耕地面积、粮食单产（等于粮食产量除以耕地面积）、财政收入、南北方位、地形为匹配协变量，一次性地构建出新的面板数据。这样处理有如下两方面的理由：第一，由于农机购置补贴是以县为单位逐步推进的，2004～2005 年的试点县必然也是 2006 年的试点县，因此选择 2006 年作为匹配基准年也能为 2004～2005 年的试点县找到与之相匹配的非试点县；另外，选择 2006 年为基准也是为了保证尽可能多地为试点县找到与之相应的非试点县。这是因为 2006 年时农机购置补贴已覆盖了全国 1126 个县，即一半以上的县都实施了试点。而当 2007 年时，覆盖范围增加到 1716 个县，近乎 80%以上的县级区划单位（市辖区除外）都实施了购机补贴。选择 2006 年能构建出样本数量几乎相当的实验组与对照组。第二，以各县耕地面积、粮食单产、财政收入、南北方位、地形为匹配协变量[①]，主要是为了使试点县与非试点县在选择规则上不具备差异，这是实施匹配的关键；此外，选择 2003 年主要是考虑到该年农机购置补贴尚未实施，因此，各县并没有因补贴实施后带来的农业机械化、粮食产出方面的差异。

在半径匹配中，选择的匹配卡尺大小 ε 为 0.0003，卡尺大小远小于样本估计倾向值标准差的 1/4，因此，本书的匹配尺度是合适的（Rosenbaum and Rubin，1985）。另外，为了验证匹配后的实验组与控制组在试点筛选规则变量上无明显的差异，对匹配后的样本做了属性一致性检验（Balancing Property Test），属性检验结果表明试点县组与非试点县组在耕地面积、粮食单产、财政收入、南北方

---

① 选择耕地面积、粮食单产作为协变量还有控制各县分配到的中央农机购置补贴资金的含义，正如本章第二部分所言中央财政在补贴分配上以各县耕地面积与粮食产出为主要依据，补贴资金的多少也是影响农业机械化的重要因素。

位、地形上等变量没有显著的差异，各变量的显著性程度均在 10% 以上。这说明已筛选出了一个随机的实验组与对照组。图 8-1 给出了匹配前后试点县与非试点县倾向值的分布，匹配后试点县与非试点县在倾向值分布上几乎相同，这也表明本章匹配后的样本是合适的。

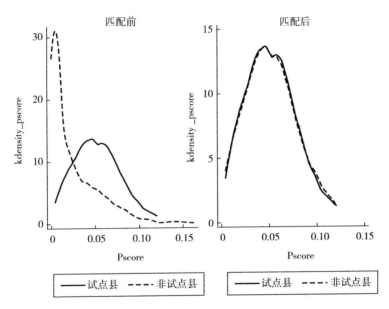

图 8-1　倾向值匹配前后试点县与非试点县分布

　　经匹配筛选后，得到了试点县组与非试点县组名单，如此也就保证了试点县组与非试点县组在规则筛选变量上无差异的双重分模型的估计前提。这样双重分模型也就能够估计出补贴试点对粮食产出的净效应。根据这些名单构造出了这些县 2003～2007 年的面板数据①。

　　2. 样本筛选后再估计

　　表 8-15 报告了新样本基准模型的估计结果。模型的估计结果再次证实了农机购置补贴提升农业机械化水平，进一步促进试点县的粮食产出的结论。值得一提的是，表 8-15 中估计出的补贴试点对粮食产出的作用效果明显高于表 8-10 中的。在表 8-10 模型（10）中，补贴试点（P_{t-1}）对粮食产出（lngrain）作用系数为 0.0351，而在表 8-15 模型（4）中该系数值达到了 0.0438；考虑到两个

---

　　①　在模型估计中，我们需要对补贴试点做滞后一期处理，因为 2006 年新增的补贴试点实际上需要到 2007 年才能发挥了促进粮食生产的作用。另外，新样本中 2008 年已实施补贴的县个数占当年总数的 97% 以上，为保证每一年内都有足够的对照组，新样本的时间跨度选择为 2003～2007 年。

农业机械化对中国粮食产出的影响研究

模型估计年份跨度还并不相同，对表 8 - 10 模型（10）进行了重新估计，估计年份跨度与表 8 - 15 的保持一致，重新估计出的系数值为 0.0298。这说明倘若我们不对试点县样本选择问题进行处理，容易低估补贴试点对粮食产出的效果。事实上，补贴试点县在选择中若遵守产粮大县优先的原则，那么基准模型估计必然会低估补贴对粮食产出的增产效果，这是由边际产量递减的规律决定的。

不难发现，表 8 - 15 模型（3）~ 模型（4）中 P_{t-1} 的估计系数除以模型（1）~ 模型（2）中 P_t 的估计系数，可粗略计算出农机总动力对粮食产量的弹性系数，系数值为 1.8462 ~ 1.9819。

值得注意的是，表 8 - 15 模型（2）与模型（4）中的控制变量如 $\ln land$、$\ln labor$、$\ln fiscal$ 的估计系数均不显著，这也表明在新样本中试点县与非试点县在筛选规则变量上是无差异的。

表 8 - 15 匹配双差法：基准模型

	因变量：$\ln agrpower$		因变量：$\ln grain$	
	模型（1）	模型（2）	模型（3）	模型（4）
P	0.0234 **	0.0221 **		
	(2.11)	(2.01)		
$\ln income$		0.0386		
		(1.39)		
P_{t-1}			0.0432 ***	0.0438 ***
			(2.91)	(2.80)
$\ln income_{t-1}$				0.0734 **
				(2.19)
$\ln land$		0.0034		-0.0129
		(0.33)		(-0.34)
$\ln labor$		-0.0124		0.0126
		(-0.38)		(0.32)
$\ln fiscal$		0.0312		-0.1455
		(1.23)		(-0.98)
常数项	2.9632 ***	2.4549 ***	12.0456 ***	12.9515 ***
	(545.45)	(4.48)	(1979.01)	(8.95)
地区固定效应	是	是	是	是
年份固定效应	是	是	是	是
时间跨度（年）	2003 ~ 2008	2003 ~ 2008	2003 ~ 2008	2003 ~ 2008

续表

	因变量：lnagrpower		因变量：lngrain	
	模型（1）	模型（2）	模型（3）	模型（4）
R^2	0.2717	0.2731	0.0231	0.0347
F	115.8789	66.3903	11.1573	9.3546
样本量	4284	4284	3426	3426

注：括号外的数值为估计系数，括号内为该系数下的 t 值，其中 * 表示 $p < 0.1$、** 表示 $p < 0.05$、*** 表示 $p < 0.01$。

表 8 – 16 采用Ⅳ估计法测算了农机总动力对粮食产量的作用效果。表 8 – 16 的各模型，以农机购置补贴试点当期变量 P_{t-1} 作为农机总动力的工具变量，双向控制了县级层面与年份时间层面的固定效应，并且选择了县级层面的聚类标准误。表 8 – 16 模型（1）~模型（5）中，lnpower 的估计系数均大于 0，并且显著性程度均在 5% 水平以下，这说明农机总动力对粮食产量起到了显著的正向促进作用。此外，lnpower 的估计系数值在模型（1）~模型（5）也非常稳定，位于 2.5169 ~ 2.6667，这表明农机总动力对粮食产量的弹性值至少为 2.52。

表 8 – 11 的估计结果显示，农机总动力对粮食产量的作用弹性大于 0.9。不难发现，处理样本选择偏差问题后，农机总动力对粮食产出的作用效果要远大于样本选择偏差未处理的。这表明在不处理补贴试点样本选择偏差问题时，易低估农业机械化对粮食产出的作用效果。

表 8 – 16 匹配双差法：农机总动力对粮食产量作用效果的Ⅳ估计

	模型（1）	模型（2）	模型（3）	模型（4）	模型（5）
lnpower	2.5913**	2.5169**	2.6146**	2.6667**	2.6097**
	(2.12)	(2.04)	(2.10)	(2.10)	(2.03)
lnincome$_{t-1}$		0.0961			0.1269
		(1.13)			(1.46)
lnland			−0.0078		−0.0108
			(−0.21)		(−0.29)
lnlabor			0.0330		0.0469
			(0.42)		(0.59)
lnfiscal				−0.1491	−0.1658
				(−1.32)	(−1.48)
地区固定效应	是	是	是	是	是

续表

	模型（1）	模型（2）	模型（3）	模型（4）	模型（5）
年份固定效应	是	是	是	是	是
时间跨度（年）	2003~2008	2003~2008	2003~2008	2003~2008	2003~2008
R^2	0.3187	0.2.991	0.3248	0.3381	0.3223
F	24.4173	23.0766	17.7960	20.0279	15.5440
样本量	4284	4284	4284	4284	4284

注：括号外的数值为估计系数，括号内为该系数下的 t 值，其中 * 表示 $p < 0.1$、** 表示 $p < 0.05$、*** 表示 $p < 0.01$。

表 8 – 16 的第一阶段估计结果未汇报，第一阶段估计结果显示农机购置补贴试点当前变量 P_t 对农机总动力的作用效果显著为正。经检验，P_t 是农机总动力的合适的工具变量。本书并未采用 P_{t-1} 作为农机总动力的工具变量，这是因为检验结果表明 P_{t-1} 不是农机总动力有效的工具变量。

进一步在新样本的基础上，对农民收入水平、南北方位与地形特征三种情境做了再次估计。估计结果也表明补贴促进了试点县农业机械化水平的提升（限于篇幅未报告模型估计结果）。表 8 – 17 报告了新样本下三种情境中补贴试点对粮食产出作用效果的估计结果。估计结果都表明农机购置补贴有利于试点县粮食产出的提升。

在收入情境中，$P_{t-1} \times \ln income_{t-1}$ 的估计系数依然显著为负，与表 8 – 12 的估计结果相一致，再次表明低收入地区补贴试点对粮食产出的作用效果明显高于高收入地区，即补贴与农民收入水平之间的"替代效应"依旧存在。南北方位情境中，$south \times P_{t-1}$ 的估计系数小于 $north \times P_{t-1}$ 的，与表 8 – 13 中的情况一致，再度说明了补贴在北方地区发挥的功效比南方地区的高。收入、南北方位情境的再次估计结果与表 8 – 12、表 8 – 13 中的相似，表明这两种情境的研究结论是稳健的。然而，地形情境的估计结果就与表 8 – 14 中的有所出入。表 8 – 17 显示，首先是补贴对平原地区粮食产出作用效果最大，其次是丘陵地区，在山区作用效果最小且并不显著；而表 8 – 13 中的结论却表明，首先是补贴对丘陵地区粮食产出作用效果最大，其次是平原地区，最后是山区。本书认为，这种差别与表 8 – 13 未对样本选择问题进行处理相关。在表 8 – 17 样本形成中，将地形特征也纳入到了试点县与非试点县匹配协变量中，因而新样本里地形特征与是否为补贴试点县并无显著关系。因此，表 8 – 17 的估计结果更能体现补贴在不同地形特征的实际效果。值得一提的是，在不同地形里，补贴试点对粮食产出作用效果表现出的差异与当前我国农业机械工艺技术、服务模型相关联。平原地区耕地面积集中，因地形优势适合机械耕种，因此补贴试点的作用效果比较明显。相反，丘陵、山区地形因素不利于机械种植，同时针对山区丘陵地带的农业机械在技术上远落后于平原地区，更为重要的是山区、丘陵地区的农业机械化服务机制也不及平原地区发达，这些因素的叠加最终导致了补贴试点在丘陵地带的作用效果不如平原地区，而山区的作用效果最低。

在三种情境中分别对补贴试点（P_{t-1}）求导，测算出了补贴试点（P_{t-1}）对粮食产出（lngrain）的作用系数，系数值均在 0.04 以上；而表 8－12～表 8－14 中，补贴试点对粮食产出（lngrain）边际系数仅在 0.03 上下波动。这也表明不处理试点县样本选择问题易低估补贴试点对粮食产出的效果。事实上，比较表 8－13 模型（3）～模型（4）结果与表 8－10 模型（3）～模型（4），表 8－14 模型（3）～模型（4）结果与表 8－10 模型（5）～模型（6）的，也能发现样本选择问题处理后的估计中，补贴试点的作用效果均高于未处理的。

表 8 –17　匹配双差法：情境检验

因变量：lngrain	收入情境		南北方位情境		地形情境	
	模型（1）	模型（2）	模型（3）	模型（4）	模型（5）	模型（6）
P_{t-1}	0.3158 **	0.4225 **				
	(1.98)	(2.01)				
$P_{t-1} \times \mathrm{ln}income_{t-1}$	− 0.0344 *	− 0.0481 *				
	(− 1.75)	(− 1.89)				
$south \times P_{t-1}$			0.0328 **	0.0360 **		
			(2.07)	(2.12)		
$north \times P_{t-1}$			0.0529 ***	0.0529 ***		
			(2.66)	(2.68)		
$mountain \times P_{t-1}$					0.0270	0.0263
					(1.25)	(1.17)
$hill \times P_{t-1}$					0.0527 **	0.0518 **
					(2.24)	(2.13)
$plain \times P_{t-1}$					0.0532 **	0.0567 **
					(2.47)	(2.54)
$\mathrm{ln}income_{t-1}$	0.0575 **	0.0715 **		0.0471		0.0581 *
	(2.15)	(2.44)		(1.57)		(1.96)
$\mathrm{ln}land$		− 0.0130		− 0.0195		− 0.0061
		(− 0.40)		(− 0.60)		(− 0.19)

续表

因变量: lngrain	收入情境		南北方位情境		地形情境	
	模型（1）	模型（2）	模型（3）	模型（4）	模型（5）	模型（6）
lnlabor	·	0.0129		0.0146		0.0188
	·	(0.38)		(0.43)		(0.55)
lnfiscal		-0.1445		-0.1552		-0.1503
		(-1.12)		(-1.21)		(-1.18)
south×2004year						
south×2005year			-0.0281**	-0.0368***		
			(-2.11)	(-2.86)		
south×2006year			-0.0221	-0.0343		
			(-1.00)	(-1.77)		
south×2007year			-0.0530**	-0.0623**		
			(-2.23)	(-2.50)		
mountain×2004year					(base)	(base)
plain×2004year					(base)	(base)
mountain×2005year					0.0279	0.0283**
					(1.52)	(2.08)
plain×2005year					0.0630***	0.0629***
					(3.08)	(3.71)
mountain×2006year					0.0514**	0.0480**
					(2.23)	(2.19)
plain×2006year					0.0850***	0.0871***
					(2.73)	(3.16)
mountain×2007year					0.0236	0.0209
					(0.78)	(0.74)
plain×2007year					0.0856***	0.0808**
					(2.63)	(2.59)
常数项	11.5968***	12.9531***	12.0456***	13.3015***	12.0456***	12.9781***
	(55.42)	(10.33)	(2295.76)	(10.37)	(2309.28)	(10.33)
地区固定效应	是	是	是	是	是	是
年份固定效应	是	是	是	是	是	是
N	3426	3426	3426	3426	3426	3426

续表

因变量：lngrain	收入情境		南北方位情境		地形情境	
	模型（1）	模型（2）	模型（3）	模型（4）	模型（5）	模型（6）
R^2	0.0247	0.0348	0.0281	0.0404	0.0325	0.0439
R^2_adjust	0.0230	0.0322	0.0259	0.0370	0.0291	0.0395
F	10.9134	11.2407	8.0185	9.2213	7.5783	8.4169

注：括号外的数值为估计系数，括号内为该系数下的 t 值，其中 * 表示 $p < 0.1$、** 表示 $p < 0.05$、*** 表示 $p < 0.01$。

情境检验的结果再度证明了，农业机械化有助于粮食产出提高的结论。基于上述分析，有如下结论：农机购置补贴政策实施带来的粮食产出的平均增长率至少为4%，而农机总动力对粮食产出的作用弹性至少为2.52。

第四节　本章小结

根据本章的实证分析，本章证实了农业机械化有助于粮食产出提升的结论。实证分析的结论表明：

1. 运用农户层面的面板数据

本章的研究结论表明农业机械投入有助于粮食产量的提升。具体研究结论指出：

（1）农业机械投入对粮食产量以及三种粮食的产出均具有显著的正向促进效果。

（2）DID 模型与 IV 模型的测算结果表明，农业机械投入对粮食产量的弹性至少为 0.4323，而农业机械投入对小麦、水稻、玉米产出的弹性至少为 0.3704、0.2717 与 0.8694。

（3）农业机械投入对玉米的产出弹性最高，其次是小麦，水稻最低，农业机械投入对三种粮食产出作用效果的差异与三种粮食机械化现状相关联。

（4）DID 模型与 IV 模型测算出的机械投入对粮食产出的作用效果均高于表 8 - 3 基准模型的，这表明若不考虑机械投入与粮食产出之间的内生性关系问题，易低估农业机械投入对粮食产出的作用效果。

2. 选择全国县级层面的面板数据

测算了农机总动力对粮食产量的作用效果。在未考虑补贴试点样本选择偏差的前提下，测算出农机总动力对粮食产出的作用弹性至少为0.9；在考虑补贴试点样本选择偏差的前提下，测算出农机总动力对粮食产出的作用弹性至少为2.52。这表明在未考虑补贴试点样本选择偏差的前提下，易低估农业机械化对粮食产出的作用效果。情境检验的结果也支持这一结论。

　　值得注意的是，县级层面的数据分析表明，若未处理补贴试点县样本选择偏差问题时，会低估农业机械化对粮食生产的作用效果。这也就表明，在第七章、第八章的分析中，即在不考虑补贴试点县样本选择偏差的问题时，估计结果仅仅是低估了农业机械化对粮食播种面积、粮食单产的作用效果，因此，第七章、第八章的估计结论是有效的。

第九章 研究结论与政策含义

第一节 研究结论

粮食安全始终是国家治国理政的头等大事,无论何时、怎么强调粮食生产都不为过。本书围绕问题"在农业劳动力大量转移之际,为什么我国粮食产出不但没有遭遇严重下降,反而是播种面积与产出逐年增加"开展了细致的研究。农业生产离不开劳动要素,在农业劳动要素逐渐外流之际,粮食播种面积与产出不但没有减少反而逐年增长,必定是有其他要素对劳动起到了替代作用。从农业生产要素特性来看,与劳动替代性最高的投入要素当属农业机械。为此,本书围绕农业机械投入,分析了农业机械投入对粮食产出的影响,并且进一步验证了农业机械化对粮食增产的作用机制。

众所皆知,粮食产出等于粮食播种面积乘以粮食单产。农业机械化倘若影响粮食产出,那么必然是通过影响播种面积或单产的途径作用粮食产量的。结合中国农业机械化的发展实情,本书通过数理模型分析,归纳出了如下农业机械化影响粮食播种面积与单产的理论假说。

首先,农业机械化对粮食播种面积作用效果的理论假说。本书认为,在农业劳动力向非农领域转移之际,随着粮食作物农业机械化水平的迅速提高,粮食播种面积将会增加。这是因为农业机械化不仅能够弥补劳动力不足,而且还能提高劳动土地投入比例。进一步,本书指出在农业劳动力向非农领域转移之际、粮食作物农业机械化迅速提升与非粮食作物农业机械化增长缓慢的前提下,农户会增加粮食作物播种面积并减少非粮食作物播种面积,即粮食作物播种面积的比例会随着粮食作物农业机械化的提升而增加。这是由于农业机械化程度越高的品种,劳动力生产成本越低,为此农户会自发地做出品种替代的种植决策。

其次，农业机械化对粮食单产作用效果的理论假说。理论分析指出，农业机械化能提高粮食作物的单产水平。具体而言，农业机械化是通过两个渠道作用于粮食单产的：一是直接作用，即农业机械化通过提高粮食生产的技术效率与要素配置效率，从而促进了粮食单产的提升；二是间接作用，即农业机械化促进了农业劳动力向非农领域转移，提高了农户收入水平，增加了农户在粮食生产中的资本要素投入，随着农业资本投入的深化，粮食单产随之提高。

围绕这两大研究假说，本书通过农业部固定观察点农户微观数据以及全国县级层面面板数据，通过全国农机购机补贴政策外生事件构建了双重差分（DID）模型、面板Ⅳ模型，采用多种估计方法，开展了大量的实证分析，得到了如下研究结论。

1. 农业劳动力大量转移并没有给中国粮食产出造成严重的负面影响

为了验证本书研究假说，首先分析了农业劳动力转移对中国粮食产出的影响。通过测算农业机械对劳动的替代效应展开分析。一是研究了农业劳动力转移后带来的农业女性化、老年化对粮食生产的影响，此部分的分析证实了农业女性化、老年化并没有对粮食生产造成负面影响。这一点证伪了研究命题"农业老年化、女性化不利于中国粮食产出"。这表明随着机械对劳动替代作用的日益增强，过去认为的不利于粮食生产的因素如农业老年化、女性化已不再对粮食生产构成显著的威胁。这从侧面印证了机械化对劳动要素的替代效果。这为后续的研究奠定了基础，也为从机械化角度解释粮食产出起到了铺垫作用。二是具体测算机械对劳动的替代效应，解释了新的劳动要素的来源与作用。研究结果表明，粮食生产中机械要素对劳动要素的替代作用已然形成，2010 年粮食生产中机械对劳动要素的替代弹性已达到 2.6105。

2. 农业机械化不仅提高了粮食作物播种面积，而且还提升了粮食作物种植比例，即农业机械化通过增加粮食播种面积促进粮食增产的机制成立

（1）农业机械化增加了粮食作物播种面积。无论是基准回归，还是稳健性检验，抑或是对粮食播种总面积以及三种粮食作物播种面积的分析，都证实了该结论。具体而言：

1）农业机械化促进了粮食播种总面积、小麦播种面积以及玉米播种面积的增加，对水稻播种面积的正向作用还不太稳健。

2）双重差分模型稳健性检验结果表明，机械投入对农户粮食播种总面积的弹性系数为 0.20 ~ 0.34，对小麦与玉米播种面积的弹性系数分别为 0.25 ~ 0.32 与 0.86 ~ 0.92。

3）稳健性检验测算出的机械化对三种粮食播种面积作用效果的差异，实则是三种粮食机械化程度的差异对补贴试点的反映：由于水稻机械化程度最低，主

要是农机工艺尚未实现较大突破，因而补贴试点测算出的结果显示出农业机械化对水稻播种面积的作用效果并不显著；虽然农业机械化对玉米播种面积的弹性值远大于小麦的，但是由于玉米比小麦具有种植的区域较大、适宜种植的时间较长的特征，当玉米机械化程度逐年增加时，玉米播种面积增长的空间也会比小麦的大，因而机械化对其的弹性系数也就表现出了比小麦高的特征。

（2）农业机械化提高了粮食作物种植比例。基准回归与稳健性检验都证实了机械化对粮食作物种植比例的正向促进作用。具体而言：

1）农业机械化显著且稳健地提高了粮食作物、小麦与玉米种植比例，对水稻种植比例的促进效果并不稳健，并且稳健性检验结果还表明农业机械化降低了水稻播种面积的占比。

2）稳健性检验测算的结果显示，机械投入对粮食种植比例的半弹性系数为 0.16 ~ 0.24，即机械投入每增长 1%，粮食作物播种总面积相应地增加 0.16 ~ 0.24 个百分点；机械投入对小麦种植比例与玉米种植比例的半弹性分别为 0.0940 ~ 0.1207 与 0.8286 ~ 0.8442，即机械投入每增长 1%，小麦种植比例与玉米种植比例相应地增加 0.0940 ~ 0.1207 个与 0.8286 ~ 0.8442 个百分点。

3）稳健性检验测算出的机械化对三种粮食种植比例作用效果的差异，既是三种粮食机械化程度的差异对补贴试点的反映，也是作物种植特性差别的体现，这一点与机械化对粮食作物播种面积绝对量的作用效果的差异相同。

3. 农业机械化提高了粮食作物的单产水平，即农业机械化通过作用粮食单产促进粮食增产的作用机制也成立

本书不仅分析了农业机械化对粮食单产的作用效果，并且实证研究了农业机械化对粮食单产的作用机制，运用多种模型估计方法检验了各个作用机制。有如下结论：

（1）农业机械化显著提高了粮食作物单产水平。本书基准回归结果指出，农业机械投入对粮食作物平均单产的弹性值为 0.02 ~ 0.03，对小麦、水稻、玉米的弹性值分别为 0.040 ~ 0.046、0.007 ~ 0.011、0.037 ~ 0.040。通过 DID 模型稳健性检验测算结果表明，农业机械投入对粮食作物平均单产的弹性值为 0.3860 ~ 0.5160，对小麦、水稻、玉米的弹性值分别为 0.2688 ~ 0.2839、0.3873 ~ 0.4545、0.7949 ~ 0.8331。这表明不控制其他诸如技术进步、种子改良等因素，易严重低估农业机械投入对粮食单产的作用效果。

（2）农业机械化对粮食单产的直接作用是通过提高粮食生产技术效率实现的，而农业机械化对粮食生产配置效率的作用效果则并不稳健。

1）有关农业机械化对粮食作物技术效率作用效果的结论有：尽管农业机械投入对粮食作物平均技术效率起到了提升作用，但是其作用效果并不稳健。基准

模型估计指出，农业机械投入对小麦、水稻、玉米此三种粮食的技术效率也起到了正向的促进作用；但是，稳健性检验显示，农业机械投入对小麦技术效率的作用效果不稳健，但是对水稻、玉米的作用效果却较为稳健。

2）有关农业机械化对粮食作物配置效率作用效果的结论有：基准回归的结果指出，农业机械投入对粮食作物要素综合配置效率起到了显著的提升作用，并且也对小麦、水稻的要素综合配置效率起到了显著的促进作用。从要素综合配置效率的组成部分来看，农业机械投入仅对资本要素的配置效率起到了显著的提升作用，对劳动要素的配置效率的作用效果则均不显著。然而，稳健性检验结果却表明，农业机械投入对以上配置效率的作用效果还并不稳健。这说明机械投入还并未对其他要素配置效率的改进起到稳定的作用效果。

（3）本书证实了农业机械化对粮食单产的间接作用，即机械替代劳动、增加了农户非农收入，增进了农业资本投入，从而促进了粮食单产提高。农业机械化对粮食单产的间接作用的研究结论表明：农业机械化显著地提高了粮食作物以及三种粮食单位面积的资本总投入以及化肥总投入。进一步稳健性检验指出，农业机械化对粮食作物以及三种粮食单位面积的资本总投入的正向促进作用是稳健的。不过，农业机械投入对粮食作物化肥投入的作用效果则不具备稳健性，三种粮食中仅发现机械投入对玉米单位面积化肥投入的增进作用具有稳健性。

4. 本书第六章、第七章验证了农业机械化对粮食产出的作用机制，进一步本书第八章测算了农业机械化对粮食产出的总体效果

本书通过两套数据证实了农业机械化对粮食产出的提升效果。

（1）运用农业部固定观察点农户层面的微观面板数据，回归分析了农业机械投入对粮食产出的作用效果，回归结果证实了农业机械化有助于粮食产量提升的命题。具体研究结论显示：

1）农业机械投入对粮食产量以及三种粮食的产出均具有显著的正向促进效果。

2）DID模型与Ⅳ模型的测算结果表明，农业机械投入对粮食产量的弹性至少为0.4323，而农业机械投入对小麦、水稻、玉米产出的弹性至少为0.3704、0.2717与0.8694。

3）农业机械投入对玉米的产出弹性最高，其次是小麦，水稻最低，农业机械投入对三种粮食产出作用效果的差异与三种粮食机械化现状相关联。

4）DID模型与Ⅳ模型测算出的机械投入对粮食产出的作用效果均高于基准模型的，这表明若不考虑机械投入与粮食产出之间的内生性关系问题，易低估农业机械投入对粮食产出的作用效果。

（2）选择全国县级层面的面板数据，测算了农机总动力对粮食产量的作用

效果。在未考虑补贴试点样本选择偏差的前提下，测算出农机总动力对粮食产出的作用弹性至少为0.9；在考虑补贴试点样本选择偏差的前提下，测算出农机总动力对粮食产出的作用弹性至少为2.52。这表明在未考虑补贴试点样本选择偏差的前提下，易低估农业机械化对粮食产出的作用效果。

需要指出的是，县级层面的数据分析表明，若未处理补贴试点县样本选择偏差问题时，会低估农业机械化对粮食生产的作用效果。这也就表明，在第五章、第六章的分析中，即在不考虑补贴试点县样本选择偏差的问题时，估计结果仅仅是低估了农业机械化对粮食播种面积、粮食单产的作用效果，因此第五章、第六章的估计结论依然是有效的。

通过以上分析，本书解释了"在农业劳动力大量转移之际，为什么我国粮食产出不但没有遭遇严重下降，反而是播种面积与产出逐年增加"的问题。更为重要的是本书厘清了农业机械化与粮食产出之间的关系，验证了农业机械化提高粮食产出的研究命题。与以往研究不同的是，还构建了农业机械化作用于粮食产出的理论框架，提出了相应的研究假说，并通过大量且严格的实证方法验证了假说，证实了农业机械化对粮食产出的作用路径。

第二节　政策含义

粮食安全始终是国家治国理政的头等大事。一个国家只有立足粮食基本自给，才能掌握粮食安全主动权，进而才能掌控经济社会发展的大局。稳定国内粮食安全供给已然成为当下中国治国理政的头等大事。本书的研究结论对中国保障粮食安全生产以及推进农业现代化有如下政策含义：

1. 发展农业机械化有助于粮食产出的提高，因此，提升农业机械化水平应成为未来中国保障粮食生产的重要政策抓手

（1）在中国发展农业机械化，首要的是坚持走中国特色农业机械化道路，着力发展农机社会化服务。本书第四章已指出，中国的农业机械化模式是"在家庭联产承包经营下，农机手供给农机社会化服务，农户购买服务"，这一点不同于国外农户自有自用农业机械的发展方式。中国农民购买农机特别是价值较高的大中型机具不仅要为自家服务，更重要的是要开展社会化服务。因此，推进中国农业机械化的发展，关键在于发展农机社会化服务。中国特色农业机械化道路以农业社会化服务的方式实现了"小农户和现代农业发展有机衔接"。中国农业机械化工作的中心任务应确定为推进以跨区作业为代表的农机服务向市场化、社会

化与产业化的方向迈进，这也是中国特色农业机械化道路的内涵。因此，要不断拓展农机服务领域，把分散的农业机械与分散的农户联系起来，把机械化生产和家庭承包经营有机结合起来。

1）继续多措并举地扶持农机手开展社会化服务。结合笔者实际调研，扶持农机手开展社会化服务关键点是做好服务工作。一方面，要做好跨区作业配套服务工作。协调相关生产企业在跨区作业重点地区设立农机修理、更换、退货"三包"服务网点或特约服务网点；完善跨区作业信息服务系统，每天定时发布最新服务信息，提高直接服务能力；切实解决好农机跨区作业中油料供应问题，可考虑在农忙季节增设油料供应流动点，增加油品供给。另一方面，要强化对农机人员的培训。基层政府应加强多层次、多小时的培训，提高农机人员的技术水平，培养一大批精通农机驾驶技术、维修技术，同时又掌握农艺栽培技术的新型农机手，促进农机手社会化服务水平的提高。还有，建立健全农机保险政策。将农机互助合作保险纳入农机购置补贴等农业机械化扶持政策范围。在有条件的地方，政府直接可为农机手和其他农机化服务主体免费或低费率配套人身安全保险。支持农机互助合作保险健康发展，为农机田间作业提供保险

2）大力发展农机专业合作社。农机专业合作社是农机手的联合组织，是推进农机社会化服务的重要组织。从各地实践来看，农机专业合作社有利于提高农业机械作业效率、农机手技术水平和农机手的收益水平，尤其是对于跨区作业，合作社相对于单个农机手，在作业信息的有效性、作业量、作业效率、经济效益等各个方面都具有明显的优越性。然而，国内相当一部分农机合作社还仅仅停留在较为松散层面上的合作，这极大地影响了农机社会化服务水平，也严重影响了农机效率的发挥。因此，要通过财政奖励、教育培训等方式引导和规范农机合作社的发展。

3）逐步建立农机作业补贴工作机制。实施农机作业补贴政策，是中央强农惠农富农政策的具体体现，有助于优化农机化投入结构，有利于培育农机作业市场，提升农机社会化服务能力，意义十分重大。实施农机作业补贴政策，尤其注重对机械深耕、机械深松、机械植保、保护性耕作、农田机械节水灌溉、机械秸秆还田、秸秆捡拾打捆等机械作业的补贴，以此实现推进农业机械化，提高粮食综合生产能力，推进耕作制度改革，增强农业生产发展后劲，实现粮食稳产高产、农民持续增收等多重目标。

（2）推进中国农业机械化，应继续坚持实施与完善农机购置补贴政策。本书的实证分析不仅验证了农业机械化对粮食产出的促进作用，而且还评价了农机购置补贴政策对粮食生产的效果。实证结果指出，农机购置补贴政策极大地提高了粮食作物农业机械化水平，不仅扩大了粮食播种面积，而且还提高了粮食单

产，本书第七章的分析进一步显示因农机购置补贴政策实施带来的粮食产出的平均增长率至少为4%。这充分说明了推进农业机械化、保障粮食生产，仍应继续坚持实施与完善农机购置补贴政策。根据笔者的研究，应从如下两个方面着力完善农机购置补贴政策：

1）突出补贴目标、明晰补贴对象与明确补贴标准。以"粮棉油糖生产全程机械化，提升粮食产量与质量并重"为下一阶段补贴目标。下阶段的农机补贴政策应集中力量支持提升水稻育插秧、玉米收获、马铃薯播种和收获、棉花育苗移栽和收获、油菜播种和收获、甘蔗和甜菜收获等主要农作物多环节的机械化水平，并由耕种收环节机械化向产前、产中、产后全过程机械化延伸。更为重要的是，应注重对有益于提高粮食质量的机械的补贴力度，如加大对粮食烘干机等设备的补贴额。以传统农民与新型农业经营主体为补贴对象，补贴向新型农业经营主体倾斜。继续增加补贴资金投入，资金分配与粮棉油糖产量相挂钩，逐步提高粮棉油糖主产区农机购置补贴的中央支付比例，逐渐加大补贴资金投入，保持补贴额度稳定增长，坚持"自主购机、定额补贴、县级结算、直补到卡"的资金结算方式。

2）优化农机购置补贴程序。根据笔者的实地调研，当前农机购置补贴政策在执行上并不完善，存在程序烦琐、政府职能失效与市场机制失灵的问题。我们认为，补贴工作在程序设计上应围绕"简政放权、抓大放小、优化程序、强化市场"展开。一要简政放权，将补贴目录选择、实施方案制定等集中在中央与省级政府手中的核心权限下放的县级政府，以此满足地区的特殊性。二要抓大放小。重点关注粮食生产关键环节机械，建议实施敞开补贴；待粮食作物关键环节生产机具装备量基本满足后，再逐步向大宗经济作物及畜牧、水产领域等重点机具拓展，有重点分阶段推进政策目标实现。三要优化程序。大多数的农民购机需要多次跑"县城"，建议实施农机购置补贴审批"一站式"服务，探索乡镇直接办理的工作机制。四要强化市场。农机购置补贴也是资源配置的一个方面，因此，在操作中凡是能通过市场机制的问题都应交给市场。例如，对于资金充足的地区，可尝试常态化购机机制，只要农民有需求，一年之中任何时间内都能申请购机补贴。

2. 降低农业生产成本与促进农业结构调整，也需要以农业机械化为重要的政策抓手

本书第五章研究结论指出，农业机械化提高了粮食作物播种比例。其背后遵循的理论与现实逻辑是：随着劳动力成本的上升，农户会主动选择低成本的生产方式，即选择种植机械化程度越高的品种（可机械化程度越高，使用劳动力越少，劳动力成本越节约），由于中国粮食作物农业机械化程度远高于非粮食作物，

因此，农户会主动减少非粮食作物播种面积，增加粮食作物播种面积。这表明农业机械化既能降低农业生产成本，尤其是劳动力成本，又能改变农业结构调整。

（1）中国农产品生产成本快速上升，农业国际竞争力即将丧失，其中快速上涨的农业劳动成本是导致中国农产品竞争力丧失的关键因子。例如，中国三种粮食平均每亩生产成本从2009年的600.41元已增长到2014年的1068.57元，劳动力成本对总成本增长的贡献就高达55.2%。然而，同时期美国三种粮食平均每亩生产成本几乎未发生较大变化。这表明提升中国农业国际竞争力必须要降低农产品生产成本，必然要降低人工成本。因而，推进农业机械化降低农业生产成本已成为提升中国农业国际竞争力的内在要求。以农业机械化降低生产成本的关键在于推进农业生产的全程机械化，补强农业生产中机械化的环节。例如，水稻的机械种植就是典型的薄弱环节，2013年水稻的机械种植水平仅仅只有36.10%，远低于小麦与玉米的水平。降低水稻劳动力成本，必然要求减少人工投入，补齐机械种植的"短板"更是题中之意。

（2）进一步调整优化农业结构是提高农业发展质量和效益的现实选择。但是本书的研究结论指出，在当前生产环境下，农户会主动选择多种植易机械化生产的作物品种，即多种植粮食作物，减少种植非粮食作物。这实际上并不有利于推动粮经饲统筹的农业结构调整目标。根本原因还是因为中国非粮食作物农业机械化程度还较低，非粮食作物是中国农业机械化待攻克的薄弱品种。如油菜、马铃薯等作物的综合机械化率总体上偏低，2013年的水平分别仅为39.18%、37.34%。这些品种综合机械化率偏低主要表现在薄弱环节上。例如，油菜的机播与机收水平就远低于机耕水平，分别只有16.20%与20.29%；马铃薯的机播与机收水平也低于机耕水平，仅达到23.97%与22.14%。因此，解决薄弱品种农业机械化难题已成为推动农业结构优化调整的重要要求。

（3）薄弱品种与薄弱环节机械化水平低，受很多因素的影响，其中农机和农艺结合不够是重要因素之一。农机、农艺的不配合，在微观上主要表现为农业生物技术进步不能满足机械操作的要求（当然也有相反的情况）；在管理体制上表现为农机部门和农业生产（技术）部门在绝大多数市、县的分设，人为地割裂了两者之间的协同关系。因此，要坚持农机农艺相结合，不断推进技术创新和机制创新。一要建立不同科研单位协作攻关机制，整合现有院所力量，组织农机和农业科研推广单位、生产企业等联合攻关。二要建立各级农机与农艺融合联席会议制度，形成农机与农艺科技人员技术研讨和交流的平台，并将机械适应性作为科研育种和栽培模式推广的重要指标。三要发挥国家和地方科研投入项目的导向作用，重点扶持现阶段农机与农艺融合的重大课题，激励和支持农机与农艺科技人员合作研究，推进农机与农艺技术一体化进程。

（4）缺少相应的农机社会化服务机制也是薄弱品种与薄弱环节农业机械化水平低的关键因素。据笔者调查发现，不少地方的水稻机插服务仍处于空白；甘蔗主产区的广西崇左市，面向普通农户的甘蔗机播、机收服务也处于空白；棉花主产区的新疆哈密市，也仅在 2015 年才开始鼓励并推广棉花机械社会化服务。薄弱品种与薄弱环节农机社会化服务机制缺失的根本原因除了农机与农艺结合不够外，还受到农机社会化服务进入门槛的限制。例如，水稻机插服务需要配套育秧，而育秧设施的建设需要前提投入大量的资金与土地要素，这对于普通的服务组织来说存在进入壁垒；再如，棉花收获机，普通机械的价格都在百万元以上，即使是专业化的服务组织也面临着购机的困难；甘蔗收获机也是如此，单机价格也都在 200 万元以上。因此，需要综合运用财政与金融政策，扶持农机服务组织解决薄弱品种、薄弱环节农机社会化服务进入难题，尽快建立健全针对薄弱品种、薄弱环节的农机社会化服务机制。

第三节　进一步思考

根据本书的研究结论，有如下延伸性思考：

1. 政策设计应将"未来谁来种地"的问题与"怎么种地"的问题相结合考虑

随着农业劳动力转移带来的农业老年化、农业女性化问题的日益突出，不少学者提出了"未来谁来种地"的问题。为此，政策界提出了构建新型农业经营主体，以此来应对"未来谁来种地"的问题。不过，本书的研究却发现，农业老年化、农业女性化并没有给粮食生产造成显著的负面影响。根本原因是，农业机械化及时替代了劳动力，缓解了劳动力不足对粮食生产带来的负面冲击。也就是说，即使是老年劳动力、女性劳动力也能在不降低粮食产出的情况下承担粮食生产的重任。从这个意义上来看，"未来谁来种地"的问题似乎显得有点"杞人忧天"。当然，并无反对"构建新型农业经营主体"政策之意，另外构建新型农业经营主体的政策含义并不仅仅局限于解决谁来种地的问题上。本书认为，"未来谁来种地"的问题应与"怎么种地"的问题相结合，不能单纯地通过培育新型农业经营主体并以新型农业经营主体替代普通农户的方式解决"谁来种地"的问题。这是因为在农业机械化服务可购买的前提下，老人、女性亦能种地；并且，随着老一辈农民工年老返乡后，未来仍将会并且持续会有大量的老人、女性从事农业生产。因而，政策的设计应将"未来谁来种地"的问题与"怎么种地"

的问题相结合，政策设计应更多地考虑"怎么种地"，即怎么向老人、妇女提供包括农机社会化服务在内的农业社会化服务。在这一点上，新型农业经营主体大有可为。根据笔者的调研获悉，不少的新型农业经营主体不仅仅是农业生产的生力军，更是农业社会化服务供给的主力军。因此，培育新型农业经营主体并鼓励新型农业经营主体向普通农户提供农业社会化服务应成为解决"谁来种地"与"怎么种地"问题的政策抓手。

2. 农业经营的规模化应向农业服务的规模化转变，实现农业服务规模化的关键点在于大力推进农业生产全程机械化

数代中国人都有一个美国式的"农业梦"，即实现农业的规模化经营。然而，根据中国的资源禀赋，中国很难实现美国式的农业生产方式。据黄宗智、彭玉生（2005）的估算，即使是2030年中国的劳均经营面积也仅仅刚超过15亩，这也远低于美国、加拿大劳均上千亩的经营规模（郭熙保，2012）。虽然不少地区在推进土地流转，发展适度规模经营，但是土地流转质量还较低，离规模经营差距较大。据农业部经管总站体系与信息处（2015）统计，截至2015年6月底全国家庭承包经营耕地流转面积已达到4.3亿亩，占家庭承包耕地总面积的32.3%。可以说，中国的耕地流转面积已达到了不小的规模。但是据调查，在现有土地流转中，较少有形成连片经营的；大多数的流转仅仅为转包或出租，农业部2015年统计数据显示转包和出租的面积已占流转总面积80%有余，流转后的规模化经营还尚未形成。事实上，中国农业的规模化发展并不仅仅只有生产规模化的一条道路。由于家庭式的农业经营方式仍将在中国广泛并长期地存在，因而中国农业的规模化发展应从追求生产的规模化向实现服务的规模化转变。农机社会化服务就是以服务的规模化实现农业规模化的重要方式。即使是一家一户分片耕作，但是在统一的组织服务下，实质上就是实现了生产的规模化。当前山东省供销社探寻出的以土地托管为切入点、以服务规模化推动农业现代化的服务体系就是典型的例子（国务院发展研究中心农村经济研究部、山东省供销合作社联合社，2015）。在这种服务体系下，农户将土地托管给服务组织，由服务组织统一为农户提供耕种收的农业服务，服务组织获得服务费用，农民获得农业生产利润。在这种模式下，不仅仅是在村的老人、妇女能从事农业生产，而且不在村的人亦能"种地"。本书认为，这种生产方式符合当前中国的国情与农情，也是实现农业生产规模化的有效手段。当然，实现服务的规模化关键在于大力推进农业生产全程机械化。

参考文献

[1] Ahammed C S, Herdt R W. Impacts of Farm Mechanization in a Semi-closed Input-output Model of the Philippine Economy [J]. American Journal of Agricultural Economics, 1983, 35 (3): 516 – 525.

[2] Ahituv A, Kimhi A. Off-farm Work and Capital Accumulation Decisions of Farmers Over the Life-cycle: the Role of Heterogeneity and State Dependence [J]. Journal of Development Economics, 2002, 68 (2): 329 – 353.

[3] Ahmed J U. Labor Use Patterns and Mechanization of Rice Postharvest Processing in Bangladesh [J]. Consequences of Small-farm Mechanization. International Rice Research Institute/The Agricultural Development Council, Inc. Los Baños, Laguna, Philippines, 1983: 139 – 149.

[4] Ajeigbe H A, Mohammed S G, Adeosun J O, et al. Farmers' Guide to Increased Productivity of Improved Legume-Cereal Cropping Systems in the Savannas of Nigeria [J]. IITA, Ibadan, Nigeria, 2010, 104.

[5] Amemiya T . "Nonlinear Regression Models", In Handbook of Econometrics, Vol. 1, edited by Zvi Griliches and Michael Intriligator [M]. Amsterdam: North-Holland, 1983.

[6] Andersson H, Larsén K, Lagerkvist C J, Andersson C, Blad F, Samuelsson J, Skargren P. Farm Cooperation to Improve Sustainability [J]. AMBIO: A Journal of the Human Environment, 2005, 34 (4): 383 – 387.

[7] Angrist J D, Pischke J S. Mostly Harmless Econometrics: An Empiricist's Companion [M]. Princeton University Press, 2008.

[8] Artz G, Colson G, Ginder R. A Return of the Threshing Ring? A Case Study of Machinery and Labor-Sharing in Midwestern Farms [J]. Journal of Agricultural & Applied Economics, 2010, 42 (4): 805 – 819.

[9] Bai C E, Ma X, Wu B Z. Tax Reduction and Consumption and Investment

Behavior in Rural Area [J]. Working Paper, Tsinghua University, 2011.

[10] Bai C E, Wu B. Health Insurance and Consumption: Evidence from China's New Cooperative Medical Scheme [J]. Journal of Comparative Economics, 2014, 42 (2): 450 – 469.

[11] Banerjee B. The Determinants of Migrating with a Pre-arranged Job and of the Initial Duration of Urban Unemployment: an Analysis Based on Lndian Data on Rural-to-urban Migrants [J]. Journal of Development Economics, 1991, 36 (2): 337 – 351.

[12] Bardhan P, Udry C. Development Microeconomics [M]. Oxford University Press, 1999.

[13] Battese G E, Coelli T J. Frontier Production Functions, Technical Efficiency and Panel Data: with Application to Paddy Farmers in Lndia [M]. Springer Netherlands, 1992.

[14] Bell M A, Cedillo P. Mechanization in Asia: Statistics and Principles for Success [J]. Agricultural Mechanization in Asia, Africa and Latin America, 1999, 30 (4): 70 – 75.

[15] Benjamin D. Household Composition, Labor Markets, and Labor Demand: Testing for Separation in Agricultural Household Models [J]. Econometrica, 1992, 60 (2): 287 – 322.

[16] Binswanger H P, Ruttan V W, Ben-Zion U. Induced Innovation: Technology, Institutions, and Development [M]. Baltimore: Johns Hopkins University Press, 1978.

[17] Binswanger H P. The Economics of Tractors in South Asia [R]. Agricultural Development Council, New York and International Crops Research Institute for the Semi-arid Tropics, Hyderabad, India, 1978.

[18] Binswanger H. Agricultural Mechanization A Comparative Historical Perspective [J]. The World Bank Research Observer, 1986, 1 (1): 27 – 56.

[19] Brown L. R. , Who Will Feed China, Washington, DC: [M]. World Watch Institute, 1995.

[20] Chang H, Dong X, MacPhail F. Labor Migration and Time use Patterns of the Left-behind Children and Elderly in Rural China [J]. World Development, 2011, 39 (12): 2199 – 2210.

[21] Christensen L R, Jorgenson D W, Lau L J. Transcendental Logarithmic Production Frontiers [J]. The Review of Economics and Statistics, 1973, 55 (1): 28 – 45.

[22] Cornwell C, Schmidt P, Sickles R C. Production Frontiers with Cross-sectional and Time-series Variation in Efficiency Levels [J]. Journal of Econometrics, 1990, 46 (1): 185 – 200.

[23] De Toro A, Hansson P A. Machinery Co-operatives-a Case Study in Sweden [J]. Biosystems Engineering, 2004, 87 (1): 13 – 25.

[24] Decressin J, Fatás A. Regional Labor Market Dynamics in Europe [J]. European Economic Review, 1995, 39 (9): 1627 – 1655.

[25] Deng X., Huang J., Rozelle S., Uchida E. Cultivated Land Conversion and Potential Agricultural Productivity in China [J]. Land use Policy, 2006, 23 (4): 372 – 384.

[26] Diao X, Cossar F, Houssou N, Kolavalli S, Jimah K, Aboagye P. Mechanization in Ghana: Searching for Sustainable Service Supply Models [J]. IFPRI Discussion Paper, 1237, 2012.

[27] Ebron L Z. Changes in Harvesting-threshing Labor Arrangements in Nueva Ecija [J]. Unpublished Masteral Thesis, College of Economics and Management, University of the Philippines at Los Baños, College, Laguna, Philippines, 1984.

[28] Fallsk S. Sial, 刘学彬. 美国和日本农业机械化模式比较 [J]. 世界农业, 1986 (12): 38 – 40.

[29] Farrell M J. The Measurement of Productive Efficiency [J]. Journal of the Royal Statistical Society. Series A (General), 1957, 120 (3): 253 – 290.

[30] Fioramanti M. Estimation and Decomposition of Total Factor Productivity Growth in the EU Manufacturing Sector: A Long Run Perspective [J]. Journal of Applied Economic Sciences (JAES), 2010 (13): 217 – 230.

[31] Gale, F., Lohmar, B., & Tuan, F. China's New Farm Subsidies [J]. Technical report, United States Department of Agriculture, 2005, WRS – 05 – 01.

[32] Galiani S, Gertler P, Schargrodsky E. Water for Life: The Impact of the Privatization of Water Services on Child Mortality [J]. Journal of Political Economy, 2005, 113 (1): 83 – 120.

[33] Gertler M E, Murphy T. The Social Economy of Canadian Agriculture: Family Farming and Alternative Futures [M]. Family Farming in Europe and America. B. Galeski and E. Wilkening, eds. Boulder, CO: Westview Press, 1987.

[34] Gertler M E. A Comparison of Agricultural Resource Management on Selected Group and Individual Farms in Saskatchewan [M]. MSc thesis, McGill University, Montreal, Canada, 1982.

[35] Gonzales L, Herdt R W. An Ex Ante Evaluation of National Mechanization Policies in the Philippines [J]. The Consequences of Small Rice Farm Mechanization in the Philippines, 1983: 75 - 101.

[36] Gröger B L. Of Men and Machines: Co-operation among French Family Farmers [J]. Ethnology, 1981, 20 (3): 163 - 176.

[37] Harris A, Fulton M. Farm Machinery Co-operative: An Idea Worth Sharing. Center for the Study of Cooperatives [M]. University of Saskatchewan, 2000.

[38] Harris A, Fulton M. The CUMA Farm Machinery Co-operatives [M]. University Saskatchewan, Centre for the Study of Cooperatives, 2000.

[39] Hayami Y, Ruttan V W. Agricultural Development: An International Perspective [M]. Baltimore, Md/London: The Johns Hopkins Press, 1971.

[40] Hazell P B R. An Assessment of the Impact of Agricultural Research in South Asia Since the Green Revolution [M]. Pingali P, Evenson R. Handbook of Agricultural Economics. Oxford, UK: North-Holland, 2010: 3469 - 3530.

[41] Heckman J J. Sample Selection Bias as a Specification Error [J]. Econometrica: Journal of the Econometric Society, 1979, 47 (1): 153 - 161.

[42] Heerink, N., Kuiper, M., & Shi, X. China's New Rural Income Support Policy: Impacts on Grain Production and Rural Income Inequality [J]. China & World Economy, 2006, 14 (6): 8 - 69.

[43] Herdt R W. Mechanization of Rice Production in Developing Asian Countries: Perspective, Evidence and Issues [J]. Consequences of Small Farm Mechanization. International Rice Research Institute, Los Banos, Laguna, Philippines, 1983: 1 - 13.

[44] Hicks J R. The theory of wages [J]. Macmillan, 1932.

[45] Hou L K, Zhang T L, Cai Y P, Cui Y W. An Econometric Analysis on the Effect of Climate Change on Eheat Cropping Area in China [J]. A Gricultural Science & Technology-Hunan, 2012, 13 (3): 686 - 688.

[46] Houssou N, Diao X, Cossar F, Kolavalli S, Jimah K, Aboagye P. Agricultural Mechanization in Ghana: Is Specialized Agricultural Mechanization Service Provision a Viable Business Model? [J]. American Journal of Agricultural Economics, 2013, 95 (5): 1237 - 1244.

[47] Huang, J., Wang, X., Zhi, H., Huang, Z., &Rozelle, S. Subsidies and Distortions in China's Agriculture: Evidence from Producer-level Data [J]. Australian Journal of Agricultural and Resource Economics, 2011, 55 (1): 53 - 71.

[48] Ito J. Inter-regional Difference of Agricultural Productivity in China: Distinction between Biochemical and Machinery Technology [J]. China Economic Review, 2010, 21 (3): 394 –410.

[49] Jabbar M A, Bhuiyan M S R, Bari A K M. Causes and Consequences of Power Tiller Utilization in Two Areas of Bangladesh [J]. International Rice Research Institute and Agricultural Development Council Consequences of Small Farm Mechanization. Manila, Philippines: International Rice Research Institute, 1983: 71 –83.

[50] Juarez F, Pathnopas R. A Comparative Analysis of Thresher Adoption and use in Thailand and the Philippines [J]. The Consequences of Small Rice Farm Mechanization Project Working Paper, 1981, 28.

[51] Kang Yinhong, Khan S, Ma Xiaoyi. Climate Change Impacts on Crop Yield, Crop water Productivity and Food Security: A Review [J]. Progress in Natural Science, 2009, 19 (12): 1665 –1674.

[52] Key N, McBride W, Mosheim R. Decomposition of Total Factor Productivity Change in the US Hog Industry [J]. Journal of Agricultural and Applied Economics, 2008, 40 (1): 137 –149.

[53] Khoju M R. Economics of Pump Irrigation in Eastern Nepal [J]. International Rice Research Institute and Agricultural Development Council Consequences of Small Farm Mechanization. Manila, Philippines: International Rice Research Institute, 1983: 95 –105.

[54] Koppel B, Hawkins J. Rural Transformation and the Future of Work in Rural Asia [J]. Development or Deterioration: Work in Rural Asia, 1994, 42 (4): 1 –46.

[55] Krishnasreni S, Thongsawatwong P. Status and Trend of Farm Mechanization in Thailand [J]. Agricultural Mechanization in Asia, Africa and Latin America, 2004 (1): 59 –66.

[56] Kumbhakar S C, Lovell C A K. Stochastic Frontier Analysis [M]. Cambridge University Press, 2003.

[57] Kumbhakar S C. Production Frontiers, Panel Data, and Time-varying Technical Inefficiency [J]. Journal of econometrics, 1990, 46 (1): 201 –211.

[58] Kumbhakar, S. C., Lovell, C. A. K. . Stochastic FrontierAnalysis [M]. Cambridge University Press, London, 2000.

[59] Lim P C. Effects of Agricultural Mechanization on Farm Income Patterns [J]. The Consequences of Small Rice Farm Mechanization inthe Philippines, 1983: 339 –366.

［60］ Lin B, Wesseh P K. Estimates of Inter-fuel Substitution Possibilities in Chinese Chemical Industry ［J］. Energy Economics, 2013 (40): 560 – 568.

［61］ Lipton M. Migration From Rural Areas of Poor Countries: the Impact on Rural Productivity and Income Distribution ［J］. World Development, 1980, 8 (1): 1 – 24.

［62］ Lockwood B, Munir M, Hussain K A, Gardezi J. International Rice Research Institute, Lockwood B. Farm Mechanization in Pakistan, Policy and Practice ［M］. IRRI, 1981.

［63］ Maamum Y, Sarasutha I G P, Hafsah J. Consequences of Small Rice Farm Mechani Zatlon in South Sulawesi ［J］. Consequences of Small-farm Mechanization. International Rice Research Institute/The Agricultural Development Council, Inc. Los Baños, Laguna, Philippines, 1983: 177 – 184.

［64］ MacInerney J P, Donaldson G F. The Consequences of Farm Tractors in Pakistan ［J］. World Bank Staff Working Paper. International Bank for Reconstruction and Development , 1975 (210) .

［65］ Martin P L, Olmstead A L. The Agricultural Mechanization Controversy ［J］. Science, 1985, 227 (4687): 601 – 606.

［66］ McMillan R T. Effects of Mechanization on American Agriculture ［J］. The Scientific Monthly, 1949, 69 (1): 23 – 28.

［67］ McNamara K T, Weiss C. Farm Household Income and On-and Off-farm Diversification ［J］. Journal of Agricultural and Applied Economics, 2005, 37 (1): 37 – 48.

［68］ Mo X, Liu S, Lin Z, Guo R. Regional Crop Yield, Water Consumption and Water use Efficiency and Their Responses to Climate Change in the North China Plain ［J］. Agriculture, Ecosystems & Environment, 2009, 134 (1): 67 – 78.

［69］ Mustafa U, Azhar B A. Consumption Linkages of Mechanical Wheat Production in Pakistan ［with Comments］ ［J］. The Pakistan Development Review, 1992, 31 (4): 929 – 938.

［70］ Nakajima C. Subjective Equilibrium theory of the Farm Household ［M］. Elsevier, 1986.

［71］ Nielsen V. The Effect of Collaboration between Cattle Farms on the Labour Requirement and Machinery Costs ［J］. Journal of Agricultural Engineering Research, 1999, 72 (2): 197 – 203.

［72］ Nunn N, Qian N. US Food Aid and Civil Conflict ［J］. The American Economic Review, 2014, 104 (6): 1630 – 1666.

[73] Oh H S, Kim J B. A Partial Analysis of Technical Efficiency and Return to Scale in Korean Rice-production [J]. Journal of Rural Development, Korea, 1980, 3 (1): 1 – 10.

[74] Olaoye J O, Rotimi A O. Measurement of Agricultural Mechanization Index and Analysis of Agricultural Productivity of Farm Settlements in Southwest Nigeria [J]. Agricultural Engineering International: CIGR Journal, 2010, 12 (1).

[75] Olmstead A L, Rhode P W. Beyond the Threshold: an Analysis of the Characteristics and Behavior of Early Reaper Adopters [J]. The Journal of Economic History, 1995, 55 (1): 27 – 57.

[76] Owombo P T, Akinola A A, Ayodele O O, Koledoye G F. Economic Impact of Agricultural Mechanization Adoption: Evidence from Maize Farmers in Ondo State, Nigeria [J]. Journal of Agriculture and Biodiversity Research, 2012, 1 (2): 25 – 32.

[77] Pavelescu F M., Some Aspects of the Translog Production Function Estimation [J]. Romanian Journal of Economics, 2011, 32 (1) (41): 131 – 150.

[78] Pingali P L, Bigot Y, Binswanger H P. Agricultural Mechanization and the Evolution of Farming Systems in Sub-Saharan Africa [M]. Johns Hopkins University Press, 1987.

[79] Pingali P. Agricultural Mechanization: Adoption Patterns and Economic Impact [J]. Handbook of Agricultural Economics, 2007 (3): 2779 – 2805.

[80] Richetti A, Reis R P. The Soybean Production Frontier and Economic Efficiency in Mato Grosso do Sul, Brazil [J]. Revista de Economia e Sociologia Rural, 2003, 41 (1): 153 – 168.

[81] Rosenbaum P R, Rubin D B. Constructing a Control Group Using Multivariate Matched Sampling Methods that Incorporate the Propensity Score [J]. The American Statistician, 1985, 39 (1): 33 – 38.

[82] Rosenzweig C, Strzepek K M, Major D C, Iglesiasc A, Yatesd D N, McCluskeyb A, Hillelc D. Water Resources for Agriculture in a Changing Climate: International Case Studies [J]. Global Environmental Change, 2004, 14 (4): 345 – 360.

[83] Rosenzweig C, Parry M L. Potential Impact of Climate Change on World food Supply [J]. Nature, 1994, 367 (13): 133 – 138.

[84] Rozelle S, Guo L, Shen M, Hughart A, Giles J. Leaving China's Farms: Survey Results of New Paths and Remaining Hurdles to Rural Migration [J]. The China

Quarterly, 1999 (158): 367 – 393.

[85] Rozelle S, Taylor J E, DeBrauw A. Migration, Remittances, and Agricultural Productivity in China [J]. American Economic Review, 1999, 89 (2): 287 – 291.

[86] Saefudin Y, Siswosumarto H, Bernsten R, Bagyo A S, Lingard J, Wicks J. Consequences of Small Rice Farm Mechanization in West Java [J]. Consequences of Small-farm Mechanization. International Rice Research Institute/The Agricultural Development Council, Inc. Los Baños, Laguna, Philippines, 1983: 165 – 175.

[87] Salam A, Hussain M A, Ghayur S. Farm Mechanization, Employment and Productivity in Pakistan's Agriculture [J]. Pakistan Economic and Social Review, 1981, 19 (2): 95 – 114.

[88] Samuelsson J, Larsén K, Johan Lagerkvist C, et al. Risk, Return and Incentive Aspects on Partnerships in Agriculture [J]. Acta Agriculturae Scand Section C, 2008, 5 (1): 14 – 23.

[89] Singh I, Squire L, Strauss J. A survey of Agricultural Household Models: Recent Findings and Policy Implications [J]. The World Bank Economic Review, 1986, 1 (1): 149 – 179.

[90] Smil V. Who Will Feed China? [J]. The China Quarterly, 1995 (143): 801 – 813.

[91] Smyth R, Narayan P K, Shi H. Inter-fuel Substitution in the Chinese Iron and Steel Sector [J]. International Journal of Production Economics, 2012, 139 (2): 525 – 532.

[92] Smyth R, Narayan P K, Shi H. Substitution between Energy and Classical Factor Inputs in the Chinese Steel Sector [J]. Applied Energy, 2011, 88 (1): 361 – 367.

[93] Southworth H M. Some Dilemmas of Agricultural Mechanization [J]. Experience in Farm Mechanization in Southeast Asia. Agricultural Development Council, New York, 1974.

[94] Strauss J. Does Better Nutrition Raise farm Productivity? [J]. The Journal of Political Economy, 1986, 94 (2): 297 – 320.

[95] Sudaryanto T. Effect of Tubewells on Income and Employment: A Case Study in Three Villages in Kediri, East Java, Indonesia [J]. International Rice Research Institute and Agricultural Development Council, Consequences of Small – farm mechanization, Manila, 1983: 105 – 118.

[96] Sulkharomana S. Domestic Resource Costs of Agricultural Mechanization in

Thailand: A Case Study of Small Rice Farms in Supanburi [J]. Consequences of Small—Farm Mechanization. Los Banos, Laguna (Philippines): International Rice Research Institute, 1983: 16 - 69.

[97] Takeshima H, Pratt A N, Diao X. Mechanization and Agricultural Technology Evolution, Agricultural Intensification in Sub-Saharan Africa: Typology of Agricultural Mechanization in Nigeria [J]. American Journal of Agricultural Economics, 2013, 95 (5): 1230 - 1236.

[98] Toquero A F, Duff B. Physical Losses and Quality Deterioration in Rice Post Production Systems [J]. IRRI Research Paper Series (Philippines), 1985.

[99] Wang S. Public Finance in China: Reform and Growth for a Harmonious Society [M]. World Bank Publications, 2008.

[100] Wang X, Yamauchi F, Otsuka K, Huang J K. Wage Growth, Landholding and Mechanization in Chinese Agriculture [J]. World Bank Policy Research Working Paper, 2014 (7138).

[101] Wooldridge J. Introductory Econometrics: A Modern Approach [M]. Cengage Learning, 2012.

[102] Yamauchi F. Wage Growth, Landholding, and Mechanization in Agriculture: Evidence from Lndonesia [J]. World Bank Policy Research Working Paper, 2014 (6789).

[103] Yang J, Huang Z, Zhang X, Reardon T. The Rapid Rise of Cross-regional Agricultural Mechanization Services in China [J]. American Journal of Agricultural Economics, 2013, 95 (5): 1245 - 1251.

[104] Yotopoulos P A, Lau L J. A Test for Relative Economic Efficiency: Some Further Results [J]. The American Economic Review, 1973, 63 (1): 214 - 223.

[105] Yu, W., & Jensen, H. G. China's Agricultural Policy Transition: Impacts of Recent Reforms and Future Scenarios [J]. Journal of Agricultural Economics, 2009, 61 (1): 1 - 26.

[106] 白人朴. 粮食八连增与农业机械化 [J]. 农机科技推广, 2011 (11): 7 - 10.

[107] 白人朴. 新阶段的中国农业机械化——白人朴教授论文选集（第1版）[M]. 北京: 中国农业科学技术出版社, 2007.

[108] 白永秀. 推进土地适度规模经营 为农业增长方式的转变创造条件 [J]. 经济改革, 1997 (1): 47 - 50.

[109] 北京天则经济研究所《中国土地问题》课题组. 土地流转与农业现

代化 [J]. 管理世界, 2010 (7): 66 - 85.

[110] 蔡波, 陈昭玖, 翁贞林. 粮食主产区农村劳动力转移对农业及粮食生产影响的调研分析——以江西为例 [J]. 农林经济管理学报, 2008 (7): 50 - 53.

[111] 蔡昉, 王美艳. 农村劳动力剩余及其相关事实的重新考察——一个反设事实法的应用 [J]. 中国农村经济, 2007 (10): 4 - 12.

[112] 蔡昉. 刘易斯转折点后的农业发展政策选择 [J]. 中国农村经济, 2008 (8): 4 - 15.

[113] 蔡昉. 人口转变、人口红利与刘易斯转折点 [J]. 经济研究, 2010 (4): 4 - 13.

[114] 蔡昉. 中国人口流动方式与途径 (1990～1999 年) [M]. 北京: 社会科学文献出版社, 2001.

[115] 蔡洪信, 李景新. 水稻机械插秧与人工插秧对比分析 [J]. 农机使用与维修, 2012 (4): 147 - 147.

[116] 蔡运龙, Smit B. 全球气候变化下中国农业的脆弱性与适应对策 [J]. 地理学报, 1996 (3): 202 - 212.

[117] 曹光乔, 张宗毅, 易中懿等. 冀、鲁、豫、苏、皖五省农机夏收跨区作业调研报告 [J]. 农机化研究, 2007 (6): 1 - 4.

[118] 曹利平. 农村劳动力流动、土地流转与农业规模化经营研究——以河南省固始县为例 [J]. 经济经纬, 2009 (4): 84 - 87.

[119] 曹平欧. 基于 Cobb-Douglas 模型的温州市农业机械化贡献率测算 [J]. 南方农机, 2008 (6): 42 - 43.

[120] 曹阳, 胡继亮. 中国土地家庭承包制度下的农业机械化——基于中国 17 省 (区、市) 的调查数据 [J]. 中国农村经济, 2010 (10): 57 - 65.

[121] 曾福生, 高鸣. 我国粮食生产效率核算及其影响因素分析——基于 SBM-Tobit 模型二步法的实证研究 [J]. 农业技术经济, 2012 (7): 63 - 70.

[122] 曾希柏, 李菊梅. 中国不同地区化肥施用及其对粮食生产的影响 [J]. 中国农业科学, 2004 (3): 387 - 392.

[123] 常晓莲. 加拿大农业机械化发展概况 [J]. 当代农机, 2014 (9): 47 - 48.

[124] 陈百明, 杜红亮. 试论耕地占用与 GDP 增长的脱钩研究 [J]. 资源科学, 2006 (5): 36 - 42.

[125] 陈飞, 范庆泉, 高铁梅. 农业政策、粮食产量与粮食生产调整能力 [J]. 经济研究, 2010 (11): 101 - 114.

［126］陈慧萍，武拉平，王玉斌．补贴政策对我国粮食生产的影响——基于2004～2007年分省数据的实证分析［J］．农业技术经济，2010（4）：100－106.

［127］陈林兴，方挺．农机购置补贴政策的成效、问题及对策［J］．农机化研究，2011（8）：1－5.

［128］陈敏志．引导工商资本投入农机社会化服务［J］．当代农机，2006（6）：41－43.

［129］陈舜贤，马学良．农业机械化对农业贡献的研究［J］．粮油加工与食品机械，1991（5）：15－19.

［130］陈苏，张利国．鄱阳湖生态经济区粮食全要素生产率研究——基于25个县（市）面板数据的DEA分析［J］．鄱阳湖学刊，2013（6）：81－86.

［131］陈同斌，曾希柏，胡清秀．中国化肥利用率的区域分异［J］．地理学报，2002（57）：531－538.

［132］陈锡文，陈昱阳，张建军．中国农村人口老龄化对农业产出影响的量化研究［J］．中国人口科学，2011（2）：39－46.

［133］陈湘涛，占金刚．我国农机购置补贴政策的实施效果分析［J］．中国集体经济，2011（28）：1－4.

［134］陈小华，陈再华．金融扶持农机化发展的实践和成效［J］．现代农机，2014（2）：14－16.

［135］陈永潮．农机社会化服务体系建设的思考［J］．农机化研究，2011，33（5）：241－244.

［136］陈友志．提高农机在科技兴农中的贡献率［J］．广西农业机械化，1997（3）：10－11.

［137］陈志刚，黄贤金，陈逸．农村税费改革对农业土地利用的影响：一个宏观评价［J］．长江流域资源与环境，2013（22）：1472－1476.

［138］程琨，潘根兴，邹建文等.1949～2006年中国粮食生产的气候变化影响风险评价［J］．南京农业大学学报，2011（34）：83－88.

［139］程名望，阮青松．资本投入、耕地保护、技术进步与农村剩余劳动力转移［J］．中国人口·资源与环境，2010（20）：27－32.

［140］程名望，史清华，徐剑侠．中国农村劳动力转移动因与障碍的一种解释［J］．经济研究，2006（4）：68－78.

［141］程名望，张帅，潘烜．农村劳动力转移影响粮食产量了吗？——基于中国主产区面板数据的实证分析［J］．经济与管理研究，2013（10）：79－85.

［142］程智强，贾桂祥，洪仁彪．农业机械化对农业和农村经济贡献率理论分析［J］．农业工程学报，2001（2）：65－67.

[143] 崔奇峰，周宁. 农机合作社带动的土地托管实践与启示——以田丰机械种植专业合作社为例 [J]. 农业经济与管理，2012（3）：23-29.

[144] 崔玉玲，李录堂. 陕西省农村剩余劳动力转移影响因素的实证分析 [J]. 安徽农业科学，2009（13）：6182-6184.

[145] 党夏宁. 我国粮食增产的科技支撑研究 [J]. 管理现代化，2010（4）：26-27.

[146] 董涵英. 土地经营规模与农业机械化 [J]. 中国农村经济，1986（8）：50-53.

[147] 都阳. 风险分散与非农劳动供给——来自贫困地区农村的经验证据 [J]. 数量经济技术经济研究，2001（1）：46-50.

[148] 杜辉，张美文，陈池波. 中国新农业补贴制度的困惑与出路：六年时间的理性反思 [J]. 中国软科学，2010（7）：1-7.

[149] 段亚莉，何万丽，黄耀明等. 中国农业机械化发展区域差异性研究 [J]. 西北农林科技大学学报（自然科学版），2011（6）：210-216.

[150] 范东君，朱有志. 产业报酬差异、农业劳动力流动与粮食生产 [J]. 贵州财经大学学报，2012（1）：6-11.

[151] 范东君. 农村劳动力流出空间差异性对粮食生产影响研究——基于省际面板数据的分析 [J]. 财经论丛，2013（11）：3-8.

[152] 方松海，王为农. 成本快速上升背景下的农业补贴政策研究 [J]. 管理世界，2009（9）：91-108.

[153] 方修琦，盛静芬. 从黑龙江省水稻种植面积的时空变化看人类对气候变化影响的适应 [J]. 自然资源学报，2000（3）：213-217.

[154] 房丽萍，孟军. 化肥施用对中国粮食产量的贡献率分析——基于主成分回归 C-D 生产函数模型的实证研究 [J]. 中国农学通报，2013（17）：156-160.

[155] 傅泽田，穆维松. 农机动力总量分析模型在农业机械化系统分析中的应用 [J]. 中国农业大学学报，1998（6）：49-53.

[156] 盖庆恩，朱喜，史清华. 劳动力转移对中国农业生产的影响 [J]. 经济学（季刊），2014，13（3）：1147-1170.

[157] 高虹，陆铭. 社会信任对劳动力流动的影响——中国农村整合型社会资本的作用及其地区差异 [J]. 中国农村经济，2010（3）：12-24.

[158] 高鸿业. 西方经济学（微观部分）[M]. 北京：中国人民大学出版社，2007：139.

[159] 高玉强. 农机购置补贴与财政支农支出的传导机制有效性——基于省

际面板数据的经验分析［J］. 财贸经济，2010（4）：61－68.

［160］顾和军，纪月清. 农业税减免政策对农民要素投入行为的影响——基于江苏省句容市的实证研究［J］. 农业技术经济，2008（3）：37－42.

［161］郭胜利，周印东，张文菊等. 长期施用化肥对粮食生产和土壤质量性状的影响［J］. 水土保持研究，2003（1）：16－22.

［162］郭卫东，穆月英. 我国水利投资对粮食生产的影响研究［J］. 经济问题探索，2012（4）：78－82.

［163］郭熙保. 加速推进农业规模化经营刻不容缓［J］. 湖湘三农论坛，2012（01）：21－24.

［164］国务院发展研究中心农村经济研究部，山东省供销合作社联合社. 服务规模化与农业现代化——山东省供销社探索的理论与实践［M］. 北京：中国发展出版社，2015.

［165］韩俊. 夯实保障国家粮食安全的水利基础［J］. 农村工作通讯，2011（12）：48－49.

［166］韩长赋. 全面实施新形势下国家粮食安全战略［J］. 农机科技推广，2014（10）：4－7.

［167］郝春天，李社潮. 提升粮食单产的农机技术措施［J］. 农机科技推广，2014（8）：31－32.

［168］郝庆升. 论农业机械化发展的动力机制［J］. 农业现代化研究，2001（1）：51－54.

［169］何万丽，朱瑞祥，黄玉祥等. 我国农机购置补贴政策实施效果分析［J］. 农机化研究，2010（4）：195－198.

［170］何小勤. 农业劳动力老龄化研究——基于浙江省农村的调查［J］. 人口与经济，2013（2）：69－77.

［171］贺雪峰. 土地问题的事实与认识［J］. 中国农业大学学报（社会科学版），2012（2）：5－19.

［172］黑龙江省农垦总局农机化管理局. 农机农艺“七个融合”促农机化发展［J］. 农机科技推广，2011（11）：11－13.

［173］洪传春，刘某承，李文华. 农业劳动力转移的动力机制及其对粮食安全的影响［J］. 兰州学刊，2014（9）：176－182.

［174］洪仁彪，杨邦杰，贾栓祥. 农业机械化对全国种植业利润贡献率测算［J］. 农业工程学报，2000（6）：60－63.

［175］洪自同，郑金贵. 农业机械购置补贴政策对农户粮食生产行为的影响——基于福建的实证分析［J］. 农业技术经济，2012（11）：41－48.

［176］侯方安．农业机械化推进机制的影响因素分析及政策启示——兼论耕地细碎化经营方式对农业机械化的影响［J］．中国农村观察，2008（5）：42-48.

［177］胡雪枝，钟甫宁．人口老龄化对种植业生产的影响——基于小麦和棉花作物分析［J］．农业经济问题，2013（2）：36-43.

［178］胡雪枝，钟甫宁．农村人口老龄化对粮食生产的影响——基于农村固定观察点数据的分析［J］．中国农村经济，2012（7）：29-39.

［179］黄季焜，Scott Rozelle．技术进步和农业生产发展的原动力——水稻生产力增长的分析［J］．农业技术经济，1993（1）：21-29.

［180］黄季焜，靳少泽．未来谁来种地：基于我国农户劳动力就业代际差异视角［J］．农业技术经济，2015（1）.

［181］黄季焜，罗斯高．中国水稻的生产潜力、消费与贸易［J］．中国农村经济，1996（4）：21-27.

［182］黄季焜，王巧军，陈庆根．农业生产资源的合理配置研究：水稻生产的投入产出分析［J］．中国水稻科学，1995（9）：39-44.

［183］黄季焜，王晓兵，智华勇等．粮食直补和农资综合补贴对农业生产的影响［J］．农业技术经济，2011（1）：4-12.

［184］黄金波，周先波．中国粮食生产的技术效率与全要素生产率增长：1978~2008［J］．南方经济，2010（9）：40-52.

［185］黄维，邓祥征，何书金等．中国气候变化对县域粮食产量影响的计量经济分析［J］．地理科学进展，2010（6）：677-683.

［186］黄玉祥，朱瑞祥，刘水长等．农业机械化与农村劳动力转移［J］．中国农机化，2005（2）：7-10.

［187］黄宗智，彭玉生．三大历史性变迁的交汇与中国小规模农业的前景［J］．中国社会科学，2007（4）：74-88.

［188］黄宗智．华北的小农经济与社会变迁［M］．北京：中华书局，2000.

［189］黄宗智．长江三角洲小农家庭与乡村发展［M］．北京：中华书局，1992.

［190］黄祖辉，王朋．农村土地流转：现状、问题及对策——兼论土地流转对现代农业发展的影响［J］．浙江大学学报（人文社会科学版），2008（38）：38-47.

［191］晖峻众三．日本农业150年（1850~2000）［M］．胡浩，周应恒，王志刚等译．北京：中国农业大学出版社，2011.

［192］纪月清，钟甫宁．非农就业与农户农机服务利用［J］．南京农业大学

学报（社会科学版），2013（5）：47－52.

［193］纪志耿．中国粮食安全问题反思——农村劳动力老龄化与粮食持续增产的悖论［J］．厦门大学学报（哲学社会科学版），2013（2）：38－46.

［194］江宝庆．浙江省农机服务产业化的现状、问题及对策研究［J］．中国农机化学报，2009（2）：41－43.

［195］江淑斌，苏群．农村劳动力非农就业与土地流转——基于动力视角的研究［J］．经济经纬，2012（2）：110－114.

［196］江苏省农经学会"规模经营研究课题组"．推进适度规模经营　加速江苏省农业发展［J］．江苏社会科学，1988（6）：79－95.

［197］江喜林，陈池波．直补模式下新农业补贴有效率吗？——基于农户要素配置的分析［J］．经济经纬，2013（1）：22－26.

［198］姜松，王钊等．粮食生产中科技进步速度及贡献研究——基于1985—2010年省级面板数据［J］．农业技术经济，2012（10）：40－51.

［199］姜长云．解决"谁来种地"问题需要新思维［J］．农村经营管理，2014（4）：1－1.

［200］金瑛，韩研．21世纪韩国农业机械化的发展趋势［J］．当代韩国，2002（1）：42－45.

［201］孔祥智，毛飞．农业现代化的内涵、主体及推进策略分析［J］．农业经济与管理，2013（2）：9－15.

［202］孔祥智，郑力文，周振．新世纪十个"中央一号文件"：回顾与展望［J］．教学与研究，2013（7）：5－18.

［203］孔祥智，周振，路玉彬．我国农业机械化道路探索与政策建议［J］．经济纵横，2015（7）：65－72.

［204］孔祥智，周振，钟真．农业机械化：十年进展与发展方向［J］．科技促进发展，2014（6）：21－28.

［205］孔祥智．农业农村发展新阶段的特征及发展趋势［J］．农村工作通讯，2012（2）：46－48.

［206］孔圆圆，徐刚．重庆市自然灾害对农业经济发展的影响与对策［J］．安徽农业科学，2007（11）：3412－3413.

［207］冷崇总．谈谈农业规模经营问题［J］．农村发展论丛，1996（6）：37－39.

［208］黎海波．加拿大农业机械化发展的特点［J］．现代农业装备，2006a（1）：72－73.

［209］黎海波．美国农业机械化的特征［J］．现代农业装备，2006b（5）：

64 – 66.

[210] 李安宁. 推进农机农艺融合要牢牢把握四个着力点 [J]. 中国农机化学报, 2012 (5): 3 – 5.

[211] 李传友, 王晓平, 徐振兴等. 京郊玉米种植农机农艺融合问题探究 [J]. 中国农机化学报, 2014 (1): 40 – 45.

[212] 李克南, 杨晓光, 刘志娟等. 全球气候变化对中国种植制度可能影响分析Ⅲ: 中国北方地区气候资源变化特征及其对种植制度界限的可能影响 [J]. 中国农业科学, 2010 (10): 2088 – 2097.

[213] 李美娟, 刘静. 气候变化对粮食单产影响的实证分析——以陕西省为例 [J]. 中国农学通报, 2014 (11): 210 – 215.

[214] 李旻, 赵连阁. 农业劳动力 "老龄化" 现象及其对农业生产的影响——基于辽宁省的实证分析 [J]. 农业经济问题, 2009 (10): 12 – 18.

[215] 李旻, 赵连阁. 农业劳动力 "女性化" 现象及其对农业生产的影响——基于辽宁省的实证分析 [J]. 中国农村经济, 2009 (5): 61 – 69.

[216] 李强. 宁波创新工作机制、强化部门协作, 大力实施农机作业补贴和报废更新补贴政策 [J]. 农业技术与装备, 2012 (24): 32 – 33.

[217] 李琴, 宋月萍. 劳动力流动对农村老年人农业劳动时间的影响以及地区差异 [J]. 中国农村经济, 2009 (5): 52 – 60.

[218] 李群峰. 粮食丰产科技工程对小麦全要素生产效率的影响——基于 DEA-Malmquist 方法 [J]. 湖北农业科学, 2013 (52): 1453 – 1456.

[219] 李实. 中国农村劳动力流动与收入增长和分配 [J]. 中国社会科学, 1999 (2): 16 – 33.

[220] 李世武, 陈志, 杨敏丽. 农机农艺结合问题研究 [J]. 中国农机化学报, 2011 (4): 10 – 13.

[221] 李伟国. 提升农业机械化水平加快农垦现代农业建设 [J]. 中国农垦, 2013 (1): 7 – 11.

[222] 李伟毅, 赵佳, 胡士华. 小农条件下农业现代化的实现路径——农机跨区作业的实践与启示 [J]. 中国农机化学报, 2010 (2): 10 – 15.

[223] 李卫, 薛彩霞, 朱瑞祥等. 基于前沿面理论的中国农业机械生产配置效率分析 [J]. 农业工程学报, 2012 (2): 38 – 43.

[224] 李文平, 王文国. 农业机械在高标准粮田创建中的应用 [J]. 河北农机, 2010 (4): 10.

[225] 李小阳, 孙松林, 蒋苹. 农业机械化与农业劳动力转移 [J]. 农机化研究, 2003 (1): 23 – 26.

［226］李晓燕，谢长青. 农业机械与土地流转问题［J］. 农机化研究，2004（2）：25 - 26.

［227］李效顺，曲福田，谭荣等. 中国耕地资源变化与保护研究——基于土地督察视角的考察［J］. 自然资源学报，2009（3）：387 - 401.

［228］李新仓. 我国农机购置补贴政策实施的成效及优化对策研究——基于福建省的实证调研［J］. 农机化研究，2015（9）：1 - 3.

［229］李志杰，李文平，李刚等. 粮食"十一连增"背后的农业机械化［J］. 河北农机，2015（3）：12.

［230］梁建，陈聪，曹光乔. 农机农艺融合理论方法与实现途径研究［J］. 中国农机化学报，2014（3）：1 - 3.

［231］林本喜，邓衡山. 农业劳动力老龄化对土地利用效率影响的实证分析——基于浙江省农村固定观察点数据［J］. 中国农村经济，2012（4）：15 - 25.

［232］林燕燕，王维新. C - D 生产函数在农业机械对农业生产贡献率测算中的应用［J］. 农机化研究，2005（4）：207 - 208.

［233］林燕燕，王维新. 农业机械贡献率测算的方法及实证分析［J］. 农机化研究，2005（6）：62 - 64.

［234］刘德祥，董安祥，邓振镛. 中国西北地区气候变暖对农业的影响［J］. 自然资源学报，2005（1）：119 - 125.

［235］刘凤芹. 农业土地规模经营的条件与效果研究：以东北农村为例［J］. 管理世界，2006（9）：71 - 79.

［236］刘凤芹. 中国农业土地经营的规模研究——小块农地经营的案例分析［J］. 财经问题研究，2003（10）：60 - 65.

［237］刘合光. 中国农业机械化 30 年回顾：经验与问题［R］. 纪念农村改革 30 周年学术论文集，2008：654 - 670.

［238］刘景景，孙赫. 老龄化是否影响我国农业生产？——基于三大粮食品种的观察［J］. 西北人口，2017，38（1）：71 - 76.

［239］刘亮，章元，高汉. 劳动力转移与粮食安全［J］. 统计研究，2014（31）：58 - 64.

［240］龙纪闻. 新中国农业机械化发展 60 年［J］. 农机市场，2009（10）：41 - 44.

［241］卢秉福. 黑龙江省农业机械化发展与农村剩余劳动力转移互动性研究［J］. 中国农机化学报，2014（3）：268 - 271.

［242］鲁彩艳，隋跃宇，史奕等. 化肥施用对黑龙江省黑土区近 50 年粮食

产量的贡献率［J］. 农业系统科学与综合研究，2006（4）：273 – 275.

［243］鲁公路. 中国南方水稻产区农业规模经济研究［D］. 北京大学光华管理学院硕士学位论文，1998.

［244］陆为农. 论水稻生产主要环节机械化的科学选择［J］. 农业机械，2005（5）：70 – 72.

［245］陆文聪，黄祖辉. 中国粮食供求变化趋势预测：基于区域化市场均衡模型［J］. 经济研究，2004（8）：94 – 104.

［246］罗芳，徐丹. 机械化对农业社会总产值增量的贡献率分析——以湖北省为例［J］. 农机化研究，2010（7）：8 – 12.

［247］罗红旗，熊光洁，沈晓红等. 农业机械化对农业产出的贡献率［J］. 农机化研究，2009（6）：21 – 23.

［248］罗小锋，刘清民. 我国农业机械化与农业现代化协调发展研究［J］. 中州学刊，2010（2）：54 – 56.

［249］吕晨钟. 农田水利建设对粮食产量的影响研究——以水库建设为例［J］. 中国农机化学报，2013（5）：278 – 280.

［250］马礼良，王慧萍，李岳林. 工商资本投入农机社会化服务的启示［J］. 农机科技推广，2006（3）：25.

［251］马丽，李丹. 农田水利投资促进粮食综合生产能力的机理和冲击程度分析——基于黑龙江省历史数据的计量分析［J］. 南水北调与水利科技，2013（11）：153 – 156.

［252］马彦丽，杨云. 粮食直补政策对农户种粮意愿、农民收入和生产投入的影响——一个基于河北案例的实证研究［J］. 农业技术经济，2005（2）：7 – 13.

［253］马冶，沈洪亮，赵振芳等. 发展农机合作社结合土地托管对粮食生产的重要作用［J］. 湖南农机，2013（5）：30 – 31.

［254］孟俊杰，景丽，王静. 农机补贴绩效分析和改善对策——以许昌市为例［J］. 农业科技管理，2010（3）：26 – 29.

［255］闵锐. 粮食全要素生产率：基于序列 DEA 与湖北主产区县域面板数据的实证分析［J］. 农业技术经济，2012（1）：47 – 55.

［256］莫红梅，钟芸香. 机械化水平、土地投入与粮食产量关系的实证检验［J］. 统计与决策，2013（24）：140 – 142.

［257］莫江平. 论新中国的农业机械化进程及经验教训［J］. 湘潭师范学院学报（社会科学版），2007（1）：101 – 103.

［258］牛凯，曹艳，胡亮等. 中国粮食主产区农业科技进步贡献率的测算与

分析 [J]. 中国农学通报, 2014 (29): 53 – 59.

[259] 农业部. 农业机械化在粮食七连增中发挥了重要的物质装备支撑作用 [J]. 现代农业装备, 2010 (11): 11 – 13.

[260] 农业部经管总站体系与信息处. 耕地流转面积继续扩大仲裁委受理纠纷显著增加 [J]. 农村经营管理, 2015 (10): 44.

[261] 农业部农业机械化管理司. 农机跨区作业: 农机社会化服务的成功模式 [J]. 中国农民合作社, 2009 (3): 10.

[262] 农业部农业机械化管理司. 新的探索、新的跨越——中国改革开放三十年中的农业机械化 [J]. 中国农机化, 2008 (6): 3 – 15.

[263] 潘敖大, 曹颖, 陈海山等. 近25年气候变化对江苏省粮食产量的影响 [J]. 大气科学学报, 2013 (36): 217 – 228.

[264] 庞丽华, Scott Rozelle, Alan de Brauw. 中国农村老人的劳动供给研究 [J]. 经济学 (季刊), 2003, 2 (3): 721 – 730.

[265] 彭代彦. 农业机械化与粮食增产 [J]. 经济学家, 2005 (3): 50 – 54.

[266] 彭澧丽, 杨重玉, 龙方. 农业机械化对粮食生产能力影响的实证分析——以湖南省为例 [J]. 技术经济, 2011 (1): 34 – 38.

[267] 钱雪亚, 缪仁余. 人力资本, 要素价格与配置效率 [J]. 统计研究, 2014 (8): 3 – 10.

[268] 秦华, 夏宏祥. 对我国农村劳动力转移影响因素的实证分析 [J]. 经济理论与经济管理, 2009 (12): 47 – 52.

[269] 秦华, 张成士. 取消农业税后的农户投资问题研究 [J]. 华东经济管理, 2006 (20): 59 – 62.

[270] 邱士利. 农田水利基础设施建设与粮食产出关系实证研究——以福建省为例 [J]. 福建论坛 (人文社会科学版), 2013 (12): 163 – 166.

[271] 瞿虎渠. 科技进步: 粮食生产中的重要支撑 [J]. 求是, 2010 (5): 51 – 53.

[272] 曲福田, 朱新华. 不同粮食分区耕地占用动态与区域差异分析 [J]. 中国土地科学, 2008 (3): 34 – 40.

[273] 权维菊. 加强农机法制建设是发展 "三农" 工作的新需要 [J]. 中国农机监理, 2006 (10): 42 – 43.

[274] 邵滢. 宁波农机作业补贴政策效应显著 [J]. 当代农机, 2012 (3): 17.

[275] 申端锋. 税费改革后农田水利建设的困境与出路研究——以湖北沙

洋、宜都、南漳 3 县的调查为例 [J]. 南京农业大学学报（社会科学版），2011 (11)：9 – 15.

[276] 沈建辉. 加快构建我国完整的农业机械化学科体系——对农机与农艺结合问题的深层思考 [J]. 中国农机化，2006 (3)：3 – 5.

[277] 史清华，程名望，徐翠萍. 中国农业新政策变化的政策效应——来自 2003 ~ 2006 年田野调查与跟踪观察的农户数据 [J]. 中国人口科学，2007 (6)：51 – 60.

[278] 史清华，林坚，顾海英. 农民进镇意愿、动因及期望的调查与分析 [J]. 中州学刊，2005 (1)：45 – 50.

[279] 宋欣欣. 内卷化与中国农村劳动力的转移 [J]. 商业文化（月刊），2008 (6)：149.

[280] [日] 速水佑次郎，[美] 弗农·拉坦. 农业发展的国际分析 [M]. 郭熙保，张进铭等译. 北京：中国社会科学出版社，2000：109 – 113.

[281] 孙爱军，黄海，李有宝等. 农机服务组织发展问题研究 [J]. 中国农机化学报，2015 (3)：309 – 313.

[282] 孙福田，王福林. DEA 方法测算农业机械化对农业生产贡献率的研究 [J]. 农业系统科学与综合研究，2004 (3)：186 – 188.

[283] 孙福田，王福林. 变弹性 C – D 生产函数测算农业机械化的贡献率方法 [J]. 东北农业大学学报，2005 (1)：75 – 77.

[284] 谭智心，周振. 农业补贴制度的历史轨迹与农民种粮积极性的关联度 [J]. 改革，2014 (1)：94 – 102.

[285] 陶建平，陈新建. 粮食直补对稻农参与非农劳动的影响分析——基于湖北 309 户农户入户调查的分析 [J]. 经济问题，2008 (9)：74 – 77.

[286] 陶然，刘明兴，章奇. 农民负担、政府管制与财政体制改革 [J]. 经济研究，2003 (4)：3 – 12.

[287] 王波，李伟. 我国农业机械化演进轨迹与或然走向 [J]. 改革，2012 (5)：126 – 131.

[288] 王波，王瑞杰，余继文等. 农机跨区作业与农业机械化 [J]. 云南农业大学学报，2005 (4)：577 – 581.

[289] 王波，张崎静. 农机社会化服务发展对策研究——以江苏省扬州市为例 [J]. 中国农机化学报，2014 (5)：308 – 311.

[290] 王凤娟，李兴国，张晋国. 河北省农业机械化对种植业生产贡献率的研究 [J]. 农机化研究，2006 (4)：72 – 74.

[291] 王福林，孙福田，王丽娟. 测算农业机械化贡献的 C2GS2 模型方法

［J］. 农业机械学报，2004（3）：186 – 187.

　　［292］王冠军，王志强，柳长顺等. 水利对粮食生产贡献率的认识与思考
［J］. 中国水利，2013（20）：30 – 32.

　　［293］王辉. 税费改革对粮食生产的影响研究［J］. 当代经济科学，2015
（3）：107 – 128.

　　［294］王姣，肖海峰. 我国良种补贴、农机补贴和减免农业税政策效果分析
［J］. 农业经济问题，2007（2）：24 – 28.

　　［295］王军，杨宝玲. 农业机械化对农业经济贡献率实证分析［J］. 中国农
机化，2011（3）：6 – 9.

　　［296］王丽丽，于胜军. 推广玉米机械化地膜覆盖技术，促进高寒山区粮食
稳产高产［J］. 吉林农业，2015（9）：58.

　　［297］王欧，杨进. 农业补贴对中国农户粮食生产的影响［J］. 中国农村经
济，2014（5）：20 – 28.

　　［298］王颜齐，马翠萍，郭翔宇. 农业机械化与粮食生产能力的多维灰色关
联分析——以黑龙江省为例［J］. 农机化研究，2008（7）：41 – 43.

　　［299］王永鸣. 引导工商资本投入发展农机社会化服务的实践和启示［J］.
中国农机化学报，2008（3）：43 – 46.

　　［300］王跃梅，姚先国，周明海. 农村劳动力外流、区域差异与粮食生产
［J］. 管理世界，2013（11）：67 – 76.

　　［301］王祖力，肖海峰. 化肥施用对粮食产量增长的作用分析［J］. 农业经
济问题，2008（8）：65 – 68.

　　［302］魏丹，王雅鹏. 技术进步对三种主要粮食作物增长的贡献率研究
［J］. 农业技术经济，2010（12）：94 – 99.

　　［303］魏宏安，邵世禄，黄彦彪. 甘肃省农业机械化对农业生产贡献率的研
究［J］. 农业机械学报，2002（1）：135 – 137.

　　［304］温铁军. 农村税费改革及"后税费时代"相关问题分析［J］. 农业经
济问题，2006（7）：3 – 5.

　　［305］吴海涛，丁士军，李韵. 农村税费改革的效果及影响机制——基于农
户面板数据的研究［J］. 世界经济文汇，2013（1）：104 – 120.

　　［306］吴连翠，蔡红辉. 粮食补贴政策对农户种植决策行为影响的实证分
析——基于安徽省 17 个地市 421 户农户的调查数据［J］. 经济与管理，2010
（24）：33 – 38.

　　［307］吴兴陆，亓名杰. 农民工迁移决策的社会文化影响因素探析［J］. 中
国农村经济，2005（1）：26 – 32.

［308］吴昭雄，王红玲，胡动刚等．农户农业机械化投资行为研究——以湖北省为例［J］．农业技术经济，2013（6）：55－62.

［309］武兰芳，陈阜，欧阳竹等．黄淮海平原麦玉两熟区粮食产量与化肥投入关系的研究［J］．植物营养与肥料学报，2003（3）：257－263.

［310］星焱，胡小平．中国新一轮粮食增产的影响因素分析：2004～2011年［J］．中国农村经济，2013（6）：14－26.

［311］熊波．美国农业机械化发展概况［J］．当代农机，2010（6）：52－54.

［312］熊谷（松田）苑子．农业机械化与女性生活模式——时间配置的变化［J］．浙江学刊，1998（3）：60－65.

［313］熊伟，林而达，蒋金荷等．中国粮食生产的综合影响因素分析［J］．地理学报，2010（65）：397－406.

［314］徐浪，贾静．化肥施用量对粮食产量的贡献率分析［J］．四川粮油科技，2003（20）：10－13.

［315］徐娜，张莉琴．劳动力老龄化对我国农业生产效率的影响［J］．中国农业大学学报，2014（4）：227－233.

［316］徐卫涛，张俊飚，李树明等．我国循环农业中的化肥施用与粮食生产脱钩研究［J］．农业现代化研究，2010（2）：200－203.

［317］徐雪高，沈杰．我国农业自然灾害风险现状、成因及应对机制［J］．天府新论，2010（1）：62－66.

［318］薛龙，刘旗．河南省粮食生产综合技术效率和全要素生产率分析［J］．河南农业大学学报，2013（47）：345－350.

［319］杨邦杰，洪仁彪，贾栓祥．农业机械化对农业贡献率测算方法研究［J］．农业工程学报，2000（3）：50－53.

［320］杨大伟，张院辉，李娟．农机跨区作业——加速我国农业机械化进程的战略选择［J］．西北农林科技大学学报（社会科学版），2003（3）：96－98.

［321］杨丹彤，区颖刚，张亚莉等．广东农业机械化对种植业的贡献率研究［J］．农机化研究，2004（5）：7－10.

［322］杨敏丽，李安宁．国外农机社会化服务发展综述［J］．现代农业装备，2007（11）：57－60.

［323］杨青，朱瑞祥，张捷等．陕西省农业机械化对农业生产贡献率的研究［J］．农业工程学报，2000（6）：64－67.

［324］杨晓光，刘志娟，陈阜．全球气候变暖对中国种植制度可能影响Ⅰ：气候变暖对中国种植制度北界和粮食产量可能影响的分析［J］．中国农业科学，

2010（2）：329 – 336.

[325] 杨志海. 农村劳动力老龄化对农业技术效率的影响——基于 CHARLS 2011 的实证分析 [J]. 软科学，2014（28）：130 – 134.

[326] 姚晓兵，李宜，马列淦等. 实施农机购置补贴政策的实践与思考 [J]. 中国农机化，2011（1）：34 – 36.

[327] 姚洋. 中国农地制度：一个分析框架 [J]. 中国社会科学，2000（2）：54 – 65.

[328] 弋晓康，黄新平，朱晓玲. 农业机械化对农业生产贡献率的测算——基于有无项目比较法 [J]. 农机化研究，2011（10）：1 – 5.

[329] 易中懿，曹光乔. 韩国农业机械化发展资金支持政策及借鉴意义 [J]. 世界农业，2005（8）：37 – 39.

[330] 于清东，李彩霞. 农业机械化与农村劳动力转移问题的探讨 [J]. 农机化研究，2007（4）：198 – 201.

[331] 于一灏，赵巍，王春华. 耕作制度与农艺技术对农机化发展的影响 [J]. 农机化研究，2008（4）：231 – 233.

[332] 云雅如，方修琦，王媛等. 黑龙江省过去 20 年粮食作物种植格局变化及其气候背景 [J]. 自然资源学报，2005（5）：697 – 705.

[333] 翟虎渠. 科技进步：粮食增产的重要支撑 [J]. 求是，2010（5）：51 – 53.

[334] 张海波，刘颖. 我国粮食主产省农业全要素生产率实证分析 [J]. 华中农业大学学报（社会科学版），2011（5）：35 – 38.

[335] 张红宇，杨春华，杨久栋. 政策要向新型经营主体倾斜——从江西浮梁调研引发对谁来种地问题的思考 [J]. 农村工作通讯，2012（10）：32 – 33.

[336] 张红宇. "老人农业" 难题可以破解 [J]. 农村工作通讯，2011（14）：37.

[337] 张劲松，王雅鹏. 农业机械化对粮食产出效能贡献测算与分析 [J]. 湖北农机化，2008（1）：31 – 34.

[338] 张开伦. 加强农机合作社建设推进农机社会化服务 [J]. 当代农机，2013（1）：37 – 37.

[339] 张乐，曹静. 中国农业全要素生产率增长：配置效率变化的引入——基于随机前沿生产函数法的实证分析 [J]. 中国农村经济，2013（3）：3.

[340] 张利庠，彭辉，靳兴初. 不同阶段化肥施用量对我国粮食产量的影响分析——基于 1952 ~ 2006 年 30 个省份的面板数据 [J]. 农业技术经济，2008（4）：85 – 94.

［341］张梅，朱广文．农机和农艺技术结合中存在的问题及措施探讨［J］．农机化研究，2013，35（10）：222 - 225.

［342］张平，索志林，唐立兵．刍议农业自然灾害对黑龙江省农业经济的影响［J］．东北农业大学学报（社会科学版），2010（3）：22 - 26.

［343］张琴．农业机械化、EG系数对人均粮食产出的动态面板GMM估计［J］．统计与决策，2013（11）：119 - 122.

［344］张桃林．中国农业机械化发展重大问题研究［M］．北京：中国农业出版社，2009.

［345］张文，尹继东．我国中部农村劳动力转移影响因素的实证分析——以江西省为例［J］．江西社会科学，2006（6）：28 - 33.

［346］张岩松，朱山涛．夯实国家粮食安全和现代农业发展基础的一项重要举措——黑龙江省、江西省小型农田水利重点县建设情况调查［J］．中国财政，2011（9）：57 - 60.

［347］张宗毅，刘小伟，张萌．劳动力转移背景下农业机械化对粮食生产贡献研究［J］．农林经济管理学报，2014（6）：595 - 603.

［348］章磷，王春霞．人口、机械化与农村剩余劳动力流量研究——以大庆市为例［J］．农业技术经济，2013（7）：27 - 33.

［349］赵本东，赵宗禹．乘法［M］．匹兹堡：美国学术出版集团公司，2011.

［350］赵成柏．影响农村剩余劳动力转移因素的实证分析——以江苏为例［J］．人口与经济，2006（2）：45 - 50.

［351］赵锦，杨晓光，刘志娟等．全球气候变暖对中国种植制度可能影响Ⅱ：南方地区气候要素变化特征及对种植制度界限可能影响［J］．中国农业科学，2010（9）：1860 - 1867.

［352］赵耀辉．中国农村劳动力流动及教育在其中的作用——以四川省为基础的研究［J］．经济研究，1997（2）：37 - 42.

［353］郑有贵．中国农业机械化改革的背景分析与理论反思［M］．北京：中国财政经济出版社，2001.

［354］种植业适度经营规模研究联合课题组．关于发展农业规模经营若干问题的研究［J］．中国农村经济，1987（1）：26 - 31.

［355］周黎安，陈祎．县级财政负担与地方公共服务：农村税费改革的影响［J］．经济学（季刊），2015（2）：417 - 434.

［356］周明华．中国粮食全要素生产率变化的实证分析：1978～2010［J］．广东商学院学报，2013（28）：70 - 76.

［357］周丕东．农业女性化及其影响研究：基于贵州省六个村的实证分析

［J］．贵州农业科学，2009（5）：214－218.

［358］周批改，徐艳红．取消农业税后农业投入问题的个案研究［J］．中国农业大学学报（社会科学版），2008（25）：154－160.

［359］周文兵，文公春，杨彦鸿．认真抓好农机专业合作社建设工作，积极促进农机社会化服务发展［J］．经济研究导刊，2009（28）：182－183.

［360］周孝坤，冯钦，廖嵘．农村剩余劳动力转移影响因素的实证研究［J］．统计与决策，2010（16）：74－77.

［361］周振，崔嵩．农机购置补贴政策对农业机械化的影响研究——基于我国省际面板数据的实证分析［J］．中国物价，2015（8）：62－65.

［362］周振，谭智心，钟真．粮食直补对农户种粮积极性的影响［J］．华南农业大学学报（社会科学版），2014（4）：24－36.

［363］朱镜德．中国农业非剩余劳动力转移决策机制及其对农业的影响［J］．南方人口，2003（18）：14－18.

［364］朱力．论农民工阶层的城市适应［J］．江海学刊，2002（6）：82－88.

［365］祝华军．农业机械化与农业劳动力转移的协调性研究［J］．农业现代化研究，2005（3）：190－193.

［366］宗锦耀．加强农机农艺融合推进农机化科技创新与推广——学习2012年中央一号文件的体会和思考［J］．农机科技推广，2012（2）：4－5.

［367］宗锦耀．坚持走中国特色的农业机械化发展道路——在中国农业机械学会2008年学术年会上的演讲［J］．农业机械，2008（10）：19-·23.

［368］宗晓杰，王福林．索洛余值法测算农机化贡献率的研究［J］．农业系统科学与综合研究，2002（2）：107－108.

［369］宗晓杰．用DEA法的两个模型测算农机化贡献率的算法研究［J］．农业工程学报，2006（5）：20－23.

［370］邹伟，吴群，曲福田．免征农业税对农户土地利用行为的影响——基于14省25县（市）496农户的调查［J］．资源科学，2008（30）：932－938.